COMO AS NAÇÕES PROSPERAM
COOPERAÇÃO INTERNACIONAL E AS AÇÕES MAIS PODEROSAS CONTRA CORRUPÇÃO TRANSNACIONAL

FABÍOLA UTZIG HASELOF

COMO AS NAÇÕES PROSPERAM
COOPERAÇÃO INTERNACIONAL
E AS AÇÕES MAIS PODEROSAS CONTRA
CORRUPÇÃO TRANSNACIONAL

Belo Horizonte

FÓRUM

CONHECIMENTO JURÍDICO

2022

© 2022 Editora Fórum Ltda.

É proibida a reprodução total ou parcial desta obra, por qualquer meio eletrônico, inclusive por processos xerográficos, sem autorização expressa do Editor.

Conselho Editorial

Adilson Abreu Dallari
Alécia Paolucci Nogueira Bicalho
Alexandre Coutinho Pagliarini
André Ramos Tavares
Carlos Ayres Britto
Carlos Mário da Silva Velloso
Cármen Lúcia Antunes Rocha
Cesar Augusto Guimarães Pereira
Clovis Beznos
Cristiana Fortini
Dinorá Adelaide Musetti Grotti
Diogo de Figueiredo Moreira Neto (*in memoriam*)
Egon Bockmann Moreira
Emerson Gabardo
Fabrício Motta
Fernando Rossi
Flávio Henrique Unes Pereira

Floriano de Azevedo Marques Neto
Gustavo Justino de Oliveira
Inês Virgínia Prado Soares
Jorge Ulisses Jacoby Fernandes
Juarez Freitas
Luciano Ferraz
Lúcio Delfino
Marcia Carla Pereira Ribeiro
Márcio Cammarosano
Marcos Ehrhardt Jr.
Maria Sylvia Zanella Di Pietro
Ney José de Freitas
Oswaldo Othon de Pontes Saraiva Filho
Paulo Modesto
Romeu Felipe Bacellar Filho
Sérgio Guerra
Walber de Moura Agra

FÓRUM

CONHECIMENTO JURÍDICO

Luís Cláudio Rodrigues Ferreira
Presidente e Editor

Coordenação editorial: Leonardo Eustáquio Siqueira Araújo
Aline Sobreira de Oliveira

Rua Paulo Ribeiro Bastos, 211 – Jardim Atlântico – CEP 31710-430
Belo Horizonte – Minas Gerais – Tel.: (31) 2121.4900
www.editoraforum.com.br – editoraforum@editoraforum.com.br

Técnica. Empenho. Zelo. Esses foram alguns dos cuidados aplicados na edição desta obra. No entanto, podem ocorrer erros de impressão, digitação ou mesmo restar alguma dúvida conceitual. Caso se constate algo assim, solicitamos a gentileza de nos comunicar através do *e-mail* editorial@editoraforum.com.br para que possamos esclarecer, no que couber. A sua contribuição é muito importante para mantermos a excelência editorial. A Editora Fórum agradece a sua contribuição.

Dados Internacionais de Catalogação na Publicação (CIP) de acordo com ISBD

H347c	Haselof, Fabíola Utzig
	Como as nações prosperam: cooperação internacional e as ações mais poderosas contra corrupção transnacional / Fabíola Utzig Haselof. - Belo Horizonte : Fórum, 2022.
	389 p. ; 14,5cm x 21,5cm.
	Inclui bibliografia.
	ISBN: 978-65-5518-392-4
	1. Direito. 2. Direito Processual Penal. 3. Direito Penal. 4. Direito Comparado. 5. Direito Internacional Público. 6. Direito Administrativo. I. Título.
2022-1333	CDD 341.43
	CDU 343.1

Elaborado por Vagner Rodolfo da Silva - CRB-8/9410

Informação bibliográfica deste livro, conforme a NBR 6023:2018 da Associação Brasileira de Normas Técnicas (ABNT):

HASELOF, Fabíola Utzig. *Como as nações prosperam*: cooperação internacional e as ações mais poderosas contra corrupção transnacional. Belo Horizonte: Fórum, 2022. 389 p. ISBN 978-65-5518-392-4.

Para Patrick, Erick, Fernando, Jeanne e Sadi (in memoriam), *com amor.*

AGRADECIMENTOS

Agradeço imensamente aos professores e às instituições acadêmicas que deram oportunidade e apoio à minha pesquisa. Agradeço ao Programa de Pós-Graduação em Direito da Universidade do Estado do Rio de Janeiro (UERJ), na pessoa dos Prof. Luiz Fux, Prof. Aluisio Mendes e Prof. Humberto Dalla. A competência e a dedicação de vocês à vida acadêmica e ao aprimoramento do Poder Judiciário são um modelo e uma inspiração. Agradeço também à *Fordham University*, na pessoa da *Dean* Toni Jaeger-Fine, que foi minha orientadora nos Estados Unidos e como tal disponibilizou acesso a todo o material e contatos com pessoas fundamentais para a realização da pesquisa, dentre as quais meus professores em Fordham, Prof. Ethan Greenberg, Prof. Eric Seidel e Prof. Marcy Forman, entre outros. Agradeço à *Columbia University*, na pessoa do Prof. Albert Fishlow, Prof. Frederick Davis e Prof. Daniel Richman, entre outros. Agradeço ao Prof. Theophilo Antonio Miguel, por suas observações precisas para aprimoramento do texto. E agradeço à minha amada família, por seu apoio incondicional.

You never change things by fighting the existing reality. To change something, build a new model that makes the existing model obsolete.

Buckminster Fuller

[Você nunca muda as coisas lutando contra a realidade existente. Para mudar algo, construa um novo modelo que torne o modelo existente obsoleto].

SUMÁRIO

INTRODUÇÃO 21

PARTE I
COOPERAÇÃO INTERNACIONAL
NO ENFRENTAMENTO DA CORRUPÇÃO TRANSNACIONAL

CAPÍTULO 1
COOPERAÇÃO JURÍDICA INTERNACIONAL 29

1.1 A cooperação internacional como estratégia contra corrupção transnacional 29

1.2 O combate à corrupção mundial como prioridade nacional dos Estados Unidos 33

1.3 O alinhamento do Congresso americano contra corrupção transnacional e cleptocracia 37

1.4 O alinhamento do setor privado 39

1.5 Cooperação direta entre os Estados 41

1.6 A Interpol 44

1.7 Magistrado de Ligação 46

1.7.1 Estatuto dos magistrados de ligação 47

1.7.2 A função do magistrado de ligação 48

1.8 A figura do juiz de cooperação no Brasil (apenas no âmbito nacional) 49

1.9 O juiz de cooperação internacional 53

1.10 Assistência Jurídica Mútua (*Mutual Legal Assistance Treaty* – MLAT) 56

1.10.1 Requisitos do pedido de assistência jurídica mútua 59

1.10.2 Hipóteses em que a assistência jurídica pode ser recusada ou postergada 61

1.11 A autoridade central no Brasil: Departamento de Recuperação de Ativos e Cooperação Jurídica Internacional (DRCI) 62

1.12	Exigência de dupla tipicidade	65
1.13	Sigilo bancário nos pedidos de assistência jurídica mútua	66
1.14	Recuperação de ativos	68
1.15	A recuperação de ativos conforme prevista na UNCAC	69
1.15.1	Recuperação direta de bens ou pela via da cooperação internacional	71
1.15.2	Requisitos para cooperação internacional para confisco de bens	73
1.15.3	Cooperação especial	75
1.15.4	Devolução dos bens confiscados	76
1.16	Presunção de origem ilícita na recuperação de ativos	76

CAPÍTULO 2
CRIME TRANSNACIONAL E A CORRUPÇÃO NAS CONVENÇÕES INTERNACIONAIS 79

2.1	Crime transnacional: seu enfrentamento como desafio do século XXI	79
2.2	Definição de crime transnacional	80
2.3	Direito Penal Transnacional: definição	82
2.4	Distinção entre Direito Penal Transnacional e Direito Penal Internacional *stricto sensu*	82
2.5	A corrupção nas convenções internacionais	83
2.5.1	A UNCAC – Convenção das Nações Unidas Contra Corrupção	86
2.5.2	A *Criminal Law Convention of the Council of Europe* (Convenção do Conselho da Europa sobre Aspectos Criminais da Corrupção)	89
2.5.3	A *OECD Anti-Bribery Convention* (Convenção Antissuborno da OCDE)	89
2.5.3.1	O subgrupo da OCDE para monitoramento do Brasil	91
2.5.4	A Convenção Interamericana contra Corrupção da OAS	92
2.6	O enriquecimento ilícito nas convenções internacionais	93
2.7	A corrupção no setor privado nas convenções internacionais	93
2.8	A responsabilidade criminal das pessoas jurídicas nas convenções internacionais	94
2.9	A corrupção nos contratos públicos e as diretrizes nas convenções internacionais	95
2.10	UNCAC e crimes relacionados à corrupção em suas variadas formas	99
2.11	A integridade humana como elemento-chave nos contratos públicos (art. 8 da UNCAC)	102
2.12	Contratos públicos eletrônicos	104

2.13 Ferramentas de exclusão por ausência de integridade *(blacklist)*: *Cross-Debarment, Consolidated Apropriations Act (2018) e Magnitsky Act (2012)* 105

CAPÍTULO 3

CORRUPÇÃO TRANSNACIONAL...109

3.1 Como surge e o que é corrupção...109

3.2 Desafio de definir corrupção 111

3.3 Corrupção ativa e passiva e oferta *(supply side)* e demanda *(demand side)* de vantagem indevida...113

3.4 Corrupção grande e pequena *(grand & petty corruption)* 114

3.5 Corrupção como prática isolada e corrupção sistêmica.....................115

3.6 Corrupção em números...116

3.7 O despertar para a corrupção: tópico mais relevante que pobreza, desemprego e terrorismo 119

3.8 Custos da corrupção: uma visão geral..121

3.9 Impactos da corrupção 123

3.9.1 Impactos econômicos da corrupção 123

3.9.2 Impactos sociais da corrupção..125

3.10 Estratégias de abordagem da corrupção (adotadas pelo FMI)..........126

3.10.1 Criação de corretos incentivos 127

3.10.2 Liberalização da economia e efetiva regulação: existe uma escolha entre aceitar falhas do mercado ou aceitar corrupção?........129

3.10.3 O papel do setor privado: a corrupção tem um efeito positivo? *("greesing the wheels")* 132

3.10.4 Vontade política: mais essencial quanto mais contaminadas as instituições. Como resolver o enigma? 134

3.10.5 As três armadilhas que precisam ser evitadas 136

3.11 O discurso do prejuízo causado pelo enfrentamento da corrupção (não pela corrupção) 140

3.12 Estratégias de combate à corrupção adotadas pelo Banco Mundial 147

3.13 Por que falhamos no combate à corrupção? Identificando as falhas 150

3.14 Desafios inerentes ao controle da corrupção 154

3.15 O ponto de equilíbrio da corrupção...156

3.16 A espiral da corrupção 157

3.17 Síndromes da corrupção: a classificação de Michael Johnston (mercados de influência, cartéis de elite, oligarquias e clãs, magnatas oficiais) 159

3.18 Democratização profunda como mecanismo de controle da corrupção 160

3.19 Transição para democracia: o modelo dinâmico de Dankwart Rustow 162

3.20 Quatro fases do modelo dinâmico de Rustow: base antecedente, fase preparatória, fase decisória e fase de acomodação 165

3.21 O que fazer quando os líderes integram o sistema corrupto? 167

PARTE II
EFETIVIDADE PROCESSUAL –
AS AÇÕES MAIS PODEROSAS CONTRA CORRUPÇÃO
TRANSNACIONAL E A EXPANSÃO DO PRINCÍPIO DA
EXTRATERRITORIALIDADE

CAPÍTULO 4
EFETIVIDADE DO SISTEMA CRIMINAL PELO AUMENTO
DO CUSTO DO CRIME 173

4.1 Relação entre custo e benefício do crime: efeito gangorra 173

4.2 A responsabilidade criminal da pessoa jurídica no sistema norte-americano 180

4.3 A responsabilidade da pessoa jurídica no sistema brasileiro 182

4.4 O princípio da presunção de inocência 186

4.4.1 Princípio da presunção de inocência nas convenções internacionais 186

4.4.2 Princípio da presunção de inocência no *common law* e no *civil law* .. 187

4.4.3 A presunção de inocência no Brasil 191

4.4.4 O impacto deletério que a literalidade do princípio da inocência no Brasil provoca no nosso sistema (o debate em torno da prisão em Segunda Instância) 197

4.4.5 A tendência de flexibilização do princípio da inocência pela ponderação dos valores em jogo (Teste *Salabiaku*) 202

4.4.6 A presunção de inocência e as exceções à distribuição do ônus da prova 203

4.5 O privilégio contra autoincriminação e o direito ao silêncio 206

4.5.1 O privilégio contra autoincriminação e o direito ao silêncio no sistema norte-americano 208

4.5.2 O perjúrio no direito norte-americano e o direito de mentir no sistema brasileiro 212

4.5.3 A extensão do privilégio contra autoincriminação nos Estados Unidos 215

4.5.4 O limite do privilégio contra autoincriminação (*"exculpatory no doctrine" e Section 1001*) 216

4.5.5 O que se entende por "compelir" alguém a incriminar-se (*Miranda warning*) 218

4.6 Imunidades contra autoincriminação 220

4.6.1 A extensão da imunidade: não alcança potenciais crimes praticados no estrangeiro 221

4.6.2 Imunidade contra autoincriminação no sistema brasileiro 221

4.7 Mentir nunca é uma opção no sistema americano e também não deveria ser entre nós 222

4.8 Três mudanças-chave que revolucionariam o sistema criminal brasileiro 224

CAPÍTULO 5

PAÍSES QUE SÃO BONS EXEMPLOS: ESTADOS UNIDOS, SINGAPURA, COREIA DO SUL E ÍNDIA 227

5.1 Países que são bons exemplos 227

5.2 Singapura 229

5.2.1 O exemplo bem-sucedido de Singapura no combate à corrupção ...229

5.2.2 O sistema livre de corrupção de Singapura depende de um partido político? 232

5.2.3 Singapura é uma ditadura benevolente? 234

5.2.4 Como Singapura combinou regime militar com uma das economias mais prósperas do mundo 235

5.2.5 Lei de Prevenção à Corrupção (PCA): inversão do ônus da prova de enriquecimento ilícito e adoção da jurisdição extraterritorial para nacionais 237

5.2.6 O princípio da presunção de inocência em Singapura 240

5.3 Coreia do Sul 241

5.3.1 Coreia do Sul e as coincidências com o Brasil (mas com resultados melhores) 241

5.3.2 A proibição de pagamento e recebimento de propina conforme o sistema coreano 243

5.3.3 O poderoso mecanismo anticorrupção previsto no *Graft Act* (presunção de ilicitude de vantagem recebida que exceda determinado valor) 244

5.3.4 A previsão de suborno no setor privado no sistema coreano 247

5.3.5 Lei de Suborno de Funcionários Públicos Estrangeiros 248

5.3.6 *Whistleblowing* no sistema coreano 250

5.3.7 Escândalo de corrupção na Coreia 252

5.4 Índia 254

5.4.1 Uma visão geral sobre o sistema indiano 254

5.4.2 A estrutura jurídica anticorrupção na Índia 256

5.4.3 A Lei de Prevenção à Corrupção de 1988 (*Prevention of Corruption Act* – PCA) 257

5.4.4 A inversão do ônus da prova nos crimes previstos no PCA 259

5.4.5 O *Foreign Contribution Regulation Act* (FCRA) indiano 261

5.4.6 Suborno de funcionário público estrangeiro 261

5.5 Evolução comparativa dos indicadores PIB, Índice de Percepção da Corrupção, *Doing Business* e IDH nos Estados Unidos, Brasil, Índia, Coreia do Sul e Singapura 262

5.5.1 Quadro comparativo: Produto Interno Bruto (Fundo Monetário Internacional) 264

5.5.2 Quadro comparativo: Índice de Percepção da Corrupção (Transparência Internacional) 267

5.5.3 Quadro comparativo: *Doing Business* (Banco Mundial) 269

5.5.4 Tabela de Índice de Desenvolvimento Humano e seus componentes 270

5.5.5 Tabela de Tendências do Índice de Desenvolvimento Humano de 1990 a 2019 271

CAPÍTULO 6
O FCPA, O *UK ANTI-BRIBERY ACT* E O *WHISTLEBLOWING* 273

6.1 *Foreign Corrupt Practices Act* (FCPA) 273

6.1.2 Breve contexto histórico 273

6.1.3 A relação entre o FCPA e a Convenção da OCDE 275

6.1.4 Quais são as condutas proibidas pelo FCPA? 276

6.1.5 Condutas proibidas pelo FCPA relativamente à oferta e/ou ao pagamento de suborno (*supply side*) 278

6.1.6 Por que aceitar ou receber propina (*demand side*) não é considerado ilegal? 278

6.1.7 Categorias de pessoas abarcadas pelo FCPA 280

6.1.8 Quais atos são crimes no FCPA: o Teste do Propósito Negocial (*Business Purpose Test*) 282

6.1.9   Alcance jurisdicional do FCPA: condutas que podem ser enquadradas no FCPA ainda que praticadas fora dos Estados Unidos 283

6.1.10   Os 5 elementos do crime de corrupção previsto no FCPA.................285

6.1.11   Conceitos-chave no FCPA 286

6.1.11.1 Intenção de corromper (*corruptly*) 286

6.1.11.2 Consciência da ilicitude (*willfully*) 287

6.1.11.3 Qualquer coisa de valor (*anything of value*) 288

6.1.12   Definição de servidor público como sujeito ativo das condutas previstas no FCPA 290

6.1.13   Distinção entre coação (não incide o FCPA) e extorsão (incide o FCPA) 291

6.1.14   As denominadas "defesas afirmativas" 292

6.1.15   O FCPA autoriza pagamento de adicional facilitador para realização expedita de ação governamental de rotina (*facilitating or expediting payments*) 294

6.1.16   Situações que vão provocar investigação e/ou denúncia 296

6.1.17   Questões de prioridade nacional para fins do FCPA 297

6.1.18   Confissão espontânea (*voluntary disclosure*), autorrelato (*self report*) e cooperação 298

6.1.19   Divulgar ou investigar internamente e tentar corrigir? 299

6.1.20   Proibição do *bis in idem* ou *double jeopardy* 300

6.1.21   O *ranking* dos 10 maiores acordos do FCPA e seus valores bilionários e crescentes 303

6.1.22   Como dividir o bolo de dinheiro das penalidades do FCPA? (no plano interno e transnacional) 305

6.1.23   Restituição de valores ilicitamente obtidos 310

6.1.24   A prescrição nos crimes previstos no FCPA 310

6.2   Lei do Suborno do Reino Unido: *UK Bribery Act* 2010 311

6.2.1   Corrupção ativa (*supply side*) e passiva (*demand side*): o afastamento expresso do costume como fonte de lei 313

6.2.2   Corrupção no setor privado 314

6.3   *Whistleblowing* 315

6.3.1   *Whistleblowing*: origem na recompensa *Qui Tam* e seu desenvolvimento 318

6.3.2   *Whistleblower* em números: a mais efetiva fonte de informação, superando toda estrutura do Estado 319

6.3.3   O Estatuto do *Whistleblower* 320

6.3.4 A evolução do *whistleblower* no direito americano (*False Claims Act*, *FCPA*, *Dodd-Frank Act* e demais leis que preveem pagamento de recompensa) 322

6.3.5 *Whistleblower* nas convenções internacionais 327

6.3.6 *Whistleblower*/Informante no Brasil 327

CAPÍTULO 7
EXPANSÃO DO PRINCÍPIO DA EXTRATERRITORIALIDADE 333

7.1 O novo princípio da extraterritorialidade 333

7.2 Jurisdição, soberania e enfrentamento do crime transnacional (o caso *Bownam*) 334

7.3 Expansão da competência extraterritorial: abordagem clássica 336

7.4 Territorialidade 337

7.4.1 Territorialidade em sentido estrito 338

7.4.2 Quasi-territorialidade 339

7.4.3 Territorialidade qualificada 339

7.4.4 Territorialidade subjetiva 340

7.4.5 Territorialidade objetiva 340

7.4.6 Jurisdição dos efeitos ou doutrina dos efeitos 341

7.5 Personalidade..341

7.5.1 Nacionalidade ou personalidade ativa 341

7.5.2 Personalidade passiva 344

7.6 Jurisdição protetiva (ou personalidade protetiva) 344

7.7 Jurisdição condicional (em caso de não extradição) 345

7.8 Jurisdição universal 346

7.9 Jurisdição concorrente...347

7.10 Imunidade de jurisdição sobre crime transnacional..................347

7.11 Princípio da imunidade de soberania..348

7.12 Princípio da imunidade diplomática 348

7.12.1 Afastamento da imunidade diplomática para atos criminosos........350

7.13 Disciplina da jurisdição nas convenções internacionais 351

7.14 Critérios do Direito Internacional e convenções repressivas para solucionar conflito ou sobreposição de jurisdições ou jurisdições concorrentes..353

7.15 Diretrizes do EUROJUST para definir jurisdição concorrente 355

7.16 Expansão da competência territorial nos Estados Unidos 356

7.16.1 O caso *Morrison v. National Australia Bank Ltd* 357

7.16.2 O caso *Morrison* (2010), o precedente de *Bowman* (1922) e o cânon *Charming Betsy* (1804)..361

7.16.3 O caso *RJR Nabisco, Inc. v. European Cmty*..............................364

7.16.4 O caso *United States v. Hoskins*..365

7.17 Limites da jurisdição extraterritorial..367

7.17.1 Limitação da jurisdição por exigência de vínculo significativo (ou requisito para expansão da jurisdição)..............................368

7.17.2 Limitação da jurisdição por exigência de dupla legalidade (*fair warning*)..368

7.18 A desterritorialização de dados (*deterritorialization of data*)..............369

7.18.1 O caso Microsoft..370

7.19 O CLOUD Act..371

7.20 O caso Google..373

7.21 O Acordo de Mútua Assistência Judiciária em Matéria Penal (MLAT) Brasil e Estados Unidos..374

CONCLUSÃO..375

REFERÊNCIAS..379

INTRODUÇÃO

É intuitivo imaginar que o fato de a corrupção haver se expandido e ganhado dimensão transnacional dificulta seu combate. Pensamos diferente. Nossa perspectiva é de que a expansão da corrupção para o plano transnacional provocou uma reação da comunidade mundial, na qual organizações supranacionais e países mais desenvolvidos passaram a estabelecer um modelo de justiça criminal com *standards* mais elevados de conduta que passam a ser exigidos no plano internacional. Esse modelo provoca uma transformação que não fica limitada às relações interacionais, mas vai produzindo efeitos também no âmbito doméstico dos países menos desenvolvidos e que enfrentam desafios internos relacionados ao combate da corrupção.

Se pensarmos no Brasil e em outros países que não conseguem atingir o *status* de países desenvolvidos, observaremos que muitos que se encontram em estágio de permanente estagnação ou desenvolvimento anêmico enfrentam graves problemas relacionados à corrupção no setor público. No plano doméstico, esses países encontram grande dificuldade para combater a corrupção, especialmente quando suas instituições foram cooptadas pela corrupção difundida no sistema, ou seja, pela corrupção sistêmica. Quando um país se encontra nessa situação, é muito difícil obter a vontade política necessária para promover a transformação.

É exatamente nesse ponto que a contribuição gerada no ambiente global, a partir dos esforços para combater a corrupção transnacional, pode produzir um importante efeito no plano doméstico de países cooptados pela corrupção. A cooptação do Estado ocorre por intermédio da captura de suas instituições e criação das denominadas instituições extrativas, que originam um Estado predatório, e o colocam em uma espiral que alimenta a corrupção, da qual é muito difícil se libertar somente com a ajuda interna.

No estudo feito por Acemoglu e Robinson, os autores objetivavam entender o motivo por que alguns países prosperam enquanto outros permanecem estagnados no estágio "em desenvolvimento", sem conseguirem alcançar o *status* de países desenvolvidos. A conclusão à qual chegaram foi que o essencial é que ocorra uma transformação política, e que essa transformação política é indispensável para que uma sociedade pobre se torne rica. Concluem também que as nações falham e não prosperam em desenvolvimento econômico por causa das suas instituições extrativas.

Na obra *Why Nations Fail*, eles fazem a distinção entre instituições extrativas e inclusivas, definindo estas como instituições que permitem e estimulam a participação da grande massa de pessoas nas atividades econômicas, e também asseguram direitos de propriedade e oportunidades econômicas, não apenas para a elite, mas para uma ampla parcela da sociedade. Em contraste, as instituições extrativas seriam as desenhadas para retirar rendimentos e riquezas de um grupo da sociedade para beneficiar outro grupo. As instituições políticas extrativas concentram poder nas mãos de uma reduzida elite, que passa a estruturar as instituições econômicas de modo a retirar recursos da sociedade em seu benefício.[1]

Eles apontam a relação de sinergia que existe entre as instituições extrativas políticas e econômicas. Tal relação origina um círculo que se retroalimenta, no qual as instituições políticas habilitam esse grupo reduzido a escolher as instituições econômicas e estruturar as instituições políticas futuras. Em retorno, essas instituições econômicas, enriquecem essa mesma elite e o poder econômico ajuda a consolidar seu poder político.

Após analisarem a trajetória de inúmeros países, concluem que as nações falham economicamente por causa das instituições extrativas, que fazem com que países continuem pobres, impedindo que embarquem no caminho do crescimento econômico. A transformação política a que se referem seria a evolução das instituições extrativas para se tornarem inclusivas, pois somente estas são capazes de gerar prosperidade e crescimento econômico sustentável. Essa conclusão é alcançada após comparar vários países que se encontram em situação

---

[1] *Why Nations Fail*, p. 74-76, 81.

de estagnação econômica. Apesar das notáveis diferenças que possuem relativamente a clima, colonização, geografia, história, língua, cultura, o que possuem em comum é a presença de instituições extrativas. As instituições extrativas surgem como resultado de diversas estruturas estatais, estruturas essas que se organizam de diversas formas para criar um Estado predatório. Uma dessas formas de criar uma estrutura de Estado predatório ocorre por meio da corrupção. Essa modalidade é bastante comum em países que possuem a corrupção como base sobre a qual o Estado funciona e opera inclusive na alternância do poder, de maneira que, ainda que ocorra alternância, os ajustes são feitos de modo a perpetuar a estrutura do Estado predatório.

Muitos países estagnados no estágio "em desenvolvimento" enfrentam o mesmo problema estrutural que possui como base a corrupção. Na corrupção reside a chave que pode perpetuar uma situação de estagnação, como temos visto, mas também pode alavancar o Estado a outro patamar caso o problema da corrupção seja efetivamente enfrentado. Portanto, a corrupção se apresenta mais precisamente como um desafio, porque não se resume a um problema, já que sua abordagem também pode ser a chave da solução.

O grande paradoxo em reconhecer que a corrupção é a base estrutural do Estado predatório e estagnado, e, ao mesmo tempo, estabelecer que, a partir do enfrentamento da corrupção, a base deste Estado predatório ficará enfraquecida e dará espaço ao surgimento de um modelo mais avançado, que conduza ao crescimento econômico sustentável e ao desenvolvimento consistente, o paradoxo está justamente no fato de que o enfrentamento da corrupção necessita da estrutura do Estado. Portanto, dependemos da atuação da estrutura estatal para combater a corrupção entranhada na mesma estrutura. A conclusão mais evidente diz que este combate simplesmente não acontecerá se pensarmos no plano interno isoladamente.

Se acrescentarmos que, mesmo que haja alternância de poder, ainda assim a estrutura contaminada pela corrupção ressurge, dando sustentação aos novos detentores do poder, pois este é o modelo estabelecido, então, a conclusão é de que o país que se encontra nessa situação não tem meios de conseguir avançar no enfrentamento da corrupção e permanecerá estagnado. De fato, esse contexto, bastante comum, é também responsável pela estagnação de muitos países.

Entretanto, na medida em que o cenário global vai ganhando cada vez mais relevância, o combate à criminalidade transnacional se apresenta também como uma oportunidade de enfrentamento de problemas domésticos. A partir da atuação de países que estão em posição privilegiada, mais desenvolvidos, mais fortes, e que atuam efetivamente no enfrentamento da corrupção no plano internacional, essa atuação também contribui significativamente com o combate à corrupção também no plano interno de países que vão necessariamente ter de buscar alinhamento com práticas difundidas no plano internacional.

O enfrentamento da corrupção na sua modalidade transnacional surge como o grande desafio do século e também como um caminho promissor no enfrentamento da corrupção no plano doméstico. Isso porque no ambiente internacional os países contam não apenas com sua própria estrutura, mas também com outros países mais avançados e não atingidos pela estrutura contaminada que impede ou dificulta o combate da corrupção no plano interno. Na corrupção transnacional se enquadra em grande medida a corrupção praticada por agentes públicos de modo geral, agentes políticos e funcionários públicos, e também a que envolve transações e desvios mais significativos e que provocam maior impacto prejudicial no plano doméstico.

A criminalidade transnacional impõe um grande desafio no seu combate, tornando investigações mais complexas e custosas, exigindo cooperação internacional e também um sistema criminal operante no plano doméstico. Portanto, assim como construir um sistema criminal eficiente em nível doméstico é essencial no combate à criminalidade de modo geral, da mesma forma, é fundamental construir um sistema criminal eficiente em nível global, para onde progressivamente vamos expandindo nossas relações em todas as áreas, mas especialmente nas relações econômicas.

Um sistema criminal efetivo tem como maior efeito desestimular a prática do crime. O efeito sancionatório, a punição, é fundamental. Porém, em um nível mais evoluído, o sistema funciona de forma tão consistente que a punição passa a ser o resultado mais provável. Quando existe certeza da punição, o sistema evolui a ponto de o seu aspecto preventivo sobrepor o aspecto sancionatório, pois o risco de ser efetivamente punido é tão alto que as pessoas se sentem desestimuladas a se engajarem na atividade criminosa. Esse efeito ocorre quando os potenciais criminosos, ao ponderarem o custo e o benefício do crime, concluem que o custo é muito alto e não compensa o benefício.

Quando se aumenta o risco de a punição ser efetivamente aplicada, isso terá como resultado a elevação do que pode ser considerado o custo do crime. O custo do crime será inversamente proporcional ao seu benefício. Em outras palavras, na medida em que se aumenta o custo do crime, automaticamente se diminui o seu benefício, provocando um efeito gangorra, no qual ao elevar um extremo da gangorra (custo do crime) automaticamente o outro extremo (benefício do crime) é empurrado para baixo.

O crime praticado no ambiente transnacional é uma atividade altamente lucrativa, o que por si eleva o seu benefício, e consequentemente o estímulo para se engajar na prática criminosa. Não é possível interferir diretamente no benefício do crime, na sua lucratividade. Por ser uma atividade que opera paralelamente ao Estado, não é possível sua regulação, ou seja, a intervenção estatal para tornar a atividade menos atrativa. A única forma de impactar o benefício do crime é elevando seu custo, tornando a atividade tão arriscada de ser detectada, investigada e punida, que o risco acaba por neutralizar o benefício, tornando a atividade pouco atrativa.

Ao se criar um ambiente transnacional alinhado no enfrentamento da corrupção, isso representa uma elevação do risco de ser investigado, processado, preso, e não poder usufruir dos recursos e bens adquiridos ou desviados, o que provoca o aumento no custo do crime. Consequentemente, haverá uma redução no benefício do crime transnacional. Tal redução não produz efeitos apenas no âmbito global, mas repercute também no âmbito doméstico, beneficiando países que estão menos avançados no combate à corrupção, mas que necessitam ser bem vistos no ambiente internacional, em razão de seus interesses políticos e econômicos. Tais interesses os compelem a se enquadrarem em padrões éticos mais elevados estabelecidos por países mais desenvolvidos e que possuem instituições mais fortes.

O enfrentamento da corrupção foi considerado o maior desafio do século XXI pelo Fundo Monetário Internacional, pois na corrupção reside a causa de vários outros problemas, como fome, pobreza, desemprego, estando relacionada a outros crimes transnacionais, como terrorismo e tráficos de drogas, armas, pessoas e órgãos, sendo possivelmente o principal fator responsável pelo atraso que impede o desenvolvimento sustentável. O combate à corrupção transnacional, ao tornar o crime mais arriscado, impacta não apenas o cenário global, mas também possui importante efeito no plano interno, pavimentando o caminho para o crescimento consistente e sustentável. É exatamente isso que queremos.

PARTE I

COOPERAÇÃO INTERNACIONAL NO ENFRENTAMENTO DA CORRUPÇÃO TRANSNACIONAL

CAPÍTULO 1

COOPERAÇÃO JURÍDICA INTERNACIONAL

All countries share a responsibility to combat bribery in international business transactions.

OECD Anti-Bribery Convention, Preamble

1.1 A cooperação internacional como estratégia contra corrupção transnacional

Cooperação internacional é elemento-chave para erradicar os efeitos corrosivos da corrupção, segundo a Organização das Nações Unidas.[2] Por esse motivo, os tratados internacionais contra corrupção, e contra criminalidade transnacional de modo geral, têm oferecido uma robusta estrutura jurídica para promover o engajamento dos Estados com a cooperação internacional tanto de maneira formal quanto informal. Essa tendência de os tratados preverem um amplo conjunto de medidas estimulando e direcionando ações de cooperação internacional no combate aos crimes transnacionais vem despertando amplo debate sobre o desenho e o futuro do ambiente transnacional.[3]

---

[2] Disponível em: https://www.unodc.org/unodc/corruption/international-cooperation. html. Acesso em: 20 abr. 2021.

[3] Não é objetivo deste capítulo tratar sobre as teorias das relações internacionais. Sobre o tema, especialmente a teoria realista e o futuro do internacionalismo liberal, ver: OHMAE, Kenichi. *The End of the Nation-State*; STRANGE, Susan. *The Retreat of the State*: The Diffusion of Power in the World Economy; SASSEN, Saskia. *Losing Control?* Sovereignty in an Age of Globalization; SCHACHTER, Oscar. The Decline of the Nation-State and its Implications for International Law, *36 Columbia Journal of Transnatioal Law 7*.

Para alguns, a tendência de criar mecanismos para viabilizar a expansão da jurisdição extraterritorial, do compartilhamento de evidências, dos acordos de mútua assistência, da extradição, da apreensão de bens e sua recuperação, ou seja, de medidas para facilitar a investigação e persecução criminal, não veio acompanhada das correspondentes garantias de defesa do investigado. Concluem, então, que a lei criminal transnacional está atualmente baseada em um modelo de controle da criminalidade e não em um modelo de realização da justiça.[4] Para corroborar essa conclusão, anotam que é raro encontrar nas convenções repressivas de crimes uma menção específica ao devido processo legal.

Nesse ponto, a Convenção Africana de Prevenção e Combate à Corrupção seria uma exceção ao reforçar a necessidade de observância do devido processo legal, do julgamento justo e conforme princípios de direitos humanos.[5] Todavia, pensamos sob outra perspectiva: à medida que vamos evoluindo, a qualidade das nossas expectativas também evolui. O devido processo legal, que um dia representou um anseio, tornou-se uma condição indispensável nos países que atingiram algum grau de desenvolvimento, e quanto mais evoluído, menores são as chances de retrocesso. Por isso, o fato de a Convenção Africana de 2003 haver considerado necessário enfatizar a necessidade de observância do devido processo legal e dos direitos humanos, diferente de representar uma evolução, pode retratar a necessidade de estabelecer uma proteção a um direito que ainda não se encontra devidamente assimilado como condição indispensável a qualquer processo.

Outra questão bastante debatida diz respeito à preservação da soberania dos Estados em relação à dimensão que os tratados internacionais – e a cooperação jurídica internacional – estão ganhando, considerando, especialmente, que as organizações internacionais que promovem esses tratados são reputadas inacessíveis e não prestam contas. O contraponto essencial que é feito é no sentido de que, apesar do crescimento da cooperação internacional, o Estado não está diminuindo em poder ou importância. Isso porque grande parte da cooperação

---

[4]   Para Neil Boister, a lei criminal transnacional compromete a legalidade ao dispor sobre crimes altamente complexos, e dar pouca ou nenhuma atenção aos direitos do ofensor. Portanto, criaria uma estrutura jurídica legítima, mas que simplesmente ignora os direitos do acusado à assistência consular, julgamento justo, tratamento humano, e assim por diante. *An Introduction to Transnational Criminal Law*. 2nd ed. UK: Oxford University Press, 2018. p. 422.

[5]   Article 13(1)(d).

internacional contemporânea não surge como resultado do trabalho de órgãos internacionais, mas como resultado do fato de as agências e os órgãos especializados dos governos de diferentes Estados estarem trabalhando cada vez mais em conjunto, formando, discreta e naturalmente, uma rede de trabalho, ou seja, um ambiente de *network* no qual a cooperação internacional vem se desenvolvendo e se aprimorando.[6]

Esse *network* transnacional surgiria, não exclusivamente, com base em tratados internacionais, que seriam apenas o seu ponto de partida, mas principalmente como resultado do impulso que os tratados conferem a acordos bilaterais e parcerias com outros países[7] e também como resultado de interações espontâneas entre funcionários domésticos especializados no desempenho de suas funções. Tais interações ocorrem de forma direta e cada vez mais frequente,[8] sendo relações estruturadas de ponto a ponto, em vez de uma negociação formal. E são interações que surgem como resultado do movimento de integração global que provoca o constante crescimento dos interesses recíprocos que possuem e das ameaças que sofrem no ambiente transnacional. A expansão da regulação doméstica, o aumento da interdependência econômica, a inovação tecnológica e, principalmente, a necessidade de enfrentamento efetivo da criminalidade transnacional[9] seriam os reais fatores que provocam, propiciam e fortalecem a cooperação internacional.

Na Estratégia para Combate do Crime Organizado Transnacional, lançada pelos Estados Unidos em 2011, foi explicitada a intenção de trazer a comunidade internacional a um acordo com os padrões dos Estados Unidos no enfrentamento do crime organizado transnacional e da corrupção.[10] Essa intenção de chamar a atenção de outros países para

---

[6] RAUSTIALA, Kal. The Architeture of International Cooperation: Transgovernamental Networks and the Future of International Law, *43 V, Journal of International Law 1*, 2002.

[7] Disponível em: https://obamawhitehouse.archives.gov/administration/eop/nsc/transna tional-crime. Acesso em: 20 abr. 2021. p. 28.

[8] Nessa linha, a obra do Prof. Peter Häberle, *Estado Constitucional Cooperativo* (Editora Renovar, 2007).

[9] Disponível em: https://obamawhitehouse.archives.gov/administration/eop/nsc/transna tional-crime. Acesso em: 20 abr. 2021. p. 1.

[10] Combating Transnational Crime: The Multilateral Framework: Five major international agreements underpin and provide near global scope to our efforts to combat TOC and corruption: the United Nations Convention against Transnational Organized Crime (UNTOC), its three supplementary protocols against trafficking in persons, migrant smuggling, and illicit trafficking in firearms, and the United Nations Convention against Corruption (UNCAC). The United States strongly supports the framework provided by these instruments, especially with regard to prosecuting and investigating transnational

um modelo de regras e práticas regulatórias mais efetivo pode criar a exportação de modelos das grandes potências para países mais fracos e promover uma política de convergência entre Estados.[11]

O progresso sustentável contra criminalidade transnacional requer compromisso político e efetividade do sistema investigativo e de justiça criminal em nível global. O tema é de tamanha relevância que os Estados Unidos, ao desenvolverem sua estratégia de combate ao crime organizado transnacional, destacaram seu compromisso de aplicação da lei internacional e de desenvolver parcerias com países que também desejam cumprir tais compromissos, porém não têm os meios necessários para tanto. Em relação a esses países, os Estados Unidos se comprometem a auxiliá-los para fortalecer suas instituições encarregadas de dar cumprimento à lei, prestando-lhes assistência com o fito de garantir que mais países desenvolvam competências-chave, promovendo a expansão dessa rede até que as capacidades de aplicação da lei internacional e a cooperação entre os Estados sejam autossustentáveis.

O essencial é reconhecer que existe um consenso global sobre a ameaça imposta pela criminalidade transnacional aos cidadãos e ao patrimônio público e privado, e também que o enfrentamento dessa ameaça requer uma atuação conjunta que promova ações direcionadas a dois objetivos igualmente relevantes. O primeiro, o fortalecimento da governança, das instituições estatais, da transparência e dos mecanismos de controle dos atos praticados pelo setor público e também pelo setor privado. O segundo, o enfraquecimento do poder corruptor das organizações criminosas transnacionais, rompimento do seu poder econômico e de suas alianças com o Estado.

O desafio de enfrentar a criminalidade transnacional, especialmente a corrupção, elevou a cooperação internacional a outro patamar, que vai além da cooperação jurídica, abrindo portas para outros tipos de

---

crime and corruption, engaging in mutual legal assistance, and supplementing bilateral extradition treaties. These agreements set the point of departure for many of our bilateral law enforcement partnerships around the globe and help bring the international community into agreement with U.S. standards. The key challenge remaining is to promote wider implementation of the Conventions through support for capacity building and by otherwise encouraging international partners to dedicate the necessary political capital and resources toward realizing the potential of these groundbreaking instruments. 2011 U.S. Strategy to Combat Transnational Organized Crime, p. 28.

[11] Kal Raustiala fala em "exportação regulatória": *The Architeture of International Cooperation: Transgovernamental Networks and the Future of International Law*, 43 V, Journal of International Law 1 (2002), p. 5.

ajuda que possam ser necessários para que países menos desenvolvidos consigam adotar medidas preventivas, implantar mecanismos de controle e atuar efetivamente no enfrentamento da corrupção. Para tanto, faz-se necessária a convergência de forças no ambiente transnacional, mediante cooperação internacional.

1.2 O combate à corrupção mundial como prioridade nacional dos Estados Unidos

> *Quando os líderes roubam dos cidadãos de suas nações ou os oligarcas desrespeitam o Estado de Direito, o crescimento econômico desacelera, a desigualdade se amplia e a confiança no governo despenca.*[12]

A luta contra a corrupção foi estabelecida como de interesse central da segurança nacional dos Estados Unidos em documento oficial publicado em 03 de junho de 2021.[13] Segundo o documento, que define políticas e estabelece a luta contra a corrupção como questão prioritária, a corrupção foi identificada como um flagelo que corrói a confiança pública, atrapalha a governança efetiva, distorce os mercados e o acesso equitativo aos serviços, enfraquece os esforços de desenvolvimento, contribui para fragilidade nacional, extremismo e migração e fornece aos líderes autoritários um meio de minar as democracias em todo o mundo.

Além disso, o documento destaca que a corrupção ameaça a segurança nacional dos Estados Unidos, a igualdade econômica, os esforços globais de combate à pobreza e de desenvolvimento e a própria democracia. Ao prevenir e combater a corrupção de forma

---

[12] Joseph R. Biden Jr., Presidente dos Estados Unidos, em *Memorandum on Establishing the Fight Against Corruption as a Core United States National Security Interest*. *"When leaders steal from their nations' citizens or oligarchs flout the rule of law, economic growth slows, inequality widens, and trust in government plummets."*

[13] Disponível em: https://www.whitehouse.gov/briefing-room/presidential-actions/2021/06/03/memorandum-on-establishing-the-fight-against-corruption-as-a-core-united-states-national-security-interest/. Acesso em: 20 jun. 2021.

eficaz e demonstrar as vantagens de uma governança transparente e responsável, os Estados Unidos acreditam que isso se converte em uma vantagem crucial para si e para outras democracias.

A estratégia de combate à corrupção arquitetada pelos Estados Unidos consiste em:[14]

(a) *Modernizar, aumentar, coordenar, fornecer recursos e de outra forma melhorar a capacidade dos principais departamentos executivos e agências para promover a boa governança e prevenir e combater a corrupção, incluindo, conforme necessário, propondo legislação pertinente ao Congresso;*

(b) *Combater todas as formas de financiamento ilícito nos Estados Unidos e nos sistemas financeiros internacionais, incluindo a implementação robusta da lei federal que exige que as empresas dos Estados Unidos relatem seus proprietários ou proprietários beneficiários ao Departamento do Tesouro; redução do sigilo financeiro offshore; melhorar o compartilhamento de informações; e, conforme necessário, identificando a necessidade de novas reformas;*

(c) *Responsabilizar indivíduos corruptos, organizações criminosas transnacionais e seus facilitadores, incluindo, e quando apropriado, identificando, congelando e recuperando ativos roubados por meio de maior compartilhamento de informações e coleta e análise de inteligência, ações de execução criminal ou civil, avisos e sanções ou outras autoridades e, quando possível e apropriado, devolução dos ativos recuperados em benefício dos cidadãos prejudicados pela corrupção;*

(d) *Reforçar a capacidade das instituições nacionais e internacionais e organismos multilaterais focados no estabelecimento de normas anticorrupção globais, recuperação de ativos, promoção da transparência financeira, incentivo ao governo aberto, fortalecimento das estruturas das instituições financeiras para prevenir a corrupção em projetos de financiamento do desenvolvimento e combate ao dinheiro lavagem, financiamento ilícito e suborno, incluindo, quando possível, o lado da demanda do suborno (corrupção passiva);*

---

[14] *Memorandum on Establishing the Fight Against Corruption as a Core United States National Security Interest, Section 2: Strategy.* Disponível em: https://www.whitehouse.gov/briefing-room/presidential-actions/2021/06/03/memorandum-on-establishing-the-fight-against-corruption-as-a-core-united-states-national-security-interest/. Acesso em: 20 jun. 2021.

(e) Apoiar e fortalecer a capacidade da sociedade civil, mídia e outros atores de supervisão e responsabilidade para conduzir pesquisas e análises sobre tendências de corrupção, defender medidas preventivas, investigar e descobrir a corrupção, responsabilizar os líderes e informar e apoiar a responsabilidade do governo e esforços de reforma e trabalho para fornecer a esses atores um ambiente operacional seguro e aberto, nacional e internacionalmente;

(f) Trabalhar com parceiros internacionais para combater a corrupção estratégica por líderes estrangeiros, empresas estatais ou afiliadas estrangeiras, organizações criminosas transnacionais e outros atores estrangeiros e seus colaboradores domésticos, incluindo o fechamento das brechas exploradas por esses atores para interferir nos processos democráticos nos Estados Unidos e no exterior;

(g) Intensificar os esforços para aumentar de forma rápida e flexível os recursos dos Estados Unidos e dos parceiros relativamente à assistência investigativa, financeira, técnica, política e de outra natureza a países estrangeiros que demonstrem o desejo de reduzir a corrupção;

(h) Assistir e fortalecer a capacidade das autoridades e instituições nacionais (incluindo estaduais e locais), bem como parceiros e outros governos estrangeiros em todos os níveis, para implementar medidas de transparência, supervisão e responsabilidade, que irão combater a corrupção e fornecer aos seus cidadãos informações acessíveis e úteis sobre programas, políticas e gastos do governo;

(i) Promover parcerias com o setor privado e a sociedade civil para defender medidas anticorrupção e tomar medidas para prevenir a corrupção; e

(j) Estabelecer melhores práticas e mecanismos de fiscalização, de modo que as atividades de assistência estrangeira e cooperação em segurança tenham embutidas medidas de prevenção à corrupção.

É interessante observar que a definição do combate à corrupção transnacional como estratégia prioritária para a segurança nacional dos Estados Unidos reúne o Poder Executivo e vários de seus órgãos e agências, especialmente o Tesouro, o Department of Justice (DOJ), a United States Agency for International Development (USAID) e o State Department. Inclui também a adesão do Congresso dos Estados Unidos, com o lançamento do projeto *Congressional Caucus against*

Foreign Corruption and Kleptocracy.[15] Historicamente, não houve uma pauta que promovesse uma união de esforços tão alinhados desde o enfrentamento do terrorismo, no ano de 2001, após o ataque ao World Trade Center.

Outro fator que merece destaque é o papel do setor privado, especialmente das companhias multinacionais, que passam a ser cobradas pela adoção de padrões éticos cada vez mais elevados, compelindo essas empresas a adotarem todas as medidas para que seus programas de *compliance* sejam revistos, atualizados e tenham todo o orçamento, pessoal e recursos de modo geral necessários para serem efetivos. Como explicitado no memorando da Casa Branca, o setor privado tem um papel fundamental na prevenção da corrupção. Aparentemente haverá mais empenho na fiscalização e responsabilização por condutas corruptas, inclusive intensificando ainda mais a aplicação do FCPA, fazendo com que os programas de *compliance* assumam uma importância cada vez maior.

Apesar dessa clara definição do combate à corrupção como ação prioritária dos Estados Unidos, lançada no primeiro semestre do mandato do atual Presidente, iniciado em 2021, é importante destacar que a ofensiva dos Estados Unidos no enfrentamento da corrupção, e do crime organizado transnacional de modo geral, é uma ação que já vem de longa data, como se vê, por exemplo, da estratégia para combate do crime organizado transnacional lançada em 2011.[16] De qualquer sorte, é certo que os Estados Unidos vêm gradualmente subindo o tom, não apenas nos discursos, mas também no aprimoramento das ferramentas e construção de uma rede cada vez mais avançada de cooperação internacional.

---

[15] Disponível em: https://www.csce.gov/international-impact/press-and-media/press-relea ses/congress-launch-counter-kleptocracy-caucus-june. Lançado em 10 de junho de 2021. Acesso em: 20 jun. 2021.

[16] 2011 US Strategy to Combat Transnational Organized Crime. Disponível em: https:// www.hsdl.org/c/strategy-to-combat-transnational-organized-crime/. Acesso em: 30 jun. 2021.

1.3 O alinhamento do Congresso americano contra corrupção transnacional e cleptocracia

> *The fight against corruption needs to be seen as a national security priority of the highest order.*[17]

Em 10 de junho de 2021, foi lançada pelo Congresso dos Estados Unidos a iniciativa que uniu democratas e republicanos com o objetivo exclusivo de colocar a cleptocracia na mira das autoridades e, com a colaboração da sociedade civil, pretende criar a primeira comissão institucional do Congresso americano dedicada a reunir e compartilhar informações e encontrar soluções para o problema da corrupção mundial. O projeto, denominado *Congressional Caucus Against Foreign Corruption and Kleptocracy*, objetiva encontrar caminhos para que os Estados Unidos possam mais efetivamente atuar contra a corrupção transnacional e a cleptocracia, como forma de aprimorar seus esforços no combate à corrupção mundial.

A criação desse grupo ocorre na esteira de outras iniciativas que possuem o mesmo objetivo de enfrentamento da corrupção transnacional. Como exemplo, podemos citar o projeto de lei que tramita na Câmara dos Deputados denominado O Combate à Cleptocracia Russa e de Outros Países Estrangeiros[18] [*The Countering Russian and Other Overseas Kleptocracy* (CROOK) Act], abreviado pela sigla *Crook Act*, ou seja, lei do bandido, a lei do pilantra, no qual são previstas, além de ações, também o financiamento a partir da criação do Fundo de Ação Anticorrupção (*Anti-Corruption Action Fund*), que passaria a receber 5% do valor de cada multa civil e criminal aplicada com base no *Foreign Corrupt Practices Act* (FCPA).

---

[17] Senator Ben Cardin, Lançamento da convenção contra corrupção transnacional e cleptocracia, 10 jun. 2021. Disponível em: https://www.csce.gov/international-impact/press-and-media/press-releases/congress-launch-counter-kleptocracy-caucus-june. Acesso em: 20 jun. 2021.

[18] Act – H.R. 3843. Disponível em: https://www.congress.gov/bill/116th-congress/house-bill/3843/text?q=%7B%22search%22%3A%5B%22The+Countering+Russian+and+Other+Overseas+Kleptocracy+%28CROOK%29+Act+%5Cu2013+H.R.+3843%22%5D%7D&r=1&s=3. Acesso em: 20 jun. 2021.

A ideia é que esse fundo seja gerido de modo a dar destinação preferencial a projetos que (1) apoiam países que estão passando por uma fase histórica de oportunidade de transição democrática, combate à corrupção, e o estabelecimento do Estado de Direito; (2) são importantes para os interesses nacionais dos Estados Unidos; e (3) onde a assistência externa dos Estados Unidos poderia aumentar significativamente a chance de uma transição bem-sucedida, conforme item 1.[19]

Ademais, como ação que objetiva dar publicidade e ajudar a reduzir a pressão que as empresas dos Estados Unidos enfrentam para pagar subornos no exterior, está previsto que deverá haver divulgação de que as verbas do Fundo de Ação Anticorrupção são provenientes de ações movidas com base no FCPA, de modo a demonstrar que o dinheiro obtido com base nessa lei está contribuindo para o trabalho anticorrupção internacional e para maior competitividade das empresas americanas no contexto internacional.[20]

Na comissão do Congresso criada em junho de 2021, são mencionados Rússia, China, Egito e Venezuela, como países que têm na corrupção a essência do seu sistema ditatorial e também a sua maior vulnerabilidade. Na visão dos congressistas, o melhor caminho para que a democracia saia vitoriosa nessa luta contra o autoritarismo é impedir que esses líderes que estão saqueando seus países tenham acesso ao sistema financeiro dos Estados Unidos e apoiar as vítimas da cleptocracia onde quer que estejam.[21] Essa comissão foi criada para concentrar esforços na luta contra a cleptocracia, que é um modelo de governança autoritário no qual os líderes políticos se enriquecem ilicitamente, mantêm o poder por meio de redes de apoio corruptas, exploram outras jurisdições — que respeitam o Estado de Direito —, para ocultar e proteger ativos roubados, e usam a corrupção estratégica como ferramenta de política externa.

Portanto, essas duas recentes iniciativas do Congresso dos Estados Unidos, com o Projeto de Lei de Combate à Cleptocracia Russa e de Outros Países Estrangeiros[22] [*The Countering Russian and Other Overseas*

---

[19] Act – H.R. 3843, Sec.6 (b)(d) – Anti-Corruption Action Fund.
[20] Act – H.R. 3843, Sec.6 (e) – Anti-Corruption Action Fund.
[21] Disponível em: https://www.csce.gov/international-impact/press-and-media/press-relea ses/congress-launch-counter-kleptocracy-caucus-june. Acesso em: 20 jun. 2021.
[22] Act – H.R. 3843. Disponível em: https://www.congress.gov/bill/116th-congress/house-bill/3843/text?q=%7B%22search%22%3A%5B%22The+Countering+Russian+and+Other+Overseas+Kleptocracy+%28CROOK%29+Act+%5Cu2013+H.R.+3843%22%5D%7D&r=1 &s=3. Acesso em: 20 jun. 2021.

Kleptocracy (CROOK) Act], de 2019-2020, e, ainda mais enfaticamente em 2021, com a criação da Convenção bipartidária contra Corrupção e Cleptocracia [*Congressional Caucus Against Corruption and Kleptocracy*[23]], deixam claro que a luta contra a corrupção transnacional efetivamente se tornou uma questão de prioridade de segurança nacional para os Estados Unidos.

1.4   O alinhamento do setor privado

Na medida em que a corrupção é definida como prioridade de segurança nacional dos Estados Unidos, e que o Congresso também se mobiliza para somar esforços, é natural esperar que haja aumento no rigor contra a corrupção. Quando a fiscalização é intensificada, e as autoridades estão consistente e expansivamente aplicando o FCPA, e mais parceiros internacionais são chamados para unir esforços contra a corrupção, as empresas precisam adotar medidas pró-ativas que deixem clara a existência de uma política preventiva e intolerante à corrupção. Isso pode ser sinalizado de forma bastante convincente com a comprovação da existência de um efetivo programa de *complicance*. A empresa que consegue demonstrar que não poupa esforços e recursos investidos em controles internos e treinamento dos funcionários tem mais chances de não sofrer acusações, mesmo quando seus funcionários cometem crimes no desempenho das funções para as quais foram contratados.

Em um caso envolvendo o banco multinacional de investimento Morgan Stanley,[24] em 2012, um diretor financeiro foi considerado pessoal e exclusivamente responsável pelo suborno de um servidor público chinês. O caso é emblemático porque as acusações de violação ao FCPA foram feitas somente contra o diretor financeiro, e não contra o banco Morgan Stanley, pois os promotores entenderam que o banco possuía um efetivo programa de *compliance,* e o diretor havia deliberadamente atuado de modo a contornar os controles internos da empresa para fazer negócios e enriquecer-se pessoalmente.

De acordo com informações disponibilizadas pela promotoria (*Department of Justice* – DOJ), o Morgan Stanley mantinha um sistema de controles internos com o objetivo de garantir a contabilidade precisa

---

[23]   Disponível em: https://www.csce.gov/international-impact/press-and-media/press-relea ses/congress-launch-counter-kleptocracy-caucus-june. Acesso em: 20 jun. 2021.

[24]   Disponível em: https://www.justice.gov/opa/pr/former-morgan-stanley-managing-direc tor-pleads-guilty-role-evading-internal-controls-required. Acesso em: 20 jun. 2021.

de seus ativos e evitar que os funcionários oferecessem, prometessem ou pagassem qualquer coisa de valor a funcionários de governos estrangeiros. Os promotores também avaliaram que as políticas internas do Morgan Stanley foram atualizadas regularmente para refletir desenvolvimentos regulatórios e riscos específicos, suborno e outros riscos de corrupção relacionados à oferta de presentes, entretenimento de negócios, viagens, hospedagem, refeições, contribuições de caridade e oportunidades de emprego. Ademais, constatou-se que o Morgan Stanley frequentemente treinava seus funcionários em suas políticas internas, e os treinamentos incluíram o FCPA e outras leis anticorrupção. Entre 2002 e 2008, o Morgan Stanley treinou vários grupos de funcionários baseados na Ásia em políticas anticorrupção 54 vezes.

Durante o mesmo período, e especificamente com relação ao seu diretor envolvido na prática de corrupção, o Morgan Stanley comprovou que o mesmo havia participado de treinamentos sobre o FCPA sete vezes e havia sido lembrado de cumprir a FCPA pelo menos 35 vezes no período de 2002-2008. Ainda no âmbito do seu programa de *compliance*, o Morgan Stanley demonstrou que monitora regularmente as transações, audita aleatoriamente seus funcionários, transações e unidades de negócios e promove testes para identificar pagamentos ilícitos. Além disso, o Morgan Stanley demonstrou que conduz uma extensa pesquisa (*due diligence*) para levantar todas as informações sobre seus novos parceiros de negócios e impõe controles rigorosos sobre os pagamentos feitos aos parceiros de negócios.

Todas essas informações, que retratam o empenho da empresa em construir uma política sólida de práticas anticorrupção, foram decisivas para que as acusações fossem apresentadas somente contra a pessoa do diretor, ou seja, nenhuma acusação foi trazida contra o banco Morgan Stanley. Esse caso marcou uma quebra de paradigma porque foi a primeira vez que um caso de corrupção envolvendo empresa multinacional e violação ao FCPA não implicou responsabilidade da empresa pelos atos de corrupção, criando um importante precedente no sentido de que um efetivo programa de *compliance*, aliado à revelação voluntária e cooperação da empresa, pode evitar a responsabilização da pessoa jurídica.

Em pesquisa feita pela OCDE,[25] 99,1% das 112 grandes companhias que participaram da pesquisa afirmaram que possuem programa

---

[25] Corporate Anti-corruption Compliance Drivers, Mechanisms and Ideas for Change. p. 14-22. Disponível em: https://www.oecd.org/corruption/Corporate-anti-corruption-compliance-drivers-mechanisms-and-ideas-for-change.pdf. Acesso em: 20 jun. 2021.

de *compliance*, enquanto entre as pequenas e médias empresas (SME – *Small and Medium-Sized Enterprise*) o percentual cai para 72,2%.[26] A ausência de um programa de *compliance* normalmente ocorre por um destes três motivos: 1) a empresa está sediada em um país no qual as leis anticorrupção não são efetivamente aplicadas; 2) a empresa se considera muito pequena para ser alvo de uma investigação; 3) a empresa não possui recursos para investir em um programa de *compliance*, embora reconheça sua importância. Entre as que efetivamente adotam um programa de *compliance*, 80,7%, ou seja, a grande maioria, afirmaram que evitar investigações, processos e outras ações legais foi o aspecto considerado significante ou muito significante na decisão de implementar o programa. Em outras palavras, evitar ser alvo de investigação e processo sobre corrupção foi considerado decisivo para implantação de programas de *compliance*, muito mais do que, por exemplo, o interesse da companhia em obter contratos com o governo, aspecto que foi considerado significante ou muito significante para apenas 35,5% dos participantes.

Esse estudo da OCDE é parte integrante de um projeto que promove a Agenda de Desenvolvimento Sustentável 2030, e evidencia o papel fundamental do setor privado no enfrentamento da corrupção.

1.5 Cooperação direta entre os Estados

É uma tendência atual das convenções internacionais estimular o contato direto entre os Estados, seus órgãos e instituições, mediante acordos bilaterais ou multilaterais de cooperação internacional e fomento de intercâmbio de experiências e reuniões entre os órgãos e instituições competentes para que proporcionem um ao outro a mais ampla assistência jurídica com o objetivo de prevenir, detectar, investigar, apurar e punir atos de corrupção.[27]

A Convenção das Nações Unidas Contra Corrupção (UNCAC), no artigo 48, que trata da cooperação para aplicação da lei, estabelece que os Estados Partes deverão cooperar estreitamente um com o outro, com o objetivo de aprimorar a efetividade da aplicação da lei

---

[26] É importante anotar que, como o estudo era sobre *compliance*, é natural que a empresa que não tivesse o programa também não se interessasse em participar da pesquisa. Portanto, não surpreende o fato de haver sido apurado que 95,4% das 130 empresas participantes possuem programa de *compliance*, o que, todavia, não pode ser tomado como um percentual que possa ser projetado para todas as grandes, médias e pequenas empresas de modo geral.

[27] *Interamerican Convention Against Corruption, Article XIV(2).*

relativamente aos crimes previstos na convenção. Estabelece também que os Estados considerarão a possibilidade de celebrar acordos ou arranjos bilaterais ou multilaterais[28] de cooperação direta entre suas agências encarregadas de dar cumprimento à lei. A expressão agências abrange instituições e órgãos encarregados de aplicar a lei.

A UNCAC prevê ainda que, na ausência de tais acordos ou arranjos entre os Estados interessados, estes podem ter a Convenção como base para a cooperação mútua na aplicação da lei no que diz respeito aos delitos por ela abrangidos. E, sempre que apropriado, os Estados farão pleno uso de acordos ou arranjos, incluindo organizações internacionais ou regionais, para aumentar a cooperação entre suas agências que têm por atribuição a aplicação da lei.

O auxílio direto[29] é definido como "um procedimento inteiramente nacional, que começa com a solicitação de uma autoridade estrangeira, para que um juiz nacional conheça de seu pedido, como se o procedimento fosse interno, por provocação das Autoridades Centrais de cada país".[30] Seria, portanto, "a cooperação prestada pela autoridade nacional apta a atender a demanda externa, no uso de suas atribuições legais, como se um procedimento nacional fosse, embora oriundo de solicitação do Estado estrangeiro".[31] Portanto, nos casos de auxílio direto, a partir da provocação das autoridades estrangeiras, a autoridade nacional atuaria com liberdade, autonomia e controle sobre o mérito e formalidades do pedido.

Com o objetivo de aprimorar e facilitar que o intercambio de informações ocorra de forma rápida e segura, a UNCAC recomenda que sejam criados canais de comunicação ligando diretamente autoridades competentes em diferentes Estados, bem como canais ligando as respectivas agências e serviços.[32]

---

[28] *Article 48(2).*

[29] É mencionado na Resolução nº 9/2005 do Superior Tribunal de Justiça, artigo 7º, parágrafo único: "Os pedidos de cooperação jurídica internacional que tiverem por objeto atos que não ensejem juízo de delibação pelo Superior Tribunal de Justiça, ainda que denominados como carta rogatória, serão encaminhados ou devolvidos ao Ministério da Justiça para as providências necessárias ao cumprimento por auxílio direto."

[30] VERGUEIRO, Luiz Fabricio Thaumaturgo. Medidas de cooperação introdutórias e atos de comunicação. *In*: FERNANDES, Antonio Scarance; ZILLI, Marcos Alexandre Coelho (Coord.); VILARES, Fernanda Regina (Org.). *Direito processual penal internacional*. São Paulo: Atlas, 2013. p. 415.

[31] ARAUJO, Nadia de (Coord.). *Cooperação Jurídica Internacional no Superior Tribunal de Justiça*: comentários à Resolução nº 9/2005. Rio de Janeiro: Renovar, 2010. p. 12.

[32] *Article 48(1)(a).*

Esse canal de comunicação direta entre autoridades é uma realidade do âmbito da Organização da Polícia Internacional – Interpol (*International Criminal Police Organization*). Aliás, a Interpol é o canal sugerido pela UNCAC,[33] sempre que possível, quando se trata de pedido urgente. Também é uma possibilidade prevista na *Criminal Law Convention on Corruption*.[34] Isso porque o contato direto entre autoridades, em regra, é o caminho mais rápido e menos burocrático.

Mais recentemente, foi criada a figura do juiz de ligação, que tem uma atuação relevante no aprimoramento da cooperação internacional entre países da União Europeia, e destes com o mundo, especialmente no enfrentamento das ameaças do crime organizado e terrorismo. Com o fito de dar agilidade à cooperação internacional, a UNCAC prevê que os Estados Partes deverão designar autoridades centrais em pessoas que detenham responsabilidade e poder para receber os pedidos de assistência jurídica e pessoalmente executá-los ou transmiti-los para as autoridades competentes para executá-los,[35] com ênfase para a possibilidade de pessoalmente executá-lo, o que abreviaria a burocracia das idas e vindas do pedido de assistência jurídica.

Outra forma de promover a cooperação estimulada pela UNCAC é pelo compartilhamento de informações referentes a identidade, paradeiro e atividades de pessoas suspeitas de envolvimento com os crimes previstos na Convenção, inclusive sobre movimentação de bens que sejam produtos de crimes ou de bens, equipamentos ou instrumentos que possam ser utilizados para a prática de crimes. A troca de informações também deve compreender aquelas relativas aos métodos criminosos normalmente utilizados, incluindo uso de identidade falsa, documentos falsos e outras fraudes que objetivem encobrir a atividade criminosa.[36] Tais previsões, de criação de canais que aproximem e facilitem o contato entre autoridades, têm o objetivo de permitir a identificação precoce de práticas criminosas.[37]

Nos tópicos seguintes, falaremos sobre esse contato direto entre autoridades, abordando a INTERPOL, que possui quase um século de existência, e a mais recente figura do juiz de ligação.

---

[33] *Article 46(13).*
[34] *Article 30(3).*
[35] *Article 46(13).*
[36] *Article 48(1)(b)e(d).*
[37] *Article 48(1)(d).*

1.6 A Interpol

A Organização Internacional da Polícia Criminal – Interpol (*International Criminal Police Organization* ou ICPO) é atualmente composta por 194 países-membros, o que a torna a maior organização policial do mundo.[38] Foi fundada em 1923 e tem sua sede em Lyon, na França. A Interpol é a instituição sugerida pela UNCAC[39] e também pela *Criminal Law Convention on Corruption*[40] para ser acionada quando houver circunstâncias urgentes.

É importante destacar que não existe uma polícia global que atue sobre o crime transnacional. O que existe de mais próximo de uma polícia global é a polícia da Organização das Nações Unidas (*UNPOL – United Nations Police's*), mas sua atuação é restrita a operações de paz e proteção diplomática. A Interpol, por sua vez, constitui uma organização internacional que atua como intermediária na cooperação entre polícias de diferentes soberanias. Não possui poder para prender pessoas em diferentes Estados soberanos, mas atua como um *network* de polícias nacionais que se dedica precipuamente a rastrear pessoas suspeitas, identificar atividades criminosas e compartilhar informações. Opera por meio de escritórios centrais nacionais (NBC – *National Central Bureaus*), cujo efetivo é composto por membros designados, policiais e civis.

O trabalho da Interpol prioriza crimes transnacionais como terrorismo, tráfico de drogas e humano, crime organizado e crime cibernético. Sua função precípua é atuar como veículo mediante o qual são solicitadas informações pela Interpol local aos demais escritórios centrais nacionais (NBC). Seu método de atuação envolve a emissão de alertas baseados em cores: alerta vermelho (pessoas procuradas); alerta azul (requisição de informação sobre pessoas); alerta verde (alerta sobre criminosos internacionais); alerta amarelo (pessoas desaparecidas); alerta *black* (identificação de cadáver). Também funciona como uma fonte central de coleta e distribuição de informações sobre pessoas, banco de digitais e DNA.

É importante assentar que a informalidade da Interpol, e também a inexistência de um órgão de controle externo, tem sido objeto de críticas, embora de modo geral seja considerada uma instituição que

---

[38] Disponível em: https://www.interpol.int/Who-we-are/Member-countries. Acesso em: 20 ago. 2021.

[39] *Article 46(13).*

[40] *Article 30(3).*

possui uma atuação relevante e eficiente, sendo altamente prestigiada no cenário internacional. Mas justamente pelo fato de a Interpol ser o resultado de um trabalho de cooperação entre polícias de diferentes soberanias, nem sempre existe uma atuação padronizada. Por exemplo, um alerta vermelho *soft*, ou seja, não vinculante, solicitando a prisão de um criminoso para fins de extradição, pode ser suficiente para que alguns membros da Interpol efetuem a prisão do procurado, mas outros podem entender que se faz necessária a existência de uma solicitação formal diplomática específica.

O aspecto fundamental que a Interpol retrata é o surgimento de uma cultura de cooperação transnacional, caracterizada pela reunião e coordenação de diferentes soberanias, sem que exista um poder central em nível internacional. Essa forma de cooperação internacional, na qual não existe interferência no poder e no controle das competências em nível local, possui como base de ligação valores comuns que são compartilhados pelas polícias que integram a organização. É desenvolvida uma cultura de percepção do crime transnacional em uma perspectiva global, contribuindo para o desenvolvimento de uma atuação mais efetiva em nível mundial.

Sua forma *sui generis* de atuação fica clara a partir da leitura do artigo 2º da Constituição da Interpol,[41] que estabelece que seus objetivos são: (1) garantir e promover a mais ampla possível assistência mútua entre todas as autoridades policias criminais dentro dos limites das leis existentes nos diferentes países e no espírito da Declaração Universal dos Direitos Humanos; (2) estabelecer e desenvolver todas as instituições capazes de contribuir efetivamente para a prevenção e supressão de crimes previstos no direito comum. O artigo 3º da Constituição da Interpol proíbe a Organização de realizar qualquer intervenção ou atividades de caráter político, militar, religioso ou racial.

Portanto, é uma forma de organização e uma cultura que não apenas não se submete diretamente a qualquer tipo de controle democrático ou de autoridade, como efetivamente evita que exista um controle central, preservando o controle nacional e a diversidade de formas de atuação policial, que permanecem conforme seus diferentes sistemas locais. Aliás, a Interpol só ganhou a dimensão que possui porque adotou um formato que reduz a fricção gerada na disputa de poder e alinhamento de vontades, pois preserva a autonomia da atuação conforme o sistema local, ou seja, não erodindo o controle local.

---

[41] Disponível em: https://www.interpol.int/Who-we-are/Legal-framework/Legal-documents. Acesso em: 20 ago. 2021.

A cooperação surge espontaneamente, a partir do compartilhamento de valores e do desejo que esses valores despertam para que os países se sintam estimulados a se integrarem unindo forças na busca de um objetivo (valores) comum.

1.7 Magistrado de Ligação

O magistrado de ligação (*liason magistrate*) é uma figura criada em 1993, com o objetivo de facilitar a cooperação judiciária em matéria penal entre França e Itália, em momento no qual se buscava o fortalecimento de ambos os países para enfrentamento da luta contra a máfia. Rememore-se que a Operação Mãos Limpas teve início na Itália em 1992. O primeiro cargo de magistrado de ligação foi criado pela França, na Itália.

Em 22 de abril de 1996, um ato normativo editado[42] pelo Conselho da União Europeia, denominado Ação Conjunta,[43] estabeleceu a estrutura para o intercâmbio de magistrados de ligação com o objetivo de melhorar a cooperação judiciária entre os Estados-membros da União Europeia. Surge então uma estrutura jurídica que permite a celebração de acordos bilaterais ou multilaterais, com o "objetivo principal de aumentar a rapidez e a eficácia da cooperação judiciária e favorecer o intercâmbio de informações relativas aos sistemas jurídicos e judiciários dos Estados-membros e ao respectivo funcionamento".[44]

Com base nessa nova estrutura, a rede francesa de magistrados de ligação cresceu e se tornou a mais extensa do mundo. Atualmente, a França possui 15 postos de magistrados de ligação (Argélia, Alemanha, Brasil, Canadá, Espanha, Estados Unidos, Itália, Marrocos, Holanda, Catar, Romênia, Reino Unido, Senegal, Sérvia, Tunísia) e 3 lugares de consultores jurídicos nas embaixadas (Rússia, China, Turquia). Os magistrados de ligação estão presentes em quatro continentes e cobrem um total de 36 países, levando em consideração a área de

---

[42] A edição desse ato normativo (*Acção Comum/Joint Action*) tem como fundamento o disposto no artigo K.3 do Tratado da União Europeia.

[43] Joint Action of 22 April 1996. Disponível em: https://op.europa.eu/en/publication-detail/-/publication/b5d9f60e-fc56-41df-be87-e1aa6cc58e1e/language-en; ou Acção Comum na versão em Português: https://op.europa.eu/da/publication-detail/-/publication/b5d9f60e-fc56-41df-be87-e1aa6cc58e1e/language-pt/format-PDFA1B. Acesso em: 20 abr. 2021.

[44] Artigo 1º, item 3. Disponível em: https://op.europa.eu/da/publication-detail/-/publication/b5d9f60e-fc56-41df-be87-e1aa6cc58e1e/language-pt/format-PDFA1B. Acesso em: 20 abr. 2021.

competência regional de seis deles. Quase metade deles está sediada na Europa ou na periferia imediata da União Europeia.[45]

O aprimoramento da cooperação judiciária em matéria penal e civil foi o que motivou a criação dos primeiros postos de magistrados de ligação na Europa: Itália (1993), Holanda (1996), Espanha (1997), Alemanha (1998), Reino Unido (1999). Em outros casos, a existência de cooperação técnica serviu de base à criação de novos postos, quando países aderiram à União Europeia, com vistas ao desenvolvimento de assistência jurídica mútua (República Checa 1999, Polônia 2006).

Finalmente, a resposta a ameaças transversais como o crime organizado e o terrorismo também motivou a criação de novos postos, como o do magistrado de ligação baseado na Croácia (posto criado em 2006), depois na Sérvia (de 2012), que foi inicialmente competente para 13 países. O fluxo de assistência jurídica mútua com alguns deles foi tal que exigiu a abertura de postos *ad hoc* (Turquia em 2009 e Romênia em 2012).

Em 2016, foi criado o cargo de magistrado de ligação na Bélgica, o 19º da rede, que faz parte do atual contexto de fortalecimento do mecanismo de cooperação entre a França e a Bélgica na luta contra o terrorismo. A principal tarefa do titular é facilitar ainda mais a assistência jurídica mútua entre a França e a Bélgica, além de garantir que a eficiência já demonstrada dos canais de relações institucionais seja aprimorada.[46]

1.7.1 Estatuto dos magistrados de ligação

Os magistrados de ligação têm sua atividade vinculada à ação internacional do Ministério da Justiça, na área de cooperação jurídica internacional. A grande originalidade dessa instituição reside no fato de que o magistrado de ligação está normalmente localizado no Ministério da Justiça do país anfitrião, mesmo que ele também tenha um escritório na sede da Embaixada. Esse estabelecimento permite um melhor conhecimento e entendimento das instituições e sistemas judiciais recíprocos e facilita concretamente a cooperação e a assistência mútua.[47]

---

[45] Disponível em: http://www.justice.gouv.fr/europe-et-international-10045/les-magistrats-de-liaison-28955.html. Acesso em: 20 abr. 2021.

[46] Disponível em: http://www.justice.gouv.fr/europe-et-international-10045/les-magistrats-de-liaison-28955.html. Acesso em: 20 abr. 2021.

[47] Disponível em: http://www.justice.gouv.fr/europe-et-international-10045/les-magistrats-de-liaison-28955.html. Acesso em: 20 abr. 2021.

Em algumas situações, contudo, não é possível que o magistrado fique estabelecido no Ministério da Justiça do país anfitrião, caso em que o magistrado de ligação fica exclusivamente na Embaixada do respectivo país de origem, onde exerce as funções de "consultor jurídico em uma Embaixada", como é o caso dos magistrados franceses nomeados na China, Rússia e Turquia. Por reciprocidade, o Ministério da Justiça francês recebe oito magistrados de ligação estrangeiros, representando Argélia, Alemanha, Espanha, Estados Unidos, Marrocos, Holanda, Romênia e Reino Unido.

1.7.2 A função do magistrado de ligação

As funções do magistrado de ligação, conforme previstas no ato normativo do Conselho da União Europeia, incluem normalmente todas as atividades que têm por objetivo favorecer e acelerar todas as formas de cooperação judiciária em matéria penal e civil, notadamente por meio do estabelecimento de contatos diretos com os serviços competentes e com as autoridades judiciárias do Estado anfitrião.[48]

De forma exemplificativa, a atividade do magistrado de ligação consiste em auxiliar no processamento de solicitações de assistência civil e criminal internacional, solicitações de inquéritos, transferências, denúncias oficiais e procedimentos de extradição; fornecer às autoridades do país representado e do país anfitrião as informações que sejam úteis para organização e desenvolvimento da justiça em ambos os países, com vistas a um melhor conhecimento e enriquecimento mútuo; facilitar o desenvolvimento de ações de cooperação legal, bilaterais e multilaterais; preparar, em conjunto com as autoridades judiciais envolvidas, as reuniões bilaterais necessárias para o bom funcionamento das relações judiciárias entre os dois países.[49]

Além dessas atividades, também é encarregado de um certo número de missões pelo embaixador, como elaboração de pareceres sobre temas jurídicos, representação do embaixador em temas relacionados à justiça, ou contribuição adicional para as ações da embaixada envolvendo atividades judiciárias. Os magistrados de ligação estabelecidos na Europa distinguem-se dos demais pela elaboração de numerosas

---

[48] Artigo 2º, item 1, da Acção Conjunta de 22 de abril de 1996. Disponível em: https://op.europa.eu/da/publication-detail/-/publication/b5d9f60e-fc56-41df-be87-e1aa6cc58e1e/language-pt/format-PDFA1B. Acesso em: 20 abr. 2021.

[49] Disponível em: http://www.justice.gouv.fr/europe-et-international-10045/les-magistrats-de-liaison-28955.html. Acesso em: 20 abr. 2021.

notas de direito comparado, pela mobilização para a preparação dos assessores de Justiça e Assuntos Internos e, para alguns, pela experiência adquirida com a situação dos países candidatos à adesão à UE em questões relacionadas à justiça.

1.8 A figura do juiz de cooperação no Brasil (apenas no âmbito nacional)

No Brasil, a cooperação judiciária envolvendo a figura do juiz de cooperação está prevista somente no âmbito nacional. O Conselho Nacional de Justiça editou primeiramente a Recomendação nº 38, de 03.11.2011,[50] e, mais recentemente, a Resolução nº 350, de 27.10.2020, na qual recomendou aos Tribunais a criação de mecanismos de cooperação judiciária entre os órgãos do Poder Judiciário, mediante instituição de núcleos de cooperação judiciária e da figura do juiz de cooperação (em âmbito nacional), com o objetivo de otimizar os meios institucionais e dar maior fluidez e agilidade à comunicação entre os órgãos judiciários e operadores do direito. A Resolução nº 350 enfatiza, ademais, que a cooperação judiciária, em especial por meio do auxílio direto, constitui mecanismo contemporâneo, desburocratizado e ágil para cumprimento de atos judicias.

Além da cooperação ativa, passiva e simultânea entre órgãos do Poder Judiciário, foi prevista também a cooperação interinstitucional, entre o Judiciário e outras instituições e entidades que possam, direta ou indiretamente, contribuir para a administração da justiça. Foram criados a Rede Nacional de Cooperação Judiciária, que é composta pelos Juízes de Cooperação Judiciária; os Núcleos de Cooperação Judiciária de cada um dos tribunais brasileiros; e o Comitê Executivo da Rede Nacional de Cooperação Judiciária, instituído pelo CNJ.[51]

A Resolução nº 350, de 2020, é um instrumento que confere o necessário suporte à desburocratização dos atos judiciais, ao estabelecer que o pedido de cooperação judiciária deve ser prontamente atendido, devendo ser informado pelos princípios da celeridade, concisão, instrumentalidade das formas, ou seja, dispensa formalidade específica. Ademais, estabelece que deve ser dada prioridade ao uso dos meios eletrônicos, que sempre representam maior segurança e agilidade,

---

[50] Revogada pela Resolução nº 350/2020, do CNJ, art. 24.
[51] Resolução nº 350/2020, do CNJ, art. 7º.

podendo os atos de cooperação ser executados por auxílio direto, atos conjuntos ou concertados entre os juízes cooperantes. Tais atos podem ser encaminhados diretamente entre os juízes cooperantes ou remetidos por intermédio do juiz de cooperação. Essa opção apenas se torna possível porque limitada ao âmbito nacional, pois, no âmbito internacional, o pedido de cooperação entre autoridades judiciais apenas ocorre via diplomática institucional ou via figura do juiz de cooperação internacional, inexistente no Brasil, embora pudesse ser uma figura criada, inclusive, no âmbito da própria Resolução nº 350/2020.

Os tratados internacionais,[52] ao preverem a comunicação direta entre autoridades judiciais, fornecem base jurídica para uma visão mais ampla e alinhada com o desafio do enfrentamento da criminalidade transnacional, no qual a figura do juiz de cooperação no âmbito das relações internacionais, em contato com juízes de cooperação de outros países (e não apenas no âmbito nacional), seria um avanço na representação do Brasil na cooperação internacional.

Sabemos que a especialização é o caminho normalmente trilhado na busca do aprimoramento da prestação jurisdicional. De modo geral, as Varas e Tribunais têm procurado especializar sua competência jurisdicional e de suas Turmas, pois isso representa ganho significativo de todos os lados, com maior eficiência na prestação da jurisdição, ou seja, aumenta a qualidade do trabalho e diminui o tempo de espera, e, em contrapartida, aumenta a produtividade da equipe, que fica totalmente dedicada às funções às quais se especializou e, por isso, as desempenha com muito mais desenvoltura.

Os pedidos de cooperação internacional passivos, que chegam para serem cumpridos no Brasil, são recebidos via autoridade central, vinculada ao Poder Executivo, e em regra irão necessitar da prática de atos judiciais para serem executados em território nacional, razão pela qual o encaminhamento até então adotado é a distribuição a uma Vara que não lida rotineiramente com pedidos de cooperação internacional. Com o recente advento da Resolução nº 350 do CNJ, cada tribunal deverá designar um ou mais magistrados para atuarem como Juízes de Cooperação, com ou sem prejuízo das suas atribuições jurisdicionais ordinárias, ou seja, do trabalho na sua lotação de origem. Essa designação de um juiz específico para atuar na cooperação judiciária reflete a crucial importância da especialização como caminho para alcançar

---

[52] Convenção Interamericana Contra Corrupção, artigo XIV(a); *Criminal Law Convention on Corruption*, artigo 30(2); UNCAC, artigo 48(1)(a)(e)(f) e 48(2).

eficiência, que nada mais é do que maior qualidade do resultado com menor dispêndio de tempo e recursos.

Os pedidos que são enviados do Brasil, ou seja, pedidos de assistência ativa, nos quais o Brasil figura como Estado requerente, são encaminhados pelas autoridades judiciais para a autoridade central brasileira, vinculada ao Poder Executivo, e esta promove as traduções dos documentos e pedido e os encaminha à autoridade central do país requerido, para que neste sejam distribuídos à autoridade competente para dar cumprimento à solicitação. Houvesse a figura do juiz de cooperação internacional no Brasil, sua atuação dispensaria total ou parcialmente a intermediação da via diplomática, e suas atribuições estariam compreendidas essencialmente no que hoje é definido como atribuições específicas do juiz de cooperação no âmbito nacional, pelo art. 14 da Resolução nº 350/2020.

Entre as atribuições do juiz de cooperação nacional, estão previstas a identificação de soluções para os problemas que possam surgir no processamento do pedido de cooperação judiciária, a facilitação da coordenação do tratamento de pedidos de cooperação no âmbito da sua atuação (no caso, o respectivo tribunal), o fornecimento de todas as informações necessárias a permitir a elaboração eficaz de pedido de cooperação judiciária, bem como estabelecer contatos diretos entre os diversos órgãos e juízes. Observe-se que essas atribuições ganham relevância muito maior no âmbito internacional, no qual a diversidade dos sistemas, dos ordenamentos jurídicos, nacional e estrangeiro, e das instituições e agências envolvidas constitui um obstáculo muito mais dificultoso do que aquele existente no âmbito interno, especialmente em um país como o Brasil, onde a lei processual, civil e penal, é federal, portanto, amplamente conhecida por todos os juízes brasileiros que atuam no âmbito nacional.

A criação de órgãos judiciais especializados em cooperação internacional, em outras palavras, especializados em prestar assistência jurídica a pedidos passivos ou ativos, eleva a cooperação internacional a outro nível de excelência. No caso da assistência jurídica a pedidos passivos, ou seja, que devam ser cumpridos no território nacional, basta a especialização de algumas varas estrategicamente distribuídas no território nacional. No caso de assistência a pedidos ativos, nos quais o Brasil figure como Estado requerente, o juiz de cooperação internacional brasileiro deve ter sua base no exterior, por exemplo, no prédio da Embaixada brasileira no país anfitrião, como ocorre com os juízes de ligação dos países europeus.

Com isso é criada uma figura que pode efetivamente transformar o que hoje entendemos por cooperação jurídica internacional, pois o juiz de cooperação internacional, conhecendo ambos os sistemas jurídicos envolvidos, pode mais efetivamente identificar soluções para os problemas que possam surgir no processamento do pedido de cooperação judiciária, facilitar a coordenação do tratamento de pedidos de cooperação no âmbito do país estrangeiro ao qual for designado e fornecer todas as informações necessárias a permitir a elaboração eficaz de pedido de cooperação judiciária, bem como estabelecer contato direto entre as diversas instituições, órgãos, agências e juízes. Ademais, tudo sendo providenciado na linguagem técnica mais adequada, o que também é um fator que contribui para otimizar o pedido de cooperação.

No Brasil, o juiz de cooperação internacional pode surgir na estrutura do CNJ, tanto no bojo da mencionada Resolução nº 350/2020, quanto relacionado às ações da Estratégia Nacional de Combate à Corrupção e Lavagem de Dinheiro (ENCCLA).[53] Isso porque o CNJ integra o grupo de órgãos engajados com a ENCCLA.[54] As ações da ENCCLA aprovadas para o ano 2020[55] estavam pautadas no cumprimento das Recomendações do GAFI,[56] que definem os padrões internacionais de combate à lavagem de dinheiro e ao financiamento do terrorismo ("International Standards on Combating Money Laundering and the Financing of Terrorism & Proliferation"). O GAFI integra o *Financial Action Task Force* (FATF),[57] que vem a ser a principal instituição na repressão da lavagem de dinheiro, e é composto pelos países do G-7, Comissão da UE, alguns países integrantes da OECD, e atualmente também por países considerados de importância estratégica no mercado financeiro global. Das 40 recomendações do GAFI-FATF que a ENCCLA se compromete a cumprir,[58] as de números 31, 36 a 38 dizem respeito à cooperação internacional e conferem suporte, ao lado das convenções internacionais, para criação do juiz de cooperação internacional.

---

[53] A ENCCLA tem sua ação coordenada pela Secretaria Nacional de Justiça, em parceria com outros órgãos da Administração Pública (Decreto nº 9.662/2019, art. 13).

[54] Disponível em: https://www.cnj.jus.br/programas-e-acoes/combate-a-corrupcao-enccla/. Acesso em: 15 maio 2021.

[55] Disponível em: http://enccla.camara.leg.br/acoes/acoes-de-2020. Acesso em: 15 maio 2021.

[56] Grupo de Ação Financeira Internacional, vinculado ao Ministério da Justiça e Segurança Pública. O GAFI foi criado em 1989, no âmbito da OCDE.

[57] Disponível em: www.fatf-gafi.org. Acesso em: 15 maio 2021.

[58] Disponível em: https://www.fatf-gafi.org/media/fatf/documents/recommendations/pdfs/FATF-40-Rec-2012-Portuguese-GAFISUD.pdf. Acesso em: 15 maio 2021. p. 38, 41-44.

Relativamente às ações da ENCCLA do ano 2021,[59] é explícito o propósito de "criar mecanismos para o compartilhamento direto e contínuo de bancos de dados, em ambiente seguro, entre os atores estatais responsáveis pela prevenção, detecção e repressão à corrupção, à lavagem de dinheiro e ao financiamento do terrorismo."

Atualmente a autoridade central no Brasil é o Departamento de Recuperação de Ativos e Cooperação Jurídica Internacional, órgão vinculado ao Poder Executivo. A trajetória do Brasil tem sido de aprimoramento da cooperação internacional. A figura do juiz de cooperação internacional é mais uma etapa nessa trajetória de aprimoramento, elevando a assistência jurídica mútua a um novo patamar de cooperação, mais efetiva e célere, estreitando os laços institucionais entre os países. Por isso, dedicamos o item seguinte a descrever esse modelo mais avançado e mais adequado ao contexto transnacional.

1.9   O juiz de cooperação internacional

O estabelecimento de canais diretos de comunicação entre autoridades, agências e serviços é expressamente estimulado pelas convenções internacionais que tratam do enfrentamento da corrupção. A *Criminal Law Convention on Corruption* prevê expressamente que, em caso de urgência, os pedidos de assistência mútua podem ser encaminhados diretamente por autoridades judiciais (além de juízes, inclui promotores públicos) do Estado requerente para as autoridades judicias do Estado requerido.[60] O intuito dessa previsão é contornar a burocracia, eliminando a etapa que envolve as autoridades centrais de ambos os países. De qualquer modo, deve ser encaminhada uma cópia do pedido de assistência também à autoridade central, apenas para que tenha ciência de que houve um pedido direto de assistência. Caso tal pedido seja encaminhado por esta via direta a uma autoridade judicial que não seja competente, ela mesma deve redirecionar o pedido de assistência para a autoridade judicial competente do seu país e informar também diretamente ao Estado requerente que fez esse encaminhamento.[61]

Esses canais diretos de comunicação entre autoridades têm como objetivo facilitar e garantir que a troca de experiências, informações e

---

[59]   Disponível em: http://enccla.camara.leg.br/acoes. Acesso em: 15 maio 2021.

[60]   *Criminal Law Convention on Corruption, Article 30(2).*

[61]   *Criminal Law Convention on Corruption, Article 30(4).*

provas possa acontecer de forma rápida e segura. Nesse sentido, as previsões existentes na Convenção Interamericana Contra Corrupção,[62] na *Criminal Law Convention on Corruption*[63] e também na UNCAC.[64] Esta última ainda prevê que esses canais diretos de comunicação objetivam facilitar a efetiva coordenação de atividades entre as autoridades envolvidas. É nesse contexto que se enquadra a figura do juiz de cooperação internacional.

Representa indiscutível avanço a criação de órgãos judiciais especializados em cooperação internacional, ou seja, especializados em prestar assistência jurídica a pedidos passivos ou ativos, naquele caso, situados no território nacional, e neste caso situados no exterior, podendo inclusive ser no prédio da Embaixada no país anfitrião, a exemplo do que ocorre com os juízes de ligação dos países europeus.

No que toca aos pedidos ativos, ou seja, pedidos feitos pelas autoridades do Estado requerente (juízes, promotores, investigadores) para serem cumpridos no exterior, a possibilidade de esse pedido ser encaminhado diretamente ao juiz de cooperação internacional em residência no país requerido seria altamente vantajosa, por vários motivos, mas especialmente pelo contato direto com magistrado com conhecimento de ambos os sistemas jurídicos, de modo a orientar para corrigir de pronto qualquer inconsistência no pedido ou documentação (que possa atrasar ou dificultar seu cumprimento), otimizando as etapas do processo.

O juiz de cooperação internacional atua também com o objetivo de facilitar a coordenação do tratamento de pedidos de cooperação no âmbito do país estrangeiro ao qual for designado, bem como fornecer todas as informações necessárias para elaboração eficaz de pedido de cooperação judiciária. Ademais, o fato de estar localizado no exterior permite que seja estabelecido contato direto entre as diversas instituições, órgãos, agências e juízes. Observe-se que todas essas atribuições são previstas no Brasil para o juiz de cooperação no âmbito nacional,[65] mas o fato é que possuem dimensão muito mais relevante no âmbito internacional. Também é altamente vantajoso que a elaboração da tradução dos pedidos e o seu encaminhamento possam ser feitos diretamente

---

[62] Artigo XIV(a).

[63] Artigo 30(2).

[64] Artigo 48(1)(a)(e)(f) e 48(2).

[65] Resolução nº 350/2020, do CNJ, art. 14.

do país onde os pedidos de assistência devam ser atendidos, pois isso permite melhor uso da linguagem técnica mais apropriada.

À medida que a cooperação internacional vai sendo mais detalhada nos acordos internacionais e aprimorada, o propósito do juiz de cooperação internacional vai ficando mais evidente. Por exemplo, vamos considerar as hipóteses nas quais a UNCAC (e também a *Criminal Law Convention Against Corruption*) prevê a possibilidade de recusa do pedido de assistência,[66] ou a possibilidade de o Estado requerido necessitar adiar o cumprimento do pedido de assistência para que este não interfira em investigação, acusação ou processo judicial em andamento no país requerido.[67] Nesses casos, a UNCAC prevê que, antes de recusar ou postergar o pedido de cooperação, o Estado requerido deverá contactar o Estado requerente com o objetivo de tentarem chegar a um meio-termo que atenda o interesse de ambos, mediante sugestão de assistência condicionada a determinados termos e condições.[68] Tal arranjo que, por si, é algo complexo, fica facilitado com a presença dos Juízes de Cooperação Internacional representantes de ambos os países, ou ao menos de algum deles, pois essa figura detém conhecimento dos sistemas jurídicos envolvidos e de como se desenvolve, na teoria e na prática, uma investigação e um processo judicial.

Outra hipótese na qual a figura do juiz de cooperação internacional é extremamente útil é no caso das oitivas de testemunhas ou peritos que estejam no Estado requerido. A UNCAC prevê a possibilidade de o Estado requerido consentir que essa oitiva seja feita por videoconferência, sendo o depoimento colhido por juiz do Estado requerente, com a presença de juiz do Estado requerido.[69] Entretanto, é importante anotar que embora o sistema de videoconferência seja uma realidade no Brasil, o mesmo não ocorre em muitos países, como os Estados Unidos. Todos os arranjos necessários para fazer essa oitiva acontecer e sua realização propriamente dita são sobremaneira facilitados pela existência do juiz de cooperação. Sem isso, o que normalmente ocorre é que a oitiva seja feita no modelo antigo, das cartas rogatórias, nas quais as perguntas são enviadas pelo juiz requerente, via autoridade central, e são distribuídas, também via autoridade central, a um juiz do Estado requerido, e este as reproduz na audiência por ele conduzida.

---

[66] UNCAC, *Article 46(21)*.
[67] UNCAC, *Article 46(25)*.
[68] UNCAC *Article 46(26)*.
[69] UNCAC, *Article 46(18)*.

Tal modelo, antigo, perde muito da qualidade da prova, pois deixam de ser feitas perguntas que surgem a partir das respostas do depoente. Além disso, o juiz do Estado requerido não tem conhecimento dos fatos, pois não tem acesso ao processo ou ao inquérito que tramita no Estado requerente, já que normalmente apenas algumas peças são traduzidas e enviadas para instruir o pedido.

São inúmeras as situações nas quais a existência do juiz de cooperação desempenha papel relevante no âmbito da assistência jurídica. Outro exemplo é o caso no qual a informação ou evidência colhida no Estado requerido necessita ser aproveitada em outras investigações ou processos. Nessa hipótese, faz-se necessário obter novo consentimento do Estado requerido, haja vista que as informações foram encaminhadas para os fins específicos da investigação ou processo mencionado no pedido de assistência. Além disso, caso o pedido de cooperação produza evidências que possam conduzir à absolvição do investigado ou réu, tais evidências devem ser compartilhadas em todas as investigações e processos em andamento no Estado requerente. Nessa hipótese, é necessário também notificar o Estado requerido e, se solicitado, os Estados Partes devem inclusive se reunir para melhor encaminhamento.[70]

Portanto, a figura do juiz de cooperação internacional seria um juiz fluente nas línguas dos Estados requerente e requerido, e com conhecimento jurídico de ambos os sistemas, elevando a cooperação jurídica internacional a um novo patamar, com maior domínio dos sistemas jurídicos envolvidos, melhor uso da linguagem técnica apropriada e contato próximo com as autoridades e instituições encarregadas do cumprimento do pedido de assistência. O juiz de cooperação internacional seria o embrião do futuro Tribunal Transnacional.

1.10 Assistência Jurídica Mútua (*Mutual Legal Assistance Treaty* – MLAT)

Existem atualmente cinco tratados específicos sobre combate à corrupção[71] e todos eles tratam da cooperação internacional e da assistência jurídica mútua (*mutual legal assistance* – MLA). É comum também a referência aos tratados de mútua assistência jurídica (*mutual*

---

[70] UNCAC, article 46(19).

[71] *Interamerican Convention Against Corruption* (1996); *Anti-Bribery Convention OCDE* (1997); *Criminal Law on Corruption* (1999); *African Convention* (2003); e UNCAC (2003).

legal assistance treaty – MLAT), que normalmente são arranjos bilaterais, podendo ser multilaterais, entre países. A Resolução da Organização das Nações Unidas nº 53/112 dispõe sobre o Tratado Modelo em Assistência Mútua em Matéria Penal.

Os tratados internacionais contra a corrupção preveem que os Estados Partes devem proporcionar um ao outro a mais ampla assistência jurídica e também a mais ampla assistência técnica em cooperação, para que esta ocorra da forma e meios mais efetivos para prevenir, detectar, investigar e punir os atos de corrupção.[72] A *Criminal Law on Corruption*, do Conselho da Europa, também prevê que a assistência deve ser concedida na maior extensão possível para o propósito de investigação e processamento dos crimes de corrupção.[73]

A Convenção da OCDE prevê que os Estados devem proporcionar pronta e efetiva assistência ao Estado requerente, bem como devem dar ciência ao Estado requerente, sem demora, sobre qualquer informação ou documento necessário para embasar o pedido de assistência, bem como fornecer informações sobre o andamento do pedido de assistência sempre que solicitado.[74]

Tais previsões ressalvam que a assistência deve sempre observar o ordenamento jurídico doméstico e os tratados e arranjos bilaterais ou multilaterais existentes entre os países. Algumas convenções contêm regra expressa no sentido de que devem ser observadas as regras nelas previstas sempre que mais favoráveis que outras constantes em outros tratados ou acordos bilaterais.[75]

A UNCAC é a mais ampla e abrangente de todas, também é a mais recente e a que reúne mais países signatários. Todo o capítulo IV da UNCAC é dedicado à cooperação internacional (artigos 43 a 50) e o capítulo V é dedicado à recuperação de ativos, tema relevantíssimo quando se trata de corrupção transnacional. Relativamente à assistência jurídica, tratada no artigo 46, a convenção prevê que os Estados devem proporcionar a mais ampla assistência em investigação, acusação e processo judicial [artigo 46(1)], contendo também disposição explícita, nos mesmos termos, relativamente à investigação, à acusação e ao processo que tenha como alvo pessoa jurídica [artigo 46(3)]. A ausência de previsão expressa relativamente à pessoa jurídica em outras convenções

---

[72] *Interamerican Convention Against Corruption, Article XIV.*
[73] *Criminal Law on Corruption, Article 25(1).*
[74] *Anti-Bribery Convention OECD, Article 9.*
[75] *Criminal Law on Corruption, Article 25(3).*

não é, por si, empecilho para assistência jurídica relativamente à pessoa jurídica, desde que em conformidade com o ordenamento jurídico doméstico do país requerido.

Como regra, o Estado requerido arca com as despesas da assistência que prestar no seu território. A UNCAC possui previsão específica no sentido de que os custos ordinários são arcados pelo Estado requerido, ressalvada a hipótese de existir outro arranjo que tenha sido feito entre os Estados ou circunstâncias excepcionais.[76] A maioria das convenções utiliza a expressão *afford*[77] com o objetivo de expressar que os Estados Partes deverão proporcionar/custear/arcar um ao outro a assistência jurídica na mais ampla medida. Quando trata da restituição de ativos,[78] o artigo 57(4) da UNCAC prevê a possibilidade de o Estado requerido deduzir despesas razoáveis incorridas durante a investigação ou procedimento judicial necessário para tornar o bem disponível para restituição.

Em atendimento ao pedido de assistência mútua, como regra, os Estados requeridos deverão fornecer ao Estado requerente cópias de documentos oficiais e documentos e informações que estejam em sua posse e sejam acessíveis ao público em geral. Com relação a esses documentos, caso não sejam acessíveis ao público em geral, o Estado requerido poderá, a seu critério, fornecê-los ao Estado requerente, ou não, de forma integral ou parcial, ou submetido a condições impostas pelo Estado requerente.[79]

A UNCAC [artigo 46(3)] detalha os propósitos em relação aos quais a assistência jurídica pode ser solicitada: a) obtenção de provas ou declarações de pessoas; (b) citação e notificação de atos judiciais; (c) execução de buscas e apreensões e bloqueio de ativos; (d) exame de objetos e locais; (e) fornecimento de informações, itens de prova e avaliações de especialistas; (f) fornecimento de originais ou cópias autenticadas de documentos relevantes e registros, incluindo registros governamentais, bancários, financeiros, corporativos ou comerciais; (g) identificar ou rastrear o produto do crime, propriedade, instrumentos ou outras coisas para fins de prova; (h) facilitar o comparecimento

---

[76] *UNCAC, Article 46(28)*.

[77] *Interamerican Convention Against Corruption [Article XIV(1)]; Criminal Law Convention on Corruption [Article 26(1); UNCAC [Article 46(1)].*

[78] A UNCAC, art. 57, menciona "Return and Disposal of Assets", o que foi traduzido no Decreto nº 5.687/2006 como "Restituição e Disposição de Ativos", mas nos parece que inclui também despesas com descarte ou destruição que se façam necessárias.

[79] *UNCAC, Article 46(29)*.

voluntário de pessoas no Estado Parte solicitante; i) qualquer outro tipo de assistência que não seja contrária ao direito interno do Estado Parte requerido; j) identificar, congelar/bloquear e rastrear os produtos do crime, de acordo com as disposições do capítulo V dessa Convenção; k) a recuperação de bens, de acordo com as disposições do capítulo V da Convenção. Rememore-se que o capítulo V trata da recuperação de ativos.

Apesar de arrolar as hipóteses nas quais a assistência jurídica deve ser concedida, o item *i*, ao prever a possibilidade de qualquer outro tipo de assistência que não seja contrária ao direito doméstico do país requerido, acaba abrangendo todas as demais hipóteses que porventura não se enquadrem nos incisos. As demais convenções não detalham as hipóteses nas quais a assistência pode ser solicitada, haja vista que todas estabelecem que a assistência seja concedida da forma mais ampla possível.

1.10.1 Requisitos do pedido de assistência jurídica mútua

A UNCAC estabelece os requisitos que devem ser observados nos pedidos de assistência jurídica mútua, disponibilizando um modelo que visa a padronizar os pedidos. É importante atentar que a ausência de observância desses requisitos pode justificar a recusa do pedido de assistência judiciária, conforme previsto no artigo 46(21) da UNCAC.[80]

Os requisitos cumulativos previstos no artigo 46(15) são os seguintes: (a) a identidade da autoridade que faz o pedido de assistência; (b) o objeto e a natureza da investigação, ação penal ou procedimento judicial a que o pedido se refere e o nome e funções da autoridade que conduz a investigação, ação penal ou processo judicial; (c) resumo dos fatos relevantes, exceto em relação a pedidos para efeitos de citação ou notificação de atos judiciais; (d) a descrição da assistência solicitada e detalhes de qualquer procedimento específico que o Estado solicitante deseja que seja seguido; (e) sempre que possível, a identidade, localização e nacionalidade de qualquer pessoa envolvida; e (f) a finalidade para a qual a evidência, informação ou ação é buscada.

Observe-se que o item (f) consiste em informação essencial, na medida em que a informação ou evidência produzida no Estado

---

[80] UNCAC, artigo 46(21): A assistência jurídica mútua pode ser recusada: (a) se o pedido não for feito em conformidade com as disposições deste artigo.

requerido somente é autorizada a ser utilizada conforme a finalidade descrita pelo Estado requerente. Em outras palavras, caso o Estado requerente deseje compartilhar a prova para que seja aproveitada em outras investigações ou processos, necessita obter o consentimento do Estado requerido para tal finalidade.[81]

O Estado Parte requerido poderá solicitar informações adicionais quando as considerar necessárias para execução da solicitação, de acordo com sua legislação interna, ou quando puder facilitar essa execução.[82]

Conforme previsto no artigo 46(14) da UNCAC, as solicitações deverão ser feitas por escrito ou, quando possível, por qualquer meio capaz de produzir um registro escrito, em um idioma que seja aceito pelo Estado requerido. Os idiomas aceitos são informados por cada um dos Estados ao Secretário-Geral das Nações Unidas no momento em que o Estado deposita seu instrumento de ratificação, aceitação, aprovação ou adesão à Convenção. De qualquer sorte, em circunstâncias urgentes e quando acordado pelos Estados Partes, admite-se que os pedidos possam ser feitos oralmente, mas, nesse caso, deverão ser imediatamente (tão logo possível) confirmados por escrito.

O pedido de assistência será executado conforme as regras vigentes no ordenamento jurídico doméstico do país requerido, onde a ordem será cumprida, e desde que não contrarie tal ordenamento, de modo que, sempre que possível e conciliável, o pedido de assistência deve ser cumprido seguindo o procedimento específico eventualmente indicado pelo Estado requerente.[83] Da mesma forma, o Estado requerido deve procurar seguir os prazos eventualmente sugeridos pelo Estado requerente, e este deve justificar o motivo pelo qual foi estabelecido prazo, sempre que possível.[84]

Outro aspecto que merece ser destacado é que o Estado requerente não pode repassar ou fazer uso da informação ou evidência obtida e encaminhada pelo Estado requerido para fins diversos daqueles que constaram no pedido de assistência, sem consentimento do Estado requerido. Para tanto, ou seja, para utilizar a informação ou evidência em investigação, acusação ou processo judicial diverso do que constou no pedido de cooperação, deve obter novo consentimento do Estado requerido.[85]

---

[81] UNCAC, *Article 46(19)*.
[82] UNCAC, *Article 46(16)*.
[83] UNCAC, *Article 46(17)*.
[84] UNCAC, *Article 46(24)*.
[85] UNCAC, *Article 46(19)*.

Não obstante, essa obrigação não deve impedir o Estado requerente de divulgar e informar em seus processos sobre evidências e informações que forem exculpatórias, ou seja, que isentem de culpa os investigados ou réus. Portanto, se o resultado de um pedido de assistência internacional produzir uma prova que de alguma forma absolva o acusado, o Estado requerente deve divulgá-la nos demais processos em que possa ser útil. Nesse caso, o Estado requerente deve notificar o Estado requerido previamente à divulgação, e, se solicitado, inclusive devem se reunir e dialogar. Caso alguma situação excepcional impeça a notificação prévia do Estado requerido, o Estado requerente deverá comunicá-lo da divulgação no menor prazo possível.[86]

Esse dever de pronta informação também é previsto na *Criminal Law Convention* relativamente à ação requerida e seu resultado, devendo o Estado requerido informar prontamente o que será feito a respeito do pedido e o resultado dessa ação. Além disso, o Estado requerido também deve prontamente informar ao Estado requerente sobre qualquer circunstância que o impossibilite de atender o pedido de assistência ou que cause atraso significativo nesse atendimento.[87]

1.10.2 Hipóteses em que a assistência jurídica pode ser recusada ou postergada

Existem hipóteses nas quais a assistência jurídica pode ser recusada, mas a recusa deve ser sempre motivada.[88] A *Criminal Law Convention* prevê tal hipótese caso o Estado requerido entenda que aceitar o pedido de assistência possa prejudicar seus interesses fundamentais, soberania nacional, segurança nacional e ordem pública.[89] A princípio, são as mesmas hipóteses nas quais também se nega *exequatur* a decisões estrangeiras no momento do juízo de delibação, ou seja, no momento do exame da presença dos requisitos para permitir que decisão estrangeira possa ser executada no território nacional.

Para a UNCAC, as hipóteses nas quais a assistência jurídica pode ser recusada são as seguintes, previstas no artigo 46(21): (a) se o pedido não for feito em conformidade com as disposições desse artigo; (b) se o Estado requerido considerar que a execução da solicitação

---

[86] UNCAC, *Article 46(19)*.
[87] *Criminal Law Convention on Corruption, Article 31.*
[88] UNCAC, *Article 46(23)*.
[89] *Article 26(2).*

pode prejudicar sua soberania, segurança, ordem pública ou outros interesses essenciais; (c) se as autoridades do Estado requerido estiverem proibidas, por seu direito interno, de realizar a ação solicitada com relação a qualquer delito semelhante, se este tivesse sido objeto de investigação, processo ou processo judicial sob sua própria jurisdição; (d) se o acolhimento do pedido de assistência for contrário ao sistema jurídico do Estado requerido em matéria de auxílio judiciário mútuo.

Além das hipóteses de recusa de assistência propriamente dita, é prevista também a possibilidade de o Estado requerido necessitar adiar o cumprimento da medida solicitada na assistência jurídica, se esta puder colocar em risco ou de alguma forma interferir com uma investigação, acusação ou processo judicial que esteja em curso no Estado requerido.[90]

Porém, antes de recusar ou postergar o pedido de assistência jurídica, o Estado requerido deverá contactar o Estado requerido com o objetivo de considerarem a possibilidade de a assistência ser prestada submetida a determinadas condições que consigam acomodar os interesses de ambos os Estados.[91]

É importante destacar que o pedido de assistência jurídica não deve ser recusado sob o fundamento exclusivo de que o crime investigado envolve questões fiscais,[92] bem como o sigilo fiscal também não deve ser apontado como motivo para justificar recusa de pedido de cooperação.

1.11 A autoridade central no Brasil: Departamento de Recuperação de Ativos e Cooperação Jurídica Internacional (DRCI)

Embora a via diplomática possa ser utilizada, a critério do Estado Parte, a UNCAC recomenda, preferencialmente, a designação de autoridade central com poder de receber e executar pedidos de assistência jurídica, ou recebê-los e transmiti-los às autoridades competentes para execução.[93] Seja a própria autoridade central a executora do pedido ou apenas promova encaminhamento à autoridade

---

[90] UNCAC, *Article 46(25)*.
[91] UNCAC *Article 46(26)*.
[92] UNCAC, *Article 46(22)*.
[93] UNCAC *Article 46(13)*.

competente, em qualquer hipótese, deverá assegurar a rápida e apropriada execução ou transmissão do pedido de assistência jurídica mútua. A autoridade central deve ser indicada ao secretário-geral mencionado no respectivo tratado internacional no momento em que o país promover o depósito do seu instrumento de ratificação, aceitação, aprovação ou adesão ao tratado.

A autoridade central é um conceito de Direito Internacional e consiste em definir um ponto unificado de contato para tramitação dos pedidos ativos e passivos de cooperação internacional. No desempenho dessa atribuição, a autoridade central recebe, analisa, promove ajustes e adequações necessárias para que o pedido possa ser atendido, transmite o pedido às autoridades competentes e acompanha sua tramitação seja no âmbito interno, no caso dos pedidos passivos (quando o Brasil é Estado requerido), seja no âmbito externo, junto às autoridades estrangeiras, no caso de pedidos ativos (Brasil como Estado requerente).

No Brasil, a autoridade central é o Departamento de Recuperação de Ativos e Cooperação Jurídica Internacional (DRCI),[94] vinculado à Secretaria Nacional de Justiça (SENAJUS), que integra o Ministério da Justiça e Segurança Pública,[95] cabendo ao DRCI promover a coordenação e instrução de pedidos ativos e passivos de cooperação jurídica internacional em matéria civil e penal, recuperação de ativos, extradição, transferência de pessoas condenadas e transferência da execução da pena, bem como em assuntos de prestação internacional de alimentos, sequestro internacional de crianças e adoção internacional.

Internamente, o DRCI subdivide-se em cinco coordenadorias gerais responsáveis pelo andamento das seguintes matérias: Coordenação-Geral de Cooperação Jurídica Internacional em Matéria Penal; Coordenação-Geral de Recuperação de Ativos; Coordenação de Extradição e de Transferência de Pessoas Condenadas; Coordenação-Geral de Cooperação Jurídica Internacional (que trata de matérias não penais); e Coordenação-Geral de Adoção e Subtração Internacional de Crianças e Adolescentes.

Também compete ao DRCI articular, integrar e propor ações entre os órgãos do Poder Executivo, Judiciário e Ministério Público para fins de enfrentamento da corrupção, lavagem de dinheiro e crime organizado transnacional, bem como coordenar a Rede Nacional de Laboratórios de Tecnologia Contra Lavagem de Dinheiro (Rede-Lab).

---

[94] Criado pelo Decreto nº 4.991/2004, em 18 de fevereiro de 2004.
[95] Lei nº 9.662/2019, artigos 13 e 14, IV.

Cabe ao DRCI negociar acordos de cooperação jurídica internacional nas áreas de sua competência e exercer as funções de ponto de contato nas redes de cooperação internacional e recuperação de ativos.

A partir do advento do Decreto nº 8.668/2016, substituído pelo Decreto nº 9.662/2019, o trâmite das medidas relativas à extradição e à transferência de pessoas condenadas deixou de ser da competência do Departamento de Estrangeiros, atual Departamento de Migrações da Secretaria Nacional de Justiça, e passou a ser do DRCI. O DRCI também é ponto de contato de diversas redes de cooperação internacional,[96] que proporcionam contato direto e expedito com autoridades, com o fito de solucionar situações que ocorrem no cumprimento das diligências.

Relativamente à competência para atuar nos procedimentos relacionados com indisponibilidade de bens, direitos ou valores relacionados a pessoas físicas ou jurídicas investigadas ou acusadas de atos de terrorismo, seu financiamento ou atos a ele correlacionados,[97] em regra e como decorrência de resolução do Conselho de Segurança das Nações Unidas,[98] deve ser desempenhada nos termos previstos na Lei nº 13.810/2019, e, caso a indisponibilidade de ativos não ocorra via atuação do Ministério da Justiça e Segurança Pública, deverá ocorrer mediante auxílio judicial direto, que deve ser postulado pela União Federal (AGU).[99]

No âmbito da Justiça Federal brasileira, o Conselho da Justiça Federal desenvolveu o sistema COOPERA,[100] gerido pelo Centro de Cooperação Jurídica Internacional (CECINT), com o objetivo de viabilizar o trâmite eletrônico de pedidos de cooperação jurídica internacional ativa da Justiça Federal. Uma vez encaminhado o pedido de cooperação jurídica internacional via sistema COOPERA, o CECINT é acionado para fazer uma análise técnica do pedido, podendo providenciar a tradução de documentos, caso o pedido seja feito pelo Juízo ou por parte beneficiária de gratuidade de justiça, e enviará o pedido de cooperação

---

[96] IberRed, Groove, RRAG.

[97] Decreto nº 9.662/2019, art. 14, VII.

[98] O Conselho de Segurança das Nações Unidas centraliza, mediante resoluções, lista de pessoas físicas ou jurídicas e entidades que possuam ativos reputados proveito ou produto de atos de terrorismo, a partir de comunicação (designações nacionais – Lei nº 13.810/2019, art. 24) recebida pelos Estados, que, por sua vez, são comunicados, de ofício, pelos Juízes que decretam as medidas constritivas de ativos, conforme Lei nº 13.260/2016, art. 12.

[99] Lei nº 13.810/2019, arts. 10, 12, 13 e 18.

[100] Disponível em: www.cjf.jus.br/cjf/menu/centro-de-cooperacao. Acesso em: 20 set. 2021.

à Autoridade Central. Também fará o acompanhamento da tramitação do pedido até que a autoridade estrangeira encaminhe uma resposta.

O Brasil é um país eminentemente demandante de cooperação jurídica internacional, haja vista que mais de 80% de todos os pedidos consistem em demandas de autoridades brasileiras para serem cumpridas no exterior. São principalmente cartas rogatórias e pedidos de auxílio direto oriundos das autoridades competentes, juízes, promotores e defensores públicos e delegados de polícia, nos quais o Brasil figura como Estado requerente, enfatizando a relevância da cooperação jurídica internacional para efetividade da justiça no nosso plano doméstico. Todos os acordos internacionais firmados pelo Brasil podem ser encontrados na plataforma Concórdia.[101]

1.12 Exigência de dupla tipicidade

A Convenção da OCDE e a UNCAC trazem orientações para os casos em que um Estado condicione o pedido de cooperação internacional à existência de dupla tipicidade, ou seja, quando o Estado requerente exigir que o fato criminoso objeto do pedido de cooperação seja também considerado crime no seu ordenamento jurídico doméstico. Os transtornos que ocorrem nessas hipóteses normalmente são gerados por algum detalhe que causa dúvida nas autoridades envolvidas, por exemplo, alguma elementar do tipo que é prevista no ordenamento de um país, mas não está presente no ordenamento doméstico do outro, ou a localização topográfica na lei penal, ou a terminologia utilizada por cada um dos países, dentre outros.

Na hipótese de a cooperação ser condicionada à dupla tipicidade, a Convenção da OCDE estabelece que a dupla tipicidade deve ser considerada existente caso o crime em relação ao qual se solicite assistência esteja previsto pela Convenção da OCDE.[102]

A UNCAC estabelece uma disciplina mais pormenorizada. O artigo 43 da UNCAC flexibiliza a dupla tipicidade ao estabelecer que esta deverá ser considerada atendida desde que a conduta em relação à qual é pedida a assistência jurídica mútua seja considerada crime em ambos os países, independentemente de as leis do Estado requerido colocarem o crime na mesma categoria de crime ou denominarem o crime pela mesma terminologia que o Estado requerente.

---

[101] Disponível em: https://concordia.itamaraty.gov.br. Acesso em: 20 set. 2021.

[102] *OECD Anti-Bribery Convention, Article 9.*

Em caso de ausência de dupla tipicidade, quando esta for considerada requisito para prestar assistência pelo Estado requerido, este deve levar em consideração os propósitos estabelecidos no artigo 1º da UNCAC, que são os seguintes: promover e fortalecer medidas de prevenção e combate à corrupção de forma mais eficiente e efetiva; promover, facilitar e apoiar a cooperação internacional e assistência técnica na prevenção e no combate à corrupção, incluindo recuperação de ativos; promover a integridade, prestação de contas e gestão adequada das questões e do patrimônio público.[103]

A UNCAC, artigo 46(9)(b) e (c), prevê ainda que o Estado que se recusar a prestar assistência com base na ausência de dupla tipicidade deverá, quando compatível com seu ordenamento doméstico, prestar assistência que não envolva ação coerciva. E cada Estado poderá considerar a adoção das medidas que sejam necessárias para permitir-lhe prestar um escopo mais amplo de assistência de acordo com esse artigo, na ausência de dupla tipicidade.

1.13 Sigilo bancário nos pedidos de assistência jurídica mútua

É regra presente nas convenções internacionais de combate à corrupção que o pedido de assistência jurídica mútua não pode ser recusado com fundamento exclusivo na existência de sigilo bancário.[104] A *Criminal Law Convention on Corruption*, do Conselho da Europa, estabelece que, apenas na hipótese de a legislação doméstica exigir, o Estado Parte poderá requerer que tal pedido que envolva quebra de sigilo bancário seja autorizado por juiz ou outra autoridade competente, incluindo promotores que atuem na esfera criminal.[105]

No Brasil, no âmbito doméstico, a quebra de sigilo bancário depende de ordem judicial. Por tal razão, no passado, pedidos de quebra de sigilo formulados via carta rogatória eram tradicionalmente negados (tinham seu *exequatur* negado) quando o pedido de quebra de sigilo bancário era feito por outra autoridade estrangeira, que não fosse juiz.[106]

---

[103] *UNCAC, Article 46(9)(a)*.

[104] *Interamerican Convention Against Corruption, Article XVI; Anti-Bribery OECD Convention, Article 9(3); Criminal Law Convention on Corruption, Article 26(3); UNCAC, Article 46(8)*; Convenção Africana de Prevenção e Combate à Corrupção, artigo 17(3).

[105] *Article 26.*

[106] Carta Rogatória nº 7.126-4 – República Italiana (*DJ*, 20 mar. 1996, p. 7.875); CR 8622/IT (*DJ*, 05 out. 1999, p. 29).

A jurisprudência do STF, que era o órgão competente para o exame das cartas rogatórias antes do advento da Emenda Constitucional nº 45/2004, era no sentido da impossibilidade de concessão de *exequatur* para atos executórios e de constrição não homologados por sentença estrangeira. Porém, no julgamento da carta rogatória CR nº 438,[107] o Min. Luiz Fux, então Presidente do STJ, modificou tal entendimento, no que ficou conhecido como o *leading case* da quebra de sigilo bancário em cooperação internacional, estabelecendo o "princípio da efetividade do Poder Jurisdicional no novo cenário de cooperação internacional no combate ao crime organizado transnacional". Com base nesse princípio, bem como no que previa a Lei dos Crimes de Lavagem de Dinheiro (Lei nº 9.613/98, art. 8º, §1º), a Lei Complementar nº 105/2001 (art. 1º, §4º), e na Convenção das Nações Unidas contra o Crime Organizado (UNTOC), o *exequatur* foi concedido para quebra de sigilo no Brasil, com base em pedido encaminhado pela Procuradoria-Geral de Bruxelas, a partir de informações de órgão administrativo (Cédula de Tratamento das Informações Financeiras – CETIF) que identificara indícios de lavagem de dinheiro. Foi a primeira vez que um pedido de quebra de sigilo bancário no Brasil foi autorizado sem que houvesse uma ordem de autoridade judicial, com base no princípio da efetividade da cooperação internacional.

A Convenção Interamericana estabelece que, nas questões envolvendo sigilo fiscal, o Estado requerente pode ser obrigado a comprometer-se em não utilizar a informação para qualquer outro propósito além daquele para o qual a informação foi fornecida.[108] No mesmo sentido também prevê a Convenção Africana, explicitando que o Estado requerente não deve utilizar qualquer informação recebida para fins diversos do processo penal, sem que haja expresso consentimento do Estado requerido.[109]

Todavia, essa condição de uso da informação ou da evidência apenas nas investigações ou processos especificados no pedido de assistência, ficando o seu uso para outros fins condicionado à autorização do Estado requerido, passou a ser regra nos pedidos de cooperação internacional, por força da UNCAC, artigo 46(19), que prevê que o Estado requerente não deve transmitir ou usar a informação ou evidência fornecida pelo Estado requerido para investigações, acusações

---

[107] CR nº 438 (2005/0015196-0 de 24.09.2007).

[108] *Interamerican Convention, Article XVI(2).*

[109] Artigo 17(2).

ou processos judiciais diversos daqueles explicitados no pedido de assistência sem prévio consentimento do Estado requerido.

1.14 Recuperação de ativos

Hoje sabemos que a recuperação de ativos consiste em poderosa medida de enfrentamento do crime organizado transnacional. O modelo tradicional de combate ao crime, mediante prisão dos criminosos, apesar de produzir um efeito importante, não é suficiente para desarticular organizações criminosas que operam nos cenários nacional e transnacional como se fossem empresas nacionais e multinacionais, e cuja subsistência independe da destituição dos seus diretores, que são imediatamente substituídos por outras pessoas, no caso das organizações criminosas, por outros líderes. Essa substituição, em pouco tempo, reorganiza a cadeia de comando e seu efetivo e permite que a organização criminosa permaneça ativa. O que efetivamente cria verdadeiro obstáculo para a continuidade da atividade criminosa é privá-la dos meios utilizados para desenvolver essa atividade. Portanto, privar essas organizações criminosas dos recursos financeiros necessários para abastecer sua atividade, congelando suas contas e seus ativos, como imóveis, aeronaves, embarcações, impedindo-as de dispor dos recursos necessários para movimentar a atividade ilícita, é o caminho mais eficiente para asfixiar as organizações criminosas.

Além disso, a recuperação dos ativos desempenha outro papel fundamental ao direcionar esses bens aos países prejudicados, tanto pelo ganho econômico que a recuperação desse patrimônio representa, quanto pelo seu valor simbólico, que mostra a força superior dos Estados, das instituições e da lei e da ordem derrotando o crime organizado. Especialmente quando se trata de corrupção transnacional, recursos públicos são desviados para contas milionárias e transformados em bens de luxo, em prejuízo de países nos quais o povo sofre com toda espécie de limitação de direitos humanos. Quando esse valor é recuperado, isso recoloca as coisas no seu devido lugar, restabelece a ordem e proporciona uma nova oportunidade para que sejam devidamente empregados em suas finalidades legítimas e essenciais.

A amplitude que esse ganho com a recuperação de ativos representa, de um lado, enfraquecendo os criminosos e suas organizações e, de outro, fortalecendo as instituições constituídas com o repatriamento dos bens produtos de crime, é o que justifica a concentração de esforços e medidas previstas nas convenções internacionais para facilitar essa recuperação, obviamente sem descuidar das garantias de defesa do investigado ou réu.

Como regra geral, as convenções internacionais sobre corrupção[110] estabelecem que os Estados Partes devem proporcionar uns aos outros a mais ampla assistência possível para identificação, rastreamento, congelamento/bloqueio, apreensão e confisco de bens ou produtos obtidos, derivados ou utilizados na prática de crimes previstos nas respectivas convenções.[111]

A UNCAC é a que trata da recuperação de ativos de forma mais detalhada, dedicando o capítulo V da convenção à recuperação de ativos. Por isso, no próximo item, abordaremos o tema seguindo as diretrizes estabelecidas na UNCAC.

1.15 A recuperação de ativos conforme prevista na UNCAC

O capítulo V da UNCAC (artigos 51 a 59) trata da recuperação de ativos e já estabelece de pronto que a devolução dos ativos é um princípio fundamental da convenção. Com o objetivo de dar o tratamento mais amplo possível, além das medidas e procedimentos para obter a recuperação de ativos de forma direta ou mediante cooperação internacional, são previstas também medidas de prevenção e detecção de transferências de ativos produtos de crime.

A primeira medida preventiva, prevista no artigo 52(1), consiste em concitar os Estados Partes a adotarem medidas para que suas instituições financeiras sejam obrigadas a verificar a identidade dos seus clientes e adotar medidas razoáveis que tenham o intuito de determinar a identidade dos beneficiários de fundos depositados em contas de alto valor e promover uma análise aprofundada das contas solicitadas ou mantidas por ou em nome de pessoas que são ou foram encarregadas de desempenhar funções públicas de relevo, bem como seus familiares e pessoas próximas (colaboradores, sócios, amigos). Essa análise aprofundada deve ser concebida com o propósito de permitir que sejam detectadas transações suspeitas, com o intuito de relatar tais transações às autoridades competentes, mas não deve ser interpretada

---

[110] Com exceção apenas da Convenção da OCDE, que não trata da recuperação de ativos.

[111] Nesse sentido: *Inter-American Convention Against Corruption, Article XV; Criminal Law Convention on Corruption, Article 23; African Convention, Article 16; UNCAC, Article 31.*

como forma de desencorajar ou proibir as instituições financeiras de fazerem negócios com qualquer cliente legítimo.

Verificar a identidade de clientes e manter controle sobre clientes que sejam pessoas politicamente expostas consistem em diretrizes basilares das medidas antilavagem de dinheiro, largamente conhecidas pelas siglas KYC (*Know Your Client*) e PEP (*Politically Exposed Person*). Para facilitar a implementação dessas medidas, a UNCAC recomenda que os Estados Partes emitam deliberações sobre os tipos de pessoas físicas ou jurídicas que devem ser alvo de análise aprofundada, bem como os tipos de contas e transações que devam ser objeto de atenção especial por parte das instituições financeiras por ocasião da abertura de conta e manutenção dos registros adequados referentes às transações durante determinado período de tempo.[112]

Com o objetivo de prevenir e detectar transferências de produto de crime de corrupção e outros relacionados, a UNCAC prevê que cada Estado implementará medidas adequadas e eficazes para prevenir, com a ajuda de seus órgãos reguladores e de supervisão, o estabelecimento de bancos que não tenham presença física e que não sejam afiliados a grupo financeiro regulamentado. Além disso, os Estados podem considerar exigir que suas instituições financeiras se recusem a entrar ou continuar um relacionamento de banco correspondente com tais instituições e se protegerem contra o estabelecimento de relações com instituições financeiras estrangeiras que permitam que suas contas sejam usadas por bancos que não têm presença física e que não são afiliados a um grupo financeiro regulamentado.

Duas outras previsões da maior relevância são:[113] (1) a adoção das medidas, pelos Estados Partes, que permitam que suas autoridades competentes compartilhem essas informações com as autoridades competentes de outros Estados, quando tal compartilhamento for necessário para investigar, reclamar e recuperar o produto de crimes estabelecidos na UNCAC; e (2) a adoção de medidas, pelos Estados Partes, que possam ser necessárias, de acordo com sua legislação, para exigir que funcionários públicos que tenham qualquer relação com contas em bancos estrangeiros reportem essa situação às autoridades competentes e mantenham os registros apropriados relacionados a essas contas. Essas medidas devem também prever sanções adequadas em caso de descumprimento.

---

[112] UNCAC, *Article 52(2)(a) e 52(3)*.
[113] UNCAC, *Article 52(5)(6)*.

Também com o objetivo de criar mecanismos para prevenir e combater a transferência de ativos, a UNCAC[114] estimula os Estados a criarem centros de inteligência financeira (*Financial Intelligence Unit*), com o fito de receber, analisar e encaminhar às autoridades competentes relatórios sobre transações financeiras que gerem suspeitas sobre práticas de crimes previstos na convenção. De modo geral, as instituições financeiras possuem seu departamento de análise de operações suspeitas e produzem o relatório dessas operações.[115]

No Brasil, o papel de unidade de inteligência financeira (UIF) é desempenhado pelo Conselho de Controle de Atividades Financeiras (COAF), órgão que foi criado pela Lei de Lavagem de Dinheiro (Lei nº 9.613/1998, artigo 14), com o objetivo de disciplinar, aplicar penas administrativas, receber, examinar e identificar ocorrências suspeitas de atividades ilícitas relacionadas à lavagem de ativos. Inicialmente vinculado ao Ministério da Economia, e posteriormente ao Ministério da Justiça e Segurança Pública, atualmente se encontra vinculado ao Banco Central do Brasil, por força da Lei nº 13.974, de 07 de janeiro de 2020,[116] que o transformou em Unidade de Inteligência Financeira e estabelece que compete ao COAF produzir e gerir informações de inteligência financeira para a prevenção e o combate à lavagem de dinheiro, bem como promover a interlocução institucional com órgãos e entidades nacionais, estrangeiras e internacionais. Portanto, no Brasil, o COAF é a Unidade de Inteligência Financeira para fins de intercâmbio de informações no plano transnacional.

1.15.1 Recuperação direta de bens ou pela via da cooperação internacional

A UNCAC prevê que os Estados deverão adotar as medidas necessárias no âmbito de sua legislação doméstica para viabilizar a possibilidade de um Estado estrangeiro ingressar diretamente com ação civil no Estado anfitrião com o objetivo de obter o reconhecimento judicial de sua titularidade ou propriedade sobre ativos que se encontrem em seu território e que tenham sido adquiridos por meio das atividades ilícitas previstas na convenção, e que, ao decidir sobre o confisco,

---

[114] *Article 58.*

[115] O relatório de operações suspeitas é conhecido pela sigla SAR (*Suspicious Activity Report*).

[116] A lei é o resultado da conversão da Medida Provisória nº 893, de 19 de agosto de 2019.

possam também reconhecer a reivindicação do Estado estrangeiro como legítimo proprietário dos bens ilicitamente obtidos. Além disso, devem ser adotadas medidas legislativas que permitam que a Justiça condene os autores de crimes previstos na UNCAC ao pagamento de indenização ao Estado estrangeiro que tenha sido prejudicado pela prática de tais crimes. Tais medidas estão previstas como formas de recuperação direta de ativos ilicitamente obtidos com a prática de crimes previstos na convenção.[117]

Outra modalidade de recuperação de ativos ocorre por meio da cooperação internacional para confisco de bens.[118] Nesse caso, cumpridos os requisitos do pedido de cooperação, que veremos no item seguinte, a UNCAC estabelece que os Estados deverão adotar as medidas necessárias que possibilitem que suas autoridades competentes possam executar uma ordem de confisco emitida por um tribunal de um Estado estrangeiro, ou que essas autoridades tenham competência para determinar o confisco de um bem de origem estrangeira. Os Estados devem, ainda, considerar a adoção das medidas necessárias para permitir que o confisco de tais bens possa ocorrer independentemente de prévia condenação criminal nos casos em que o autor do fato não possa ser processado por motivo de morte, fuga ou ausência, ou outros casos em que essa dispensa se revele adequada.

Com o fito de prestar assistência jurídica mútua, os Estados devem adotar as medidas necessárias para permitir que suas autoridades competentes congelem ou apreendam bens após uma ordem de congelamento ou apreensão emitida por um tribunal ou autoridade competente de um Estado estrangeiro (requerente), ou diretamente, quando não houver tal ordem, desde que em qualquer caso seja fornecida uma base razoável que permita ao Estado requerido acreditar que existem motivos suficientes para determinar tais ações e que os bens seriam eventualmente objeto de uma ordem de confisco emanada das autoridades competentes do país requerente. Além disso, os Estados devem considerar adotar medidas adicionais para permitir que suas autoridades competentes tenham poderes para determinar a preservação de bens para futuro confisco, por exemplo, com base em um pedido de prisão estrangeira ou uma acusação criminal relacionada à aquisição de tais bens.[119]

---

[117] UNCAC, *Article 53(a)(b)(c)*.
[118] UNCAC, *Article 54*.
[119] UNCAC, *Article 54(2)(a)(b)(c)*.

1.15.2 Requisitos para cooperação internacional para confisco de bens

O artigo 55 da UNCAC trata da cooperação internacional para fins de confisco, e a disciplina ali prevista é idêntica à estabelecida no artigo 13 da *United Nations Convention Against Transnational Organized Crime* (UNTOC). Portanto, nos crimes de corrupção e outros praticados por organizações criminosas transnacionais, o confisco de bens havidos como produtos desses crimes, bem como equipamentos ou outros instrumentos, deve observar, *mutatis mutandis*, os requisitos básicos que devem ser cumpridos nos pedidos de cooperação jurídica de modo geral, além de outros específicos.

Relativamente aos requisitos gerais que devem ser observados nos pedidos de assistência jurídica mútua, estão previstos de forma cumulativa no artigo 46(15) e são os seguintes: (a) a identidade da autoridade que faz o pedido de assistência; (b) o objeto e a natureza da investigação, ação penal ou procedimento judicial a que o pedido se refere e o nome e funções da autoridade que conduz a investigação, ação penal ou processo judicial; (c) o resumo dos fatos relevantes, exceto em relação a pedidos para efeitos de citação ou notificação de atos judiciais; (d) a descrição da assistência solicitada e detalhes de qualquer procedimento específico que o Estado solicitante deseja que seja seguido; (e) sempre que possível, a identidade, localização e nacionalidade de qualquer pessoa envolvida; e (f) a finalidade para a qual a evidência, informação ou ação é buscada. Atente-se que a ausência de observância desses requisitos pode justificar a recusa do pedido de assistência judiciária, conforme previsto no artigo 46(21) da UNCAC.[120]

Além desses requisitos básicos, o pedido de confisco pode requerer informações adicionais, que variam conforme já exista uma ordem de confisco oriunda do Estado requerente, emitida por suas autoridades competentes, e nesse caso haverá um pedido de cumprimento da ordem no território do Estado requerido, ou caso não exista uma ordem emanada do Estado requerente e essa ordem tenha que ser emitida pelas autoridades do Estado requerido.

Na primeira hipótese, de existência de ordem das autoridades do Estado requerente determinando o confisco, o Estado requerido pode solicitar uma cópia legalmente admissível da ordem de confisco

---

[120] UNCAC, artigo 46(21): A assistência jurídica mútua pode ser recusada: (a) se o pedido não for feito em conformidade com as disposições deste artigo.

com base na qual o pedido é formulado, uma declaração dos fatos e informações sobre a medida em que a execução da ordem é solicitada, uma declaração especificando as medidas adotadas pelo Estado requerente para notificar devidamente terceiros de boa-fé e para garantir o devido processo, bem como uma declaração de que a ordem de confisco é definitiva, ou seja, da qual não caiba mais recurso.[121] Anote-se que o Estado requerido pode dispensar a exigência de demonstração que a ordem seja definitiva, não apenas para fins de confisco, mas também para fins de devolução do bem.[122]

Na segunda hipótese, ou seja, na ausência de uma ordem de confisco oriunda das autoridades competentes do Estado requerente, o Estado requerido poderá solicitar, adicionalmente, que seja apresentada uma descrição da propriedade a ser confiscada, incluindo, na medida do possível, a localização e, quando relevante, o valor estimado da propriedade, bem como uma declaração dos fatos alegados pelo Estado requerente, suficiente para permitir ao Estado requerido obter uma decisão de confisco, de acordo com sua legislação interna.[123]

Em qualquer caso, o Estado requerido que receber um pedido de assistência deve adotar as medidas necessárias para identificar, rastrear e congelar ou apreender os bens produtos de crime, equipamentos ou instrumentos, para o propósito de viabilizar eventual ordem de confisco, a ser emitida pelo Estado requerente, ou por este solicitada, para que seja emitida pelas autoridades competentes do Estado requerido.

O pedido de cooperação para confisco de bens pode ser recusado ou medidas cautelares constritivas podem ser revogadas pelo Estado requerido caso o Estado requerente não promova o encaminhamento em tempo oportuno de evidências suficientes sobre as alegações que apresentou no seu pedido de confisco, e também caso o bem de que se requer o confisco seja considerado de baixo valor. Mas, antes de adotar tais medidas, sempre que possível, o Estado requerente deve ser ouvido, para que tenha oportunidade de apresentar suas razões em favor da manutenção da medida cautelar.[124]

Para que cada Estado saiba o que pode ser solicitado pelo Estado estrangeiro, a UNCAC estabelece a obrigação comum a todos os Estados Partes de fornecerem ao Secretário-Geral da ONU cópias de

---

[121] UNCAC, *Article 55*(1)(b) c/c (3)(b).
[122] UNCAC, *Article 57*(3)(a)(b).
[123] UNCAC, *Article 55*(1)(a) c/c (3)(a).
[124] UNCAC, *Article 55*(6)(7).

suas leis e regulamentos que tratam da matéria de confisco prevista na convenção.[125]

1.15.3 Cooperação especial

Medida fundamental relativamente à recuperação de ativos é a regra que estabelece a cooperação especial. Segundo essa regra, os Estados devem empenhar esforços em fazer com que informações sobre eventuais bens que sejam produtos de crimes previstos na convenção cheguem ao conhecimento do Estado estrangeiro interessado, ainda que não exista qualquer pedido relacionado. Ou seja, sempre que um Estado, por qualquer motivo, tenha conhecimento de que uma informação pode ser útil para que outro Estado inicie ou dê seguimento a investigação, acusação ou processo judicial, relativamente a ativos potencialmente recuperáveis, esse Estado deve revelar a informação ao Estado interessado, repetindo, independentemente de prévio pedido.[126] Esse intercâmbio entre autoridades de diferentes países, compartilhando informações relevantes sobre possíveis crimes que estejam sendo investigados por um Estado, mas que possam ser de interesse também de outro Estado, é uma medida essencial no combate ao crime transnacional.

O Superior Tribunal de Justiça teve oportunidade de analisar um pedido de *Habeas Corpus*[127] no qual se impugnava o fato de uma prova obtida mediante quebra de sigilo bancário haver sido obtida pelas autoridades norte-americanas e compartilhada com as autoridades brasileiras. No *Habeas Corpus*, os pacientes alegavam que tal prova não poderia ser utilizada no Brasil, pois nosso sistema exige ordem judicial para quebra de sigilo bancário. O STJ considerou que "inexiste qualquer ilegalidade na quebra do sigilo bancário dos acusados, uma vez que a medida foi realizada para obtenção de provas em investigação em curso nos Estados Unidos da América, tendo sido implementada de acordo com as normas do ordenamento jurídico lá vigente, sendo certo que a documentação referente ao resultado da medida invasiva foi posteriormente compartilhada com o Brasil por meio do acordo existente entre os países."

Vê-se que a cooperação especial e o compartilhamento de provas via auxílio direto e tratados bilaterais autorizam a flexibilização das

---

[125] UNCAC, *Article 55(5)*.
[126] UNCAC, *Article 56*.
[127] HC nº 231.633, 5a Turma, *DJe*, 03 dez. 2014.

1.15.4 Devolução dos bens confiscados

Sobre a devolução dos bens confiscados seguindo as regras previstas no artigo 55, examinadas no item anterior, a UNCAC estabelece basicamente três hipóteses:[128] (1) se os bens confiscados forem oriundos de peculato, de desvio de verbas públicas ou de lavagem de ativos desviados do erário público, os bens confiscados devem ser devolvidos ao Estado requerente lesado; (2) se os bens forem produtos de qualquer outro crime previsto na convenção, os bens podem ser devolvidos ao Estado requerente quando este houver razoavelmente demonstrado ao Estado requerido sua prévia propriedade sobre os bens confiscados ou quando o Estado requerido reconhecer que o Estado requerente sofreu dano, ou seja, foi prejudicado, caso em que tal reconhecimento pode servir como base para justificar a devolução do bem ao Estado requerente; (3) em todos os demais casos, deve sempre ser considerado prioritariamente devolver o bem confiscado ao Estado requerente, àqueles que eram previamente seus legítimos proprietários ou compensar as vítimas do crime.

1.16 Presunção de origem ilícita na recuperação de ativos

A Convenção das Nações Unidas sobre Criminalidade Organizada Transnacional, objetivando prever instrumentos que fortaleçam e garantam efetividade ao regime confiscatório, propõe que os Estados podem considerar a possibilidade de exigir que um infrator demonstre a legalidade da origem de ativos alegadamente proveitos de crime, na medida em que tal exigência seja consistente com os princípios de seu direito interno e com a natureza dos processos judiciais e outros procedimentos.[129]

---

[128] UNCAC, *Article 57(3)*.

[129] *United Nations Convention Against Transnational Organized Crime, Art. 12 (7):* "States Parties may consider the possibility of requiring that an offender demonstrate the lawful origin of alleged proceeds of crime or other property liable to confiscation, to the extent that such a requirement is consistent with the principles of their domestic law and with the nature of

Relativamente à recuperação de ativos, vários regimes admitem presunções que viabilizam a recuperação e repatriação do produto do crime de forma efetiva. Uma outra forma de ver essas presunções é considerar que cuidam de impedir o uso abusivo de garantias legítimas para obstar a finalidade também legítima de repatriar os recursos públicos desviados pelo agente público. São comuns em casos envolvendo organizações criminosas e recuperação de ativos no âmbito civil, sendo também bastante utilizados para recuperar ativos desviados ou adquiridos por pessoas politicamente expostas. Essa finalidade muitas vezes objetiva simplesmente recuperar e privar o agente público do produto do ilícito, mas sem qualquer efeito na comprovação de culpa do acusado, ou seja, sem efeito imediato no âmbito criminal.[130] Em contrapartida, há regimes em que a ausência de justificação da origem lícita do bem autoriza não apenas seu confisco, mas também responsabilidade criminal decorrente de enriquecimento ilícito,[131] e há ainda regimes que preveem presunção de ilicitude da origem dos bens de pessoas condenadas por determinados crimes.[132]

---

the judicial and other proceedings." Disponível em: https://www.unodc.org/documents/treaties/UNTOC/Publications/TOC%20Convention/TOCebook-e.pdf.

[130] A título de exemplo, mencione-se a *Unexplained Wealth Order* (UWO), que tem sido muito utilizada no Reino Unido e na Austrália para recuperação de ativos, sendo instituto que opera no âmbito civil.

[131] O crime de enriquecimento ilícito, previsto em mais de 40 países, e o *Prevention of Corruption Act* (PCA) de Singapura, especialmente itens 8 (*presumption of corruption in certain cases*) e 24 (*evidence of pecuniary resources or property*). O PCA está disponível em: https://sso.agc.gov.sg/Act/PCA1960. Acesso em: 10 set. 2021.

[132] Na Itália, o Decreto Legislativo nº 306, de 8 de junho de 1992, que visa a combater o narcotráfico e o crime organizado, prevê que qualquer dinheiro, bem ou lucro cuja fonte ou origem não possa ser justificada e que pertença a alguém considerado culpado por crimes relacionados com organizações mafiosas podem ser apreendidos quando se provar que a propriedade da pessoa, diretamente ou mediante uma terceira pessoa, seja um indivíduo ou um órgão corporativo, do qual tenha uso livre e que a propriedade tenha um valor desproporcional à sua renda. Nesta hipótese, a prévia condenação por crime relacionado à máfia impõe ao acusado o ônus de comprovar a legitimidade da origem do bem, desde que a promotoria demonstre que os ativos do acusado são incompatíveis com suas fontes legítimas de renda. Esse sistema irá permitir a perda dos bens cuja origem não for legitimamente comprovada pelos condenados por crimes relacionados às organizações mafiosas.

CAPÍTULO 2

CRIME TRANSNACIONAL E A CORRUPÇÃO NAS CONVENÇÕES INTERNACIONAIS

2.1 Crime transnacional: seu enfrentamento como desafio do século XXI

> *Se os criminosos não são impedidos pelas fronteiras, as autoridades também não podem ser.*

As fronteiras representam os limites geográficos de um território dentro do qual o Estado exerce sua soberania, sendo a imposição da sua jurisdição uma das formas por meio das quais esta soberania se manifesta. Entretanto, as fronteiras não impedem os criminosos de entrarem e saírem do território de um Estado. Tradicionalmente, criminosos cruzam fronteiras das mais variadas formas; por terra, pela selva, pelo mar, pelo ar, caminhando, dirigindo, voando, navegando, e até mesmo atravessando túneis subterrâneos. Além dos meios tradicionais, a revolução digital tornou cada vez mais comum a prática de crimes cibernéticos, que podem ser praticados de qualquer ponto do planeta e sem que se faça necessário que o criminoso adentre fisicamente no território onde deseja cometer o crime. Se no passado as fronteiras já não conseguiram impedir a prática de crimes, o advento da revolução digital tornou as fronteiras ainda mais permeáveis.

A criminalidade transnacional atua como se não houvesse fronteiras. Aliás, as fronteiras funcionam, inclusive, como um obstáculo que opera em favor dos criminosos, na medida em que dificultam a atuação das autoridades, que têm seus poderes vinculados à sua competência jurisdicional. A complexidade de uma investigação e persecução criminal é significativamente aumentada quando envolve mais de um país, ou seja, mais de um Estado disputando a acomodação dos seus interesses e resguardo da sua soberania enquanto tenta reunir evidências e deflagrar o processo judicial. Nesse contexto, é natural que criminosos optem por locais onde seja mais fácil desafiar a autoridade da lei.

Enquanto o mundo busca se proteger desse novo modelo de criminalidade, que não conhece fronteiras, e estabelecer mecanismos para prevenir e desestimular tais ações, o crime também busca caminhos para obter vantagem no cenário internacional, como, por exemplo, estabelecer suas transações ilícitas em países que possuem um sistema criminal ineficiente, excessivamente formal e burocrático, moroso, que de alguma forma – ou de muitas formas – dificulta a ação das autoridades. A ausência de acordos de cooperação internacional, ou a existência de acordos que estejam defasados para enfrentamento dos desafios contemporâneos, também favorece a criminalidade transnacional. A facilidade de corrupção das autoridades locais também é uma característica visada por criminosos quando escolhem onde estabelecer suas atividades, pois esse cenário lhes confere proteção e favorece sua impunidade.

São todos fatores que, ao reduzirem o risco de investigação, processo e punição, automaticamente, reduzem o custo do crime. Como resultado, aumentam o benefício gerado pelo crime, estimulando-o. Essa relação sinergética existente entre a ineficiência de um sistema criminal e o estímulo à criminalidade, de um lado, e, de outro, a efetividade de um sistema criminal e desestímulo que gera a prática de crimes é uma ideia que, embora seja bastante intuitiva, não é tão fácil de ser implementada na prática. Essa ideia base, aparentemente simples, é a chave para colocar em prática um sistema criminal efetivamente eficiente no enfrentamento da criminalidade transnacional do século XXI.

2.2 Definição de crime transnacional

A expressão *transnational crime* (crime transnacional) foi utilizada pela primeira vez em 1975, durante o 5º Congresso das Nações Unidas

CAPÍTULO 2
CRIME TRANSNACIONAL E A CORRUPÇÃO NAS CONVENÇÕES INTERNACIONAIS | 81

sobre Prevenção ao Crime e Justiça Criminal (CPCJC),[133] que consiste em um evento quinquenal, cuja primeira edição ocorreu em 1955 e a mais recente edição ocorreu em março de 2021. Na edição de 1975, o evento foi sediado em Genebra-Suíça e a menção ao crime transnacional foi feita "com o objetivo de identificar determinados fenômenos criminosos que transcendem as fronteiras internacionais, transgredindo a lei de vários Estados ou com impacto em outro país".[134]

Em 1976, crime transnacional foi definido como "ofensas cujo início, cometimento e ou efeitos diretos ou indiretos envolvem mais de um país",[135] no *United Nations Survey on Crime Trends and Criminal Justice Systems*. Essa definição mais ampla, frequentemente criticada por ser muito abrangente, é uma tendência atual que também foi seguida pela Convenção das Nações Unidas contra o Crime Organizado Transnacional (UNTOC).[136] Para a UNTOC, um crime pode ser considerado transnacional desde que ele cumpra uma das seguintes condições:

1) Cometido em mais de um Estado;

2) Cometido em um Estado, mas com significativa parte de sua preparação, planejamento, condução ou controle ocorrida em outro Estado;

3) Cometido em um Estado, mas envolvendo uma organização criminosa que pratica crimes em mais de um Estado;

4) Cometido em um Estado, mas com significativos efeitos em outro Estado.

A crítica feita à demasiada abrangência da expressão crime transnacional está na possibilidade de abarcar uma quantidade enorme de crimes, desde crimes do colarinho branco, crimes políticos, crimes econômicos e crimes organizados de modo geral, como os tráficos de drogas, de armas, de pessoas, de órgãos, terrorismo e lavagem de

---

[133] Em 1975, o evento era denominado *United Nations Congress on Crime Prevention and the Treatment of Offenders*. A partir de 2005, recebeu o nome atual, passando a ser *United Nations Congress on Crime Prevention and Criminal Justice*.

[134] "[...] in order to indentify certain criminal phenomena transcending international borders, transgressing the law of several states or having an impact on another country. [...]." MUELLER, Gerard W. O. Transnational Crime: Definitions and Concepts. *In*: *Combating Transnational Crime*: Concept, Activities, Responses, p. 13.

[135] "[...] offences whose inception, perpetration and/or direct or indirect effects involved more than one country.[...]". Disponível em: https://www.icpsr.umich.edu/web/NACJD/studies/02513. Acesso em: 30 mar. 2021.

[136] *United Nations Convention Against Transnational Organized Crime*, New York, 15 de novembro de 2000, com entrada em vigor em 29 de setembro de 2003. Promulgada no Brasil pelo Decreto nº 5.015, de 12 de março de 2004.

dinheiro. Sob uma perspectiva mais prática, a crítica simplesmente constata a presente realidade na qual os crimes organizados transnacionais abarcam praticamente a totalidade dos crimes de efeitos relevantes atualmente praticados.

Dentre as críticas que o amplo conceito recebe, uma que nos parece relevante é a de que crime transnacional é uma criação da lei propriamente dita, na qual o conceito é produzido na lei e nas convenções com o objetivo de transformar uma conduta não regulada em um uma conduta que passa a ser objeto de controle. Em outras palavras, ao elaborar a definição de crime transnacional, confere-se controle sobre uma conduta que, de outra forma, não poderia receber o mesmo alcance. Portanto, a crítica não é desinteressada, tampouco se trata de uma questão de índole puramente científica.[137]

2.3 Direito Penal Transnacional: definição

Toda legislação que regula ações ou eventos que transcendem as fronteiras de um Estado é uma legislação penal transnacional.[138] Portanto, sendo uma lei que reprime crimes que transcendem fronteiras, a lei penal transnacional pode ser definida como aquela que promove *indiretamente*, por meio do direito internacional atuando sobre o direito penal no plano doméstico, a repressão de atividades criminosas que tenham efeitos reais ou potenciais no âmbito transnacional.[139]

2.4 Distinção entre Direito Penal Transnacional e Direito Penal Internacional *stricto sensu*

A lei penal transnacional é parte da lei penal internacional no sentido amplo de uma lei penal que possui uma dimensão internacional. Todavia, a lei penal transnacional é distinta da lei penal internacional fundamental (*stricto sensu*), que cuida dos crimes previstos no artigo 5º do Estatuto de Roma:[140] crime de genocídio, crimes de guerra,

---

[137] SHEPTYCKI, J. Transnational Crime: an Interdisciplinary Perspective. *In*: BOISTER, Neil; CURRIE, R. J. (Ed.). *The Routledge Handbook of Transnational Criminal Law*. Abingdon: Routledge, 2015. p. 41 e 52.

[138] JESSUP, Philip. *Transnational Law*. New Haven: Yale University Press, 1956. p. 2.

[139] BOISTER, Neil. *An Introduction to Transnational Criminal Law*. 2nd ed. UK: Oxford University Press, 2018. p. 17.

[140] *Rome Statute of the International Criminal Court*, 17 de julho de 1998, vigência a partir de 1º de julho de 2002; Promulgado no Brasil pelo Decreto nº 4.388, de 25 de setembro de 2002.

crimes contra a humanidade e crime de agressão. Estes, que são detalhadamente definidos nos artigos 6º a 8º do Estatuto, são crimes que constituem o núcleo da lei penal internacional, no sentido de que tais condutas são puníveis independentemente de serem previstas como crimes no ordenamento jurídico doméstico. O Estatuto de Roma, que é a lei penal internacional fundamental, institui o Tribunal Penal Internacional. Este Tribunal possui jurisdição universal, ou seja, sobre todas as pessoas responsáveis pelos crimes de maior gravidade com alcance internacional e sua jurisdição é complementar às jurisdições penais domésticas.[141] Ou seja, esse Tribunal atua nos crimes considerados mais graves para a comunidade internacional como um todo. Em razão da gravidade e relevância desses crimes, os Estados fazem concessões relativamente a questões envolvendo sua soberania. Mas o mesmo não ocorre relativamente aos crimes transnacionais.

O crime transnacional pode encontrar sua fonte normativa no direito internacional, mas as convenções internacionais não possuem regras que incriminem condutas diretamente por meio do direito internacional. A conduta incriminadora, com base na qual a pessoa é acusada de crime, deve estar inteiramente prevista no direito penal interno. Relativamente aos crimes transnacionais, também não existe jurisdição internacional, como ocorre com os crimes internacionais fundamentais e o Tribunal Penal Internacional. Portanto, o processo e julgamento dos crimes transnacionais ocorrem no plano doméstico, mediante incidência da jurisdição local do país que deflagra a investigação ou o processo penal.

2.5 A corrupção nas convenções internacionais

As convenções internacionais que tratam sobre corrupção são as seguintes: a Convenção sobre Combate da Corrupção de Funcionários Públicos Estrangeiros em Transações Comerciais Internacionais, da Organização para Cooperação e Desenvolvimento Econômico (*OECD Anti-Bribery Convention*), de 1997; a Convenção das Nações Unidas contra Corrupção (*United Nations Convention Against Corruption – UNCAC*), de 2003; a *Inter-American Convention Against Corruption*, da Organização dos Estados Americanos (OAS), de 1996; a *Criminal Law Convention on Corruption of the Council of Europe* (Convenção Criminal sobre Corrupção

---

[141] Art. 1º do Estatuto de Roma.

do Conselho da Europa) e a *Civil Law Convention on Corruption*, também do Conselho da Europa, ambas de 1999; a Convenção da União Europeia Contra Corrupção envolvendo funcionários públicos da União Europeia, de 1997; e a Convenção Africana sobre Prevenção e Combate da Corrupção, de 2003.

Não faltam exemplos de compromissos internacionais e de leis recentemente editadas que objetivam punir a corrupção praticada por empresas e autoridades públicas:[142] até julho de 2017, 43 países[143] haviam ratificado ou aderido à Convenção sobre Combate da Corrupção de Funcionários Públicos Estrangeiros em Transações Comerciais Internacionais, da Organização para Cooperação e Desenvolvimento Econômico (*OECD Anti-Bribery Convention*),[144] aprovada em Paris, em 17.12.1997 e em vigor em 15.02.1999.[145]

A Convenção das Nações Unidas contra Corrupção[146] (*United Nations Convention Against Corruption – UNCAC*),[147] concluída em 31.10.2003, em Nova York, e em vigor desde 14.12.2005, vem a ser a mais ampla e abrangente convenção internacional contra corrupção, atualmente com 140 signatários.[148]

A Organização das Nações Unidas também publicou a Convenção das Nações Unidas Contra o Crime Organizado Transnacional[149] (*United Nations Convention Against Transnational Organized Crime – UNTOC*[150]), aprovada em 15.11.2000, na Itália, e em vigor desde 29.09.2003. Possuía, até 19.09.2017, 190 Estados Partes que haviam ratificado e assinado ou simplesmente assinado a convenção.

Também deve ser mencionada a *Inter-American Convention Against Corruption*,[151] de 29.03.1996, da Organização dos Estados

---

[142] O Reino Unido aprovou a lei de corrupção, *UK Bribery Act 2010*. Leis prevendo responsabilidade criminal por corrupção de autoridades e empresas foram recentemente editadas em vários países da América Latina: Brasil (Lei nº 12.846/2013); Argentina (Lei nº 27.401/2017); Colômbia (Lei nº 1.778/2016); Peru (Lei nº 30.424/2019).

[143] Os 36 países membros e 7 não membros: Argentina, Brasil, Bulgária, Colômbia, Lituânia, Rússia e África do Sul.

[144] *Convention On Combating Bribery of Foreign Public Officials in International Business Transactions*, concluída em Paris, em 17 de dezembro de 1997.

[145] A Convenção da OCDE foi promulgada no Brasil pelo Decreto nº 3.678, de 30.11.2000.

[146] Promulgada no Brasil pelo Decreto nº 5.687, de 31.01.2006.

[147] Disponível em: https://www.unodc.org/unodc/en/treaties/CAC/. Acesso em: 20 abr. 2021.

[148] Até maio de 2020.

[149] Promulgada no Brasil pelo Decreto nº 5.015, de 12.03.2004.

[150] Disponível em: https://www.unodc.org/unodc/en/organized-crime/intro/UNTOC.html. Acesso em: 20 abr. 2021.

[151] Disponível em: http://www.oas.org/en/sla/dil/inter_american_treaties_B-58_against_Corruption.asp. Acesso em: 20 abr. 2021.

Americanos (OAS), que entrou em vigor em 03.06.1997, subscrita por 35 países das Américas, inclusive Brasil e Estados Unidos. A rigor, foi a primeira convenção internacional contra corrupção e também em transações comerciais internacionais.

A corrupção, na forma básica, ou seja, promessa, oferta ou pagamento, na forma ativa (*supply side*), ou solicitação ou aceitação, na forma passiva (*demand side*), são condutas previstas na Convenção Interamericana Contra Corrupção (*article* IV) e também na Convenção das Nações Unidas Contra Corrupção – UNCAC (*article* 15), como diretriz para o direito doméstico relativamente às condutas praticadas pelos funcionários públicos nacionais ou qualquer pessoa no desempenho de função pública. A Convenção Interamericana menciona qualquer valor monetário ou outro benefício, enquanto a UNCAC menciona qualquer vantagem indevida.[152]

No que tange à corrupção praticada no âmbito das transações comerciais internacionais, a Convenção Interamericana apenas criminaliza a conduta da parte (nacional, ou pessoa física ou jurídica residente no território) que oferece, promete ou concede qualquer valor ou benefício a funcionário público estrangeiro, relacionado a transações econômicas ou comerciais, em troca de praticar ou deixar de praticar qualquer ato no desempenho de suas funções. Portanto, a Convenção Interamericana, no que toca às transações comerciais internacionais, somente recomenda a criminalização da corrupção ativa (lado da oferta).[153] Na mesma linha, a Convenção da OCDE.

Em uma abordagem diferente, mais ampla, a UNCAC recomenda que os Estados Partes considerem crime a corrupção praticada do lado da oferta (corrupção ativa) e também do lado da demanda (corrupção passiva) relativamente aos funcionários públicos estrangeiros e de organismos internacionais. Assim, a UNCAC dispõe que os Estados Partes devem adotar as medidas legais para criminalizar, quando intencional, a solicitação ou aceitação por funcionário público estrangeiro ou de organização pública internacional, direta ou indiretamente, de vantagem

---

[152] Inter-American Convention Against Corruption Article VI – Acts of Corruption e UNCAC Article 15 – Bribery of National Public Officials.

[153] *Article VIII, Transnational Bribery: Subject to its Constitution and the fundamental principles of its legal system, each State Party shall prohibit and punish the offering or granting, directly or indirectly, by its nationals, persons having their habitual residence in its territory, and businesses domiciled there, to a government official of another State, of any article of monetary value, or other benefit, such as a gift, favor, promise or advantage, in connection with any economic or commercial transaction in exchange for any act or omission in the performance of that official's public functions.*

indevida, para si ou para outra pessoa ou entidade, para que pratique ou deixe de praticar ato de ofício no desempenho de suas atribuições.[154]

A *Criminal Law Convention on Corruption of the Council of Europe*[155] (Convenção Criminal sobre Corrupção do Conselho da Europa), de 27.09.1999, e em vigor desde 01.07.2002, também é bastante abrangente. Nelas estão previstas as seguintes condutas: corrupção ativa e passiva de servidores públicos nacionais e estrangeiros, incluindo previsão expressa relativamente a parlamentares nacionais ou integrantes de parlamentos internacionais; corrupção ativa e passiva no setor privado; corrupção ativa e passiva de juízes nacionais, estrangeiros e de Cortes internacionais e respectivos servidores; tráfico de influência nas formas ativa e passiva.

Ainda no âmbito do Conselho da Europa, que vem a ser a organização que atua na defesa dos direitos humanos no continente Europeu, foi também adotada, em 1999, a *Civil Law Convention on Corruption*, que trata dos aspectos civis da corrupção.

A União Europeia possui sua Convenção Contra Corrupção envolvendo funcionários públicos da União Europeia, adotada em 25.07.1997.

Merece menção, também, a Convenção Africana sobre Prevenção e Combate da Corrupção,[156] adotada em 11.07.2003. Vamos abordar convenções sobre corrupção que são de maior interesse para o nosso estudo.

2.5.1 A UNCAC – Convenção das Nações Unidas Contra Corrupção

De todas, a UNCAC é a mais ampla e abrangente, relativamente aos atos de corrupção e crimes relacionados, e também a mais recente.

---

[154] *UNCAC – Article 16.2. – Each State Party shall consider adopting such legislative and other measures as may be necessary to establish as a criminal offence, when committed intentionally, the solicitation or acceptance by a foreign public official or an official of a public international organization, directly or indirectly, of an undue advantage, for the official himself or herself or another person or entity, in order that the official act or refrain from acting in the exercise of his or her official duties.*

[155] Disponível em: https://www.coe.int/en/web/conventions/full-list/-/conventions/rms/09 0000168007f3f5. Acesso em: 20 abr. 2021.

[156] *African Union Convention on Preventing and Combating Corruption*, que possui versão em português: https://au.int/sites/default/files/treaties/36382-treaty-0028_-_african_union_ convention_on_preventing_and_combating_corruption_p.pdf; e em inglês: https://au.int/ sites/default/files/treaties/36382-treaty-0028_-_african_union_convention_on_preven ting_and_combating_corruption_e.pdf. Acesso em: 20 abr. 2021.

CAPÍTULO 2
CRIME TRANSNACIONAL E A CORRUPÇÃO NAS CONVENÇÕES INTERNACIONAIS | 87

Diferente das convenções que a antecederam, a UNCAC, além de recomendar a criminalização das formas básicas de corrupção (ativa e passiva), também recomenda que os Estados Partes prevejam a conduta de corrupção de funcionários públicos estrangeiros nas transações comerciais, nas formas ativa e passiva.[157] Também prevê a corrupção e o peculato no setor privado e a responsabilização criminal das pessoas jurídicas[158] de modo bastante enfático.[159]

Outro ponto importante para o enfrentamento da corrupção está relacionado à recomendação aos Estados Partes para que simplifiquem as regras relativas à evidência de comportamento corrupto, entre outros aspectos, garantindo que os obstáculos que possam surgir a partir da aplicação das leis domésticas que protegem o sigilo bancário, por exemplo, sejam superados. Isso é especialmente importante, uma vez que atos corruptos são frequentemente difíceis de serem provados em tribunal. Nessa mesma linha, o encorajamento para que os ordenamentos domésticos prevejam o crime de enriquecimento ilícito.

O capítulo III (artigos 15-44) recomenda que os Estados Partes devem criminalizar, no plano doméstico, uma série de condutas específicas. Além da corrupção dos servidores públicos nacionais, também prevê a corrupção dos servidores públicos estrangeiros em transações comerciais, e, em todos os casos, na modalidade ativa (*supply-side*) e também na passiva (*demand-side*). Ainda relativamente aos funcionários públicos, prevê o peculato, a apropriação indébita e qualquer forma de desvio (artigo 17), em benefício próprio ou de outra pessoa ou entidade, de qualquer bem ou valor, público ou privado, ou qualquer coisa de valor confiada ao servidor em razão do cargo que ocupa. Prevê tráfico de influência (artigo 18), na forma ativa e também na passiva,

---

[157] A primeira convenção a prever a conduta de corrupção de funcionário público estrangeiro de forma ativa e passiva foi a *Criminal Law Convention on Corruption*, do Conselho da Europa, mas não relacionada especificamente a transações comerciais.

[158] A Convenção da OCDE também prevê a responsabilidade das pessoas jurídicas, porém de forma mais vaga: *Article 2 – Each Party shall take such measures as may be necessary, in accordance with its legal principles, to establish the liability of legal persons for the bribery of a foreign public official.*

[159] *Article 26 – Liability of legal persons 1. Each State Party shall adopt such measures as may be necessary, consistent with its legal principles, to establish the liability of legal persons for participation in the offences established in accordance with this Convention.2. Subject to the legal principles of the State Party, the liability of legal persons may be criminal, civil or administrative. 3. Such liability shall be without prejudice to the criminal liability of the natural persons who have committed the offences. 4. Each State Party shall, in particular, ensure that legal persons held liable in accordance with this article are subject to effective, proportionate and dissuasive criminal or non-criminal sanctions, including monetary sanctions.*

ou seja, a conduta de prometer, oferecer ou pagar vantagem indevida a funcionário público ou a qualquer outra pessoa que supostamente tenha influência sobre o funcionário público, com o igual objetivo de obter vantagem indevida. E, na forma passiva, o funcionário público, ou qualquer pessoa, solicitar ou aceitar vantagem indevida em troca de outra vantagem indevida da Administração ou das autoridades públicas do Estado Parte (artigo 18).[160]

A UNCAC prevê a figura do abuso das funções ou do cargo, que está relacionada ao abuso de poder (artigo 19). Estabelece também condutas que não encontram previsão no Direito brasileiro, como o enriquecimento ilícito (artigo 20), de que trataremos a seguir, e a corrupção no setor privado (artigo 21), que consiste na prática da conduta na forma ativa ou na passiva por qualquer pessoa que administre ou trabalhe, em qualquer função, no setor privado, para que faça ou deixe de fazer algo em violação aos seus deveres inerentes ao cargo que ocupa no setor privado.

Outra conduta prevista na UNCAC, sem correspondência exata no nosso direito doméstico (a correspondência mais próxima seria com a apropriação indébita), é o peculato no setor privado (artigo 22), cometido no curso de uma atividade econômica, financeira ou comercial.

Além dessas figuras, a UNCAC também prevê os crimes de lavagem de ativos (artigo 23), ocultação de bens produtos dos crimes previstos no Capítulo III (artigo 24) e obstrução de justiça (artigo 25), que no Direito brasileiro corresponderiam à coação no curso do processo (art. 344, do CP) e falso testemunho ou falsa perícia (art. 342, do CP).

A responsabilidade das pessoas jurídicas também é prevista na UNCAC (artigo 26) como necessária aos ordenamentos domésticos sempre que houver participação da pessoa jurídica nos crimes previstos na Convenção, enfatizando, em particular, a importância da adoção de medidas que imponham sanções criminais e não criminais de forma efetiva, proporcional e dissuasiva, incluindo sanções monetárias. No ponto, temos no direito brasileiro a Lei nº 12.846, de 02.08.2013, conhecida como Lei Anticorrupção ou Lei de Leniência, que prevê a

---

[160] No Direito Brasileiro, temos a figura do Tráfico de Influência (art. 332 do CP) em ambas as formas, ativa (solicitar, exigir, cobrar) e passiva (obter), mas a rigor não é crime praticado por funcionário público, pois sua localização topográfica no Código Penal está no Capítulo II, que trata Dos Crimes Praticados por Particular Contra Administração em Geral. Na mesma linha, a previsão constante no art. 337-C (tráfico de influência em transação comercial internacional), localizada no Capítulo II-A (Dos Crimes Praticados Por Particular Contra a Administração Pública Estrangeira).

responsabilidade civil e administrativa das pessoas jurídicas, mas não a responsabilidade criminal.

2.5.2 A *Criminal Law Convention of the Council of Europe* (Convenção do Conselho da Europa sobre Aspectos Criminais da Corrupção)

Concluída em 27.09.1999 e em vigor desde 01.07.2002, foi a primeira em criminalizar o pagamento de propina para funcionário público estrangeiro nas transações internacionais na forma passiva (solicitação ou aceitação), ou seja, corrupção passiva de funcionários públicos estrangeiros, ao lado da corrupção ativa, que já havia sido prevista na *Inter-American Convention* e na Convenção da OCDE. A Convenção Criminal sobre Corrupção também inova ao prever a corrupção ativa e passiva no setor privado (artigos 7 e 8). Previu também a responsabilidade criminal das pessoas jurídicas (artigo 18), na mesma linha da conduta já adotada pela Convenção da OCDE.

Outro ponto que destaca essa convenção é a previsão explícita da corrupção relativamente aos membros de assembleias parlamentares no plano doméstico abrangido pelo Conselho da Europa, tanto no desempenho de suas funções legislativas quanto no uso de seus poderes administrativos (artigo 4). Estabelece também a criminalização da mesma conduta envolvendo membros de qualquer assembleia parlamentar de uma organização internacional ou supranacional da qual o Estado-membro faça parte (artigo 10). É única também ao prever a conduta específica de juízes e funcionários públicos das cortes internacionais cuja jurisdição seja aceita pelo Estado Parte (artigo 11).

2.5.3 A *OECD Anti-Bribery Convention* (Convenção Antissuborno da OCDE)

A Convenção da OCDE foi concluída em 17.12.1997 e passou a vigorar em 15.02.1999, sendo direcionada especificamente à criminalização da corrupção ativa (oferta ou pagamento) de funcionários públicos estrangeiros no âmbito de transações comerciais. Até 2018, 44 Estados Partes haviam ratificado ou aderido às suas disposições, inclusive o Brasil. Foi a primeira convenção internacional a estabelecer a responsabilidade criminal da pessoa jurídica por corrupção ativa de funcionário público estrangeiro (artigo 2).

Inova no campo das convenções internacionais ao prever que os Estados Partes, a fim de combaterem eficazmente o suborno de funcionários públicos estrangeiros, devem adotar as medidas necessárias no âmbito de suas leis e regulamentos relativos à manutenção de livros e registros, divulgações de demonstrações financeiras e normas de contabilidade e auditoria, para proibir o estabelecimento de contas clandestinas (*off-the-books*), a realização de transações não registradas nos competentes livros ou identificadas de forma inadequada, o registro de despesas inexistentes, o lançamento de passivos com identificação incorreta do seu objeto, bem como o uso de documentos falsos, com o objetivo de subornar funcionários públicos estrangeiros ou de ocultar tal suborno. Estabelece, ainda, que deverão ser previstas penalidades civis, administrativas ou criminais eficazes, proporcionais e dissuasivas para tais omissões e falsificações em relação aos livros, registros, contas e demonstrações financeiras dessas empresas. Essa previsão é na mesma linha das regras estabelecidas em outra ferramenta poderosa no combate à corrupção, e que integra a legislação doméstica norte-americana, que é o *Foreign Corrupt Practices Act* (FCPA), do qual falaremos em capítulo próprio.

Outra medida inovadora da Convenção da OCDE foi estabelecer o monitoramento e acompanhamento sistemático dos países signatários para fins de promoção da plena implementação das regras previstas na convenção. Para tanto, o artigo 12 estabelece que o acompanhamento dos avanços e eventuais retrocessos deve ser feito no âmbito do Grupo de Trabalho da OCDE especificamente direcionado ao monitoramento da corrupção em transações comerciais internacionais e das medidas existentes no Estado-membro para seu enfrentamento efetivo. Relatórios periódicos são elaborados, anotando os avanços observados e fazendo recomendações dos pontos que ainda não estão satisfatoriamente implementados. Os custos com o Grupo de Trabalho são arcados pelo respectivo Estado Parte.

A Convenção da OCDE foi promulgada no Brasil pelo Decreto nº 3.678, de 30.11.2000. Também foi publicada a Lei nº 10.467/2002, que acrescentou no Código Penal o capítulo que trata "Dos Crimes Praticados Por Particular Contra A Administração Pública Estrangeira" (Capítulo II-A, do Título XI: Dos Crimes Contra Administração Pública), prevendo os crimes de corrupção ativa e tráfico de influência em transações comerciais internacionais, com o objetivo de adequar nossa legislação doméstica à Convenção da OCDE.

2.5.3.1 O subgrupo da OCDE para monitoramento do Brasil

Foi recentemente criado, no âmbito do Grupo de Trabalho sobre Corrupção da OCDE, um subgrupo especificamente dedicado ao monitoramento do Brasil, em razão da preocupação que o Brasil tem despertado na OCDE relativamente à efetividade das medidas de combate à corrupção adotadas no país. O subgrupo é composto por *experts* de três países-membros da OCDE, lembrando que o Brasil não é membro da OCDE, posição que vem buscando há anos.

A decisão de implantar o subgrupo de monitoramento do Brasil foi adotada na sessão plenária do Grupo de Trabalho sobre Corrupção, que ocorreu em dezembro de 2020.[161] Três fatores foram mencionados como decisivos para implantação do subgrupo: 1) a legislação sobre abuso de autoridade, aprovada em 2019,[162] que dificulta a atuação de investigadores, promotores e juízes, em razão de utilizar cláusulas abertas e conceitos demasiadamente amplos que podem caracterizar crimes de abuso de autoridade;[163] 2) a decisão do Supremo Tribunal Federal, em caráter liminar, que impediu o compartilhamento de informações financeiras e tributárias, condicionando-as à existência de ordem judicial e dificultando as investigações.[164] No entanto, tal decisão liminar foi posteriormente revertida pelo Plenário, que estabeleceu que diferentes esferas governamentais podem compartilhar informações financeiras sem necessidade de ordem judicial, desde que o compartilhamento ocorra pelos canais formais oficiais e sujeito ao controle jurisdicional; 3) a decisão de encerrar os trabalhos da Operação Lava Jato, que não foi bem vista pela OCDE, e aparentemente foi o fator decisivo para implantação deste subgrupo.

Vários países que adotaram a Convenção da OCDE são monitorados pelo Grupo de Trabalho sobre Corrupção com o objetivo de aferir se o país de fato está se adequando ao compromisso firmado ao ratificar a convenção. O Brasil vinha em uma trajetória de avanço, tanto

---

[161] Disponível em: https://www.oecd.org/daf/anti-bribery/oecd-working-group-on-bribery-public-summary-record-plenary-december-2020.pdf. Acesso em: 01 maio 2021.

[162] Lei nº 13.869, de 5 de setembro de 2019.

[163] Disponível em: https://www.oecd.org/brazil/abuse-of-authority-provisions-adopted-by-the-senate-raise-concerns-over-brazil-s-capacity-to-ensure-independence-of-prosecutors-and-judges-in-fighting-corruption.htm. Acesso em: 01 maio 2021.

[164] Disponível em: https://www.oecd.org/brazil/law-enforcement-capacity-in-brazil-to-investigate-and-prosecute-foreign-bribery-seriously-threatened-says-oecd-working-group-on-bribery.htm. Acesso em: 01 maio 2021.

que em outubro de 2016 o Grupo de Trabalho elogiou o país por seu progresso na implementação das recomendações que recebeu durante a avaliação da Fase 3, ocorrida em outubro de 2014. Das 39 recomendações do Grupo de Trabalho ao Brasil, 18 foram totalmente implementadas e 13 parcialmente implementadas. O Grupo incentivou o Brasil a continuar seus esforços para implementar as 8 recomendações restantes. Desde sua avaliação de Fase 3, o Brasil investigou, processou e atuou com sucesso em crimes de corrupção transnacional.

Não obstante, a criação desse subgrupo sinaliza que foi identificado um retrocesso ou uma ameaça de retrocesso. Isso porque aparentemente é a primeira vez que a OCDE adota a criação de um grupo específico (subgrupo) para monitorar um país. O único caso que pode talvez servir como precedente é o do Japão, em 2005, que permaneceu por mais de dez anos sob escrutínio da OCDE. Mas, diferente do Brasil, o Japão já era membro da OCDE. O subgrupo de monitoramento consiste em uma das mais fortes dentre as 11 medidas previstas no Guia da OCDE de Monitoramento da Fase 4, que pode ser adotado pelo Grupo de Trabalho se identificada uma persistente falha na adequada implementação da Convenção pelo país em foco.[165]

2.5.4 A Convenção Interamericana contra Corrupção da OAS

A *Inter-American Convention Against Corruption* da Organização dos Estados Americanos (*Organization of American States*) foi a primeira convenção internacional que recomendou a criminalização da corrupção no âmbito doméstico e no âmbito das relações econômicas ou comerciais internacionais,[166] relativamente à oferta ou pagamento de qualquer coisa de valor ou promessa de benefício a funcionário público estrangeiro, para que este pratique ou deixe de praticar algum ato no desempenho de suas atribuições funcionais.

Outra previsão relevante da Convenção Interamericana é relativa ao enriquecimento ilícito,[167] recomendando aos Estados que adotem as medidas necessárias para estabelecer como conduta criminosa o

---

[165] Disponível em: http://www.oecd.org/daf/anti-bribery/Phase-4-Guide-ENG.pdf. Acesso em: 01 maio 2021.

[166] *Article VIII.*

[167] *Article IX.*

aumento significativo do patrimônio do servidor público, que não possa ser razoavelmente justificado em relação aos seus ganhos legítimos durante o tempo que estiver exercendo a função pública.

2.6 O enriquecimento ilícito nas convenções internacionais

A criminalização do enriquecimento ilícito é medida importante no combate à corrupção, tanto que prevista na UNCAC (artigo 20), na Convenção Interamericana Contra Corrupção da OAS (artigo IX) e na Convenção Africana sobre Prevenção e Combate da Corrupção (artigo 8º). Consiste, basicamente, no aumento expressivo e desproporcional do patrimônio de um funcionário público, que não possa ser razoavelmente justificado com base na sua renda licitamente obtida. A redação da UNCAC é a mais ampla. Na previsão existente na Convenção da OAS, mencionam-se os rendimentos lícitos obtidos durante o desempenho de suas funções. O aspecto mais relevante de destaque é a inversão do ônus da prova, que passa a ser do funcionário público, de demonstrar a origem lícita do patrimônio adquirido. A acusação somente necessita comprovar o aumento desproporcional do patrimônio em relação aos rendimentos legítimos recebidos pelo servidor.

2.7 A corrupção no setor privado nas convenções internacionais

A corrupção no setor privado, nas formas ativa e passiva, foi primeiramente prevista na Convenção Criminal sobre Corrupção do Conselho da Europa (*Criminal Law Convention on Corruption of the Council of Europe*), que é de 1999 e entrou em vigor em 01.07.2002. A forma ativa (artigo 7) estabelece como crime promessa, oferta ou pagamento de qualquer vantagem indevida, no âmbito de uma transação comercial, a qualquer pessoa que administre ou trabalhe no setor privado, em qualquer função, para que faça ou deixe de fazer algo em violação dos seus deveres. Na forma passiva (artigo 8), as condutas consistem em solicitação ou recebimento de propina, no âmbito de uma transação comercial, por qualquer pessoa que trabalhe no setor privado, com o mesmo objetivo: fazer ou deixar de fazer algo em violação aos deveres funcionais.

Em ambos os casos, tanto a oferta quanto a demanda da propina podem ocorrer de forma direita ou indireta, a vantagem indevida pode ser dada para a própria pessoa ou para outra pessoa, e dolo sempre deve estar presente, ou seja, a conduta ativa ou passiva deve ser cometida intencionalmente.

A UNCAC também prevê a corrupção no setor privado nas formas ativa e passiva (artigo 21). Estabelece que os Estados Partes deverão adotar medidas para criminalizar, quando cometidas intencionalmente no curso de atividades econômicas, financeiras ou comerciais, a promessa, oferta ou concessão, direta ou indiretamente, de uma vantagem indevida a qualquer pessoa que administre ou trabalhe, a qualquer título, para uma entidade do setor privado, a fim de que faça ou deixe de fazer algo, em violação aos seus deveres funcionais, podendo a vantagem indevida ser paga para o próprio funcionário ou para qualquer outra pessoa [artigo 21 (a)]. A modalidade passiva, prevista no artigo 21 (b), consiste na solicitação ou aceitação, direta ou indireta, de uma vantagem indevida por qualquer pessoa que administre ou trabalhe, a qualquer título, para uma entidade do setor privado, a fim de que, em violação de seus deveres, faça ou deixe de fazer algo, podendo a vantagem beneficiar a própria pessoa ou outra pessoa. Observe-se que a UNCAC também faz uma referência explícita ao pagamento de propina no âmbito de transações econômicas, financeiras ou comerciais.

A UNCAC prevê também a figura do peculato, desvio ou apropriação indébita de bens, fundos, valores mobiliários ou qualquer coisa de valor que seja confiada em virtude do cargo (artigo 22), no âmbito de transações econômicas, financeiras ou comerciais, por pessoa que administre ou trabalhe no setor privado.

2.8 A responsabilidade criminal das pessoas jurídicas nas convenções internacionais

A responsabilidade criminal das pessoas jurídicas foi prevista, pela primeira vez, na Convenção Criminal sobre Corrupção do Conselho da Europa (*Criminal Law Convention on Corruption of the Council of Europe*), de 1999 (desde 2002), que estabelece (artigo 18.1) que os Estados Partes devem adotar as medidas para garantir que as pessoas jurídicas possam ser responsabilizadas pelos crimes de corrupção ativa, tráfico de influência e lavagem de dinheiro, cometidos em seu benefício por qualquer pessoa natural, agindo individualmente ou como parte de um órgão da pessoa jurídica, que tenha posição de liderança dentro da pessoa jurídica, com base (a) no seu poder de representação da pessoa jurídica; (b) ou na sua autoridade para tomar decisões em nome da pessoa jurídica; (c) ou na sua autoridade para exercer controle da pessoa jurídica; (d) ou pelo seu envolvimento como cúmplice ou instigador nas infrações acima mencionadas.

A Convenção Criminal ainda prevê (artigo 18.2) que os Estados Partes deverão adotar medidas para garantir que a pessoa jurídica possa ser considerada responsável quando a falta de supervisão ou controle por alguma das pessoas físicas referidas no artigo 18.1 (itens "a" a "d", acima) tenha tornado possível a prática das infrações penais mencionadas no referido artigo, em benefício da própria pessoa jurídica, por uma pessoa física sob a sua autoridade. A convenção também ressalva que a responsabilidade da pessoa jurídica não exclui a responsabilidade criminal das pessoas físicas que sejam autores, instigadores ou cúmplices das infrações penais mencionadas no artigo 18.1.

A responsabilidade criminal da pessoa jurídica também está prevista na Convenção da OCDE (artigo 2), relativamente ao suborno de funcionários públicos estrangeiros e na UNCAC (artigo 26).

2.9 A corrupção nos contratos públicos e as diretrizes nas convenções internacionais

Os contratos públicos e seu processo de licitação, pelo qual o Poder Público, seus órgãos e suas agências adquirem bens e serviços do setor privado, constituem os meios mais propícios para corrupção. O sistema licitatório, por natureza, envolve várias etapas nas quais decisões discricionárias devem ser tomadas em prol do interesse público, representando um gasto que corresponde de 10 a 20% do Produto Interno Bruto de um país, podendo atingir ou até mesmo ultrapassar 50% do total das despesas de um governo, segundo estimativa da UNCITRAL.[168] Um percentual ainda maior é apresentado em documento produzido pela UNODC — *United Nations Office on Drugs and Crime* —, em colaboração com a IACA — *International Anti-Corruption Academy* —, estimando que a despesa com compras públicas representa 15 a 30% do PIB de um país e, ainda, que de 10 a 25% do valor dos contratos públicos são desperdiçados com a corrupção.[169] Em outro estudo,

---

[168] *UNCITRAL – United Nations Commission on International Trade Law.* Disponível em: https://uncitral.un.org/en/texts/procurement/modellaw/public_procurement. Acesso em: 25 mar. 2020.

[169] Disponível em: https://www.unodc.org/documents/corruption/Publications/2013/Guide book_on_anti-corruption_in_public_procurement_and_the_management_of_public_ finances.pdf, p. 1. Acesso em: 25 mar. 2020.

estima-se que, em nível global, a corrupção provoque um aumento de até 10% no custo total nos contratos privados, chegando a até 25% no custo dos contratos públicos nos países em desenvolvimento.[170]

Os números assustam, mas a realidade pode ser bem pior. No Brasil, durante os preparativos para sediar a Copa do Mundo de 2014, na capital Brasília foi reconstruído o Estádio Nacional, que custou R$1,6 bilhão, embora sua construção estivesse orçada em R$631 milhões. Gastou-se um bilhão além do previsto ou 150% da previsão inicial. É o grande volume de recursos que torna os contratos públicos tão vulneráveis à corrupção.

Segundo estimativa da Comissão Europeia[171] (*European Commission*), que faz as vezes do Poder Executivo na União Europeia, a UE gasta em torno de 14% do seu Produto Interno Bruto em aquisição de bens e serviços, percentual que corresponde a aproximadamente 2 trilhões de euros. A alta qualidade dos serviços públicos vai depender da forma como forem geridos os recursos públicos e conduzido o processo de aquisição destes bens. Uma gestão que consiga aprimorar em 1% a eficiência representa uma economia anual de 20 bilhões de euros.[172]

Além dos altíssimos valores envolvidos, no processo decisório de uma licitação também estão em jogo a realização das políticas públicas e o emprego de recursos públicos em projetos de infraestrutura, saúde, educação e segurança pública, fundamentais para o desenvolvimento humano e econômico de um país. Em setores como fornecimento de água e energia, transporte público e mobilidade, coleta e gerenciamento de resíduos, saúde e educação, segurança e limpeza pública, os entes públicos são os principais adquirentes, fazendo com que o bom investimento dos recursos públicos, de forma inteligente, com técnicas modernas de gestão que otimizem a eficiência, seja importante estratégia para alavancar a economia, criando empregos, fomentando o crescimento e desenvolvimento econômico de um país.

Portanto, dada a relevância crucial de alcançar a integridade nos contratos públicos, os mais importantes estatutos internacionais

---

[170] *Clean Business Is Good Business*, Publicação conjunta da *International Chamber of Commerce, Transparency International, the United Nations Global Compact e do World Economic Forum Partnering Against Corruption Initiative* (PACI). p. 2. Disponível em: https://d306pr3pise04h. cloudfront.net/docs/news_events%2F8.1%2Fclean_business_is_good_business.pdf. Acesso em: 27 abr. 2020.

[171] Disponível em: https://ec.europa.eu/info/about-european-commission_en. Acesso em: 25 mar. 2020.

[172] Disponível em: https://ec.europa.eu/growth/single-market/public-procurement_en. Acesso em: 25 mar. 2020.

anticorrupção nos contratos públicos enfatizam a transparência, competitividade e adoção de critérios objetivos para tomada de decisões (objetividade) como princípios basilares para desestimular a corrupção. Um bom exemplo é a Convenção da Organização das Nações Unidas Contra Corrupção – UNCAC (2005).[173] O artigo 9º[174] da UNCAC, ao estabelecer as diretrizes para os contratos públicos e administração das finanças públicas, proporciona um modelo a ser observado pelos países no âmbito da sua legislação doméstica, mediante o estabelecimento de processo licitatório saudável desenvolvido com transparência; objetividade na tomada de decisões; efetivo sistema de revisão das decisões; integridade das pessoas envolvidas em todas as fases do processo licitatório.[175] Construir um sistema íntegro não é tarefa fácil.

---

[173] Disponível em: https://www.unodc.org/documents/treaties/UNCAC/Publications/Con vention/08-50026_E.pdf (ainda sem tradução para o Português), disponível em inglês, russo, chinês, árabe, francês e espanhol.

[174] *Article 9. Public procurement and management of public finances*
1. Each State Party shall, in accordance with the fundamental principles of its legal system, take the necessary steps to establish appropriate systems of procurement, based on transparency, competition and objective criteria in decision-making, that are effective, inter alia, in preventing corruption. Such systems, which may take into account appropriate threshold values in their application, shall address, inter alia:
(a) The public distribution of information relating to procurement procedures and contracts, including information on invitations to tender and relevant or pertinent information on the award of contracts, allowing potential tenderers sufficient time to prepare and submit their tenders;
(b) The establishment, in advance, of conditions for participation, including selection and award criteria and tendering rules, and their publication;
(c) The use of objective and predetermined criteria for public procurement decisions, in order to facilitate the subsequent verification of the correct application of the rules or procedures;
(d) An effective system of domestic review, including an effective system of appeal, to ensure legal recourse and remedies in the event that the rules or procedures established pursuant to this paragraph are not followed;
(e) Where appropriate, measures to regulate matters regarding personnel responsible for procurement, such as declaration of interest in particular public procurements, screening procedures and training requirements.
2. Each State Party shall, in accordance with the fundamental principles of its legal system, take appropriate measures to promote transparency and accountability in the management of public finances. Such measures shall encompass, inter alia:
(a) Procedures for the adoption of the national budget;
(b) Timely reporting on revenue and expenditure;
(c) A system of accounting and auditing standards and related oversight;
(d) Effective and efficient systems of risk management and internal control; and
(e) Where appropriate, corrective action in the case of failure to comply with the requirements established in this paragraph.
3. Each State Party shall take such civil and administrative measures as may be necessary, in accordance with the fundamental principles of its domestic law, to preserve the integrity of accounting books, records, financial statements or other documents related to public expenditure and revenue and to prevent the falsification of such documents. (The United Nations Convention Against Corruption – UNCAC).

[175] UNCAC, arts. 9.1 (a)(b)(c)(d)(e).

Outro estatuto relevante de ser mencionado é a Legislação Modelo da UNCITRAL sobre Contratos Públicos (2011),[176] cujo texto procura estabelecer procedimentos e princípios que valorizem os recursos públicos e evitem comportamentos abusivos, mediante promoção da transparência como princípio-chave para que o processo licitatório se desenvolva com objetividade, justiça, ampla participação, competitividade e integridade.

Importante mencionar também o Acordo da Organização Mundial do Comércio sobre Contratos Governamentais – WTO GPA – *World Trade Organization Government Procurement Agreement.*[177] O WTO GPA foi revisado em 30.03.2012 e passou a vigorar desde 06.04.2014. O Brasil, embora seja membro da Organização Mundial do Comércio[178] (WTO) desde 01.01.1995, não figura como país signatário do WTO GPA.[179] Outros dois estatutos relevantes na matéria foram desenvolvidos pelo Conselho da União Europeia (*Council of the European Union*) e o Parlamento Europeu, e consistem nas Diretrizes da União Europeia nas Contratações Públicas[180] e diretrizes específicas para contratação de serviços essenciais,[181] como água, energia, transporte e serviços postais, ambas aprovadas em 26 de fevereiro de 2014,[182] com o objetivo de es-

---

[176] *United Nations Commission on International Trade Law – UNCITRAL Model Law on Public Procurement.* Disponível em: https://uncitral.un.org/sites/uncitral.un.org/files/media-documents/uncitral/en/2011-model-law-on-public-procurement-e.pdf. Essa Legislação Modelo da UNCITRAL sobre Licitações Públicas, de 2011, substitui a Legislação Modelo da UNCITRAL sobre Licitações de Bens, Construção e Serviços, de 1994 (*UNCITAL Model Law on Procurement of Goods, Construction and Services*), à época considerada um marco do direito internacional em matéria de licitações públicas, mas que necessitava ser revisitada para adaptar-se ao uso dos meios eletrônicos no processo licitatório.

[177] WTO GPA. Disponível em: https://www.wto.org/english/docs_e/legal_e/rev-gpr-94_01_e. htm. Acesso em: 25 mar. 2020.

[178] Disponível em: https://www.wto.org/english/thewto_e/whatis_e/tif_e/org6_e.htm. Acesso em: 25.03.2020.

[179] *The 20 Parties to the GPA are: Armenia, Australia, Canada, the European Union (and its 28 Member States – Austria, Belgium, Bulgaria, Croatia, Czech Republic, Cyprus, Denmark, Estonia, Finland, France, Germany, Greece, Hungary, Ireland, Italy, Latvia, Lithuania, Luxembourg, Malta, the Netherlands, Poland, Portugal, Romania, Slovak Republic, Slovenia, Spain, Sweden, and the United Kingdom), Hong Kong, China, Iceland, Israel, Japan, the Republic of Korea, Liechtenstein, the Republic of Moldova, Montenegro, the Netherlands with respect to Aruba, New Zealand, Norway, Singapore, Switzerland, Taiwan (Chinese Taipei), Ukraine, and the United States.* Disponível em: https://ustr.gov/issue-areas/government-procurement/wto-government-procurement-agreement. Acesso em: 25 mar. 2020.

[180] European Union Public Procurement Directives (EU Directives). Disponível em: https://eur-lex.europa.eu/legal-content/EN/TXT/?uri=celex:32014L0024. Acesso em: 25 mar. 2020.

[181] Disponível em: https://eur-lex.europa.eu/legal-content/EN/TXT/?uri=celex:32014L0025. Acesso em: 25 mar. 2020.

[182] Disponível em: https://ec.europa.eu/environment/gpp/eu_public_directives_en.htm. Acesso em: 25 mar. 2020.

tabelecer diretivas capazes de tornar as contratações mais eficientes e criar um mercado competitivo, aberto e com igualdade de tratamento entre os participantes.

Esses estatutos (UNCITRAL *Model Law*, *WTO GPA* e *EU Directives*) constituem os mais importantes conjuntos de regras internacionais em contratos públicos e fornecem a moldura essencial que deve ser observada pelos países para aprimorar a integridade dos mercados interno e global, mediante mecanismos que enfatizam a transparência, a competitividade e a objetividade como valores cruciais. O enfoque do nosso estudo nas ferramentas anticorrupção nos estimula a estender brevemente os comentários, em especial relativamente à Convenção das Nações Unidas Contra Corrupção (UNCAC – *United Nations Convention Against Corruption*).

2.10 UNCAC e crimes relacionados à corrupção em suas variadas formas

Para entender a UNCAC e suas ferramentas anticorrupção, é importante entender a corrupção que pode surgir nas compras. A forma de corrupção mais facilmente reconhecida tem sido o pagamento de dinheiro por particular para influenciar as decisões tomadas por funcionários públicos. Porém, a contrapartida, o pagamento, pode vir por qualquer vantagem indevida recebida pelo funcionário público. Tanto o pagamento de propina, que é a forma mais comum pela qual o crime de corrupção se manifesta, quanto a promessa e o oferecimento (forma ativa da corrupção), quanto a solicitação ou o aceite (forma passiva) de qualquer vantagem indevida para funcionário público nacional, para si ou para outrem (aqui considerados qualquer pessoa física ou jurídica), direta ou indiretamente, para praticar ou deixar de praticar atos de ofício.[183]

O artigo 16 da UNCAC trata da corrupção ativa, mediante promessa, oferta ou entrega de vantagem indevida a funcionário público estrangeiro ou a serviço de organização internacional pública, direta ou indiretamente, para si ou para outra pessoa física ou jurídica, com o propósito de fazer com que o funcionário público estrangeiro aja ou deixe de agir no exercício de suas funções, a fim de obter ou manter negócios ou outra vantagem indevida relacionada a transações internacionais.

---

[183] UNCAC, art. 15 (a)(b).

O artigo 16.2 trata da corrupção do funcionário público estrangeiro na forma passiva, quando este solicita ou aceita a vantagem indevida. A UNCAC também trata de outros crimes relacionados à corrupção, como abuso das funções ou do cargo, previsto no artigo 19, que consiste em o funcionário público, dolosamente, desempenhar ou fracassar em desempenhar ato de ofício, em violação à lei, com o propósito de obter, para si ou para outrem (aqui considerados qualquer pessoa física ou jurídica), direta ou indiretamente, vantagem indevida. Da mesma forma, se um funcionário público ou qualquer pessoa negociar sua influência para viabilizar alguma vantagem indevida junto à administração ou autoridade pública, pode incorrer no artigo 18, que também admite as modalidades ativa (prometer, oferecer ou entregar) e passiva (solicitar ou aceitar). O artigo 17 da UNCAC trata de peculato, nas modalidades dolosas apropriação indevida ou desvio, por funcionário público, em benefício próprio ou alheio, de qualquer bem que lhe tenha sido confiado no exercício das suas funções.

O artigo 21 trata do pagamento de qualquer vantagem indevida para pessoa atuando no setor privado, paga intencionalmente no curso de atividade econômica, financeira ou comercial: essa figura possui tanto a forma ativa (promessa, oferta ou entrega) quanto a passiva (solicitar ou aceitar). Em qualquer caso, a promessa, oferta ou entrega é feita direta ou indiretamente à pessoa que trabalha no setor privado, em qualquer função, ou é solicitada ou aceita por esta, para que pratique ou deixe de praticar um ato, em violação aos seus deveres no setor privado. Outras medidas anticorrupção no setor privado são referidas no artigo 12, entre as quais, cooperação com investigações, códigos de conduta, controle rigoroso de registro contábil e auditoria interna com objetivo de prevenir e detectar atos de corrupção e que os resultados sejam submetidos a um adequado sistema de aprovação ou certificação.

O artigo 7(4) prevê que os Estados promovam a transparência e evitem conflitos de interesse no setor público. O artigo 8 estabelece que, com o objetivo de combater a corrupção, os Estados devem promover, entre outros, a integridade, honestidade e responsabilidade entre os seus agentes e funcionários públicos, e, em particular, estabelecer códigos de conduta para o correto, honroso e apropriado desempenho das funções públicas e exigir dos funcionários públicos tanto declarações de seus ativos quanto de outras eventuais atividades profissionais. E devem ser criadas medidas e sistemas que facilitem que o funcionário público reporte atos de corrupção de que tem conhecimento. Vê-se que os artigos 7 e 8 da UNCAC possuem foco na integridade das pessoas que atuam no setor público. E essas medidas são complementadas pela previsão do que conhecemos como quarentena, que é o intervalo de tempo que deve ser respeitado a partir de quando o agente ou funcionário público deixa o cargo público até ser contratado pelo setor privado para funções que estejam relacionadas ao cargo público anteriormente ocupado.

Os mais relevantes estatutos internacionais que tratam de contratos públicos, a saber, *UNCITRAL Model Law*, *WTO GPA* e *EU Directives*, já abordados acima, têm seu foco mais voltado para as fases que antecedem a fase da execução do contrato. Isso porque tanto esses diplomas quanto a UNCAC, artigo 9, possuem seu foco voltado para medidas que previnam a corrupção, partindo do princípio de que se os contratos forem concedidos mediante um processo transparente, competitivo, utilizando critérios objetivos para as etapas decisórias e que essas estejam sujeitas a um efetivo sistema de recursos no qual as decisões possam ser desafiadas, todas essas medidas formam uma rede de proteção que vai dificultar a corrupção. De fato, medidas preventivas dificultam, embora não impeçam, os riscos decorrentes dos desvios de conduta dos agentes públicos e privados. Entretanto, a prática mostra que os riscos da corrupção durante o que pode ser chamado ciclo da contratação[184] são acentuados uma vez que o contrato é adjudicado e passa a ser executado.[185]

As boas práticas enfatizam a necessidade de estabelecer um eficiente sistema de monitoramento para verificar o desempenho do contrato em conformidade com o que foi contratado, tanto relativamente aos termos quanto às especificações existentes no contrato. As alterações do contrato devem ser permitidas apenas se essa possibilidade estiver prevista no contrato ou na lei (por exemplo, por um limite monetário claro e preestabelecido no valor do contrato) ou se essas alterações não mudarem substancialmente a essência do contrato.[186]

---

[184] Para acessar os principais riscos de corrupção em cada um dos três estágios do processo licitatório (antecedente à proposta; proposta; e adjudicação e execução contratual), a *United Nations Office on Drugs and Crime* (*UNODC*) desenvolveu o *Guidebook on Anti-Corruption in Public Procurement and the Management of Public Finances*. Disponível em: https://www.unodc.org/documents/corruption/Publications/2013/Guidebook_on_anti-corruption_in_public_procurement_and_the_management_of_public_finances.pdf, *Chapter II, B: Risk Mapping and Prevention* (sem tradução para o Português). Acesso em: 25 mar. 2020.

[185] "In practice, however, corruption risks in the procurement cycle are particularly high once the contract has been awarded." Disponível em: https://www.unodc.org/documents/corruption/Publications/2013/Guidebook_on_anti-corruption_in_public_procurement_and_the_management_of_public_finances.pdf, p. 23. Acesso em: 25 mar. 2020.

[186] *Idem.*

Não obstante, além de todas as medidas preventivas e de fiscalização do efetivo e estrito cumprimento do contrato, existe um elemento-chave que possivelmente é o fator mais importante quando se trata de buscar respostas para eliminar o risco de corrupção em qualquer fase dos contratos públicos: a integridade da pessoa humana.

2.11 A integridade humana como elemento-chave nos contratos públicos (art. 8 da UNCAC)

A integridade constitui elemento-chave do artigo 8,[187] que trata dos Códigos de Conduta para os Funcionários Públicos. Tanto o setor público quanto o setor privado devem encontrar meios de garantir que apenas funcionários profissionais, que demonstrem integridade, sejam honestos e qualificados, sejam autorizados a se envolverem nas atividades de compras e contratações públicas. Os funcionários devem ser adequadamente informados e treinados sobre como utilizar estruturas legais complexas, como contratos públicos e leis anticorrupção, e evitar os principais riscos envolvidos em cada uma das etapas do processo de contratação pública. Essa abordagem pode ser desenvolvida em programas de *compliance*.

Mecanismos para prevenir conflitos de interesses que possam estimular ou facilitar desvios de conduta, bem como a implementação de código de conduta para funcionários, são medidas que também

---

[187] *Article 8. Codes of conduct for public officials 1. In order to fight corruption, each State Party shall promote, inter alia, integrity, honesty and responsibility among its public officials, in accordance with the fundamental principles of its legal system. 2. In particular, each State Party shall endeavour to apply, within its own institutional and legal systems, codes or standards of conduct for the correct, honourable and proper performance of public functions. 3. For the purposes of implementing the provisions of this article, each State Party shall, where appropriate and in accordance with the fundamental principles of its legal system, take note of the relevant initiatives of regional, interregional and multilateral organizations, such as the International Code of Conduct for Public Officials contained in the annex to General Assembly resolution 51/59 of 12 December 1996. 4. Each State Party shall also consider, in accordance with the fundamental principles of its domestic law, establishing measures and systems to facilitate the reporting by public officials of acts of corruption to appropriate authorities, when such acts come to their notice in the performance of their functions. 5. Each State Party shall endeavour, where appropriate and in accordance with the fundamental principles of its domestic law, to establish measures and systems requiring public officials to make declarations to appropriate authorities regarding, inter alia, their outside activities, employment, investments, assets and substantial gifts or benefits from which a conflict of interest may result with respect to their functions as public officials. 6. Each State Party shall consider taking, in accordance with the fundamental principles of its domestic law, disciplinary or other measures against public officials who violate the codes or standards established in accordance with this article.*

devem estar previstas no programa de *compliance*, tanto do setor público quanto do setor privado. No ponto, o artigo 8, itens 1 e 2, da UNCAC, exige a implementação de códigos de conduta para funcionários públicos, fazendo referência explícita ao modelo do *International Code of Conduct for Public Officials*, constante no Anexo da Resolução nº 51/59 da Assembleia Geral da ONU de 1997.[188]

A construção e o fortalecimento de instituições sólidas e eficientes, fundadas em valores, são fundamentais no combate à corrupção. Essa função pode ser bem executada por um bom programa de *compliance* e constante investimento no seu aprimoramento, mediante acompanhamento dos resultados e adoção dos constantes e intermináveis

---

[188] Disponível em: https://undocs.org/pdf?symbol=en/A/RES/51/59. Acesso em: 25 mar. 2020: *International Code of Conduct for Public Officials I. GENERAL PRINCIPLES 1. A public office, as defined by national law, is a position of trust, implying a duty to act in the public interest. Therefore, the ultimate loyalty of public officials shall be to the public interests of their country as expressed through the democratic institutions of government. 2. Public officials shall ensure that they perform their duties and functions efficiently, effectively and with integrity, in accordance with laws or administrative policies. They shall at all times seek to ensure that public resources for which they are responsible are administered in the most effective and efficient manner. 3. Public officials shall be attentive, fair and impartial in the performance of their functions and, in particular, in their relations with the public. They shall at no time afford any undue preferential treatment to any group or individual or improperly discriminate against any group or individual, or otherwise abuse the power and authority vested in them. II. CONFLICT OF INTEREST AND DISQUALIFICATION 4. Public officials shall not use their official authority for the improper advancement of their own or their family's personal or financial interest. They shall not engage in any transaction, acquire any position or function or have any financial, commercial or other comparable interest that is incompatible with their office, functions and duties or the discharge thereof. 5. Public officials, to the extent required by their position, shall, in accordance with laws or administrative policies, declare business, commercial and financial interests or activities undertaken for financial gain that may raise a possible conflict of interest. In situations of possible or perceived conflict of interest between the duties and private interests of public officials, they shall comply with the measures established to reduce or eliminate such conflict of interest. 6. Public officials shall at no time improperly use public moneys, property, services or information that is acquired in the performance of, or as a result of, their official duties for activities not related to their official work. 7. Public officials shall comply with measures established by law or by administrative policies in order that after leaving their official positions they will not take improper advantage of their previous office. III. DISCLOSURE OF ASSETS 8. Public officials shall, in accord with their position and as permitted or required by law and administrative policies, comply with requirements to declare or to disclose personal assets and liabilities, as well as, if possible, those of their spouses and/or dependants. IV. ACCEPTANCE OF GIFTS OR OTHER FAVOURS 9. Public officials shall not solicit or receive directly or indirectly any gift or other favour that may influence the exercise of their functions, the performance of their duties or their judgement. V. CONFIDENTIAL INFORMATION 10. Matters of a confidential nature in the possession of public officials shall be kept confidential unless national legislation, the performance of duty or the needs of justice strictly require otherwise. Such restrictions shall also apply after separation from service. VI. POLITICAL ACTIVITY 11. The political or other activity of public officials outside the scope of their office shall, in accordance with laws and administrative policies, not be such as to impair public confidence in the impartial performance of their functions and duties.*

ajustes que vão sendo necessários, pois um programa de *compliance* nunca está acabado, sempre haverá um objetivo maior a ser alcançado.

A construção dos valores entre os servidores públicos requer uma combinação de fatores que vão desde qualificação e treinamento, transparência da sua atuação e mecanismos de controle social, independência da influência política e do setor privado, até o exemplo dos seus líderes diretos e o exemplo que vem do topo da pirâmide. Independência da influência política e privada é um conceito-chave para alcançar o fortalecimento institucional.

2.12 Contratos públicos eletrônicos

Outra ferramenta que ganha relevo quando se trata de criar um ambiente íntegro e adverso à corrupção é o uso de meios eletrônicos para todas as etapas das contratações públicas. É o meio que mais contribui para transparência, na medida em que viabiliza o acesso a todos os andamentos do processo em todas as fases, intensificando o controle, o acompanhamento e o registro preciso dos atos,[189] sem falar na rapidez e praticidade com que os atos podem ser divulgados publicamente. Portanto, além de mais transparente, é também o mais eficiente método de contratação pelo ente público.

Uma característica essencialmente favorável às praticas anticorrupção é que os meios eletrônicos eliminam ou minimizam as interações humanas diretas entre licitantes e os contratantes, reduzindo o risco de corrupção. É notório que a corrupção é ajustada durante interações humanas que ocorrem em um ambiente mais privado, fazendo com que a ausência de oportunidade para interações pessoais contribua, por si, para criar um ambiente mais hostil à corrupção. Embora o uso dos meios eletrônicos não tenha recebido a merecida ênfase pela UNCAC, sua adoção é estimulada pela Resolução nº 3/2, da *Conference of the States Parties to the United Nations Against Corruption*, de 2009,[190] tanto

---

[189] A coleta eletrônica de dados e o gerenciamento de dados na área de compras públicas também podem constituir uma ferramenta importante para ajudar a cumprir o artigo 9 (3) da UNCAC, que exige que as partes preservem a integridade de seus registros, incluindo livros contábeis ou outros documentos relacionados às despesas públicas.

[190] "[...] 13. *Invites States parties, where appropriate, to consider the use of computerized systems to govern public procurement and to track and identify suspect cases, and to consider, in accordance with the fundamental principles of their legal systems, the adoption and use of procedures to prohibit private sector entities involved in corrupt contracting practices from future participation*

como ferramenta para rastrear e detectar ações suspeitas e também identificar e excluir pessoas físicas e jurídicas que não se qualifiquem para contratar com o ente público.

2.13 Ferramentas de exclusão por ausência de integridade (*blacklist*): *Cross-Debarment, Consolidated Apropriations Act (2018) e Magnitsky Act (2012)*

À medida que as iniciativas anticorrupção em todo o mundo avançam e ganham força, começam também a surgir ferramentas que facilitam a exclusão de pessoas que de alguma forma tiveram sua integridade comprometida, porque incorreram em corrupção, fraude, ou práticas a elas relacionadas, ou mais amplamente por apresentarem desempenho inaceitável ou que exponham a administração pública a riscos extremos decorrentes da fragilidade de sua reputação ou dos seus controles internos. Essas ferramentas de exclusão consistem em um sistema de cadastro negativo (*blacklist*) de corruptos ou pessoas físicas ou jurídicas desqualificadas para contratar com a administração pública. Embora a UNCAC não cite especificamente essa ferramenta anticorrupção, o *Legislative Guide for the Implementation of the United Nations Convention Against Corruption*[191] (2006, revisado em 2012) determina que os Estados devem implementar medidas apropriadas, como a exclusão, para incentivar o cumprimento dos requisitos anticorrupção da UNCAC.

Os mecanismos de exclusão ou *blacklist* vão sendo incorporados de diferentes formas pelos Estados e organizações internacionais, como o Banco Mundial. Dois formatos têm se destacado. O primeiro consiste em uma abordagem altamente discricionária, como a usada pelo sistema federal de compras dos Estados Unidos, mediante o qual um alto funcionário contratante, agindo em nome de uma ou mais agências governamentais, pode excluir contratantes por causa de quase qualquer problema sério relacionado à qualificação do contratado. Em outro modelo, adotado pelo Banco Mundial em seu sistema de sanções, os funcionários públicos encarregados de analisar o cumprimento de requisitos pelo candidato decidem formalmente se ele incorre em alguma

---

in public tenders; [...]". Disponível em: https://www.unodc.org/unodc/en/treaties/CAC/CAC-COSP-session3-resolutions.html. Acesso em: 30 mar. 2020.

[191] Disponível em: https://www.unodc.org/documents/treaties/UNCAC/Publications/LegislativeGuide/UNCAC_Legislative_Guide_E.pdf. Acesso em: 30 mar. 2020.

conduta que justifica sua exclusão, por serem condutas especificamente previstas como proibidas.[192]

A suspensão por tempo determinado, que também é possível, e a exclusão, *blacklist* ou impedimento de participação em contratos públicos, têm se mostrado ferramentas eficazes contra corrupção, pois privar empresas da oportunidade de fazer negócios com o governo, considerado seu potencial de fazer negócios e os altos valores envolvidos nos contratos públicos, constitui forte desestímulo para práticas ilegais ou ausência de transparência em seus mecanismos de controle interno.

O *Cross-Debarment* é outra iniciativa que possui alto grau de discricionariedade e se mostra bastante efetiva no desestímulo à ausência de transparência e integridade. Consiste em ação lançada no âmbito das instituições financeiras internacionais (IFI – *International Finantial Institution*), reunindo 5 bancos multilaterais de desenvolvimento, os chamados MDB (*Multilateral Development Banks*). Qualquer país ou organização que tenha recebido fundos para financiamento de projetos de qualquer um dos bancos de desenvolvimento unidos nessa iniciativa, e que não consiga afastar a suspeita de desvios relacionados à corrupção, será punido pelo corte do acesso ao crédito não apenas pelo banco de desenvolvimento lesado, mas pelos demais bancos de desenvolvimento (MDB), pela mesma conduta. Uma vez constatado o desvio dos fundos, essa iniciativa permite que, a partir do cruzamento de informações entre as instituições financeiras, o recipiente poderá ser excluído da linha de crédito disponibilizada não apenas pelo banco que lesou diretamente, mas por todos os demais bancos que integram a iniciativa, reduzindo drasticamente seu crédito perante as instituições financeiras internacionais (IFI).

Outra ferramenta poderosa é a exclusão e/ou impedimento à concessão de visto para entrada nos Estados Unidos, como forma de desestimular e atingir a corrupção de agentes públicos estrangeiros e pessoas envolvidas em atos de violação a direitos humanos. Embora a concessão de visto de permissão de entrada no país seja um ato intrinsecamente discricionário, os Estados Unidos aprovaram leis que impedem a permissão de entrada ou permanência de pessoas envolvidas com atos de corrupção e violação a direitos humanos.

---

[192] Disponível em: https://www.unodc.org/documents/corruption/Publications/2013/Guide book_on_anti-corruption_in_public_procurement_and_the_management_of_public_ finances.pdf. p. 25.

A primeira iniciativa nessa linha foi o *Sergei Magnitsky Rule of Law Accountability Act of 2012*,[193] aprovada com o objetivo de banir a entrada nos Estados Unidos de agentes públicos russos envolvidos com a morte de Sergei Magnitsky, advogado tributarista que foi preso, quando estava investigando fraude envolvendo funcionários públicos da fiscalização tributária russa, e foi encontrado morto em sua cela na prisão. Em 2018, o *Consolidated Appropriations Act*[194] passou a estabelecer que o Secretário de Estado deve tornar inelegíveis para obtenção de visto de entrada nos Estados Unidos os funcionários públicos e seus familiares se houver evidência convincente de que esses indivíduos estiveram envolvidos em corrupção significativa, incluindo corrupção relacionada à extração de recursos naturais, ou grave violação de direitos humanos.[195]

---

[193] Disponível em: https://www.govinfo.gov/content/pkg/PLAW-112publ208/html/PLAW-112publ208.htm. Acesso em: 30 ago. 2021.

[194] Section 703 (c) do Department of State, Foreign Operations, and Related Programs Appropriations Act 2018. Disponível em: https://www.state.gov/wp-content/uploads/2020/03/7031c-of-PL-116-94-Anticorruption-and-GVHR-Visa-Sanctions-508.pdf. Acesso em: 30 ago. 2021.

[195] *Congressional Reseach Service, Targeting Foreign Corruption and Human Rights Violations in FY2018 Consolidated Appropriations* (14 jun. 2018).

CAPÍTULO 3

CORRUPÇÃO TRANSNACIONAL

3.1 Como surge e o que é corrupção

> The core of the concept of a bribe is an inducement improperly influencing the performance of a public function meant to be gratuitously exercised.[196]
>
> (John T. Noonan, Jr.)

A corrupção surge como resultado de como as pessoas perseguem, fazem uso e negociam riqueza e poder, e como a sociedade lida com o eterno problema de restringir os excessos nessas atividades. Essa perspectiva elaborada por Michael Johnston nos parece perfeita. Ele prossegue afirmando que os limites do poder inerente ao desempenho de uma função pública apenas surgem quando alguém, que não seja aquele que detém esse poder de forma abusiva, exige que limites a esse poder sejam impostos. Quando surge tal exigência, imediatamente é gerado um conflito, no qual a pessoa que detém o poder de forma abusiva intensifica as manobras da sua rede de conexões para mantê-lo e para se proteger. Os limites surgem quando os governantes e demais

---

[196] O cerne do conceito de suborno é um incentivo que influencia indevidamente o desempenho de uma função pública que deve ser exercida gratuitamente.

detentores de poderes oficiais consideram vantajoso observar esses limites, pois, como regra, os detentores de poder e riqueza não abrem mão disso voluntariamente.[197]

Por isso a fundamental importância de criar sistemas de estímulos eficazes para limitação do poder e prestação de contas, fazendo com que a reforma anticorrupção se torne uma questão de conceber e fortalecer instituições de Estado, mediante a combinação de regras e sistemas de incentivos eficazes. Entretanto, para chegar a esse estágio de fortalecimento das instituições é necessário que elas primeiro possuam credibilidade. Também é essencial que as fronteiras público-privado estejam bem definidas. Em um ambiente no qual as instituições são desacreditadas e a distinção de público-privado seja nebulosa, o interesse público também é um conceito que não é bem compreendido e, consequentemente, não é compartilhado pela população, e, nesse caso, as demandas por prestação de contas e limites ao poder — ou mesmo sua implantação — podem ter pouco ou mesmo nenhum significado na prática.

Ao longo deste capítulo, iremos explorar algumas estratégias de enfrentamento da corrupção traçadas por organismos internacionais, como o Fundo Monetário Internacional (FMI) e o Banco Mundial, por meio dos critérios para implantação de seus projetos em diversos países, bem como a linha seguida pela Organização das Nações Unidas (ONU) e Organização para Cooperação e Desenvolvimento Econômico (OCDE) nas suas convenções internacionais. Importantes conceitos e teorias, como a democratização profunda, também serão exploradas, com o objetivo de iluminar o caminho que precisamos percorrer para nossa permanente transformação e consolidação do país no cenário internacional junto às economias que se desenvolvem de forma mais consistente e sustentável.

---

[197] JOHNSTON, Michael. *Why do so many anti-corruption efforts fail?* p. 13.

3.2 Desafio de definir corrupção

> *However, like an elephant, while it may be difficult to describe, corruption is generally not difficult to recognize when observed.*[198]
>
> (Vito Tanzi)

Existe consenso no sentido de que a corrupção pode ocorrer das mais variadas formas, o que representa um desafio para elaborar uma definição abrangente e precisa. A título de exemplo, o Fundo Monetário Internacional considera que corrupção consiste no "abuso da autoridade ou fé pública para benefício privado", enquanto que o Banco Mundial define corrupção como "o exercício do poder público para ganho privado". Para a Transparência Internacional, corrupção é "o abuso do poder público confiado para ganho privado".[199]

No meio acadêmico existem inúmeras classificações que objetivam identificar, agrupar e fornecer uma definição mais precisa que diferencie os vários tipos de corrupção. Thomas Burke distinguiu três tipos de corrupção: *quid pro quo*, influência monetária e distorção.[200] Zephyr Teachout identificou quatro formas de corrupção política: suborno, decisões públicas para servir à riqueza privada feitas por causa de relações de dependência, decisões públicas para servir ao poder executivo feitas por causa de relacionamentos de dependência, e o uso, pelos funcionários públicos, de suas posições de poder para enriquecerem.[201] Deborah Hellman descreveu três principais tipos de corrupção: corrupção como deformação do julgamento, corrupção como distorção de influência e corrupção como venda de favores.[202]

---

[198] No entanto, como um elefante, embora possa ser difícil de descrever, a corrupção geralmente não é difícil de reconhecer quando observada. TANZI, Vito. *Corruption Around the World: Causes, Consequences, Scope and Cure, IMF Staff Papers*, v. 45, n. 4, 1998.

[199] *The Impact of the Inter-American Convention Against Corruption*, 38 U. Miami Inter-Am. L. Rev. 487.

[200] BURKE, Thomas F. *The Concept of Corruption in Campaign Finance Law*, 14 CONST. COMMENT. 127, 131 (1997).

[201] TEACHOUT, Zephyr. *The Anti-Corruption Principle*, 94 CORN. L. REV. 341, 387 (2009), p. 373-374.

[202] HELLMAN, Deborah. *Defining Corruption and Constitutionalizing Democracy*, 111 MICH. L. REV. 1385, 1396-97 (2013).

Outra forma de corrupção é a denominada "corrupção por dependência" de Lawrence Lessing, segundo a qual, originariamente, a ideia era que o Congresso fosse dependente apenas do povo. Entretanto, essa ideia acaba sendo corrompida quando entram em cena outros atores políticos, que são os contribuintes de campanhas políticas e lobistas.[203] Esses atores interagem com o Congresso e participam do processo político não necessariamente mediante pagamento de propinas, mas mediante um conjunto de relações e obrigações mútuas, que tem na sua base a troca de favores políticos. É um tipo de corrupção que não envolve necessariamente uma pessoa específica, mas a instituição à qual ela pertence, ou seja, é uma corrupção que se manifesta em nível institucional, de modo que gera dependência (do sistema, de como ele funciona) nos atores independentemente de os mesmos haverem pessoalmente se corrompido.[204] Tal corrupção por dependência, na qual os políticos ficam dependentes dos seus financiadores de campanha — e não do povo —, gera distorções na política, pois os objetivos dos doadores de campanhas políticas não coincidem com os objetivos do povo, do interesse público que deveria nortear as ações do Congresso.

Independentemente da definição adotada, Yasmin Dawood afirma que o essencial é que a corrupção é uma prática incorreta, por dois motivos: o primeiro, porque consiste em um abuso de poder. O segundo motivo pelo qual a corrupção é uma prática incorreta é porque viola a igualdade que deve existir entre os cidadãos, o que é fundamental especialmente nas sociedades democráticas, não apenas igualdade perante a lei, mas igualdade de participação no processo político.[205] Essa desigualdade criada no processo político pela corrupção origina o que Mark Warren denomina "dupla exclusão", que consiste na exclusão daqueles que têm direito de estar incluídos no processo democrático de tomada de decisões, e, ainda, essa exclusão ocorre de forma que não pode ser publicamente justificada.[206]

---

[203] Diferente dos Estados Unidos, que têm o *lobby* como atividade regulamentada e aceita doação de campanha por pessoas jurídicas, o Brasil adota o modelo misto, que admite o financiamento de campanhas por um fundo público e por doações privadas de pessoas físicas, estas limitadas a 10% da renda bruta anual declarada no imposto de renda, bem como empréstimo de bens e prestação de serviços durante a campanha eleitoral. Desde 2015, pessoas jurídicas não podem mais ser doadoras de campanha política no Brasil.

[204] LESSIG, Lawrence. *Republic, Lost*: How Money Corrupts Congress – And a Plan to Stop It. 12. ed. New York: 2011.

[205] DAWWOD, Yasmin. *Classifying Corruption*, 9 Duke J. Const. Law & Pub. Pol'y 103, p. 5.

[206] WARREN, Mark E. *What Does Corruption Mean in a Democracy?*, 48 AM. J. POL. SCI. 328, 333 (2004).

CAPÍTULO 3
CORRUPÇÃO TRANSNACIONAL | 113

Para a finalidade do nosso trabalho, que possui enfoque na grande corrupção praticada no setor público, com a contribuição do setor privado e desdobramentos no plano transnacional, utilizaremos os elementos básicos sempre presentes nas definições desse tipo de corrupção, que são o meio pelo qual ela ocorre, mediante abuso do cargo ou função pública, e o fim, que objetiva ganho privado. Tais características podem ser associadas às diretrizes traçadas na Convenção das Nações Unidas Contra Corrupção, segundo as quais a corrupção prejudica as instituições e os valores democráticos, éticos e de justiça e coloca em risco o desenvolvimento sustentável e o Estado de Direito.

Em sentido amplo, corrupção compreende qualquer abuso do cargo ou função pública, independentemente de surgir a partir de incentivos financeiros ou interferências políticas.[207] Essa concepção tem na sua essência o modo como o alcance, o uso e a negociação da riqueza e do poder operam em dada sociedade. A compreensão dos processos e conflitos políticos que dificultam definições precisas pode indicar maneiras pelas quais podemos intensificar e apoiar demandas por prestação de contas e limites ao poder e privilégios oficiais,[208] pois encontrar meios para estabelecer limites a essas atividades, e estabelecê-los com efetividade, é o caminho para que o Estado possa exercer controle sobre a corrupção, e não o contrário.

3.3 Corrupção ativa e passiva e oferta (*supply side*) e demanda (*demand side*) de vantagem indevida

Muitos países, como o Brasil, adotam a terminologia corrupção ativa e passiva. Considera-se ativa a conduta praticada por quem oferece, paga ou promete pagar vantagem indevida. Quem aceita ou recebe o pagamento de propina incorre em corrupção passiva. Entretanto, essa terminologia recebe críticas, porque deixa implícita a ideia de que a iniciativa é sempre da parte que pratica a conduta ativa, e a parte passiva seria quase a vítima corrompida, o que nem sempre é verdade. Com frequência, a pessoa que recebe o pagamento atua de forma ativa, pressionando ou induzindo para que este pagamento ocorra. Neste caso, é impreciso considerar que a pessoa que recebe a vantagem indevida pratica uma conduta passiva. Por isso, a preferência

---

[207] *Against Corruption, A book of essays*, 2016, electronic book, location 2105.
[208] JOHNSTON, Michael. *Why do so many anti-corruption efforts fail?*. p. 4-8.

pela terminologia que substitui corrupção ativa por "lado da oferta" da vantagem indevida (*supply side*) e corrupção passiva por "lado da demanda" da vantagem indevida (*demand side*).[209]

3.4 Corrupção grande e pequena (*grand & petty corruption*)

Países que ainda não atingiram o desenvolvimento são especialmente atingidos pelos dois tipos de corrupção, a grande e a pequena. A pequena corrupção é aquela que já faz parte da rotina diária e é o meio pelo qual se obtém acesso à maioria dos serviços, incluindo os serviços públicos básicos. A grande corrupção é aquela praticada com abuso do poder exercido pelos ocupantes dos mais altos cargos na hierarquia administrativa, e esse abuso é cometido em benefício de poucos e em prejuízo de muitos, causando sérios e amplos prejuízos tanto aos indivíduos quanto à sociedade.

Para a Transparência Internacional, a grande corrupção fica caracterizada quando um funcionário público ou outra pessoa priva um determinado grupo social ou parte substancial da população de um Estado de um direito fundamental, ou causa ao Estado ou a qualquer um de seu povo uma perda superior a 100 vezes a renda mínima de subsistência anual de seu povo, como resultado de suborno, peculato ou desvio, outro delito de corrupção.[210] Portanto, utilizando esse critério, todo crime de corrupção cujos valores sejam correspondentes a 100 vezes o valor de doze salários-mínimos seria considerado grande corrupção.

A grande corrupção é especialmente alarmante porque se revelou o maior obstáculo para que o desenvolvimento sustentável possa ser atingido; prejudica e desvirtua práticas saudáveis de mercado e empresas que queiram operar honestamente, tanto no mercado doméstico quanto no internacional; agrava a pobreza, a desigualdade e a exclusão. Além disso, a grande corrupção tem como desdobramento a violação de direitos humanos.[211]

---

[209] BOISTER, Neil. *Transnational Criminal Law*. 2nd ed., p. 148.

[210] Disponível em: https://images.transparencycdn.org/images/Grand-Corruption-definiti on-with-explanation-19-August-2016.pdf. Acesso em: 20 abr. 2021.

[211] Disponível em: https://www.transparency.org/en/news/what-is-grand-corruption-and-how-can-we-stop-it#. Acesso em: 20 abr. 2021.

Como exemplo de grande corrupção, podemos mencionar o caso Obiang, filho do falecido presidente da República da Guiné Equatorial (1979-2012), acusado de desvio de mais de US$225 milhões. Foi condenado na França, em 2017, e teve seu recurso julgado em 2020, confirmando a condenação ao pagamento de multa e confisco de bens no território francês. Outro exemplo é o ex-Presidente da Ucrânia (2010-2014) e ex-Primeiro-Ministro Viktor Yanukovych, acusado de desvio de US$7,5 bilhões, atualmente vivendo em Moscou, sob proteção da Rússia.

3.5 Corrupção como prática isolada e corrupção sistêmica

Como prática isolada, a corrupção não apresenta os mesmos desafios da corrupção sistêmica, que consiste em um modo de operar dentro de um sistema que passa a ser movido pela corrupção. No ambiente de corrupção sistêmica, o próprio sistema funciona por meio da corrupção. Em outras palavras, enquanto um sistema sadio funciona com base em regras preestabelecidas, visando à impessoalidade, à igualdade, ao interesse público, podendo haver episódios isolados de corrupção, mas que não afetam o funcionamento e a saúde do sistema propriamente dito, no caso da corrupção sistêmica, uma vez instalada, é criada uma frequência de comportamento corrupto que passa a dominar e centralizar a atuação desse sistema. A partir disso, o sistema passa a ser movido, retroalimentado e fortalecido pela corrupção.

Em um ambiente no qual se verifica a corrupção como prática isolada, ela não representa risco aos valores democráticos, éticos e de justiça, tampouco ameaça a integridade das instituições. Entretanto, quando um sistema, um Estado, é capturado pela corrupção sistêmica, a democracia, o Estado de Direito, as instituições, a realização da justiça, são todos colocados em risco e passam a funcionar de forma anômala e criminosa. São criados os mais diversos artifícios para que seja dada uma aparência de legalidade a práticas e decisões que são ilegais, porque fora da *rule of law*, ou seja, fora da lei.

Quando instalada, a corrupção sistêmica trabalha para fortalecer e ampliar essa engrenagem corrupta e representa enorme desafio para ser removida, exatamente pelo fato de que a mudança necessita do empenho das lideranças, que normalmente estão cooptadas pela corrupção. Por isso, Christine Lagarde menciona que os países que conseguiram passar de sistemas corruptos a sistemas intolerantes à corrupção tiveram seus maiores líderes como pivôs desta guinada.

Outro caminho que vislumbramos é por meio da atuação de países mais desenvolvidos e aplicação da lei internacional, alavancando os padrões éticos de conduta e exigência de controle e transparência nas interações internacionais.

É interessante anotar que a corrupção sistêmica pode vir acompanhada de crescimento econômico por algum período. Nos países asiáticos, a corrupção sistêmica foi acompanhada de alto crescimento econômico, e, no passado, havia quem argumentasse que os danos da corrupção sistêmica são limitados e previsíveis. Nessa linha o estudo J. S. Nye,[212] publicado em 1967. Porém, após a crise asiática, analistas têm frequentemente sugerido que a corrupção sistêmica foi uma das causas da crise e do consequente retrocesso para o desenvolvimento econômico asiático.[213] Hoje podemos dizer que existe um consenso nos maiores organismos internacionais no sentido de que a corrupção pode ser considerada o maior obstáculo para o crescimento econômico sustentável.

3.6 Corrupção em números

É senso comum que a corrupção possui efeitos devastadores no crescimento econômico, na igualdade e na confiança. A democracia tem sua base na confiança nos nossos representantes e que eles vão atuar conforme o interesse público, essenciais para o desenvolvimento de um país. Os impactos negativos da corrupção são muito significativos para serem minorados: segundo números do Banco Mundial, a corrupção drena anualmente $2,6 trilhões de dólares da economia mundial, o que corresponde a mais de 5% do Produto Interno Bruto global.[214] A cifra astronômica faz com que enfrentar a corrupção seja algo muito além de um imperativo moral, mas também uma necessidade econômica, social e política.

---

[212] NYE, J. S. Corruption and Political Development: A Cost-Benefit Analysis. *The American Political Science Review*, v. 61, n. 2, p. 417-427, jun. 1967.

[213] NORTON, Joseph J. *Are Latin America and East Asia an Ocean Apart? The Connecting Currents of Asian Financial Crises*, 4 NAFTA: L. & BUS. REV. AM. 93, at 100-01 (1998). p. 116-117. Disponível em: https://scholar.smu.edu/lbra/vol4/iss4/3/. Acesso em: 20 jun. 2021.

[214] *Clean Business Is Good Business*, publicação conjunta da *International Chamber of Commerce, Transparency International, the United Nations Global Compact e do World Economic Forum Partnering Against Corruption Initiative* (PACI). Disponível em: https://d306pr3pise04h. cloudfront.net/docs/news_events%2F8.1%2Fclean_business_is_good_business.pdf. Acesso em: 11 ago. 2019.

O grave efeito causado pela corrupção na concorrência produz impactos que podem ser aferidos em números vistos em indicadores dos incentivos que os países promovem ao empreendedorismo. O empreendedorismo pode ser considerado o indicador que possui uma relação bastante direta com o desenvolvimento econômico de um país. Quando um país não proporciona um ambiente saudável de fomento à concorrência, isso impacta o empreendedorismo.

Observe-se que, segundo *ranking* elaborado pelo Fundo Monetário Internacional, com base no PIB nominal, por um lado, o Brasil figurava como 9ª economia mundial em 2018[215] (éramos a 7ª economia, em 2014[216]), e, por outro, ocupava a posição 109 no *ranking Doing Business* 2019,[217] indicador elaborado pelo Banco Mundial, que mede a facilidade de fazer negócios em 190 países, o que se traduz em atratividade para empreendedorismo e investimento. Em 2021, o Brasil perdeu muitas posições no *ranking* do FMI (PIB nominal), passando a ocupar a 12ª posição.[218] Tal queda é vista também no *Doing Business* 2020,[219] onde passou para a posição 124 no *ranking*.[220]

Portanto, existe um *gap*, um verdadeiro abismo, entre nossa capacidade de gerar riqueza, medida pelo PIB, e nossa capacidade de gerar um ambiente eficiente e atrativo para negócios, medida pelo indicador da facilidade de fazer negócios em determinado país (*Doing Business*). Esse abismo pode estar diretamente relacionado com o ambiente de corrupção sistêmica criado no Brasil, e essa conclusão pode ser inferida a partir de um terceiro indicador apurado pela Transparência Internacional, e que mede o índice de percepção da corrupção no setor público em 180 países do mundo. É interessante observar que, segundo esse Índice de Percepção da Corrupção 2017, podemos mencionar dentre os países considerados mais íntegros: Nova Zelândia (1º), Dinamarca (3º), Noruega (também 3º) e Singapura (6º). Os mesmos países figuram

---

[215] Disponível em: https://www.imf.org/external/pubs/ft/weo/2018/02/weodata/weorept. aspx?. Acesso em: 11 ago. 2019.

[216] Disponível em: https://www.imf.org/external/pubs/ft/weo/2015/01/weodata/weorept. aspx?. Acesso em: 11 ago. 2019.

[217] Disponível em: https://www.doingbusiness.org/en/data/exploreeconomies/brazil. Acesso em: 11 ago. 2019.

[218] *World Economic Outlook Database*, April 2021, International Monetary Fund.

[219] Disponível em: https://www.doingbusiness.org/en/rankings. Acesso em: 25 jul. 2021.

[220] O Brasil está muitas posições atrás dos seus vizinhos na América Latina. No *ranking Doing Business* 2019, o México era 54º e o Chile era 56º, e, em 2020, o Chile ficou em 59º e o México em 60º. No *ranking* do FMI das maiores economias (PIB nominal), o México é a 15ª economia e o Chile a 43ª.

em posições idênticas ou bem próximas no *ranking Doing Business 2019*: Nova Zelândia (1º), Dinamarca (3º), Noruega (7º), Singapura (2º).[221]

O Índice de Percepção da Corrupção 2020[222] divulgou o seguinte *ranking*: no 1º lugar estão Nova Zelândia e Dinamarca; no 3º lugar estão Finlândia, Suíça, Singapura e Suécia. Neste *ranking* da Transparência Internacional 2020, o Brasil está na 94ª posição, que divide com Suriname, Servia, Sri Lanka, Tanzânia, Etiópia, Peru e Cazaquistão. No *ranking Doing Business 2020*,[223] estão Nova Zelândia (1º), Singapura (2º), Hong Kong SAR (3º), Dinamarca (4º), Noruega (9º). Observe-se como o Brasil figura nos dois *rankings*: em 2019, o Brasil era 96º no Índice de Percepção da Corrupção e 109º no *Doing Business*; e, em 2020, o Brasil passou a 94º no primeiro, subindo duas posições, e 124º no segundo, caindo 15 posições no *ranking*.

Tais números ilustram o impacto que a corrupção gera no estímulo ao investimento, ou seja, na decisão estratégica que leva o investidor a decidir investir em determinado país. Estima-se que, quando uma empresa habituada a fazer negócios em um país com baixo índice de corrupção passa a fazer negócios com um país com médio a alto índice de corrupção, isso vai representar um aumento no seu custo de fazer negócios equivalente a uma taxação de 20% sobre o custo final. Em nível global, estima-se que a corrupção provoque um aumento em 10% no custo total nos contratos e 25% no custo dos contratos públicos nos países em desenvolvimento.[224]

A partir do despertar para a estreita relação que existe entre a corrupção, o ambiente de desestímulo ao investimento e à concorrência, de um lado, e o atraso no desenvolvimento social e econômico, de outro, e todos os sacrifícios impostos aos direitos humanos como consequência das más escolhas feitas pelos representantes eleitos, passamos a ver o crescimento de um sentimento social que busca encontrar meios de combater esse mal que é a corrupção.

Em um país desenvolvido, o funcionamento adequado da atividade regulatória estatal e do sistema criminal cumpre efetivamente

---

[221] Disponível em: https://www.doingbusiness.org/en/rankings. Acesso em: 11 ago. 2019.

[222] Disponível em: https://www.transparency.org/en/cpi/2020/index/nzl#. Acesso em: 25 jul. 2021.

[223] Disponível em: https://www.doingbusiness.org/en/rankings. Acesso em: 25 jul. 2021.

[224] *Clean Business Is Good Business*, Publicação conjunta da *International Chamber of Commerce, Transparency International, the United Nations Global Compact e do World Economic Forum Partnering Against Corruption Initiative* (PACI). Disponível em: https://d306pr3pise04h. cloudfront.net/docs/news_events%2F8.1%2Fclean_business_is_good_business.pdf. Acesso em: 11 ago. 2019.

a tarefa de desincentivar as pessoas físicas e jurídicas de praticarem tais condutas destrutivas[225] e criar os corretos incentivos para que a atividade econômica se desenvolva em um ambiente que não esteja dominado pela corrupção.

3.7 O despertar para a corrupção: tópico mais relevante que pobreza, desemprego e terrorismo

Na última década, a corrupção se tornou o epicentro dos assuntos mais discutidos no mundo. Em pesquisas,[226] a corrupção aparece como o tópico mais frequentemente discutido pelo público, passando à frente de tópicos como pobreza, desemprego e terrorismo, que têm resultado aparentemente muito mais trágico. O fato de a corrupção haver despertado tão intensamente o interesse do público e ultrapassado outros graves problemas de tragédias humanas, como a fome e o desemprego, é um sinal positivo e indicativo de nosso amadurecimento, pois começamos a entender que não podemos resolver o problema da fome, do desemprego e outros direitos humanos, sem primeiro enfrentar sua mais evidente causa: a corrupção, que emprega mal os recursos públicos, com escolhas equivocadas, quando não os desvia diretamente, e assim prejudica programas sociais, compromete direitos humanos, provoca desequilíbrio na livre concorrência e afeta negativamente o mercado de trabalho.

Nessa perspectiva que vem ganhando fôlego, a corrupção não é mais aceita como uma prática difundida, inevitável, de consequências difusas e intangíveis, e, portanto, menores, mas uma prática inaceitável, que possui consequências gravíssimas que prejudicam a sociedade como um todo, impactando dramaticamente direitos humanos básicos, a livre concorrência, o empreendedorismo, causando a estagnação do país, que não consegue se desenvolver economicamente e avançar. A corrupção é atualmente compreendida como o fator de maior impacto negativo no crescimento econômico consistente e no desenvolvimento sustentável do país.

---

[225] Essa foi a percepção dos congressistas norte-americanos ao aprovarem o FCPA. "Nothing less than criminal enforcement, according to Congress, would adequately deter individuals and companies from engaging in such destructive misbehavior".

[226] KLITGAARD, Robert. *Addressing Corruption Together*. Paris: Organisation for Economic Co-operation and Development, 2015. p. 15. Disponível em: https://www.oecd.org/dac/conflict-fragility-resilience/publications/FINAL%20Addressing%20corruption%20together.pdf. Acesso em: 20 out. 2020.

Outro efeito importante desse despertar para a corrução é acabar com a leniência em relação a ela. A leniência com a corrupção, longe de ser um comportamento neutro, na verdade, é altamente nocivo, pois também fomenta a criação de um ambiente propício à criminalidade de um modo geral, ou impede que meios que já estejam tomados pelo crime evoluam para um ambiente mais civilizado, em uma dinâmica na qual a tendência é a degeneração, caso não seja interrompida. Isso porque as redes ilícitas preferem operar em espaços não governados ou mal governados, nos quais o controle e a supervisão do Estado são inexistentes, insuficientes ou facilmente contornáveis. Essas redes criminosas, verdadeiras organizações altamente lucrativas, procuram desenvolver suas atividades em ambientes nos quais encontrem funcionários públicos vulneráveis à corrupção, com o objetivo de facilitar suas atividades ilícitas em certas áreas geográficas.[227]

Países atentos a essa realidade, e vigilantes para não atraírem e muito menos oferecerem um ambiente seguro para atividades criminosas, vêm adotando medidas pró-ativas para criar um ambiente hostil a esses interesses. O exemplo mais atual vem dos Estados Unidos, que definiram o combate à corrupção mundial como sua prioridade nacional em 2021.[228] Tal posição de enfrentamento prioritário da corrupção global foi imediatamente seguida pelo Congresso dos Estados Unidos, que lançou o projeto denominado *Congressional Caucus against Foreign Corruption and Kleptocracy*, de 10 de junho de 2021.[229] Em ambas as ações, fica claramente sinalizada ao setor privado a chamada para seu alinhamento, como parceiro para defender medidas anticorrupção e também adotar medidas preventivas da corrupção. Fica claro que o enfrentamento do que se apresenta como desafio do século depende da união de esforços das instituições, do setor privado e da sociedade civil.

---

[227] *Following the Money Trail to Combat Terrorism, Crime, and Corruption in the Americas.* Agosto de 2017. Disponível em: https://www.wilsoncenter.org/publication/following-the-money-trail-to-combat-terrorism-crime-and-corruption-the-americas. Acesso em: 15 abr. 2021.

[228] Disponível em: https://www.whitehouse.gov/briefing-room/presidential-actions/2021/06/03/memorandum-on-establishing-the-fight-against-corruption-as-a-core-united-states-national-security-interest/. Acesso em: 20 jun. 2021.

[229] Disponível em: https://www.csce.gov/international-impact/press-and-media/press-relea ses/congress-launch-counter-kleptocracy-caucus-june. Acesso em: 30 jun. 2021.

3.8 Custos da corrupção: uma visão geral

A corrupção é um problema global, que ocorre em maior ou menor escala em todos os países do mundo, com altíssimos custos[230] onde mais disseminada, porque impede o crescimento econômico, desviando recursos públicos de prioridades importantes, como saúde, educação e infraestrutura. Estima-se que a corrupção consuma anualmente entre 2% e 5% do produto interno bruto global.[231]

Embora os custos da corrupção não sejam divididos igualmente em todo o mundo, o essencial é que o abuso de poder para ganho privado, a apropriação indébita de bens públicos, o suborno e outras formas de corrupção afetam todos os países e a comunidade internacional como um todo. Como consequência, a corrupção também impede o desenvolvimento social e político dos cidadãos. A corrupção generalizada ameaça a estabilidade, compromete os valores democráticos, a responsabilidade com a coisa pública e enfraquece o Estado de Direito, a *rule of law*.

Ademais, ameaça severamente a segurança pública, facilitando a atividade criminosa, como o tráfico ilegal de pessoas,[232] armas e drogas tanto no âmbito interno quanto para além das fronteiras de um país. Dificultar o combate à pobreza e facilitar o terrorismo são outras consequências graves da corrupção. A personalização do poder e ausência de clara distinção entre o público e o privado também são situações mais facilmente encontradas em um ambiente dominado pela corrupção, justamente em razão do seu menor desenvolvimento social e político.

O estudo produzido em 2002 pela Agencia Norte-Americana para o Desenvolvimento Internacional (USAID – *United States Agency for International Development*), denominado *Foreign Aid in the National*

---

[230] Confira-se a Lei Anticorrupção Internacional e Boa Governança, editada pelo Congresso dos Estados Unidos em outubro de 2000, *International Anticorruption and Good Governance Act* of 2000 – IAGGA [Public Law 106-30], que diz na sua exposição de motivos, em tradução livre: (1) A corrupção generalizada põe em risco a estabilidade e segurança das sociedades, mina a democracia e põe em risco o desenvolvimento social, político e econômico de uma sociedade. (2) A corrupção facilita atividades criminosas, como lavagem de dinheiro, dificulta o desenvolvimento econômico, aumenta os custos de fazer negócios e prejudica a legitimidade do governo e confiança pública. [Seção 2, a.1 e a.2]. Disponível em: https://www.congress.gov/bill/106th-congress/house-bill/4697/text?r=20&s=1. Acesso em: 27 abr. 2020.

[231] Disponível em: https://www.whitehouse.gov/briefing-room/presidential-actions/2021/06/03/memorandum-on-establishing-the-fight-against-corruption-as-a-core-united-states-national-security-interest/. Acesso em: 20 jun. 2021.

[232] TREMBLAY, Maryse; KARBASSI, Camille. *Corruption and Human Trafficking*. Disponível em: https://issuu.com/transparencyinternational/docs/ti-working_paper_human_trafficking_28_jun_2011/6. Acesso em: 27 abr. 2020.

Interest: Promoting Fredom, Security and Opportunity, anota que nenhum problema contribui mais para afastar os cidadãos de seus líderes e instituições políticas, e prejudicar a estabilidade política e o desenvolvimento econômico, do que a corrupção endêmica entre o governo, líderes de partidos políticos, juízes e servidores públicos. Quanto mais endêmica a corrupção, mais altas são as chances de ela vir acompanhada por outras sérias deficiências relacionadas à criminalidade, como contrabando, tráfico de drogas e humano, violência criminosa generalizada, violações de direitos humanos e personalização do poder.[233]

A corrupção também é ruim para os negócios, pois é anticompetitiva, levando a preços distorcidos e desestimulando negócios honestos que não pagam propinas. Aumenta o custo de fazer negócios globalmente e inflaciona o custo de contratos governamentais nos países em desenvolvimento.[234] A corrupção também introduz incerteza significativa nas transações comerciais: os contratos garantidos por suborno podem ser juridicamente inexequíveis, e pagar subornos por um contrato geralmente resulta em corrupção de funcionários que fazem demandas crescentes.[235] O suborno também tem efeitos destrutivos em uma empresa, minando a confiança dos funcionários na sua administração e promovendo uma atmosfera permissiva para outros tipos de má conduta corporativa, como autonegociação, apropriação indébita, fraude e comportamento anticoncorrencial. O pagamento de propina aumenta os riscos de fazer negócios, introduzindo insegurança quanto aos resultados e maculando a reputação de uma empresa. Além disso, empresas que pagam propinas para obter negócios acabam por prejudicar seus próprios interesses de longo prazo e os melhores interesses de seus investidores.[236]

---

[233] USAID – United States Agency for International Development. Disponível em: https://pdf. usaid.gov/pdf_docs/PDABW900.pdf. Acesso em: 27 abr. 2020.

[234] *Clean Business Is Good Business*, Publicação conjunta da *International Chamber of Commerce, Transparency International, the United Nations Global Compact e do World Economic Forum Partnering Against Corruption Initiative* (PACI). Disponível em: https://d306pr3pise04h. cloudfront.net/docs/news_events%2F8.1%2Fclean_business_is_good_business.pdf. Acesso em: 27 abr. 2020. Veja também: *Launch of the Congressional Caucus Against Foreign Corruption and Kleptocracy*. Disponível em: https://www.csce.gov/international-impact/ press-and-media/press-releases/congress-launch-counter-kleptocracy-caucus-june. Acesso em: 20 jun. 2021.

[235] KAUFMAN, Daniel; WEI, Shang-Jin. *Does Greese Money Speed Up the Wheels of Commerce?*. National Bureau of Economic Research. Abril de 1999. Disponível em: https://www.nber. org/papers/w7093.pdf. Acesso em: 20 abr. 2020.

[236] FCPA A Resource Guide to the U.S. Foreign Corrupt Practices Act. p. 2. Disponível em: https://www.justice.gov/sites/default/files/criminal-fraud/legacy/2015/01/16/guide.pdf. Acesso em: 27 abr. 2020.

3.9 Impactos da corrupção

A corrupção impacta dramaticamente a governabilidade de um país, com efeitos nos planos econômico, social (direitos humanos), legal (flexibilização da *rule of law* e da segurança jurídica) e institucional, podendo comprometer o funcionamento, o fortalecimento e a harmonia que deve existir entre os Poderes constituídos. Sobre os impactos da corrupção, três pontos merecem destaque:[237]

a) Enquanto os custos econômicos diretos com corrupção são conhecidos, os custos indiretos podem ser ainda maiores e com efeito de debilitar a economia, dificultando o crescimento e aumentando a desigualdade social. Importante mencionar que a corrupção também possui um impacto altamente corrosivo na sociedade, prejudicando a confiança no governo e minando os padrões de conduta ética no setor privado.

b) Embora a corrupção seja um fenômeno altamente complexo, Christine Lagarde afirma que não deve ser considerado como um problema predominantemente cultural e que necessitará do tempo de gerações para ser enfrentado, pois há exemplos de países que obtiveram progressos significativos em um período relativamente curto.

c) A experiência demonstra que a abordagem holística e multifacetada é necessária, e deve estabelecer incentivos e segurança jurídica (*rule of law*), promover a transparência e introduzir reformas econômicas que reduzam as oportunidades para práticas ilícitas. Possivelmente o ingrediente mais importante para uma abordagem anticorrupção bem-sucedida seja o desenvolvimento de instituições sólidas, com um serviço civil profissional que seja suficientemente independente tanto da influência do setor privado quanto da interferência política.

3.9.1 Impactos econômicos da corrupção

Um estudo envolvendo 52 países apurou que o aumento em uma unidade no índice de percepção da corrupção está relacionado com a diminuição de aproximadamente um ponto percentual no nível

---

[237] LAGARDE, Christine. Addressing Corruption – openly. *In: Against Corruption, a book of essays*. Electronic book. 2016, p. 2.112.

de crescimento da renda *per capita* conforme Produto Interno Bruto.[238] Embora não exista estudo recente que quantifique o índice da corrupção global como um todo, em estudo de 2015, estimou-se que $1,5 a $2 trilhões de dólares são pagos anualmente em propinas, considerados tanto países desenvolvidos quanto em desenvolvimento, o que corresponde a aproximadamente 2% do PIB global.[239]

Os efeitos diretos da corrupção são mais fáceis de quantificar, por exemplo, pagar propina para obter um benefício fiscal ou para ser vencedor em uma licitação pública, terá como efeito uma menor arrecadação tributária no primeiro caso e muito provavelmente um superfaturamento do contrato e o atendimento do interesse público de forma menos eficiente, no segundo caso. Os efeitos indiretos da corrupção podem ser ainda mais desastrosos para o desenvolvimento do país como um todo. Entretanto, esses custos indiretos são mais difíceis de serem quantificados. Não obstante, em estudos comparativos entre diversos países, a corrupção pode ser associada a vários importantes indicadores, conduzindo à conclusão de que, em regra, a corrupção é maior em países com baixa renda *per capita*,[240] e países com maior corrupção tendem ao baixo crescimento.

A questão de como a corrupção impacta o crescimento econômico pode ser identificada em diversos e graves efeitos: primeiro, a corrupção desestimula, quando não inviabiliza, tanto o investimento doméstico quanto o estrangeiro. Isso porque o aumento do custo final associado à corrupção funciona como se fosse uma taxação do investimento, tornando-o menos atrativo para investidores. Como consequência, haverá menos interessados, o que é um fator que prejudica a concorrência.

Em regra, o contexto está associado também à fragilidade regulatória, gerando uma atmosfera de insegurança, que pode ser tanto pelo

---

[238] Ugur, M. e Dasgupta, Jan. 2011, Evidence on the Economic Growth Impacts of Corruption in Low-Income Countries and Beyond: A Systematic Review. London: EPPI-Centre, Social Research Unit, Institute of Education, University of London.

[239] LAGARDE, Christine. Addressing Corruption – openly. *In: Against Corruption, a book of essays.* Electronic book, 2016, p. 2115.

[240] Como exceção a essa regra, um estudo do Banco Mundial acompanhando a evolução de alguns países no período de 1996-2006 reconheceu a boa *performance* de países como Botswana, Costa Rica, Chile e Estônia, tanto em controle da corrupção quanto em controle da prestação de contas (*voice and accountability*), mostrando que boa governança não ocorre somente em países ricos e industrializados, *in: Worldwide Governance Indicators, Booklet*: a Decade of Measuring the Quality of Governance, p. 9. Disponível em: https://info.worldbank.org/governance/wgi/Home/Documents#wgiDataSources, acesso em: 07 abr. 2020. Sérvia também é citada no mesmo estudo como exemplo de aprimoramento alcançado em governança, p. 4.

CAPÍTULO 3
CORRUPÇÃO TRANSNACIONAL | 125

fato de a legislação não ser apropriada ou não haver segurança relativa à sua aplicação, fator que aumenta o "risco país", que é sempre tomado em consideração na análise de cada projeto de investimento. Todo o ambiente criado passa a ser desfavorável aos negócios e à concorrência de mercado, fazendo com que os empreendimentos fiquem estagnados, reduzindo o dinamismo da economia. Segundo, a corrupção impacta a economia interna ao reduzir as reservas de poupança pelo envio ilegal de recursos para o exterior; e, terceiro, a corrupção perpetua a ineficiência.

A regulação da economia deve ser equilibrada, pois uma economia pouco regulada pode gerar insegurança, o que desestimula investimentos, como vimos. Porém, uma economia exageradamente regulada acaba criando obstáculos que, por sua vez, criam oportunidade para que os agentes reguladores exijam propina para facilitar ou suavizar esses mesmos obstáculos.[241]

3.9.2 Impactos sociais da corrupção

In a society where success is more likely to depend on who you know than on personal merit, the incentives for young people to pursue higher education are undermined.[242]

Os gastos públicos com educação e saúde são tradicionalmente mais baixos em sistemas notadamente corruptos. Esse menor investimento conduzirá a um maior índice de mortalidade infantil e baixo peso dos bebês ao nascerem, menor acesso à educação e maior evasão escolar.[243] Tais efeitos terão como consequência o aumento da desigualdade social, na medida em que eles afetam mais desproporcionalmente

---

[241] LAGARDE, Christine. Addressing Corruption – openly. *In: Against Corruption, a book of essays*. Electronic book, 2016, p. 2112-2146.

[242] LAGARDE, Christine. Addressing Corruption – openly. *In: Against Corruption*, p. 2153.

[243] GUPTA, S., DAVOODI, H., TIONGSON, E. Corruption and the Provision of Health Care and Education Services. *In: Governance, Corruption & Economic Performance*. 2002, p. 245-279. Disponível em: https://www.imf.org/external/pubs/nft/2002/govern/. Acesso em: 11 abr. 2020.

os pobres, que por razões óbvias são mais dependentes dos serviços públicos, como saúde e educação, que, como vimos, é mais custosa em sistemas corruptos.

Outro desdobramento desses efeitos causados pela corrupção, que impactam mais severamente as classes menos favorecidas, está também no fato de que a inferior oferta e qualidade da educação pública reduzirá o potencial de gerar renda desta classe, ao dificultar sua instrução, qualificação e oportunidades no mercado de trabalho, incentivando a trajetória de pobreza e exacerbando a desigualdade social.[244]

A corrupção aumenta a desconfiança no governo. Quando elites poderosas se unem em colusão para controlar as instituições públicas, o resultado será a captura do Estado (que se transforma em um Estado predatório) e a privatização das políticas públicas. Os efeitos são evidentes: desigualdade de influência política, deterioração de valores e, finalmente, a diminuição na qualidade de vida de forma geral. Esses custos não econômicos criam um círculo vicioso de baixa *performance* no setor público, prejudicial à economia no longo termo,[245] e com grave impacto no desenvolvimento humano da população.

3.10 Estratégias de abordagem da corrupção (adotadas pelo FMI)

Atento ao impacto da corrupção no crescimento econômico sustentável e na estabilidade macroeconômica, a partir de 1997, o Fundo Monetário Internacional passou a adotar uma política que orienta seus projetos em países considerada sua governabilidade, incluída a corrupção, e também os auxilia no desenvolvimento e implementação de estratégias para enfrentar a corrupção, que devem ser elaboradas especificamente direcionadas para lidar com a forma como ela se manifesta mais intensamente em cada país. Em alguns casos, o Fundo Monetário Internacional se viu obrigado a retirar seu apoio até que uma estratégia anticorrupção (e com credibilidade) estivesse em andamento. É interessante destacar que o Fundo Monetário Internacional

---

[244] GUPTA, S., DAVOODI, H., ALONSO-TERME, R., Does Corruption Affect Income Inequality and Poverty? Economics of Governance. 2002, 3, p. 23-45. Disponível em: https://pria-academy.org/pdf/ISA/m2/m2-1-Corruption-IncomeIneq-Pov.pdf. Acesso em: 11 abr. 2020.

[245] LAGARDE, Christine. Addressing Corruption – openly. *In*: *Against Corruption, a book of essays*. Electronic book. 2016, p. 2.153.

não financia projetos específicos diretamente. Diferente dos demais Bancos Multilaterais de Desenvolvimento,[246] os empréstimos concedidos pelo FMI são direcionados ao Banco Central ou ao Ministério das Finanças do país mutuário tomador do empréstimo. Em regra, o FMI proporciona fundos que aumentam as reservas do Banco Central, e, dada a fungibilidade do dinheiro, é difícil rastrear o uso específico dos recursos emprestados.[247]

Não obstante, os empréstimos obtidos junto ao Fundo Monetário Internacional também possuem procedimentos a partir dos quais é feito controle preventivo, investigativo e sancionatório de práticas antiéticas ou corruptas. Embora o enfrentamento da corrupção requeira uma estratégia personalizada para a situação de cada país, foi identificada uma série de características que devem estar presentes e trabalhar em conjunto. São as seguintes: criação dos corretos incentivos; liberalização da economia mediante efetiva regulação; papel desempenhado pelo setor privado; construção de valores e instituições; vontade política; e, por fim, evitar armadilhas.[248] Tais pontos são altamente relevantes e merecedores de uma abordagem específica.

3.10.1 Criação de corretos incentivos

A criação dos corretos incentivos se apoia no fato de a corrupção ser um crime econômico, de modo que os corruptos, tanto os que pagam quanto os que solicitam ou aceitam, irão reagir aos incentivos (benefícios) e às punições (custos).[249] Segundo a experiência do Fundo Monetário Internacional, uma abordagem anticorrupção exige tanto

---

[246] São conhecidos pela sigla MDB (*Multilateral Development Banks*) e os principais são os seguintes: World Bank; European Investment Bank (EIB); Islamic Development Bank (IsDB); Asian Development Bank (ADB); European Bank for Reconstruction and Development (EBRD); Development Bank of Latin America (CAF); Inter-American Development Bank Group (IDB/IADB); African Development Bank (AfDB); New Development Bank (NDB); Asian Infrastructure Investment Bank (AIIB); Arab Petroleum Investments Corporation (APICORP); Eastern and Southern African Trade and Development Bank (TDB).

[247] LANGTON, Danielle. *Anti-Corruption Standards of the International Financial Institutions.* Bluebook, 20th ed. 2004, p. 5.

[248] LAGARDE, Christine. Addressing Corruption – openly. In: *Against Corruption, a book of essays.* Electronic book, 2016, p. 2.162-2.268.

[249] "Corruption is an economic crime, not a crime of passion. Givers and takers of bribes respond to incentives and punishments", KLITGAARD, R. *Addressing Corruption Together.* Paris: Organisation for Economic Co-operation and Development, 2015. p. 37. Disponível em: https://www.oecd.org/dac/conflict-fragility-resilience/publications/FINAL%20Addressing%20corruption%20together.pdf. Acesso em: 08 abr. 2020.

medidas positivas quanto medidas dissuasivas.[250] São positivas as medidas de incentivo às práticas anticorrupção; dissuasivas são as medidas que desestimulam, mediante sanções, aqueles que praticam atos de corrupção. A efetividade da aplicação da lei desempenha um papel crucial para barrar a corrupção: quando a lei não é efetivamente cumprida e os papéis das instituições como Polícia, Ministério Público e Tribunais não são efetivamente desempenhados, mesmo o mais robusto sistema criminal se torna ineficiente.

Portanto, o maior desafio surge exatamente nos países onde a corrupção permeou de tal forma determinada sociedade que essas instituições propriamente ditas ficaram comprometidas,[251] gerando como resultado um sistema corrupto no qual o Estado funciona por meio da corrupção. Quando isso ocorre, temos um ambiente de corrupção sistêmica. É fundamental no enfrentamento à corrupção, especialmente em sistemas mais comprometidos, que exista o estabelecimento de uma eficiente estrutura de combate à lavagem de dinheiro, exigindo dos bancos que emitam os relatórios de operações suspeitas (SAR – *Suspicious Activity Report*) e que acompanhem de perto as transações realizas por pessoas politicamente expostas (PEP – *Politically Exposed Persons*).

A transparência também assume um papel essencial ao jogar um foco de luz em todas as transações realizadas por agentes públicos e submetê-las ao controle da população. Essa visibilidade dada aos atos praticados pelo agente público possui enorme efeito dissuasivo de práticas ilegais por potencializar o risco de ser descoberto e respon-sabilizado pelos atos criminosos. Além de desestimular a prática da corrupção, a transparência também possui outro efeito positivo que é aumentar a confiança da sociedade no governo, o que tem uma reper-cussão positiva fundamental no tecido social, pois, quando a população confia no governo e na regular aplicação dos recursos públicos, isso funciona como incentivo para cumprir a legislação tributária ou como desincentivo para sonegar tributos.

---

[250] LAGARDE, Christine, Addressing Corruption – openly. *In*: *Against Corruption, a book of essays*. Electronic book. 2016, p. 2.167.

[251] Em casos extremos pode haver a necessidade de criar instituições-ponte, que possam mais efetivamente combater a corrupção. Essas instituições-ponte podem incluir as instituições tradicionais, mas também comissões anticorrupção que sejam independentes e cortes especializadas, como ocorre atualmente na Ucrânia e, no passado, na Indonésia. LARGARDE, *Op. cit.*, location 2.180. A Índia, por sua vez, criou o Lokpal (cf. Capítulo 5, item 5.4.2).

CAPÍTULO 3
CORRUPÇÃO TRANSNACIONAL | 129

Os salários pagos aos agentes e funcionários públicos são outro fator que possui impacto na corrupção. Estudos mostram que existe correlação entre o aumento de salário dos funcionários públicos e a melhora no *ranking* do país no Índice de Percepção da Corrupção.[252] Por esse motivo, o Fundo Monetário Internacional muitas vezes inclui o aumento dos salários dos funcionários públicos como estratégia de enfrentamento da corrupção em países nos quais patrocina programas, sempre com exigência de transparência e com base no mérito, pois, de outra forma, acaba virando uma ferramenta de cooptação política. Outro aspecto importante é que o aumento de salários venha acompanhado do risco real da perda do cargo se o funcionário público incorrer em ato de corrupção.[253]

Para Jon Quah, é mais provável que um indivíduo cometa um ato corrupto quando receber um salário baixo ou inadequado; estiver exposto a amplas oportunidades de corrupção; e considerar que a corrupção é uma atividade de baixo risco e alta recompensa.[254] Em outras palavras, a corrupção prospera quando os indivíduos recebem salários baixos, têm amplas oportunidades para serem corruptos e dificilmente serão apanhados e, ainda que sejam, não serão punidos severamente.

3.10.2 Liberalização da economia e efetiva regulação: existe uma escolha entre aceitar falhas do mercado ou aceitar corrupção?

As decisões que envolvem atos de poder ou atos discricionários e a burocracia estatal constituem terreno fértil para oportunidades. Acemoglu e Verdier[255] consideram que as etapas envolvidas na definição de políticas para regulação do mercado, ou seja, a necessidade de os funcionários públicos coletarem informações, reportarem suas impressões, tomarem decisões e implementarem políticas, cria um ambiente que

---

[252] VAN RIJCKEGHEM, C., WENDER, B. Bureaucratic Corruption and the Rate of Temptation: Do Wages in the Civil Service Affect Corruption and by How Much?. *In: Governance, Corruption & Economic Performance*. Washington DC, 2002. p. 59-88. Disponível em: https://www.imf.org/external/pubs/nft/2002/govern/. Acesso em: 11 abr. 2020.

[253] LAGARDE, Christine. Addressing Corruption – openly. *In: Against Corruption, a book of essays*. Electronic book. 2016, location 2.195.

[254] QUAH, Jon S. T. Curbing Corruption in Asian Countries: an Impossible Dream? *Research in Public Policy Analysis and Management*, v. 20, Bingley: Emerald Group Publishing Limited. 2011.

[255] ACEMOGLU, Daron; VERDIER, Thierry. The Choice Between Market Failures and Corruption. *The American Economic Review*, v. 90, n. 1, p. 194-211, mar. 2000.

propicia a corrupção. Isso porque a regulação de mercados e intervenção estatal objetiva identificar falhas no mercado e para tanto requer que os funcionários públicos colham informações, produzam relatórios, definam regras, fiscalizem a observância dessas regras e sancionem o seu descumprimento.

Portanto, a regulação dos mercados, em todas as suas etapas, cria a possibilidade de o burocrata aceitar ou mesmo demandar o pagamento de propina, o que conduziria, na visão dos autores, a uma opção que deve ser feita entre aceitar as falhas no mercado ou aceitar a corrupção que será gerada pelo processo de intervenção estatal na busca de correção dessas falhas. Eles também consideram que prevenir qualquer tipo de corrupção é altamente oneroso. Portanto, a segunda melhor opção, não tão onerosa, envolve aceitar que uma fração dos funcionários públicos receberá propina.

Ademais, em um ambiente no qual a corrupção seja um problema desafiador, difícil de ser prevenido, deverá haver um número maior de funcionários públicos e maiores salários no serviço público. O número de funcionários e seus salários são os dois instrumentos da intervenção estatal. Quando há muitos funcionários públicos, é provável que todas as empresas possam ser inspecionadas. Nesse caso, a multa por inconformidades não precisa ser alta para desencorajar sua prática, e, como a multa é baixa, a propina que o funcionário pode obter também será baixa. Contudo, se houver poucos funcionários, as multas precisam ser mais altas, para compensar a probabilidade menor de ser fiscalizado, e, nesse caso, a propina que o funcionário pode obter também será mais alta, tornando a corrupção mais atrativa.[256]

Nessa linha de raciocínio, um modelo no qual a prevenção da corrupção seja um desafio, o número de funcionários públicos seja menor do que o ideal desejado, e os salários pagos a esses funcionários públicos sejam baixos, tal modelo reúne os dois elementos-chave (número de funcionários e seus salários) em situação que dificulta a prevenção da corrupção e estimula sua ocorrência.

Na visão adotada pelo FMI, a liberalização econômica associada à efetiva regulação do mercado é uma estratégia importante na medida em que ao mesmo tempo que essa combinação estimula o crescimento sustentável também reduz as oportunidades criadas pela burocracia

---

[256] ACEMOGLU, Daron; VERDIER, Thierry. The Choice Between Market Failures and Corruption. *The American Economic Review*, v. 90, n. 1, mar. 2000. p. 195.

estatal que estimulam a corrupção. É dizer, sempre que a aprovação ou autorização de uma atividade econômica depender de uma decisão discricionária de um funcionário público, seja quanto ao mérito, seja quanto ao tempo de espera para essa decisão ser tomada, isso cria um contexto de risco de abuso dessa discricionariedade e, consequentemente, cria uma oportunidade para corrupção. Portanto, eliminar essa oportunidade, pela liberalização do mercado, é uma poderosa estratégia anticorrupção.

Setores que exploram recursos naturais,[257] como o de petróleo, gás e mineração, são considerados especialmente sensíveis quando o assunto é oportunidade de pagar suborno em países onde a regulamentação seja fraca e a burocracia seja forte.[258] A exploração de recursos naturais envolve a obtenção de várias licenças dos órgãos estatais que são intensamente supervisionadas. Questões tributárias e negociações referentes ao pagamento de *royalties* ao país detentor dos recursos também dão margem à procura de obtenção de vantagens com o objetivo de contornar a burocracia e aumentar os lucros.

A transparência também é fundamental no processo de abertura do mercado, especialmente se ela envolve privatização, situação na qual a existência de um procedimento transparente é crucial para evitar que seja comprometido pela corrupção. A regulação econômica de mercado é essencial tanto para o crescimento sustentável quanto para a estabilidade financeira, e o grande desafio é moldar uma estrutura regulatória que equilibre os benefícios da regulação com a redução das oportunidades para abuso da discricionariedade do administrador público.[259]

---

[257] Gulf Oil e Exxon, a título de exemplo, eram das principais empresas envolvidas no escândalo de contribuições ilegais de campanha política na década de 1970, investigadas no bojo do Watergate, e que provocou a aprovação do *Foreign Corrupt Practices Act* (FCPA), em 1977. À época, Gulf Oil era a maior empresa de óleo do mundo, posição atualmente ocupada pela Exxon; No Brasil, a Petrobras, maior empresa de óleo da América Latina, foi gravemente envolvida na operação Lava Jato, e seu envolvimento no escândalo de corrupção repercutiu também nos Estados Unidos, sendo obrigada ao pagamento de multa bilionária, que a colocou no topo do *ranking* dos maiores pagamentos de multa feitos com base no FCPA.

[258] JACOBS, Rosa. How to Fight Corruption – and why we should. *Chicago Booth Review*, maio 2019. Disponível em: https://review.chicagobooth.edu/economics/2019/article/how-fight-corruption-and-why-we-should. Acesso em: 20 abr. 2021.

[259] LAGARDE, Christine. Addressing Corruption – openly. *In*: *Against Corruption, a book of essays*. Electronic book, 2016, location 2.209.

3.10.3 O papel do setor privado: a corrupção tem um efeito positivo? (*"greesing the wheels"*)

> *As corruption increases, confidence in the fairness and openness of the financial system decreases, causing investment to decrease and move to other shores.*[260]

O setor privado desempenha um papel estratégico chave, na medida em que o pagamento da vantagem econômica normalmente é feito justamente pelo setor privado. Entre as décadas de 1960 e 1980, foi bastante debatida, principalmente no meio acadêmico, a ideia do pagamento de propina como forma de lubrificar a burocracia e facilitar os negócios em locais onde essa engrenagem funciona de forma muito emperrada, o que é bastante comum em países em desenvolvimento, muitos dos quais são abundantes em riquezas naturais, e é exatamente o setor de exploração de recursos naturais um dos mais visados e envolvidos em esquemas de corrupção.

No passado, economistas como Nathaniel H. Leff, da FGV e da Columbia University, e cientistas políticos como Samuel P. Huntington, de Harvard, argumentaram que a corrupção serve como meio de contornar a burocracia do Estado ineficiente e, assim, ajuda a promover o crescimento econômico. Logo, o pagamento de propina nesses casos traria benefícios. No entanto, a partir da década de 1990 e até o ano 2000, análises de pesquisadores como Daniel Kaufmann[261] trouxeram outra percepção no sentido de que, no longo prazo, a tendência é que a corrupção comprometa o desenvolvimento econômico, impactando-o negativamente. Essa foi a posição que acabou ganhando força e prevalecendo no meio acadêmico, com o apoio de pesquisadores como Raymond Fisman, da Universidade de Boston, e Jakob Svensson, da Universidade de Estocolmo, que sustentam que o pagamento de

---

[260] NORTON, Joseph J. Are Latin America and East Asia an Ocean Apart? The Connecting Currents of Asian Financial Crises, 4 *NAFTA: L. & BUS. REV. AM. 93*, at 100-01 (1998). Disponível em: https://scholar.smu.edu/lbra/vol4/iss4/3/. p. 116. Acesso em: 20 jun. 2021.

[261] KAUFMAN, Daniel; WEI, Shang-Jin. Does Greese Money Speed Up the Wheels of Commerce?. *National Bureau of Economic Research*, abr. 1999. Disponível em: https://www.nber.org/papers/w7093.pdf. Acesso em: 27 abr. 2020.

CAPÍTULO 3
CORRUPÇÃO TRANSNACIONAL | 133

propina está associado a um crescimento anêmico da empresa que adota tal prática. Na mesma linha, Benjamin Olken, do MIT, entende que os custos da corrupção podem ser tão onerosos a ponto de minar os programas governamentais de combate à pobreza.[262] De forma bastante objetiva, a conclusão é que, embora a corrupção, em certa medida e por tempo limitado, possa fomentar o crescimento econômico, este crescimento não é sustentável no médio e no longo prazos.

Atualmente existe maior clareza para constatar que o investimento em um local que notadamente vai exigir o pagamento de propina é considerado não atrativo pelos bons investidores, pela ausência de previsibilidade que adiciona aos negócios. Em contraste, torna-se altamente atrativo o ambiente no qual o investidor sabe que as regras anticorrupção são cumpridas e que ele não corre o risco de ser extorquido por agentes públicos para continuar ou progredir nos negócios. Seguindo essa linha, J. J. Norton comparou a situação de Hong Kong SAR e Singapura, quando esta se tornou extremamente competitiva, com um sistema jurídico rigoroso, mas também um sistema em grande medida incorrupto. Tal imagem seria altamente atrativa aos investidores, e causaria a migração de investimentos para Singapura, caso Hong Kong SAR retrocedesse nos seus esforços anticorrupção e reforçasse sua percepção como ambiente menos justo para negócios legítimos. Isso porque, à medida que a corrupção aumenta, a confiança na justiça e na transparência do sistema financeiro diminui, fazendo com que o investimento diminua e se mova para portos mais seguros.[263]

Portanto, os bons investidores, que estão alinhados a um mercado competitivo, possuem interesse em colaborar com esse compromisso em mudar o que ficou conhecido como as regras do jogo, vigentes em um sistema capturado pela corrupção, e apoiar as medidas anticorrupção que introduzem as novas regras do jogo, baseadas na *rule of law* e na criação de um ambiente de concorrência efetiva e justa, que são o caminho para o desenvolvimento consistente e sustentável.

---

[262] JACOBS, Rosa. How to Fight Corruption – and why we should. *Chicago Booth Review*, maio 2019. Disponível em: https://review.chicagobooth.edu/economics/2019/article/how-fight-corruption-and-why-we-should. Acesso em: 20 abr. 2021.

[263] NORTON, Joseph J. *Are Latin America and East Asia an Ocean Apart? The Connecting Currents of Asian Financial Crises*, 4 NAFTA: L. & BUS. REV. AM. 93, at 100-01 (1998). Disponível em: https://scholar.smu.edu/lbra/vol4/iss4/3/. p. 116. Acesso em: 20 jun. 2021.

3.10.4 Vontade política: mais essencial quanto mais contaminadas as instituições. Como resolver o enigma?

Vontade política é essencial no combate à corrupção, especialmente quando as instituições foram cooptadas, o que parece uma contradição nos seus próprios termos. Segundo Lagarde, poderosos interesses que estejam investidos no poder somente podem ser efetivamente desafiados se a mais alta autoridade do país mandar sinais claros de que está comprometida em desafiá-los.[264] Lagarde também entende que processar os "peixes graúdos" é um claro sinal de compromisso e mudança, o que somente pode ser alcançado se os líderes do país apoiam a medida,[265] citando como exemplo Singapura, onde Lee Kuan Yew foi um líder que efetivamente implantou políticas sinalizando tolerância-zero à corrupção, ao mesmo tempo que trabalhou para construção de instituições fortes quando a corrupção era uma prática amplamente difundida no país.

Robert Rotberg enfatiza o que ele denomina "fator liderança"[266] como essencial no controle da corrupção, embora muitos dos líderes de países por ele considerados mais avançados nesse aspecto sejam governos autoritários. Sobre o ponto, Sarah Chayes faz a seguinte indagação: se a liderança firme for mesmo uma característica decisiva para o sucesso da reforma anticorrupção, é possível para uma democracia que cresceu sistematicamente corrupta mudar de curso?

Chayes afirma que os Estados Unidos se tornaram um campo de testes para essa questão, quando, a partir da década de 1980, segundo ela, houve o deslizamento do país para uma espécie de gentil cleptocracia, no auge da desregulamentação. Os *lobbies* explodiram e as indústrias começaram a escrever legislação que afetava seus setores, serviços públicos como estabelecimentos prisionais foram privatizados, os freios no dinheiro na política foram liberados, e presidentes

---

[264] "Powerful vested interests can only be effectively challenged when a country's top leadership sends a clear signal that they are committed to do so." LAGARDE, Christine. Addressing Corruption – openly. *In: Against Corruption, A book of essays*, 2016. Electronic book, location 2252.

[265] "Prosecuting the powerful 'big fish' – which is necessary in order to send a clear signal of commitment and change – can only be achieved if a country's leaders visibly support the process." LAGARDE, Christine, Addressing Corruption – openly. *In: Against Corruption, A book of essays*, 2016. Electronic book, location 2252.

[266] ROTBERG, Robert I. *Anticorruption*. Cambridge, Massachusetts: The MIT Press, 2020. Chapter 8.

começaram a preencher as principais posições com banqueiros, ou seja, uma economia de trocas transacionais se instalou em Washington.[267]

E os limites do que pode ser considerado corrupção foram novamente desafiados quando, recentemente, a Suprema Corte dos Estados Unidos estreitou a definição legal de suborno e derrubou a condenação por corrupção do ex-Governador da Virgínia, *Robert F. McDonnell*.[268] No julgamento desse caso, unânime, a Suprema Corte dos Estados Unidos reverteu a condenação do ex-Governador e impôs critérios mais rigorosos para que os promotores apresentem denúncias contra autoridades e servidores públicos.

As duas questões principais que motivaram essa reversão foram a redefinição do conceito do que deve ser considerado "ato de ofício" para fins de reconhecer violação dos deveres funcionais e também a questão de que aparentemente o Júri não fora bem instruído com relação a esse ponto. Os fatos giravam em torno do envolvimento do ex-Governador e sua família com um empresário que os presenteou com bens de luxo. Em síntese, a Suprema Corte entendeu que o conceito de "ato oficial" não inclui atos como simplesmente organizar um encontro, telefonar para outra autoridade ou sediar um evento.

No Brasil, o conceito de ato de ofício para fins de caracterizar corrupção foi desenvolvido em dois julgamentos importantes do Supremo Tribunal Federal. O primeiro foi o julgamento da Ação Penal nº 307-3/DF, contra o ex-Presidente Fernando Collor de Mello, e o segundo foi o julgamento da Ação Penal nº 470/MG, que ficou conhecido como "Mensalão" e foi um marco histórico na justiça brasileira, pois foi a primeira vez que tantos ocupantes de cargos políticos do alto escalão sentaram no banco dos réus.

Na AP nº 307-3, o STF estabeleceu a necessidade de comprovação de que o ato de ofício deve estar abrangido pelas atribuições do funcionário público acusado de corrupção, sob pena de a conduta não caracterizar crime de corrupção passiva, mas enriquecimento ilícito, que é conduta atípica no nosso sistema, ou seja, não constitui crime. Ademais, na AP nº 307, houve intenso debate sobre a necessidade de demonstração de nexo de causalidade entre o recebimento da vantagem indevida pelo funcionário público e a prática do ato corrupto.

---

[267] CHAYES, Sarah. *Kleptocracy in America – Corruption is Reshaping Governments Everywhere*, Foreign Affairs 96, p. 142-150, 2017.

[268] Mc Donnell v. United States, 579 US (2016).

No julgamento da AP nº 470, o entendimento do Supremo Tribunal Federal foi aclarado e evolui no sentido de dispensar a exigência de comprovação da prática de ato de ofício, sendo suficiente para caracterizar a conduta corrupta do agente público a comprovação da solicitação, recebimento ou aceitação da promessa de recebimento de vantagem indevida, sendo indiferente a retribuição, efetiva ou potencial e a prática do ato de ofício. Conforme assentado pelo STF, o crime de corrupção passiva previsto no art. 317 do Código Penal não exige, como elementar do crime, que haja omissão, retardamento, ou prática de ato de ofício com violação de dever funcional, mas tão somente que haja solicitação, recebimento de vantagem indevida ou aceitação de promessa de tal vantagem.[269]

3.10.5 As três armadilhas que precisam ser evitadas

1) *Sequestro das reformas anticorrupção pela agenda política*
A necessidade de as reformas anticorrupção contarem com o apoio dos líderes políticos pode embutir uma armadilha, que é o sequestro das reformas anticorrupção pela agenda política. Por isso, evitar as armadilhas de ter agenda de combate à corrupção sequestrada pela agenda política é fundamental para a credibilidade da reforma anticorrupção. Lagarde anota que uma forma de verificar a credibilidade dos esforços anticorrupção é observar se as investigações e os processos têm como alvo somente os adversários políticos ou se eles se estendem também aos apoiadores políticos do governo.[270]

No Brasil, a Operação Lava Jato foi deflagrada a partir de evidências que incriminavam políticos do partido que estava no poder. E, com o avanço da Operação, outros partidos foram sendo incluídos, sem distinção de sigla, abrangendo todas as alas: progressista, conservadora e centro.

---

[269] Código Penal Brasileiro. Art. 317 – Solicitar ou receber, para si ou para outrem, direta ou indiretamente, ainda que fora da função ou antes de assumi-la, mas em razão dela, vantagem indevida, ou aceitar promessa de tal vantagem: Pena – reclusão, de 2 (dois) a 12 (doze) anos, e multa.

[270] "One way of assessing whether anti-corruption efforts are credible is to note whether enforcement is limited to the prosecution of political rivals, or instead also extends to the government's political supporters." LAGARDE, Christine. *Addressing Corruption – openly, in Against Corruption, a book of essays*, 2016. Electronic book, location 2258.

2) Paralisação dos negócios e/ou das instituições

Outra armadilha importante a ser evitada é paralisar os negócios ou as instituições, criando um ambiente no qual os agentes e funcionários públicos ficam com receio de desempenhar suas atribuições de forma legítima e corajosa, e acabarem vindo a ser indevidamente processados com base em leis que possuem um conteúdo inapropriadamente amplo ou equívoco.[271]

No Brasil houve manifesta tentativa de criar embaraços ao desempenho das funções típicas dos investigadores, promotores e juízes. Obviamente, não pode haver abuso no desempenho dessas atribuições. Entretanto, o próprio sistema legal brasileiro cuida de prever instrumentos para coibir abusos, que vão desde os requisitos que devem estar presentes para iniciar uma investigação, a formalização da sua abertura e encerramento, a necessidade de ordem judicial para qualquer medida invasiva, uma quantidade de garantias e recursos colocados à disposição do investigado — ademais, considerando que os investigados em crimes de corrupção no setor público, em regra, são representados por advogados de grandes escritórios. Todos esses fatores atuando conjuntamente tornam extremamente difícil a ocorrência de abuso de autoridade, especialmente pela quantidade de recursos disponíveis no nosso sistema e sempre manejados à exaustão pelos grandes escritórios, tornando rara a possibilidade de uma decisão importante não ser revista ao menos por uma instância superior.

Não obstante, o Congresso brasileiro tentou aprovar uma lei que considerava abuso de autoridade, com penas muito severas, o que pode ser considerado o regular exercício do poder conferido a investigadores, promotores e juízes. A aprovação dessa lei tornaria praticamente impossível conduzir uma investigação relevante sem que essas autoridades se expusessem a grande risco de serem processadas pelos crimes nela previstos, podendo, inclusive, perder seus cargos. O mais interessante foi o fato de essa investida haver sido feita por meio de emendas em um projeto de lei de iniciativa popular que objetivava justamente o combate à corrupção. Essa investida do Congresso Nacional somente foi obstada pela intervenção do Supremo Tribunal Federal,[272] que, a partir

---

[271] LAGARDE, Christine. Addressing Corruption – openly. *In: Against Corruption, a book of essays*, 2016. Electronic book, location 2265.

[272] Mandado de Segurança MS nº 34530, Min. Luiz Fux, 14.12.2016. Disponível em: https://stf.jusbrasil.com.br/noticias/415272611/liminar-determina-que-pl-sobre-10-medidas-de-combate-a-corrupcao-reinicie-tramite-na-camara/amp. Acesso em: 20 nov. 2021.

da disciplina prevista para tramitação dos projetos de lei de iniciativa popular, impediu que o teor do projeto fosse totalmente desfigurado pelos congressistas. A armadilha de intimidação das pessoas envolvidas no combate à corrupção também se manifesta mediante processos e denúncias maliciosas feitas contra essas pessoas. Existe um perigo real de que pessoas que integram o setor público e estão empenhadas no combate à corrupção sejam alvo de pessoas que também estão no setor público, porém, sendo beneficiadas pela corrupção. Portanto, assim como os corruptos são alvo dos operadores da lei, também estes passam a ser alvo daqueles. Um caso emblemático amplamente divulgado pela Transparência Internacional foi a perseguição política do governo da Nicarágua contra um funcionário público do órgão correspondente à nossa Controladoria-Geral da União, que era conhecido pelo enfrentamento da corrupção.[273]

3) *A investigação de negócios envolvidos com corrupção vista como prejuízo à economia*
Ainda sobre a armadilha da paralisação/desaceleração dos negócios alvos de investigações e processos sobre corrupção e o seu reflexo na economia, é interessante notar que os maiores projetos no Brasil têm sempre a mão do Poder Público.[274] Quando essa ação governamental está baseada no clientelismo que ela tem a expectativa de gerar, seus efeitos são altamente nocivos. Segundo Richard Graham, o clientelismo é uma prática baseada no princípio conhecido como "toma lá, dá cá"[275] e envolve uma relação assimétrica, mas mutualmente benéfica, de troca de vantagens e poder, na qual existe um acesso intermediado e seletivo a recursos que, dessa forma, não ficam universalmente disponíveis, mas são reservados apenas aos clientes.[276] Como consequência, temos

---

[273] *Transparency International Deeply Concerned over Arrest of Nicaraguan Comptroller-General* (12 nov. 1999). *Nicaragua: Arrest of Comptroller-General Causes Widespread Concern*, TI Newsletter (Transparency Int'l, Berlin), dez. 1999. The accused official was Agustin Jarquin Anaya, former Comptroller General of Nicaragua.

[274] O Grupo J&F — que inclui as empresas JBS e Eldorado Celulose, entre outas — recebeu, no período entre 2003 e 2017, desembolsos do BNDES no valor total de R$17,6 bilhões, equivalente a R$31,2 bilhões em valores de hoje, ficando atrás apenas de Petrobras, Embraer, grupo Odebrecht e OI. Disponível em: https://aberto.bndes.gov.br/aberto/caso/jbs/. Acesso em: 20 jul. 2021.

[275] GRAHAM, Richard. *Clientelismo na cultura política brasileira*: toma lá, dá cá. *Center Papers*, n. 15. São Paulo: Braudel, 1997.

[276] RONIGER, Luis. Review: Political Clientelism, Democracy, and Market Economy. *Comparative Politics*, v. 36, n. 3, p. 353-375, abr. 2004.

o enfraquecimento do setor privado, ou melhor, impede-se que o setor privado se desenvolva adequadamente, de forma consistente e robusta, gerando empregos e riqueza, e desempenhe o importante papel que possui de trabalhar para gerar crescimento econômico sustentável.

Em um ambiente no qual existe essa intermediação e seletividade do acesso aos recursos, prosperam as empresas que se engajam na troca de favores com governantes e seus partidos políticos. Outras empresas, ainda que mais capacitadas, não conseguem ou não têm interesse em entrar neste tipo de mercado, no qual não existe real concorrência, e preferem explorar mercados nos quais possam ser beneficiados pela efetiva concorrência, ou seja, aquela que não é formada por cartéis de empresas clientes do sistema corrupto.

Nesse contexto, a economia é movida não pela qualidade dos produtos e serviços produzidos no país (ainda que tenham qualidade, não é isso que conta), mas pelo clientelismo que faz essa reserva de mercado aos seus clientes. Em nível global, setores como a indústria petrolífera e recursos naturais de modo geral, bem como o setor da construção (construção civil e engenharia pesada), são recorrentemente os mais visados pelos esquemas de grande corrupção. Isso porque o acesso aos recursos naturais é normalmente protegido por monopólios estatais, o que limita seu acesso, e também pelos altos valores que circulam no setor de obras e construção.

Não foi diferente no Brasil, onde a Petrobras (Petróleo do Brasil) e o setor da construção civil e engenharia pesada, este dominado por cartéis, foram fortemente impactados pela revelação de um grande esquema de grande corrupção, que acabou afetando de forma muito negativa o desempenho da economia brasileira, causando um efeito dominó também em outros setores que integram a cadeia produtiva dessas indústrias e elevando drasticamente os índices de desemprego no país.

Mas é um erro conducente ao atraso e à estagnação afirmar que o combate à corrupção causa mais prejuízo à economia do que a corrupção propriamente dita,[277] ou concluir que é o combate à corrupção, e não a corrupção, que prejudica a economia e o crescimento. Esse ponto de

---

[277] NOSAKI, William. *Capitalismo e corrupção*: o caso da Petrobrás e a Operação Lava Jato. Disponível em: https://ineep.org.br/wp-content/uploads/2020/06/td_n-16_capitalismo-e-corrupcao_nozaki.pdf. Acesso em: 20 jul. 2021; MARQUES, Rosa Maria. *Efeitos da Operação Lava Jato na Economia Brasileira*. Disponível em: https://www.defesaclassetrabalhadora. com.br/tag/rosa-maria-marques/. Acesso em: 20 jul. 2021.

vista é desafiado por absolutamente todos os organismos internacionais sérios. Para citar apenas alguns exemplos: para o Fundo Monetário Internacional, o combate à corrupção é o desafio de século;[278] para o Banco Mundial, a corrupção está diretamente relacionada a países com instituições fracas e seu combate é considerado a ação mais importante para reduzir a pobreza;[279] para as Nações Unidas, a corrupção é uma praga que possui um amplo espectro de efeitos corrosivos na sociedade, como enfraquecimento da democracia e das instituições, dos valores éticos e de justiça, além de prejudicar o crescimento sustentável.[280] Dada a relevância do tema, discutiremos no tópico seguinte.

3.11 O discurso do prejuízo causado pelo enfrentamento da corrupção (não pela corrupção)

Após estabelecer que historicamente os setores de óleo e gás e da construção e infraestrutura são os maiores alvos de ações contra corrupção em nível global, Willian Nozaki indaga: "Se a corrupção não é exclusividade nacional, como entre nós ela tem criado tanto assombro?"[281]

É verdade que o setor de mineração e extração de recursos naturais é o responsável pelo maior percentual de casos de corrupção envolvendo grandes empresas, sendo interessante correlacionar ambos os setores, já que o setor de petróleo aporta grandes investimentos em plataformas e sondas produzidas pelo setor da construção. Justifica-se que sejam esses os alvos mais visados pela corrupção em razão dos vultosos investimentos e contratos nesses setores. Ademais, o fato de os recursos naturais serem normalmente protegidos por monopólios estatais também é um aspecto que estimula a corrupção, na medida em que estreita o acesso e o caminho a recursos que, de outra forma, estão inacessíveis.

---

[278] LAGARDE. Christine. Addressing Corruption – Openly. *In*: *Against Corruption, a book of essays*. 2016, electronic book.

[279] Word Bank Anticorruption Fact Sheet. CLEMENS, Michael A.; KREMER, Michael. The New Role of the World Bank. *Journal of Economic Perspectives*, v. 30, n. 1, p. 53-76, 2016. Disponível em: https://www.aeaweb.org/articles?id=10.1257/jep.30.1.53. Acesso em: 20 jul. 2021.

[280] Prefácio e Preâmbulo da Convenção das Nações Unidas contra Corrupção (UNCAC).

[281] NOSAKI, William. *Capitalismo e corrupção*: o caso da Petrobrás e a Operação Lava Jato. Disponível em: https://ineep.org.br/wp-content/uploads/2020/06/td_n-16_capitalismo-e-corrupcao_nozaki.pdf. Acesso em: 20 jul. 2021.

CAPÍTULO 3
CORRUPÇÃO TRANSNACIONAL | **141**

Estamos de acordo quando se afirma que a corrupção não deve ser encarada como uma peculiaridade nacional, e também que se trata de um problema sistêmico do setor de óleo e gás, cujo enfrentamento exige a implementação de medidas coordenadas em nível nacional e internacional, sendo esta a linha do presente trabalho.

Não obstante, o discurso do prejuízo causado pelo enfrentamento da corrupção (e não pela corrupção) parte de premissa equivocada, que é a de que é possível contabilizar os prejuízos causados pela corrupção, quando o que ocorre é que os prejuízos são inestimáveis e gravíssimos, e muito maiores no médio e longo prazo caso a corrupção não seja enfrentada. Considerar que a revelação de esquemas de corrupção e seu enfrentamento causam prejuízos à economia de um país é uma armadilha perigosa e de perspectiva extremamente limitada.

Quando se afirma que a maior operação de combate à corrupção no Brasil produziu pelo menos três vezes mais prejuízos econômicos do que ela avalia ter sido desviado com a corrupção,[282] essa conclusão é totalmente equivocada e imprecisa, porque falha ao considerar que o prejuízo causado pela corrupção está limitado à recuperação dos ativos desviados pela corrupção. A recuperação de ativos é parte importante do processo, pois propicia que os valores desviados sejam devolvidos ao país. Porém, a devolução dos valores desviados responde por apenas uma parcela dos efeitos das ações contra corrupção, mais precisamente, é um efeito da condenação, que consiste na perda em favor da União do produto do crime ou de qualquer bem ou valor que constitua proveito auferido pelo agente com a prática do ato criminoso.[283]

A ação penal, mais precisamente a pena imposta na sentença condenatória, também possui dois outros importantes efeitos, que são o efeito preventivo e o efeito punitivo. O primeiro objetiva criar desestímulo à prática do crime de modo geral, atuando como um fator que desincentiva que o crime seja novamente cometido pelo próprio condenado ou por qualquer outro potencial criminoso. O segundo

---

[282] NOSAKI, William. Capitalismo e corrupção: o caso da Petrobrás e a Operação Lava Jato, p. 13. Disponível em: https://ineep.org.br/wp-content/uploads/2020/06/td_n-16_capitalismo-e-corrupcao_nozaki.pdf. Acesso em: 20 jul. 2021; Instituto de Estudos Estratégicos de Petróleo, Gás Natural e Biocombustíveis Zé Eduardo Dutra (Ineep). Disponível em: http://www.fetecpr.org.br/operacao-lava-jato-causou-prejuizos-bilionarios-ao-pais-diz-estudo/. Acesso em: 20 jul. 2021; COSTAS, Ruth. Escândalo da Petrobrás engoliu 2,5% da economia em 2015. Disponível em: https://www.bbc.com/portuguese/noticias/2015/12/151201_lavajato_ru. Acesso em: 20 jul. 2021.

[283] Art. 91, II, do Código Penal Brasileiro.

consiste em aplicar as sanções previstas em lei aos condenados nos crimes nela previstos, de modo que a imposição da pena retribui ao ofensor o dano causado à sociedade com a prática criminosa.

Além desses importantes efeitos, investigar e revelar esquemas de corrupção, desmantelar cartéis e outras organizações criminosas, e estimular o surgimento de um novo modelo que não tenha sua base na corrupção, são ações essenciais e fundamentais para levar o país a uma trajetória inédita de crescimento sustentável. Esse efeito, que é a base do desenvolvimento consistente, não está contabilizado no cálculo dos alegados efeitos das ações de combate à corrupção. Portanto, ao deixar de lado este efeito essencial de construir a base para um modelo que não esteja alicerçado na corrupção, o cálculo dos supostos prejuízos causados pelo combate à corrupção tem resultado totalmente equivocado.

Existe consenso no sentido de que a corrupção é um mal e que produz efeitos diretos e indiretos. Podemos contabilizar os efeitos diretos, mas os indiretos são mais difíceis de contabilizar e, por vezes, são inestimáveis. O enfrentamento da corrupção em determinado setor da economia vai causar um efeito dominó que vai atingir também sua cadeia produtiva, que será indiretamente atingida. O mesmo efeito dominó também ocorre como resultado da corrupção, no qual todos os potenciais concorrentes são indiretamente atingidos e, consequentemente, isso também atinge sua respectiva cadeia produtiva. A única diferença é que, no enfrentamento da corrupção que atinja seus objetivos, a perspectiva de futuro é positiva, ao passo que, na tolerância com a corrupção que atinja seus propósitos, a perspectiva de futuro é negativa.

Quando um país deflagra ações contra corrupção, o que se busca é a transformação de um modelo que se apresenta como o maior obstáculo para o crescimento sustentável para que em seu lugar possa surgir um modelo compatível com o desenvolvimento consistente e contínuo. Michael Johnston, um dos maiores estudiosos da corrupção, afirma que o controle da corrupção em níveis sustentáveis necessita do que ele denominou democratização profunda, ou seja, o aprofundamento da democracia, que é um processo fomentado e aprimorado em ambiente contencioso. Sabemos que a corrupção sistêmica deteriora a democracia. Não obstante, uma vez atingidos os primeiros estágios do processo de democratização profunda, torna-se mais difícil uma ruptura de retrocesso.[284] É essa passagem de nível que não estamos conseguindo fazer.

---

[284] JOHNSTON, Michael. *Why do so many anti-corruption efforts fail.*

A conta que é feita para estimar quanto a economia perdeu com a revisão de investimento de empresas envolvidas em escândalos de corrupção, com as demissões e as altas nos índices de desemprego, o impacto de ações de combate à corrupção nas empresas que são alvos e na sua cadeia produtiva, e compara o valor apurado com o valor estimado que foi desviado pela corrupção, essa conta não chega a um resultado consistente, porque desconsidera os demais efeitos das ações contra corrupção e os efeitos indiretos da corrupção. Além disso, passa ao largo de questões de fundamental importância, como, por exemplo: como contabilizar o prejuízo causado por uma decisão tomada com base na corrupção e não no interesse público? Como aceitar que uma empresa mantenha um setor clandestino, paralelo, não contabilizado, que foi criado com o propósito exclusivo de realizar pagamento de propina a políticos? Como contabilizar a perda da oportunidade de se tornar um país desenvolvido?

Vamos responder às perguntas. Uma consequência nefasta da corrupção é que ela estimula e origina escolhas equivocadas, que são tomadas não com base no interesse público, mas em fazer a engrenagem do sistema corrupto se movimentar e, consequentemente, se ampliar e se fortalecer. Nessa esteira, investimentos públicos são mal direcionados, políticas públicas são mal definidas, compra-se mal, contrata-se mal, e indicam-se pessoas para ocupar cargos e desempenhar funções para as quais não estão capacitadas. Todas essas ações geram um prejuízo que não consegue ser contabilizado. Podemos estimar o prejuízo direto causado, como, por exemplo, a estimativa que temos com relação ao escândalo da compra da refinaria de *Pasadena*.[285] Mas esse prejuízo é muito maior se considerarmos que o valor que foi alocado nesta aquisição poderia ter sido efetivamente investido em um projeto que gerasse lucros e crescimento. O exemplo da refinaria é apenas a ponta do *iceberg*, mas o importante é ter consciência de que o prejuízo causado pelas más escolhas feitas pela corrupção[286] é muito maior do que se pode estimar, vai muito além do valor da propina paga.

---

[285] Disponível em: https://www2.senado.leg.br/bdsf/bitstream/handle/id/505017/noticia.html?sequence=1&isAllowed=y; e https://www.jornaldocomercio.com/_conteudo/2017/08/economia/582503-tcu-prepara-primeiras-punicoes-por-pasadena.html. Acesso em: 20 jul. 2021.

[286] O ex-diretor de abastecimento da Petrobras, Paulo Roberto Costa, confessou à Polícia Federal que recebeu US$1,5 milhão para "não atrapalhar" a compra da refinaria de Pasadena, e que o ex-diretor de assuntos internacionais, Nestor Cerveró, também recebeu propina, que girou em torno de US$20 a 30 milhões, cf. https://www2.senado.leg.br/bdsf/

Com relação à questão ética, que também não é abordada no cálculo do suposto prejuízo causado pelo combate à corrupção, é relevante relembrar que uma das construtoras mantinha um departamento criado com o propósito único de realizar pagamento de propina. Esse departamento era chamado "Divisão de Operações Estruturadas" e, para encobrir o massivo pagamento de propina (entre 0,5 e 2% das receitas da construtora), utilizava dois sistemas secretos, um para controle do pagamento das propinas ("MyWebDay") e outro para troca de *e-mails* e mensagens de forma segura ("Drousys"), sendo que ambos somente podiam ser acessados pelos membros dessa Divisão. A construtora fez vários pagamentos milionários a executivos da Petrobras, partidos políticos e autoridades/servidores públicos brasileiros.

Isso não é pouca coisa em nenhum lugar no mundo, tanto que serviu de fundamento no processo criminal que levou a construtora Odebrecht a firmar acordo no qual se comprometeu a pagar US$2,6 bilhões como penalidade criminal nos Estados Unidos, com base no *Foreign Corrupt Practices Act* (FCPA), por admitir haver pago mais de US$800 milhões em propina em diversos países e violação das regras relativas à contabilidade da empresa (*books and records*), em razão da existência dessa divisão paralela de contabilidade de propina. Vamos traduzir e transcrever apenas alguns itens que constaram no caso *United States v. Odebrecht S.A.*, que tramitou perante a Vara Federal do Eastern District of New York:[287]

---

bitstream/handle/id/505588/noticia.html?sequence=1&isAllowed=y. Acesso em: 20 jul. 2021. Nestor Cerveró também admitiu no seu acordo de delação premiada que recebeu propina no escândalo de Pasadena.

[287] Cr. No. 16-643 (RJD): "[...] h. On or about March 25, 2010, ODEBRECHT SA caused $434,980.00 to be transferred from the Second Arcadex Account to a bank account controlled by Brazilian Official 2, then an executive at Petrobras.
i. In or about October, 2010, ODEBRECHT SA directed more than $40 million in bribes to be paid to certain Brazilian political parties from its Division of Structured Operations in order to secure a contract for the provision of various environmental and security certification services for Petrobras abroad.
j. In or about and between 2010 and 2014, ODEBRECHT SA directed bribe payments of more than $20 million to be made to Brazilian Official 4, a high-level state elected official in Brazil, and other foreign officials, in order to ensure continued work on a transportation project.
k. In or about 2011, ODEBRECHT SA directed bribe payments of approximately $9.7 million to be made to a political party designed by Brazilian Official 5, a high-level official within the legislative branch of government in Brazil, in exchange for the party's influence in the continuation of a construction project in Rio de Janeiro, Brazil.
l. On or about May 23, 2011, ODEBRECHT SA caused $1,000,000.00 to be transferred from the S&N Account to a bank account controlled by Brazilian Official 1, then an executive at Petrobras.
[...]"

CAPÍTULO 3
CORRUPÇÃO TRANSNACIONAL | 145

[...]

h. Em ou por volta de 25 de março de 2010, a ODEBRECHT SA fez com que $434.980,00 fossem transferidos da Segunda Conta do Arcadex para uma conta bancária controlada pela Autoridade/Servidor Público Brasileiro 2, então um executivo da Petrobrás.

i. Por volta de outubro de 2010, a ODEBRECHT SA direcionou mais de US$40 milhões em subornos a serem pagos a certos partidos políticos brasileiros de sua Divisão de Operações Estruturadas, a fim de garantir um contrato para a prestação de vários serviços de certificação ambiental e de segurança para a Petrobras no exterior.

j. Em ou próximo e entre 2010 e 2014, a ODEBRECHT SA direcionou pagamentos de suborno de mais de US$20 milhões a uma Autoridade/ Servidor Público Brasileiro 4, uma autoridade de alto nível eleita no Brasil, e outras autoridades estrangeiras, a fim de garantir o trabalho contínuo em um projeto de transporte.

k. Por volta de 2011, a ODEBRECHT SA direcionou pagamentos de suborno de aproximadamente US$9,7 milhões a um partido político designado por Autoridade/Servidor Público Brasileiro 5, uma autoridade de alto nível dentro do Poder Legislativo do Brasil, em troca da influência do partido na continuação de um projeto de construção no Rio de Janeiro, Brasil.

l.. Em ou por volta de 23 de maio de 2011, a ODEBRECHT SA fez com que $1.000.000,00 fossem transferidos da Conta S&N para uma conta bancária controlada pela Autoridade/Servidor Público Brasileiro 1, então um executivo da Petrobras.

[...]

Quando se afirma que o combate à corrupção causa mais prejuízo que manter o sistema funcionando com corrupção, esse raciocínio implica validação deste modo de operar mediante pagamento de propina, e implica que se aceite que uma grande construtora, detentora de contratos bilionários com o governo, mantenha um setor secreto com o único propósito de cuidar da distribuição de propina.

Relativamente à Petrobras, também foi severamente punida nos Estados Unidos por suas práticas corruptas e que causaram prejuízo aos investidores. Com base também no FCPA, a Petrobras fechou um acordo no valor de US$1,78 bilhão, o que lhe garantiu o primeiro lugar na lista das maiores penalidades aplicadas por violação ao FCPA no ano de 2018, e, em 2022,[288] ainda estava no terceiro lugar, apenas

---

[288] Disponível em: https://fcpablog.com/2022/06/09/country-count-for-the-top-ten-list/. Acesso em: 10 jun. 2022.

ultrapassada pelos acordos envolvendo a norte-americana Goldman Sachs Group Inc. (US$3,3 bilhões) e a holandesa/francesa Airbus SE (US$2,09 bilhões).

Em uma ação coletiva,[289] a Petrobras se comprometeu a pagar mais US$3 bilhões. Além disso, também firmou acordo de não persecução penal (*non-prosecution agreement*) que incluiu uma penalidade criminal de US$853 milhões. Portanto, são quase 6 bilhões de dólares que a Petrobras vai pagar nos Estados Unidos, porque as autoridades norte-americanas também constataram evidências graves de corrupção, o que responde em certa medida a pergunta inaugural (por que a corrupção nacional nos causa tanto assombro?): porque é natural que cause assombro, não apenas no Brasil, mas em qualquer país desenvolvido, que é justamente onde devemos mirar.

O cálculo que conclui que o enfrentamento da corrupção causa mais prejuízo do que as práticas corruptas propriamente ditas é totalmente equivocado porque não contabiliza adequadamente os danos da corrupção. No médio e no longo prazos, a corrupção produz efeitos gravíssimos que não estão contabilizados, como os efeitos deletérios provocados na deterioração da democracia e do Estado de Direito, na contaminação e captura das instituições, no enfraquecimento do setor privado, na concorrência e no incentivo ao empreendedorismo como ficção e na estagnação econômica em razão da ausência de condições para um desenvolvimento consistente e sustentável.[290]

Mesmo a expectativa de crescimento projetada e frustrada pelas ações contra corrupção não alcança a expectativa de crescimento que poderia ser atingido em um ambiente de efetiva livre concorrência, sem dúvida uma expectativa de crescimento muito mais consistente e, o mais importante, sustentável. Em resumo: é senso comum entre organismos supranacionais, como Banco Mundial, FMI, ONU, OCDE e Transparência Internacional, que a corrupção é o maior obstáculo ao desenvolvimento. Portanto, é errado afirmar que o combate à corrupção causa prejuízo, especialmente porque não é possível contabilizar

---

[289] *In re Petrobrás Securities Litigation*, 317 F.Supp.3d 858 (2018).

[290] Segundo documento elaborado pelo Banco Mundial, estudos empíricos comprovam uma relação negativa entre a renda *per capita* (com base no PIB) e a corrupção. Ademais, a corrupção reduz a qualidade da infraestrutura, educação e saúde pública e afeta negativamente a concentração de renda. World Bank documents, *Mainstreaming Anti-corruption Activities in World Bank Assistance, A Review of Progress Since 1997 (2004)*. Disponível em: https://documents1.worldbank.org/curated/en/170371468763489849/pdf/29620.pdf. Acesso em: 30 jul. 2021.

o prejuízo causado pela perda da oportunidade de se tornar um país desenvolvido.

3.12 Estratégias de combate à corrupção adotadas pelo Banco Mundial

Embora o mais recente objetivo declarado pelo Banco Mundial[291] seja a redução da pobreza,[292] a corrupção ganhou um papel de imenso destaque, pois seu combate é considerado o caminho mais efetivo para reduzir a pobreza mundial. Enquanto, por um lado, a efetividade da ajuda financeira internacional permanece controversa, alguns entendendo que essa ajuda financeira desempenha um papel fundamental no desenvolvimento de países pobres, e outros se mostrando altamente desconfiados desta conclusão, por outro lado, existe algum consenso na ideia de que a efetividade da ajuda vai depender essencialmente da qualidade das instituições e das políticas adotadas no país recipiente.

Um estudo realizado pelo Grupo de Pesquisa em Desenvolvimento do Banco Mundial analisou 22 países que são os maiores dependentes da ajuda financeira do Banco Mundial e constatou que os desembolsos de ajuda financeira para esses países coincidiram, no mesmo trimestre, com um significativo aumento do valor depositado em paraísos fiscais. Segundo o estudo, intitulado *Elite Capture of Foreign Aid: Evidence from Offshore Bank Accounts*,[293] especificamente no trimestre no qual o país recebeu ajuda equivalente a 1% do seu Produto Interno Bruto, os seus depósitos em bancos situados em paraísos fiscais aumentaram 3,4% relativamente a um país que não recebeu qualquer ajuda financeira. É interessante notar que não houve incremento em depósitos realizados em bancos que não são paraísos fiscais. O estudo

---

[291] O Banco Mundial (WB – World Bank) abrange duas instituições, que são o Banco Internacional para Reconstrução e Desenvolvimento (BIRD/International Bank for Reconstruction and Development – IBDR) e a Associação Internacional de Fomento (International Development Association – IDA). Já o Grupo Banco Mundial (WBG) é formado pelo WB, IBRD, IDA e também pelo International Finance Corporation (IFC), Multilateral Investment Guarantee Agency (MIGA) e o International Centre for Settlement of Investment Disputes (ICSID).

[292] CLEMENS, Michael A., KREMER, Michael. The New Role of the World Bank. *Journal of Economic Perspectives*, v. 30, n. 1, p. 53-76, 2016. Disponível em: https://www.aeaweb.org/articles?id=10.1257/jep.30.1.53. Acesso em: 20 jul. 2021.

[293] ANDERSEN, Jorgen Juel; JOHANNESEN, Niels; RIJKERS, Bob. *Elite Capture of Foreign Aid: Evidence from Offshore Bank Accounts*. Feb. 2020. Disponível em: https://documents1.worldbank.org/curated/en/493201582052636710/pdf/Elite-Capture-of-Foreign-Aid-Evidence-from-Offshore-Bank-Accounts.pdf.

destaca que, embora outras interpretações desses dados sejam possíveis, essas evidências sugerem a ocorrência de desvio da ajuda financeira para paraísos fiscais.

Ao disponibilizar ajuda financeira para financiamento de projetos em países mais pobres e/ou que representam um desafio maior em razão de a corrupção ser prática amplamente difundida, o Banco Mundial precisou desenvolver uma estratégia para avaliar e fiscalizar os projetos que financia e assegurar que os valores desembolsados para os países clientes serão efetivamente utilizados nos projetos a que eles se destinam.

Se fôssemos descrever uma linha do tempo, seriam os seguintes os marcos históricos do Banco Mundial no enfrentamento da corrupção:[294] embora existente desde 1944, o primeiro marco relativo à corrupção aconteceria somente em 1996, no discurso do seu então presidente James Wolfensohn, que se referiu à corrupção como um câncer e enfatizou a necessidade de implantar programas que desestimulassem sua prática. Em 2001, foi criado o Departamento Institucional de Integridade, que objetiva investigar denúncias de fraude ou corrupção em projetos financiados e adotar sanções quando constatada sua ocorrência. Em 2007, foi criada a Iniciativa para Recuperação de Ativos Roubados, em parceria com as Nações Unidas, mais especificamente com o Departamento de Drogas e Crimes (UNODC – *United Nations Office on Drugs and Crime*). Essa parceria trabalha junto a países em desenvolvimento e instituições financeiras, com o objetivo de prevenir a lavagem de ativos oriundos da corrupção e facilitar sua devolução aos países de origem. No âmbito desta iniciativa, mais de US$1 bilhão foi recuperado ou bloqueado.

Em 2010, uma iniciativa poderosa foi lançada no âmbito das instituições financeiras internacionais (IFI – *International Finantial Institution*), reunindo 5 bancos multilaterais de desenvolvimento, os chamados MDB[295] (*Multilateral Development Banks*). Denominada *INT Cross-Debarment*, consiste em uma ação na qual qualquer recipiente que roube de qualquer das IFI será punido não apenas pelo banco de desenvolvimento lesado, mas pelos 5 bancos de desenvolvimento (MDB), pela mesma conduta. Ou seja, uma vez verificado o desvio dos fundos, essa iniciativa permite que, a partir do cruzamento de informações

---

[294] Disponível em: https://www.worldbank.org/en/news/factsheet/2020/02/19/anticorruption-fact-sheet. Acesso em: 20 jul. 2021.

[295] Ver nota de rodapé 238.

entre as instituições financeiras, o recipiente seja excluído não apenas do banco que lesou diretamente, mas de todos os que integram a iniciativa, reduzindo drasticamente seu crédito perante as IFI e, assim, aumentando o custo do crime.

Outra iniciativa adotada em 2010 foi a *Open Data*, que liberou o acesso gratuito a informações que antes ficavam restritas ao uso comercial e eram disponibilizadas somente a usuários pagantes. Em 2014, foi criada uma iniciativa que visa a permitir e institucionalizar o engajamento do público com os programas do Banco Mundial. Chamada de *Citizen Engagement*, essa iniciativa visa a aprimorar a qualidade dos serviços públicos e a administração das finanças públicas, além de trazer mais transparência, responsabilidade e inclusão social. A iniciativa mais atual colocada em prática pelo Banco Mundial é o *Gov Tech*, a partir da qual se objetiva tornar as operações e serviços públicos governamentais mais simples, transparentes e eficientes, e tudo isso sendo fomentado pela tecnologia. A utilização de inteligência artificial, *blockchain*, incorporação de *big data*, e a utilização de meios eletrônicos em geral, permitem a detecção de padrões de desvios que podem acender o alerta de corrupção e ajudar na sua prevenção. Além disso, a entrega dos serviços públicos por meios eletrônicos também reduz as interações humanas que propiciam um ambiente para práticas corruptas.

Iniciativas como *Cross-Debarment, Open Data, Citizen Engagement* e *Gov Tech* possuem em comum a tendência que defendemos neste trabalho como fundamental no combate à corrupção, que é a cooperação internacional, a união de esforços e das ferramentas tecnológicas para disponibilizar informações com a maior precisão e amplitude possível. A transparência desempenha um papel-chave, e o amplo, livre e facilitado acesso às informações eletrônicas, permitindo que sejam auditadas por qualquer interessado, é o caminho que aumenta o custo do crime, reduzindo consideravelmente o espaço mais reservado onde a corrupção costuma acontecer, consequentemente, tornando a atividade criminosa mais arriscada.

3.13 Por que falhamos no combate à corrupção? Identificando as falhas

At the same time, a longer view shows that even deeply entrenched corruption need not be a permanent condition.[296]

É da nossa preferência abrir este tópico com a constatação de que muitos países que possuem histórico de corrupção generalizada no passado são, atualmente, considerados bem governados e estão bem colocados nos *rankings* internacionais medidores de corrupção. Portanto, no longo prazo, mesmo a corrupção profundamente arraigada não significa que é uma condição permanente.

A Inglaterra do século XVII estaria no final do *ranking* de controle da corrupção e hoje ocupa os primeiros lugares. No século XIX, os Estados Unidos e o Reino Unido, com compra generalizada de votos, intimidação e fraude eleitoral, também estariam no final da lista dos mais corruptos. No entanto, hoje estão bem posicionados no *ranking* e são histórias de sucesso de enfrentamento da corrupção e fortalecimento institucional. O exemplo mais emblemático é o da Dinamarca (e também da Suécia) do século XVIII, quando eram considerados sistemas altamente corruptos, e hoje Dinamarca ocupa os primeiros lugares nos *rankings* anticorrupção. Austrália, Chile, Canadá, Finlândia e Holanda também têm períodos de escândalo e corrupção e hoje estão muito bem colocados nos *rankings* de enfrentamento da corrupção.

Ao lado desses exemplos históricos de sucesso, também vemos práticas anticorrupção surgirem cercadas de esperança. Entretanto, o sucesso na implementação dessas praticas não é uma realidade frequente, mesmo quando altas autoridades públicas estão genuinamente comprometidas com os esforços para implementar uma reforma anticorrupção. A velocidade que a revolução tecnológica aplicou às nossas vidas impede que alguém se conforme e se contente com uma mudança que vá demorar décadas para ocorrer, o que dirá séculos.

---

[296] JOHNSTON, Michael. *Why Do So Many Anti-Corruption Efforts Fail?*, 2012, 67 N.Y.U. Ann. Surv. Am. L. 467, p. 3.

CAPÍTULO 3
CORRUPÇÃO TRANSNACIONAL | 151

Portanto, é fundamental identificar os pontos de estrangulamento que impedem o avanço das reformas e da agenda anticorrupção, e a questão que se coloca é: por que as reformas anticorrupção tendem a falhar? A complexidade que envolve a corrupção não permite apontar um problema específico. Não obstante, podemos identificar fatores normalmente presentes de modo geral e que dificultam consideravelmente o combate à corrupção e até mesmo que ela seja mantida sob controle. Como fatores comuns que podem ser apontados como responsáveis pela dificuldade em controlar a corrupção, Johnston menciona três:[297] (1) a dinâmica da corrupção; (2) a clandestinidade da corrupção; e (3) a blindagem da corrupção. Vamos analisar cada um deles.

A dinâmica da corrupção

A dinâmica da corrupção interfere severamente com processos econômicos e políticos justos e competitivos, em regra, beneficiando o grupo formado por pessoas que possuem os melhores contatos e seus clientes e, consequentemente, prejudicando aqueles que, sendo igualmente competentes, não possuem as mesmas conexões políticas. Para estes, sua oportunidade depende de um processo justo. Com o tempo, a corrupção vai agravando seus dramáticos efeitos, pois, ao mesmo tempo que o grupo dos favorecidos acaba se fortalecendo, o grupo dos que necessitam de uma oportunidade justa para competir acaba enfraquecendo e migrando para outros mercados, sucumbindo à corrupção, ou simplesmente desaparecendo do mercado.

Com isso, a sociedade deixa de colher o benefício de um mercado competitivo, que é o melhor serviço pelo menor preço. Essa dinâmica, que favorece sempre o mesmo grupo, concentra os benefícios da corrupção em poucas mãos e proporciona a este grupo benefícios que são imediatos e tangíveis. Em contrapartida, os custos da corrupção são difundidos e suportados por toda a sociedade, gerando efeitos de longo prazo e um custo intangível ou muito complicado de quantificar.

A clandestinidade da corrupção

Uma característica que dificulta o combate à corrupção é o fato de ser uma prática clandestina, que acaba sendo subnotificada exatamente pela ausência de uma vítima direta que procure as autoridades

---

[297] JOHNSTON, Michael. *Why do so many anti-corruption efforts fail?*

e a denuncie. Ao contrário, normalmente os envolvidos na corrupção têm interesse em que permaneça secreta, dificultando sua detecção, investigação e combate. Portanto, criar um ambiente de cultura de integridade e incentivar que as informações cheguem às autoridades é fundamental. Para tanto, deve haver incentivos e investimentos em programas de *whistleblowers*/informantes e programas de *compliance* no setor público e privado.

A blindagem da corrupção (por interesses políticos)

A corrupção pode ser considerada uma prática que recebe uma blindagem até das instituições que deveriam se ocupar de combatê-la. Christine Lagarde, Diretora do Fundo Monetário Internacional por dois mandatos sucessivos (2011-2019), relatou que tradicionalmente agentes públicos ficavam desconfortáveis em falar sobre corrupção abertamente. Entretanto, nos últimos anos, estamos observando uma mudança de atitude, pois atualmente líderes mundiais procuram falar abertamente sobre esse problema. Essa mudança de comportamento foi provocada não apenas pelo custo econômico da corrupção, mas pela crescente demanda por mudanças.[298]

Um exemplo emblemático da blindagem da corrupção foi a forma velada como o Banco Mundial tratou do tema durante décadas. O silêncio do Banco Mundial sobre corrupção só foi quebrado em outubro de 1996, pelo seu então presidente, James Wolfensohn, em seu famoso discurso no Encontro Anual do Banco Mundial, quando ele apontou as consequências negativas do que denominou *câncer da corrupção* no mundo, e revelou que, quando chegou ao Banco Mundial, disseram-lhe que havia uma palavra que ele não poderia usar, que era a palavra que começava com "c", de corrupção. À época, a corrupção estava estreitamente identificada com a política, de modo que, caso houvesse intenção de aprofundar o assunto, foi avisado de que enfrentaria dificuldades com sua diretoria. O padrão de conduta da época não abordava o impacto da corrupção em suas operações de empréstimo, aliás, sequer havia uma estratégia definida para lidar com a corrupção nas operações de empréstimo.

Para enfrentar o que era considerado um tabu, o Banco Mundial teve que primeiro *despolitizar* a corrupção, desvinculando-a da política, antes de conseguir desenvolver uma estratégia para enfrentar o

---

[298] *Against Corruption, a book of essays*, 2016, www.uk.gov, location 2093.

CAPÍTULO 3
CORRUPÇÃO TRANSNACIONAL | 153

problema. Wolfensohn visitou vários países e redefiniu a palavra "c" em 1996 como uma questão socioeconômica, em vez de uma questão política.[299] Em setembro de 1997, o Conselho de Diretores Executivos do Banco Mundial desenvolveu uma ampla estratégia anticorrupção e, em 2001, criou seu Departamento de Integridade Institucional.

A blindagem da corrupção pela vantagem fiscal (dedutibilidade da propina)

A blindagem da corrupção como resultado de interesses econômicos teve possivelmente sua mais notável manifestação na possibilidade de dedução fiscal de pagamentos feitos a estrangeiros. Essa possibilidade, que ficou superada pelo esforço da OCDE quando da elaboração da sua Convenção Antissuborno, fez com que a OCDE enfrentasse muita resistência de seus países-membros. A Alemanha, em especial, possuía uma posição muito firme no sentido de que questões tributárias e questões morais deveriam ser mantidas em apartado. Essa questão da possibilidade de dedução tributária de pagamentos feitos a funcionários estrangeiros representava verdadeiro obstáculo à aprovação da Convenção da OCDE.

Em 1988, de acordo com o Departamento de Estado dos Estados Unidos, os seguintes países continuavam autorizando dedução fiscal de propinas pagas a funcionários públicos estrangeiros: Austrália, Áustria, Bélgica, França, Alemanha, Luxemburgo, Nova Zelândia, Suécia e Suíça.[300] A virada apenas aconteceu a partir de um estudo feito pelos peritos da Comissão de Assuntos Fiscais, que concluiu que a dedutibilidade de pagamentos externos questionáveis era de utilidade econômica negativa. Em 1996, o Conselho da OCDE adotou a Recomendação sobre a Dedutibilidade Fiscal de Subornos de Funcionários Estrangeiros, que exigia dos países-membros que adotassem as medidas para modificar suas leis fiscais para vedar a dedutibilidade dos pagamentos feitos a funcionários estrangeiros para o fim de proteger ou reter negócios. Desde então, todos os países da OCDE implementaram a recomendação.

---

[299] QUAH, Jon S. T. Curbing Corruption in Asian Countries: an Impossible Dream? *Research in Public Policy Analysis and Management*, Bingley, Emerald Group Publishing Limited, v. 20, 2011, p. 7.

[300] *Hearings on Convention on Combating Bribery of Foreign Public Officials in International Business Transactions*, S. Exec. Rep. 105-19, at 12 (1998).

3.14 Desafios inerentes ao controle da corrupção

Segundo Johnston, existem alguns *desafios inerentes* à tentativa de manter a corrupção sob controle. São eles:[301] (1) a corrupção escapa à definição precisa; (2) a corrupção compromete a ação coletiva de reforma; (3) a corrupção é um problema transnacional; (4) a corrupção é sistemicamente incorporada; (5) a reforma mais urgente requer ampla mudança institucional.

O primeiro ponto diz respeito à ausência de um conceito universal que defina corrupção aplicável a qualquer sociedade, pois sua definição varia consideravelmente dependendo do país. Sobre a dificuldade de definir corrupção, remetemos o leitor ao tópico que trata do "desafio de definir corrupção", no Capítulo 3, item 3.2.

O segundo ponto está relacionado aos obstáculos que a corrupção impõe à ação coletiva de reforma. Sobre ele, na perspectiva das instituições, tratamos quando abordamos a questão da necessidade de a vontade política estar presente para que as reformas anticorrupção possam ser aprovadas e efetivamente implementadas. Johnston faz uma abordagem sob outra perspectiva, que é a da sociedade e da sua percepção da corrupção no seu dia a dia. A realidade comum em um país dominado pela corrupção é de estagnação no seu crescimento e desenvolvimento econômico e humano.

Nesse cenário, Johnston afirma que

> Não surpreende que pessoas com necessidades prementes e poucas alternativas imediatas concordem em aceitar tais benefícios; no contexto mais amplo, no entanto, é seguro dizer que a maior parte da corrupção prejudica a maioria das pessoas na maioria das vezes. É tentador pensar que, com tantos perdendo tanto para a corrupção, deve ser relativamente fácil mobilizar a maioria das pessoas e grupos contra ela. Esses custos não são menos reais por serem difíceis de avaliar, mas essa assimetria reduz os incentivos para qualquer cidadão desafiar figuras corruptas a qualquer momento, principalmente quando isso é arriscado. A corrupção mina a qualidade do governo, bem como sua prestação de contas à sociedade em geral. Como resultado, a reforma deve superar problemas significativos de ação coletiva.[302]

---

[301] JOHNSTON, Michael. *Why do so many anti-corruption efforts fail?*, p. 4-8.
[302] JOHNSTON, Michael. *Why do so many anti-corruption efforts fail?*, p. 4-8.

CAPÍTULO 3
CORRUPÇÃO TRANSNACIONAL | 155

O terceiro ponto aborda a questão da transnacionalidade da corrupção, que a torna um problema mais complexo de ser enfrentado, ao envolver técnicas diversas e imprevisíveis, ou seja, que são de difícil previsibilidade a ponto de permitir uma atuação preventiva do Estado. Além disso, a corrupção transnacional, valendo-se de inovações tecnológicas e facilidades da vida moderna, não respeita fronteiras, fazendo com que seu avanço seja mais rápido que os esforços para contê-la. Johnston afirma que governos de democracias abastadas até recentemente deram cobertura política às empresas domésticas e incentivos substanciais para subornar funcionários nos países em desenvolvimento. Bancos e mercados em países ricos podem lucrar oferecendo refúgios seguros para o produto da corrupção em sociedades menos seguras. E, embora a liberalização e a integração em mercados mais amplos possam limitar a corrupção de alguma maneira, ela também cria novos riscos.[303]

De nossa parte, consideramos que a transnacionalidade da corrupção, embora introduza novos desafios, se apresenta muito mais como um aspecto positivo conducente a uma solução, e não como um problema para o enfrentamento da corrupção. Observe-se que essa questão levantada por Johnston, de que democracias abastadas incentivam a corrupção de funcionários públicos estrangeiros inclusive mediante benefícios fiscais, é uma situação que ficou superada no final da década de 1990, com os esforços da OCDE para aprovação da sua Convenção Antissuborno, como o próprio autor reconhece.

Nossa perspectiva é de que no momento em que existe um alinhamento das maiores potências mundiais no enfrentamento da corrupção, esse alinhamento decorrente da transnacionalidade da corrupção mais beneficia do que prejudica outras democracias menos avançadas e ainda lidando com a gravidade do problema no âmbito doméstico. Portanto, existe um aspecto altamente positivo no fato de a corrupção haver se tornado uma questão transnacional, que é o suporte que esses países menos desenvolvidos passam a ter no interesse compartilhado com grandes potências de criar um ambiente hostil à corrupção, especialmente no plano internacional. Como todos os países têm interesse no mercado econômico global, muitos passam a se adequar a um padrão ético mais elevado também no plano doméstico para poderem competir no mercado internacional.

---

[303] JOHNSTON, Michael. *Why do so many anti-corruption efforts fail?*, p. 4-8.

O quarto ponto diz respeito ao fato de a corrupção ser sistemicamente incorporada. Isso ocorre onde a lei tem pouca credibilidade ou ela serve aos interesses de pessoas corruptas, onde práticas corruptas são recompensadas, são consideradas a regra do jogo, ou seja, são consideradas inevitáveis, pois praticamente não existem alternativas legítimas a transações que não sejam corruptas. Nesses casos, as estratégias de aprovar mais leis, majorar punição, podem ter pouco efeito, pois não chegam a representar um efetivo aumento do risco e dos custos associados à corrupção.[304] Desenvolvemos esse tópico quando tratamos da corrupção isolada e corrupção sistêmica, ao qual remetemos o leitor (Capítulo 3, item 3.5).

O quinto ponto está relacionado à necessidade urgente de ampla reforma institucional e o tipo de sociedade em que as reformas são mais urgentes, que são os países nos quais a corrupção se tornou sistêmica. Tal estado de coisas gera um equilíbrio próprio e altamente nocivo, porque, no momento em que os interesses escusos da corrupção estão acomodados e sendo atendidos, isso gera uma sensação ilusória de normalidade, na qual a corrupção está instalada e abastecida, existe uma aparência de legalidade nos atos do poder público, os mecanismos de transparência são inexistentes ou contornados, e o resultado é um desenvolvimento atrasado ou estagnado.

3.15 O ponto de equilíbrio da corrupção

Nos piores casos, o esquema de corrupção se torna a estrutura de fato da política e da economia. Não é uma corrupção que simplesmente prejudica a governança. É muito mais que isso: a corrupção domina e se torna o sistema, de modo que o Estado é governado por meio da corrupção. Esse sistema gera também um equilíbrio próprio, que é a alta corrupção, baixa prestação de contas e desenvolvimento atrasado ou distorcido. Na visão de Johnston,[305] isso pode ser um estado de coisas persistente, não uma doença em avanço que leva a sociedade à beira do colapso. Em outras palavras, uma vez alcançado esse equilíbrio, é possível que o país permaneça indefinidamente em um estado de estagnação.

---

[304] JOHNSTON, Michael. *Why do so many anti-corruption efforts fail?*, p. 4-8.
[305] *Idem.*

CAPÍTULO 3
CORRUPÇÃO TRANSNACIONAL | 157

Observe-se que essa estagnação não significa completa inércia, não significa que não haverá algum crescimento, pois todos estamos inseridos em um ambiente que de alguma forma evolui, nem que seja pela influência de outros sistemas que nos cercam. A involução não é um estado normal do ser humano e da sociedade na qual ele se insere. O que ocorre nesse estado de estagnação é um obstáculo que impede que seja dada oportunidade ao avanço que deveria naturalmente ocorrer. Então normalmente existe um crescimento, que é imediatamente restringido e limitado pelo flagelo da corrupção, e um novo equilíbrio é novamente encontrado sem que o avanço que antagonizaria a estagnação possa se manifestar na sua plenitude. É mais precisamente uma incapacidade de promover um avanço que conduza ao próximo nível.

3.16 A espiral da corrupção

> *If the corrupt equilibrium prevails, the only solution is a massive effort to shift the system to the 'good' state. The good news, however, is that once the new equilibrium has been established, it will be stable – no ongoing coordination is needed.*[306]

A citação é de Rose-Ackerman, que afirma que *se o equilíbrio corrupto prevalecer, a única solução será um esforço massivo para mudar o sistema para o estado "bom". A boa notícia, porém, é que, uma vez estabelecido o novo equilíbrio, ele ficará estável — nenhuma coordenação contínua é necessária.* Portanto, em determinado momento, o ponto de equilíbrio será encontrado, tanto em um sentido, como o equilíbrio do ambiente corrompido, quanto em outro, o equilíbrio no qual a corrupção é mantida sob controle.

O fator responsável pela criação dessa estabilidade em uma ou outra direção, ou seja, em estabilizar o ambiente como corrompido ou

---

[306] ROSE-ACKERMAN, Susan; PALIFKA, Bonnie J. *Corruption and Government*: Causes, Consequences and Reform. 2. ed. New York: Cambridge University Press, 2016. p. 289.

livre da corrupção, é a espiral da corrupção. Seu conceito é de fácil compreensão: vamos imaginar que parcela da sociedade está comprometida com práticas anticorrupção de forma incondicional e outra parcela está disposta a pagar propina. No meio desses dois extremos está a grande maioria, que observa o que os outros têm feito, pondera os resultados de ambos os comportamentos, analisando as vantagens (benefícios) e as desvantagens (custos), e se comporta de acordo com os resultados que se mostrarem mais vantajosos.

Em um ambiente de corrupção sistêmica ou tolerante à corrupção, a espiral envolverá a parcela da população que está inserida na grande massa e reforçará a tolerância, a naturalidade ou mesmo a impotência diante da corrupção, intensificando esse movimento que torna o ambiente amigável à corrupção. Ao contrário, se o ambiente é intolerante à corrupção, ele será cada vez menos estimulante às práticas corruptas e envolverá cada vez menos pessoas, até que a corrupção se torne uma prática considerada abominável, arriscada, até que muito poucos arrisquem seu engajamento em práticas corruptas.

Esse modelo pode tomar várias formas, por exemplo, uma repartição pública onde apenas uma pequena parcela de funcionários é corrupta. Nesse caso, haverá um interesse da maioria, que não é corrupta, em proteger a imagem da instituição. As ferramentas anticorrupção podem ser utilizadas com sucesso para coletar provas e recursos disponíveis para aplicar a lei e fazer com que os custos da corrupção, como processo, punição, devolução dos ativos ilicitamente obtidos, perda do cargo, tudo isso seja devidamente suportado pelo ofensor, gerando um desincentivo para novos engajamentos nesta prática, movimentando a espiral nesse sentido.

Entretanto, em um ambiente no qual a maioria dos funcionários é corrupta, aqueles que não estão nos extremos (incorruptíveis/corruptos), embora entendam que é errado aceitar propina, acabam se sentindo emboscados no ambiente e no *status quo* do ambiente ao qual pertencem e no qual querem ser aceitos ou precisam conviver. Essa atmosfera incentiva que ou adiram a tal prática ou não sejam uma força contrária, o que também contribui com o movimento da espiral que facilita a difusão da prática pela sua aceitação ou ausência de oposição.

3.17 Síndromes da corrupção: a classificação de Michael Johnston (mercados de influência, cartéis de elite, oligarquias e clãs, magnatas oficiais)

Na sua obra *Síndromes da Corrupção* (2005),[307] Johnston analisa dados estatísticos e estudos de casos para elaborar a classificação que identifica as características dos ambientes atrativos à corrupção e os países que apresentam tais características. O Brasil não é mencionado no estudo, porém, a descrição da forma como se dão as relações entre o setor público e o setor privado deixa claro que o Brasil se enquadra nos cartéis de elite. Fica claro também que os países alocados na primeira e segunda classificações são países que possuem condições de manter a corrupção sob controle ou caminham nesse sentido, enquanto que os incluídos na terceira e quarta classificações estão em situação muito atrasada no que se refere ao fortalecimento institucional, tornando extremamente difícil que sejam adotadas medidas efetivas de enfrentamento da corrupção.

Mercados de influência

Em um ambiente de mercados ativos e bem institucionalizados e políticas democráticas, os altos interesses do setor privado buscam influência sobre decisões de processos específicos dentro de instituições públicas fortes, não apenas subornando funcionários diretamente, mas canalizando recursos para políticos (e também por meio destes políticos) que negociam seu acesso e conexões. O estudo de casos feito por Johnston indica como exemplo os Estados Unidos, o Japão e a Alemanha.

Cartéis de elite

Em um cenário no qual as instituições estatais são apenas moderadamente fortes, as elites coniventes (políticas, burocráticas, empresariais, militares e assim por diante) constroem redes de alto nível compartilhando os benefícios do ambiente de corrupção, e são capazes de impedir a crescente competição política e econômica. Exemplos apresentados foram Itália, Coréia do Sul e Botswana.

---

[307] JOHNSTON, Michael. *Syndromes of Corruption*: Wealth, Power and Democracy, 2005, p. 60-88, 89-111, 120-154, 155-185; JOHNSTON, Michael. *Why do so many anti-corruption efforts fail?*, p. 11.

Oligarquias e clãs

Um pequeno número de elites polêmicas, apoiadas por seguidores pessoais ou familiares, buscam riqueza e poder em um ambiente de instituições muito fracas, expandindo rapidamente oportunidades e insegurança generalizada, usando subornos e conexões onde podem e violência quando necessário. Opositores da corrupção e partidos e políticos dominantes enfrentam grandes riscos e incertezas. A distinção entre os setores público e privado, e entre lealdades e agendas pessoais e oficiais, é muito fraca nessa síndrome. Os estudos de caso incluíram Rússia, Filipinas e México.

Magnatas oficiais

Indivíduos poderosos e pequenos grupos, dominando regimes antidemocráticos ou desfrutando da proteção daqueles que estabelecem esse regime, usam o poder estatal e pessoal (às vezes, uma distinção de pouca importância) para se enriquecerem impunemente. As principais lealdades e fontes de poder são pessoais ou políticas, e não oficiais por natureza. Iniciativas anticorrupção, como a oposição ao regime em geral, são muito fracas. Neste grupo estão a China, o Quênia e a Indonésia de Suharto.

No caso dos Mercados influentes e no dos Cartéis de elite, as instituições estão bem estruturadas ou já alcançaram um significativo desenvolvimento, respectivamente. Nesse contexto, o foco em adotar especificamente mecanismos de controle da corrupção faz todo sentido. Porém, no caso das Oligarquias e clãs e no dos Magnatas do Poder Público, essas estruturas políticas são fracas ou inexistentes, e, neste cenário, a adoção, ou melhor, o transplante, de boas práticas adotadas que evoluíram em outros contextos mais desenvolvidos, nestes grupos específicos de Oligarquias e Magnatas, pode ter um efeito inócuo ou mesmo desastroso.[308]

3.18 Democratização profunda como mecanismo de controle da corrupção

O despertar para a necessidade de prestação de contas com transparência, e seu aprimoramento; o despertar para a instituição do controle e limitação dos chamados poderes oficiais, e seu aprimoramento;

---

[308] JOHNSTON, Michael. *Why do so many anti-corruption efforts fail?*, p. 18.

o fortalecimento das instituições, e seu aprimoramento; os valores morais que fomentam esse despertar são tanto as causas que nos levam ao desenvolvimento de mecanismos de controle da corrupção quanto os efeitos destes mesmos mecanismos, que vão se aprimorando e se fortalecendo. Para que isso ocorra, não é preciso que existam condições ideais de consenso.

Na verdade, a democratização profunda é um processo que é fomentado e aprimorado em um ambiente contencioso. E a manutenção e o aprimoramento da democracia, ou seja, o processo de aprofundamento da democracia, é um processo de luta política prolongada e inconclusiva.[309] Não obstante, uma vez atingidos os primeiros estágios do processo de democratização profunda, torna-se mais difícil a ocorrência de uma dramática ruptura de retrocesso. Esse retrocesso é uma possibilidade cada vez mais remota à medida que esse processo de democratização vai se desenvolvendo, se fortalecendo e aprofundando. A expressão democratização profunda (*deep democratization*) foi sugerida por Johston como essência do controle sustentável da corrupção. Ele explica:

> Essa ideia se baseia nos mesmos tipos de dinâmica participativa e institucional que definem as quatro síndromes discutidas acima. O objetivo é incentivar o desenvolvimento de arenas políticas e econômicas livres, justas e abertamente competitivas, sustentadas e contidas por uma estrutura forte e legítima de instituições estatais, políticas e sociais, nas quais as pessoas possam perseguir seus interesses e se proteger contra abusos. Esse sistema de ordem repousa sobre um equilíbrio dinâmico entre Estado e sociedade, e inclui tanto a política quanto a economia. Limites claros entre domínios públicos e privados são essenciais, mas não podem ser isolados um do outro: a comunicação legítima entre eles é essencial para a prestação de contas, pois cada domínio pode contribuir para a vitalidade e restringir o excesso do outro. A competição e a disputa devem ser vigorosas, abertas em relação aos participantes e à variedade de resultados possíveis, ainda que governadas por regras e instituições legítimas.[310]

É importante ressalvar que a democracia, isoladamente considerada, dificilmente pode reivindicar habilidade exclusiva de controle

---

[309] Na sua obra *Transitions to Democracy: Toward a Dynamic Model*, Dankwart Rustow afirma que a ascensão da democracia exigiu uma luta política prolongada e inconclusiva: "[...] the rise of the democracy required prolonged and inconclusive political struggle."

[310] JOHNSTON, Michael. *Why do so many anti-corruption efforts fail?*, p. 15, em tradução livre.

da corrupção, e isso fica bem ilustrado pela síndrome dos "mercados de influência", onde apesar de termos instituições sólidas com eleições competitivas, instituições abertas, processos de aprimoramento das políticas, fortes liberdades civis e mercados privados vigorosos, ainda assim essas instituições conseguem de alguma forma se arranjar e podem contribuir para criar riscos de corrupção distintos.[311] A democratização profunda requer a existência de interesses reais que estejam em jogo. Princípios e valores desempenham um importante papel, e novos princípios podem surgir como resultado da tensão fomentada por esse embate de forças, e também podem ser refinados de modo a melhor se adequar a esse novo estágio de amadurecimento social.

3.19 Transição para democracia: o modelo dinâmico de Dankwart Rustow

> *A essência da democracia é o hábito de dissensão e conciliação sobre questões em constante mudança e em meio a alinhamentos em constante mudança.*[312]

Na sua obra mais conhecida,[313] Dankwart Rustow, proeminente pesquisador do processo democrático, analisa as condições necessárias para o surgimento da democracia e as características necessárias para que ela prospere. Ele procura reunir em três grupos as principais correntes seguidas por sociólogos e cientistas políticos norte-americanos.[314] O primeiro grupo, liderado por Seymour Martin Lipset, Philips Cutright e outros, afirma que a democracia estável está vinculada a certas condições econômicas e sociais, como alta renda

---

[311] JOHNSTON, Michael. *Why do so many anti-corruption efforts fail?*, p. 11 e 15.

[312] RUSTOW, Dankwart A. Transitions to Democracy: Toward a Dynamic Model. *Comparative Politics*, v. 2, n. 3, p. 28.

[313] RUSTOW, Dankwart A. Transitions to Democracy: Toward a Dynamic Model. *Comparative Politics*, v. 2, n. 3, p. 337-363, Apr. 1970, Published by: Comparative Politics, Ph.D. Programs in Political Science, City University of New York Stable. Disponível em: https://www.jstor.org/stable/421307. Acesso em: 04 abr. 2020.

[314] RUSTOW, Dankwart A. Transitions to Democracy: Toward a Dynamic Model. *Comparative Politics*, v. 2, n. 3, p. 2-3.

CAPÍTULO 3
CORRUPÇÃO TRANSNACIONAL | 163

per capita, alfabetização generalizada e residência urbana predominante. Para esse grupo, a democracia estável surge em um ambiente de mais alto desenvolvimento humano e social.

O segundo grupo reúne uma longa fila de autores, de Walter Bagehot a Ernest Barker, e enfatiza a necessidade de consenso como base da democracia, na forma de uma crença comum em certos fundamentos ou de um consenso processual sobre as regras do jogo, que Barker chama "o consenso em divergir".[315] O terceiro grupo que procura analisar as condições para surgimento da democracia se opõe à teoria do consenso predominante. Nesse terceiro grupo, autores como Carl J. Friedrich, E. E. Schattschneider, Bernard Crick, Ralf Dahrendorf e Arend Lijphart consideram que conflito e reconciliação são essenciais para a democracia.[316]

Existem várias outras importantes teorias que não conseguem ser enquadradas nesses três grupos, podendo ser mencionado como exemplo Robert A. Dahl e sua teoria pluralista da democracia. Dahl e Herbert McClosky, entre outros, argumentam que a estabilidade democrática requer um compromisso com valores ou regras democráticas, não entre o eleitorado em geral, mas entre os políticos profissionais, cada um deles presumivelmente vinculado ao outro por meio de laços efetivos de organização política.[317]

Rustow considera que atualmente é amplamente aceito que a democracia é realmente um processo de acomodação envolvendo uma combinação de divisão e coesão, conflito e consentimento. Sobretudo, e aqui o ponto que consideramos mais relevante para o nosso propósito, a questão mais importante não é mais como um sistema democrático passa a existir, mas como uma democracia supostamente existente é preservada e aprimorada.

---

[315] *The Agreement to Differ.*

[316] Carl J. Friedrich, *The New Belief in the Common Man* (Boston, 1942); E. E. Schattschneider, *The Semi-Sovereign People* (New York, 1960); Bernard Crick, *In Defence of Politics*, rev. ed. (Penguin Books, 1964); Ralf Dahrendorf, *Class and Class Conflict in Industrial Society* (Stanford, 1959); Arend Lijphart, The Politics of Accommodation (Berkeley and Los Angeles, 1968), *in* RUSTOW, Dankwart A. Transitions to Democracy: Toward a Dynamic Model. *Comparative Politics*, v. 2, n. 3, p. 3.

[317] Robert A. Dahl, *Who Governs?* (New Haven, 1961); Herbert McClosky, "Consensus and Ideology in American Politics," *American Political Science Review*, LVIII (Jun. 1964); James W. Prothro and Charles M. Grigg, "Fundamental Principles of Democracy: Bases of Agreement and Disagreement," *Journal of Politics*, XXII (May 1960), *in* RUSTOW, Dankwart A. Transitions to Democracy: Toward a Dynamic Model. *Comparative Politics*, v. 2, n. 3, p. 3.

Por certo, não existe uma fórmula universal que funcione em todos os casos. Assim como a gênese da democracia ou os fatores que a originam não precisam ser geograficamente uniformes (pode haver muitos caminhos para a democracia); não precisam ser temporalmente uniformes (fatores diferentes podem tornar-se cruciais durante fases sucessivas); não precisam ser socialmente uniformes no mesmo local e tempo (as atitudes que a promovem podem não ser as mesmas para os políticos e para os cidadãos comuns),[318] da mesma forma, as condições para preservação e aprimoramento da democracia também variam.

Entretanto, é interessante observar que o mesmo modelo desenvolvido para representar os estágios de transição para a democracia[319] também pode ser acessado para identificar estágios de transição que representam um aprimoramento dentro de um regime democrático já estabelecido. É importante atentar que o processo de transição para a democracia não ocorre subitamente, podendo levar uma geração, que foi um período mínimo considerado necessário, ou décadas, ou até séculos.[320]

Aparentemente, o mesmo ocorre quanto ao processo de transição para a democracia profunda (*deep democracy*), que pode ser mais ou menos demorado, ou nunca acontecer. Entretanto, também parece razoável afirmar que é um processo permanente e ilimitado. É permanente porque a tendência natural da humanidade é evoluir e se superar, embora nem sempre essa tendência natural se realize, como vemos em alguns países que sofreram lamentáveis retrocessos. É ilimitado porque mesmo os mais avançados sistemas existentes podem ser aprimorados, e se considerarmos que, independente do nosso grau de desenvolvimento, o aprimoramento será sempre uma possibilidade, então todos os modelos existentes sempre serão modelos inacabados. O fato de a transição para a democratização profunda ser permanente não impede que seja possível identificar momentos históricos que atuam como

---

[318] RUSTOW, Dankwart A. Transitions to Democracy: Toward a Dynamic Model. *Comparative Politics*, v. 2, n. 3, p. 11.

[319] RUSTOW, Dankwart A. Transitions to Democracy: Toward a Dynamic Model. *Comparative Politics*, v. 2, n. 3, p. 15-23.

[320] Segundo Rustow, o advento da democracia não deve ser entendido como ocorrendo em um único ano. Como o surgimento de novos grupos sociais e a formação de novos hábitos estão envolvidos, uma geração é provavelmente o período mínimo de transição. Nos países que não tinham modelos anteriores para imitar, é provável que a transição tenha ocorrido ainda mais lentamente. Na Grã-Bretanha, por exemplo, pode-se argumentar que começou antes de 1640 e não foi realizado até 1918, *in* "Transitions to Democracy: Toward a Dynamic Model", *Comparative Politics*, v. 2, n. 3, p. 12.

CAPÍTULO 3
CORRUPÇÃO TRANSNACIONAL | 165

gatilho social que criará a tensão e consequentemente o contexto para uma possível e desejável mudança que se traduza em aprimoramento da democracia.

3.20 Quatro fases do modelo dinâmico de Rustow: base antecedente, fase preparatória, fase decisória e fase de acomodação

O modelo dinâmico de transição para a democracia desenvolvido por Dankwart Rustow[321] é dividido em quatro fases:[322] Base Antecedente; Fase Preparatória; Fase Decisória e Fase de Acomodação. A Base Antecedente requer que exista unidade nacional como condição de fundo. Significa simplesmente que a grande maioria dos cidadãos de uma futura democracia não deve ter dúvidas sobre a qual comunidade política pertence. A Fase Preparatória supõe que, contra essa condição única de fundo, o processo dinâmico de democratização seja desencadeado por uma luta política prolongada e inconclusiva. Para atribuir-lhe essas qualidades, os protagonistas devem representar forças bem consolidadas (geralmente classes sociais), e os problemas devem ter um significado profundo para eles. É provável que essa luta comece como resultado do surgimento de uma nova elite que desperta um grupo social deprimido e anteriormente sem liderança em uma ação concertada. No entanto, a composição social específica das forças em disputa, líderes e seguidores, e a natureza específica dos problemas variarão amplamente de um país para o outro e no mesmo país de período para período. Interessante que a democracia normalmente não é o objetivo original ou primário, mas um meio para atingir algum outro fim mais tangível ou surge como subproduto fortuito da luta.[323]

O aspecto mais relevante desta Fase Preparatória é a polarização, e não o pluralismo. Isso porque é mais provável que um país alcance a democracia enfrentando honestamente seus conflitos particulares

---

[321] O modelo baseia-se em grande parte na pesquisa de Rustow sobre a Suécia, um país ocidental que fez a transição para a democracia no período de 1890 a 1920, e da Turquia, um país ocidentalizante onde esse processo começou por volta de 1945 e ainda estava em andamento, em 1970, quando da publicação da obra *Transitions to Democracy: Toward a Dynamic Model*, Comparative Politics, v. 2, n. 3.

[322] RUSTOW, Dankwart A. Transitions to Democracy: Toward a Dynamic Model. *Comparative Politics*, v. 2, n. 3, p. 15-23.

[323] O *insight* é de James Bryce, em seu clássico estudo comparativo *Modern Democracies* (Londres, 1921), v. 2, p. 602, citado por Rustow (p. 18).

e desenvolvendo ou adaptando procedimentos eficazes para sua acomodação. A natureza séria e prolongada da luta provavelmente forçará os protagonistas a se unirem em torno de duas bandeiras, de onde resulta a polarização. Essa combinação delicada implica, é claro, que muitas coisas podem dar errado durante a fase preparatória. A luta pode continuar até os protagonistas se cansarem ou os problemas desaparecerem sem o surgimento de qualquer solução democrática ao longo do caminho. Ou um grupo pode encontrar uma maneira de esmagar os oponentes. Nessas situações, e outras, uma aparente evolução em direção à democracia pode ser desviada e em nenhum momento mais facilmente do que durante a fase preparatória.[324]

Uma vez vencida a Fase Preparatória, o terceiro estágio é a Fase Decisória. Esta fase é a que representa a guinada histórica, a ruptura de uma trajetória e adoção de outra. Nesse modelo de surgimento da democracia, esta fase consegue ser precisamente situada no seu momento histórico[325] e marcada por uma decisão consciente por parte da alta liderança política, como por exemplo a mudança fundamental de poder (da oligarquia para a democracia), ou a adoção do sufrágio.

A Fase de Acomodação é representada na ideia de que uma decisão, uma vez tomada, provavelmente parecerá mais agradável à medida que alguém seja forçado a viver com ela. A democracia, além disso, é por definição um processo competitivo, e essa competição dá uma vantagem àqueles que podem racionalizar seu compromisso com ela, e uma vantagem ainda maior para aqueles que sinceramente acreditam nela.[326]

---

[324] RUSTOW, Dankwart A. Transitions to Democracy: Toward a Dynamic Model. *Comparative Politics*, v. 2, n. 3, p. 20.

[325] Em vez de uma única decisão, pode haver várias. Na Grã-Bretanha, o princípio do governo limitado foi estabelecido no compromisso de 1688, o governo do gabinete evoluiu no século XVIII e a reforma do sufrágio foi lançada em 1832. Mesmo na Suécia, a dramática mudança de 1907 foi seguida pela reforma do sufrágio de 1918, que também confirmou o princípio do governo do gabinete. *In*: Transitions to Democracy: Toward a Dynamic Model. *Comparative Politics*, v. 2, n. 3, p. 20-21.

[326] A transformação do Partido Conservador Sueco de 1918 a 1936 ilustra vividamente o ponto. Depois de duas décadas, os líderes que de má vontade toleraram a democracia ou a aceitaram pragmaticamente se aposentaram ou morreram e foram substituídos por outros que sinceramente acreditavam nela. Da mesma forma, na Turquia há uma mudança notável da liderança de Ismet Inonii, que promoveu a democracia por um senso de dever, e Adnan Menderes, que via nele um veículo sem precedentes para sua ambição, para líderes mais jovens em cada um de seus países. Partidos que entendem mais plenamente a democracia e a abraçam de maneira mais sincera. *In*: Transitions to Democracy: Toward a Dynamic Model. *Comparative Politics*, v. 2, n. 3, p. 23.

Com exceção da primeira fase (base antecedente), as demais fases (preparatória, decisória e acomodatória) podem ser reconhecidas não apenas como estágios para transição para a democracia, mas também como estágios que se apresentam no processo de aprofundamento da democracia (*deep democratization*). Embora seja desejável que essa transição para uma democratização cada vez mais aprimorada (profunda) seja um processo constante, nem sempre essa trajetória de avanço se realiza. Há exemplos de retrocessos.

Além disso, aparentemente a fase preparatória, que *potencialmente* viabiliza o salto, pois vimos que nem sempre esse processo se completa, ela se instala quando ocorre uma polarização, uma divisão social, diferente do pluralismo. Portanto, a polarização, apesar de na prática gerar mais tensão social do que o pluralismo, pavimenta a fase preparatória para a democratização profunda no modelo dinâmico de transição de Rustow.

3.21 O que fazer quando os líderes integram o sistema corrupto?

E se os líderes não quiserem combater a corrupção? E se os líderes não quiserem reformas porque as empresas e a burocracia estão se beneficiando da corrupção organizada? O que pode ser feito nessas circunstâncias? Essas perguntas são feitas no trabalho de Robert Klitgaard para o Simpósio da OCDE sobre Subsídios para Avançar em Anticorrupção; Boas Práticas.[327]

Nesse estudo de caso, realizado sobre o sistema público de saúde de um país cuja identidade não é revelada, é descrita a forma como, a partir da descoberta de um esquema criminoso de desvio de recursos públicos do sistema de saúde, são colocadas em prática ações que criam uma estrutura destinada a dar suporte à manutenção do esquema criminoso, mediante indicações políticas para ocupar posições-chave e decisivas para definir se haverá ou não enfrentamento do desvio de conduta ou perpetuação das práticas corruptas, extensão da rede de beneficiários da corrupção, que passam a unir esforços e fortalecer o grupo pró-corrupção, e incrementam, com apoio político e econômico, o poder do sistema corrompido.

---

[327] KLITGAARD, Robert. What if recipients do not want to fight corruption?. *In: Addressing Corruption Together*, OECD, 2015. p. 71-73.

No caso estudado, a corrupção envolveu uma coalizão formada pelo Presidente, um comitê do Congresso, alguns contratados, alguns nomeados políticos e muitos funcionários do serviço público de saúde. Klitgaard afirma que, quando a corrupção se torna sistêmica, o desafio muda de prevenir a corrupção para subvertê-la. Subverter a corrupção sistêmica é absolutamente desafiador, mas o caminho normalmente vai exigir que estejam colocadas as seguintes condições ou sejam praticadas as seguintes ações:

1) Revelação ao público das informações que o sistema corrupto havia ocultado, com o objetivo de criar pressão da sociedade civil e do setor privado por mudanças;

2) Os políticos tiveram de explicar como eles acumularam riquezas. A partir da revelação de que alguns nomeados políticos receberam propina, como casas ou carros, dentre outros, esses beneficiários foram obrigados a justificar sua riqueza;

3) Esforços bem-sucedidos contra o crime organizado, com o objetivo de atacar a cultura de sigilo entre os criminosos. Medidas como uso de agentes secretos, implantação de vigilância eletrônica e introdução de *insiders* importantes, que possam se tornar testemunhas do Estado, são fundamentais. Criar desconfiança entre os corruptos pode resultar na disponibilização de informações úteis para os interessados em combater a corrupção.

Vê-se que entre as medidas sugeridas por Klitgaard podemos identificar claramente a presença de três aspectos que possuem poderoso impacto contra a corrupção: o primeiro é a transparência, com destaque para a adoção de meios eletrônicos para registro de todas as ações praticadas pelo setor público: nomeações para cargos, licitações, contratos, processos, tudo eletrônico e acessível ao público em ambiente no qual a informação seja disponibilizada de forma amigável. O segundo, interpretação mais restritiva das garantias individuais de ampla defesa quando em jogo o desvio de recursos públicos. Dependendo da interpretação que o princípio da presunção de inocência recebe em diferentes países, pode dificultar significativamente a responsabilização de um agente público por ato de corrupção, ainda que evidente. O caminho que se mostra mais lúcido, quando se trata de desvio de verba pública por agente público, é obrigar tal agente a justificar a riqueza que acumulou e que se revela desproporcional aos rendimentos do cargo público ocupado. Em terceiro lugar, destaque-se a importância da cooperação e utilização de todos os recursos disponíveis para conduzir uma investigação.

PARTE II

EFETIVIDADE PROCESSUAL
AS AÇÕES MAIS PODEROSAS CONTRA CORRUPÇÃO TRANSNACIONAL E A EXPANSÃO DO PRINCÍPIO DA EXTRATERRITORIALIDADE

CAPÍTULO 4

EFETIVIDADE DO SISTEMA CRIMINAL PELO AUMENTO DO CUSTO DO CRIME

> *Corruption is not some esoteric or imaginary crime involving complex behavior. It involves people who, at some level, have calculated that the gains of paying or receiving a bribe outweigh the risks and consequences of getting caught.*[328]

4.1 Relação entre custo e benefício do crime: efeito gangorra

Por natureza, o ser humano é um maximizador dos resultados. Desde os primórdios, nosso cérebro funciona para obter o máximo benefício com o mínimo de esforço. Essa forma de tomar decisões, que no nosso cérebro reptiliano nos levava a escolher os *habitats* que aumentassem nossas chances de sobrevivência, auxiliava o homem das cavernas a escolher sua presa, se esconder ou fugir dos seus potenciais predadores, é o mesmo mecanismo que também entra em funcionamento milhares de vezes quando tomamos nossas decisões do dia a dia, das mais complexas às mais simples.

---

[328] BISTRONG, Richard. *A Frontline View of Anti-Corruption*, nov. 4, 2014, www.forbes.com.

Nosso cérebro utiliza dois diferentes sistemas para tomar decisões: um para decisões automáticas, e outro para decisões refletidas.[329] Tais sistemas entram em ação de forma intercambiável, fazendo com que a compra de um produto da nossa marca preferida seja uma decisão automática, porém, se houver outra marca conhecida com o preço em promoção, isso acionará o mecanismo maximizador dos resultados, no qual o custo passa a ser relacionado aos benefícios (a satisfação proporcionada pelo produto em oferta torna a economia *potencialmente* vantajosa ou desvantajosa?). O potencial da vantagem ou desvantagem desempenha um papel fundamental e se traduz no risco da decisão: quanto mais potencialmente vantajosa seja determinada escolha, maior será a sua probabilidade, ao passo que a desvantagem potencial pode tornar o resultado pouco atrativo.

Ao explicar o declínio da criminalidade nos Estados Unidos entre 1990 e 2001, Robert Cooter citou o estudo feito pelo economista Steven Levitt, que apontou quatro fatores[330] aos quais atribuiu a magnífica redução de aproximadamente 30% do índice de criminalidade, sendo que dois deles estão diretamente relacionados ao que pode ser considerado fatores que representam um aumento do custo do crime para o criminoso,[331] reduzindo, como consequência, a expectativa do benefício que pode ser alcançado com a prática criminosa.

O custo e o benefício do crime são fatores ponderados pelo criminoso e o resultado dessa equação será relevante na decisão de cometer ou não o crime. Haverá estímulo para a prática do crime quando os benefícios superarem os custos, e haverá desestímulo quando os custos representarem um risco potencial que esvazie a utilidade do benefício esperado. Essa análise do custo e do benefício[332] de determinada ação

---

[329] Na sua premiada obra *Rápido e Devagar, Duas Formas de Pensar* (*Thinking, Fast and Slow*), Daniel Kahneman, teórico da economia comportamental, combina economia com ciência cognitiva para explicar o comportamento e o processo mental colocado em ação na gestão de riscos.

[330] COOTER, Robert; ULEN, Thomas. *Introduction to Law and Economics*, 5th (2007). Disponível em: http://works.bepress.com/robert_cooter/56/. Acesso em: 20 dez. 2018. p. 564-565.

[331] BECKER, Gary Stanley. The Cost of Crime, *in Crime and Punishment: an Economic Approach*. Disponível em: https://www.nber.org/chapters/c3625.pdf. Acesso em: 30 dez. 2018.

[332] Cesare Beccaria (1738-1794) foi o primeiro a estabelecer a relação entre o custo e o benefício do crime como fundamental para desestimular o comportamento criminoso, no sentido de que o mal da pena deve exceder o benefício do crime, na sua obra *Dos Delitos e Das Penas* (1764). Essa ideia dá origem à análise da relação entre o custo e o benefício do crime, que é essencial à análise econômica do direito. É justamente na segunda metade do século XVIII que se situam os antecedentes históricos da análise econômica do direito, especialmente pelos escritos de David Hume, Adam Ferguson e Adam Smith.

faz parte do comportamento até intuitivo que adotamos nas escolhas que fazemos na vida.

Como seres racionais, investimos naquilo que nos trará benefícios ou cujo risco, proporcionalmente ao benefício, seja remoto ou vantajoso. Isso ocorre como desdobramento dessa caraterística inata do ser humano que é maximização da utilidade[333] que um resultado pode representar para nós. Os seres racionais buscam obter o benefício máximo das suas ações. Somos, por natureza, maximizadores da utilidade das nossas ações. O criminoso, como qualquer ser humano, também é um maximizador.

O criminoso também calcula a utilidade que terá com a prática do crime. Se planeja roubar, desviar, receber indevidamente determinado valor, ele calcula, em primeiro lugar, a vantagem direta que terá e a compara com a possibilidade de ser pego. O indivíduo fará a ponderação da vantagem (benefício do crime) com as consequências (custo do crime). Se for pego, se a autoria do crime for descoberta, o indivíduo possivelmente perderá o prestígio que possui no seu meio social, na sua família, pode ser abandonado pelo cônjuge e filhos, pode perder seu emprego e ter enorme dificuldade para se restabelecer no mercado de trabalho, pode ser processado, ter de pagar uma multa, e até pode ter de cumprir pena na prisão.

Em um sistema no qual as chances de ser pego são menores, por exemplo, em uma localidade onde somente 10% dos crimes são descobertos, as penas precisam ser maiores, para equilibrar a equação do custo x benefício, fazendo com que o risco de uma pena alta aumente o custo do crime. Caso contrário, o benefício se torna muito vantajoso, diante do baixo índice de punibilidade combinado com a aplicação de uma pena baixa. Portanto, no sistema em que as chances de ser punido são menores, as penas precisam ser mais elevadas do que no sistema onde o percentual de punição é maior.

---

[333] Jeremy Bentham (1748-1832), um dos fundadores do utilitarismo e do pensamento da análise econômica do direito, ao desenvolver a teoria da utilidade, explicitou o que Beccaria havia vislumbrado, no sentido de que a pena é o modo de impor custos à atividade criminosa e impactar os incentivos de uma conduta que se pretende evitar, desestimulando-a. Possivelmente a característica mais relevante na obra de Bentham seja a crença na capacidade do ser humano como maximizador da própria utilidade, tanto a maximização do bem-estar quanto do sofrimento. Na obra *Introduction to the principles of morals and legislation*, Bentham descreve como as penas devem alterar os incentivos para o criminoso, quando pondera o custo e benefício do crime: "Rule 1. The first object, it has been seen, is to prevent, in as far as it is worth while, all sorts of offenses; therefore, the value of the punishment must not less in any case than what is sufficient to outweigh that of the profit of the offense [...]".

É preciso que haja essa coerência, pois, se o percentual de punição é alto e as penas forem altas, como resultado as cadeias ficarão super-lotadas por muito tempo. Caso isso ocorra, é possível que a despesa causada com a manutenção dos presídios lotados (e necessidade de mais investimentos para construção de outros) sacrifique demais o orçamento público e não seja compensatório com o benefício proporcionado aos cidadãos que estão livres, trabalham, pagam impostos, e arcam com as despesas estatais na manutenção e construção desses presídios.

Sabemos que os recursos públicos são limitados. Portanto, maiores investimentos em algum setor necessariamente impactam investimentos em outros setores, que terão seus orçamentos reduzidos como consequência da escolha de prioridades. A escolha de prioridades, portanto, deve sempre considerar a maximização da utilidade de determinada escolha para a sociedade na qual inserida. Até que ponto é vantajoso para uma sociedade arcar com a despesa de manter um criminoso encarcerado? Até quanto o Estado deve gastar para concluir pela absolvição ou condenação de um acusado? Qual a medida em que o investimento estatal no sistema criminal perde sua utilidade (porque o benefício não supera o custo) e se transforma em desperdício de recursos?

Vê-se que o custo do crime pode ser analisado tanto do ponto de vista do criminoso, no momento em que tomará a decisão de cometer ou não o crime, quanto do ponto de vista do Estado, no momento em que desenvolverá sua política pública criminal para induzir, mediante estímulos, determinadas condutas, prevenir, reprimir, e punir a criminalidade sob o ponto de vista da maximização do resultado de controle e redução dos índices de criminalidade com o menor custo social possível, ou seja, sacrificando na menor medida outras prioridades que trariam melhores benefícios ou utilidades a essa sociedade. Encontrar o ponto exato da maximização de uma utilidade está diretamente relacionado à noção de eficiência.

O melhor equilíbrio entre a relação de custo e benefício se traduz na maximização do resultado, ou seja, na identificação do resultado mais eficiente com o menor custo. Sabemos que a eficiência, que é um objetivo perseguido pelo Estado, é alcançada por meio da obtenção do melhor resultado com o menor custo de investimento de recursos, de tempo, de estrutura, possível. A eficiência, mediante maximização da utilidade do resultado e redução dos custos, é um objetivo que é facilitado pelo emprego das ferramentas disponibilizadas pela análise econômica do direito.

A economia é a ciência da escolha racional em um contexto no qual os bens são escassos.[334] As melhores escolhas serão as capazes de maximizar os benefícios esperados. Portanto, a análise econômica do direito, partindo dessas três premissas (o homem é um ser racional, podendo fazer escolhas e projetar o futuro; os bens são escassos; as melhores escolhas necessariamente maximizam o benefício do resultado), subsidia o ser racional de ferramentas que vão ajudar a definir os comportamentos que se objetiva estimular, de modo a obter o máximo benefício com o menor custo social possível.

O Estado precisa ser um maximizador do interesse público. É justamente nesse ponto que o fato de a corrupção haver ganhado dimensão transnacional é um aspecto que favorece seu enfrentamento, ao invés de dificultá-lo, como todos afirmam. No plano transnacional, ainda que um determinado Estado isoladamente considerado não esteja adotando ferramentas que possibilitem essa maximização dos resultados, no momento em que o crime toca também o interesse de outros Estados, esses outros Estados, que já possuem um sistema mais avançado, mais calibrado para maximização dos resultados, vão provocar um efeito benéfico, maximizador, também no âmbito interno daquele Estado mais atrasado que, por incompetência ou ausência de interesse político, não adota ferramentas que elevam o custo do crime no plano doméstico.

Em outras palavras, o efeito maximizador que esse Estado mais atrasado não consegue obter no seu plano doméstico será obtido no plano transnacional, pela ação e pela influência dos Estados mais avançados. Então esse Estado, mais atrasado, apesar de não investir no aprimoramento da eficiência do seu sistema criminal interno, será beneficiado pela eficiência trazida pelos *standards* de conduta estabelecidos no plano internacional por outros países estrangeiros mais desenvolvidos. A maximização dos resultados pode até não acontecer no plano interno, mas, se ela acontecer no plano internacional,

---

[334] "A escassez leva, precisamente, à criação de instituições para enfrentá-la. Tais instituições visam, especialmente, a permitir que cada um se sirva do bem escasso segundo suas necessidades (não desperdiçar) ou adapte suas necessidades à escassez, e estimulam o espírito empreendedor a fim de descobrir novas fontes de aprovisionamento, ou outras formas de exploração dos recursos conhecidos. As duas forças são complementares. [...] Uma coisa se torna escassa quando não há mais quantidade suficiente para que todos que a desejam possam obtê-la à vontade: é preciso escolher entre diferentes usos, ou, o que dá na mesma, regular o uso." MACKAAY, Ejan; ROUSSEAU, Stéphane. *Análise Econômica do Direito*. Tradução de Rachel Sztajn. 2. ed. São Paulo: Atlas, 2015. p. 28-29.

isso também impacta negativamente o benefício esperado do crime, desestimulando sua prática.

A atividade criminosa cometida por criminosos do alto escalão é altamente lucrativa (benefício do crime), assim como a atividade das organizações criminosas transnacionais de modo geral. O Estado não tem como interferir diretamente nesse benefício, porque o crime não é uma atividade regulada pelo Estado. Ou seja, o valor das propinas, das armas, das drogas, não sofre interferência do Estado, pois são atividades ilegais. A única forma de interferir nesse benefício, na vantagem do crime, é mediante interferência no custo do crime.

A relação que existe entre o custo e o benefício do crime é sempre inversamente proporcional e funciona exatamente como uma gangorra, na qual a vantagem do crime (benefício) está em uma ponta, em um extremo da gangorra, e o risco do crime (custo) está no outro extremo. Sempre que se eleva o custo do crime, o benefício do crime vai diminuir, desestimulando sua prática. E o contrário também. Sempre que se eleva o benefício do crime, isso vai impactar o custo, forçando-o para baixo, tornando a atividade criminosa mais atrativa, pois mais alto benefício e mais baixo custo. É um efeito gangorra.

O ambiente transnacional eleva o custo do crime. À medida que os Estados vão aprimorando sua rede de contatos, desenvolvendo mecanismos para compartilhar experiências e trocar informações de forma segura, rápida, eficiente, ademais, criando meios de facilitar a coleta e compartilhamento de evidências, disseminando entre suas autoridades uma cultura de cooperação em *network*, tudo isso vai encurralando os criminosos, porque, quando não são alcançados por um país, são alcançados por outro, que também tem interesse na apuração daquela conduta. A criação de mecanismos de expansão da jurisdição contribui para formar esse cerco que aumenta o custo do crime, tornando cada vez mais remota sua chance de impunidade.

Como resultado, ao se elevar o custo do crime no plano internacional, promove-se com maior enfâse a dissuasão da criminalidade transnacional, estimula-se a livre concorrência e a atuação ética no setor privado e alivia-se a pressão sobre empresas éticas para reduzirem seus padrões ou arriscar perder negócios (um dos efeitos mais prejudiciais causados pela corrupção). Ademais, o dinheiro pode ser recuperado e devolvido aos países e vítimas, o que constitui um efeito positivo para os direitos humanos, que sempre ficam prejudicados quando a corrupção se entranha no setor público.

Em um mundo no qual a criminalidade parece viver sem fronteiras, e as autoridades encarregadas de combatê-la têm sua competência territorialmente limitada, torna-se crucial criar mecanismos que dificultem a atuação criminosa e efetivamente impactem a criminalidade transnacional. Esse movimento, no sentido de aumentar o custo do crime transnacional, é a maior contribuição que o engajamento global no enfrentamento da corrupção tem a dar, não apenas para o plano internacional, mas com efeitos também no plano doméstico dos países.

Quando falamos em aumentar o custo do crime não estamos falando necessariamente em aumentar as penas. Mais importante que uma pena alta é uma pena que seja efetivamente aplicada. Não adianta um sistema prever penas altas e, ao mesmo tempo, conter várias brechas para impedir ou dificultar que essa pena seja efetivamente cumprida. O que realmente torna um sistema criminal efetivo é a certeza da punição. Se houver certeza da punição, a pena nem precisa ser tão alta.

Para países com tradição de sistemas ineficientes, com muitas brechas para impunidade, tal efeito pode ser alcançado mais facilmente no plano internacional, especialmente com a adoção de medidas que estreitem os laços entre autoridades e aprimorem os mecanismos de cooperação internacional e expansão da jurisdição. Quanto mais países estiverem interessados em punir determinado crime transnacional, o risco e o custo do crime são automaticamente elevados. Consequentemente, o benefício do crime é reduzido, na lógica do efeito gangorra. Quanto mais países desenvolverem seus sistemas domésticos buscando abranger condutas e firmar sua competência para investigar, processar e punir a corrupção transnacional, mais arriscada e mais custosa será sua prática, tornando mais remota sua vantagem e o benefício esperado com o crime.

Neste capítulo vamos analisar alguns aspectos que elevam ou reduzem o custo do crime, especialmente nos Estados Unidos e no Brasil. Além da responsabilidade criminal da pessoa jurídica, a interpretação que ambos os países conferem ao princípio da presunção de inocência e ao direito ao silêncio e privilégio contra autoincriminação desempenha um papel-chave que tem impacto na eficiência do sistema criminal como um todo.

4.2 A responsabilidade criminal da pessoa jurídica no sistema norte-americano

No sistema norte-americano a responsabilidade criminal da pessoa jurídica não está prevista em estatuto ou lei federal, mas em princípios que determinam se uma empresa pode ser condenada por um crime. Esses princípios possuem um impacto muito forte na investigação criminal e é importante destacar que os princípios normalmente aplicados no âmbito das Cortes federais dos Estados Unidos diferem consideravelmente das regras e princípios normalmente aplicáveis em outros países e, inclusive, em vários Estados que integram a federação dos Estados Unidos.

Como os estatutos federais norte-americanos não definem regras aplicáveis para enquadramento da responsabilidade criminal das pessoas jurídicas, essas regras acabam sendo definidas como um desenvolvimento dos precedentes do *common law*. O princípio que serve de base para apurar a responsabilidade criminal corporativa é o princípio *respondeat superior*. Não é exatamente um princípio da lei criminal, mas da lei de responsabilidade civil.

A adoção do princípio *respondeat superior* no processo penal tem origem em decisão proferida em 1909 pela Suprema Corte dos Estados Unidos, que considerou que, de acordo com uma lei específica, uma empresa poderia ser condenada por um crime. Essa decisão foi posteriormente aplicada, com pouca análise, aos estatutos criminais federais em geral, mesmo que o estatuto seja totalmente omisso quanto à possibilidade de ser aplicável a empresas, ou seja, mesmo quando o legislador não deixou clara a intenção de aplicabilidade do estatuto a empresas.

Atualmente, o princípio *respondeat superior* é amplamente aplicado em casos criminais, e, de modo geral, considera-se que uma empresa pode ser criminalmente responsável pelos atos de qualquer um de seus agentes que (1) cometer um crime (2) no âmbito da relação de trabalho (3) com a intenção de beneficiar a empresa. E todos os três componentes desta definição têm recebido interpretação ampla.[335]

Vale anotar que relativamente ao item 2 (*scope of employment*), considera-se a autoridade ou representatividade aparente, não a autoridade ou representatividade real. Ou seja, um empregado ou administrador, ainda que agindo fora da esfera de sua autoridade formal, pode vincular a empresa e trazer-lhe responsabilidade, se seu motivo

---

[335] DAVIS, Frederick. *American Criminal Justice* – An Introduction, p. 122-124.

incluir um interesse em beneficiá-la. Como resultado, diferente do que ocorre em outros países, onde se admite a *"compliance defense"*, ou seja, admite-se como defesa a alegação de abuso de função ou violação de *compliance* corporativo, os Estados Unidos em regra não admitem como matéria de defesa a alegação de que o empregado ou agente em questão agiu sem autoridade formal e violando a política ou regras explícitas da empresa,[336] embora solução diversa tenha sido alcançada no caso envolvendo o Banco Morgan Stanley.[337]

É importante enfatizar que a proteção conferida pela Quinta Emenda da Constituição dos Estados Unidos, que protege os indivíduos contra autoincriminação, não recebe interpretação ampla, e não se estende às pessoas jurídicas. Portanto, as empresas podem ser obrigadas, muitas vezes por ordem judicial, a produzir documentos e outras informações que incriminam não apenas a própria empresa, mas também seus diretores e funcionários. Aliás, uma empresa pode ter obrigações formais de divulgação pública que tornam particularmente difícil manter segredo sobre irregularidades que chegam ao seu conhecimento.

Especialmente no âmbito de investigações de crimes transnacionais, eventualmente ocorridos no âmbito de empresas multinacionais, situações nas quais o direito de mais de um país é potencialmente aplicável, surgem várias questões relativas ao tratamento que deve ser dado a esse contexto mais complexo e cada vez mais comum.

A política adotada pelo Departamento de Justiça norte-americano (DOJ), que corresponde ao Ministério Público Federal, é no sentido de não processar automaticamente toda pessoa jurídica que em tese possa ser enquadrada e acusada da prática de crimes, pois, de certa forma, reconhece-se que os limites para enquadramento de uma conduta empresarial como criminosa são bastante flexíveis, e também que

---

[336] Em 1962, um grupo de reflexão influente (mas não oficial), o *American Law Institute*, promulgou um Código Penal Modelo (MPC) para fornecer orientação ao legislador sobre os princípios do direito penal. Na Seção 2.01, o MPC estabelece que uma empresa é responsável apenas por atos "autorizados, solicitados, comandados, realizados ou imprudentemente tolerados pelo conselho de administração ou por um agente de alta administração agindo em nome da empresa". Essa formulação, que é mais alinhada com os princípios adotados por vários países da Europa, nunca foi adotada pelos tribunais federais dos Estados Unidos, sendo seguida por leis ou tribunais norte-americanos em apenas uma minoria dos Estados federados. DAVIS, Frederick. *American Criminal Justice – An Introduction*, p. 122-124.

[337] Disponível em: https://www.justice.gov/opa/pr/former-morgan-stanley-managing-direc tor-pleads-guilty-role-evading-internal-controls-required. Acesso em: 20 out. 2021.

eventual condenação criminal de uma pessoa jurídica pode impactar muito negativamente outros empregados que não tenham qualquer relação com os crimes eventualmente cometidos.

O Departamento de Justiça (DOJ), então, optou por publicar diretrizes[338] que oferecem orientações úteis para empresas e objetivam auxiliar as mesmas na elaboração de programas de *compliance*. Essas diretrizes não têm força vinculante, mas sua adoção reduz o risco de serem criminalmente responsabilizadas por atos dos seus diretores ou empregados, e sofrem frequentes ajustamentos. Na sua mais recente versão, enfatiza-se o foco do DOJ de processar a pessoa física responsável pela má conduta corporativa, e não a pessoa jurídica, especialmente nos casos em que a pessoa jurídica coopera com a promotoria. Isso acaba sendo usado pelos promotores como uma forma de induzir a pessoa jurídica a cooperar com a investigação e produzir provas contra seus próprios diretores e empregados. Portanto, o temor da pessoa jurídica de ser potencialmente responsabilizada criminalmente é utilizado para alavancar sua cooperação.

Como nos Estados Unidos é mais fácil processar empresas e mais difícil defendê-las, se comparado a outros países, o Departamento de Justiça norte-americano tem sido bastante agressivo e normalmente bem-sucedido em processar empresas estrangeiras por violação das leis dos Estados Unidos. Para tanto, frequentemente aproveitando os princípios americanos expansivos de territorialidade.

4.3 A responsabilidade da pessoa jurídica no sistema brasileiro

A responsabilidade criminal da pessoa jurídica no Brasil é prevista somente nos crimes ambientais (Lei nº 9.605/98). Relativamente ao crime de corrupção, o sistema brasileiro não prevê responsabilidade criminal da pessoa jurídica. Porém, a Lei nº 12.846, de 1º de agosto de 2013,[339] conhecida como Lei de Leniência ou *Clean Company Act*, é a primeira lei anticorrupção brasileira prevendo responsabilidade civil das pessoas jurídicas. Ela se aplica às empresas de propósitos negociais

---

[338] *Principles of Federal Prosecution of Business Organizations.* Disponível em: https://www.justice.gov/jm/jm-9-28000-principles-federal-prosecution-business-organizations. Acesso em: 01 maio 2021.

[339] Entrou em vigor 180 dias após sua publicação, ocorrida em 02.08.2013, portanto, em 29.01.2014.

(sociedades empresárias) e às sociedades simples, independentemente do modelo societário adotado, às fundações, associações de entidades ou pessoas, bem como sociedades estrangeiras que tenham sede, filial, ou representação no território brasileiro, constituídas de fato ou de direito, ainda que temporariamente.[340]

Com base na lei de leniência, as pessoas jurídicas mencionadas podem ser responsabilizadas por ilícitos cometidos em seu interesse ou benefício, independentemente da existência ou não de outros beneficiados. A demonstração da responsabilidade da pessoa jurídica fica condicionada somente à comprovação, pelas autoridades, da prática de ato ilegal que caracterize corrupção, independentemente da intenção da empresa ou do funcionário público envolvido na investigação ou denúncia. Em outras palavras, a lei prevê responsabilidade objetiva nos âmbitos administrativo e civil, conforme expressamente previsto no artigo 2º.

O baixo grau de exigência para fins de deflagrar uma ação com base nessa lei foi uma estratégia utilizada para estimular ações de reparação contra empresas envolvidas em prática de atos de corrupção. Pessoas físicas não são abarcadas pelas condutas previstas nessa lei, apenas pessoas jurídicas. A responsabilização de pessoas físicas por ato de corrupção não é objetiva, ou seja, depende de prova da sua culpabilidade, da sua consciência e intenção de cometer o ato de corrupção. Enquanto a responsabilidade da pessoa física é subjetiva, a responsabilidade da pessoa jurídica por atos de corrupção é objetiva.

A Lei de Leniência prevê a responsabilização da pessoa jurídica por atos que atentem contra o patrimônio público nacional ou estrangeiro, contra os princípios da administração pública ou compromissos internacionais assumidos pelo Brasil e que consistam em:

> I – prometer, oferecer ou dar, direta ou indiretamente, vantagem indevida a agente público, ou a terceira pessoa a ele relacionada;
>
> II – comprovadamente, financiar, custear, patrocinar ou de qualquer modo subvencionar a prática dos atos ilícitos previstos nesta Lei;
>
> III – comprovadamente, utilizar-se de interposta pessoa física ou jurídica para ocultar ou dissimular seus reais interesses ou a identidade dos beneficiários dos atos praticados;
>
> IV – no tocante a licitações e contratos:

---

[340] Art. 1º da Lei nº 12.846/13.

a) frustrar ou fraudar, mediante ajuste, combinação ou qualquer outro expediente, o caráter competitivo de procedimento licitatório público;

b) impedir, perturbar ou fraudar a realização de qualquer ato de procedimento licitatório público;

c) afastar ou procurar afastar licitante, por meio de fraude ou oferecimento de vantagem de qualquer tipo;

d) fraudar licitação pública ou contrato dela decorrente;

e) criar, de modo fraudulento ou irregular, pessoa jurídica para participar de licitação pública ou celebrar contrato administrativo;

f) obter vantagem ou benefício indevido, de modo fraudulento, de modificações ou prorrogações de contratos celebrados com a administração pública, sem autorização em lei, no ato convocatório da licitação pública ou nos respectivos instrumentos contratuais; ou

g) manipular ou fraudar o equilíbrio econômico-financeiro dos contratos celebrados com a administração pública;

V – dificultar atividade de investigação ou fiscalização de órgãos, entidades ou agentes públicos, ou intervir em sua atuação, inclusive no âmbito das agências reguladoras e dos órgãos de fiscalização do sistema financeiro nacional.[341]

Merece especial destaque o inciso IV, que trata dos atos de corrupção praticados no âmbito das licitações e contratos, ou seja, onde a corrupção ocorre com maior frequência.

A multa administrativa foi fixada abstratamente no valor de 0,1% (um décimo por cento) a 20% (vinte por cento) do faturamento bruto do último exercício anterior à instauração de processo administrativo, podendo tal valor ser substituído pelo limite de R$6.000,00 (seis mil reais) a R$60.000.000,00 (sessenta milhões de reais). No âmbito administrativo, a instauração e o julgamento do processo cabem à autoridade máxima do órgão do Poder ao qual vinculado o ato, podendo ser delegada tal atribuição.

A Lei de Leniência estabelece a competência da Controladoria-Geral da União (CGU) para apuração, processo e julgamento dos ilícitos ali previstos quando envolver funcionário público estrangeiro, nos moldes previstos na Convenção da OCDE sobre Combate da Corrupção de Funcionários Públicos Estrangeiros em Transações Comerciais Internacionais.[342]

---

[341] Art. 5º da Lei nº 12.846/2013.

[342] *OCDE Anti-Bribery Convention*, promulgada entre nós pelo Decreto nº 3.678/2000.

CAPÍTULO 4
EFETIVIDADE DO SISTEMA CRIMINAL PELO AUMENTO DO CUSTO DO CRIME | 185

Cabe à autoridade máxima de cada órgão formalizar o acordo de leniência sempre que as pessoas jurídicas responsáveis pelos atos de corrupção colaborarem com as investigações e o processo administrativo. Porém, essa colaboração está condicionada a um resultado, que deve consistir em identificação dos demais envolvidos, obtenção mais célere de informações e documentos comprobatórios dos ilícitos, e, cumulativamente, a pessoa jurídica deve ser a primeira a manifestar seu interesse em cooperar para apuração do ilícito, devendo cessar completamente seu envolvimento no ilícito a partir da data de propositura do acordo, e também deverá admitir sua participação no ilícito e cooperar plena e completamente com as investigações e apurações administrativas.

A Lei de Leniência possui vários aspectos estratégicos. Além da responsabilidade objetiva da pessoa jurídica, também prevê como condição para ser aceito para acordo de leniência que a pessoa jurídica seja a primeira a manifestar seu interesse em colaborar. Isso deflagra um estímulo interessante que pode ser analisado à luz da teoria dos jogos (*game theory*). A teoria dos jogos[343] aplicada ao processo analisa o comportamento estratégico[344] das opções de colaborar ou permanecer em silêncio a partir do denominado "dilema dos prisioneiros", que durante as investigações podem colaborar, obtendo benefício maior e aumentando a pena dos coautores, ou podem permanecer silentes, e correrem o risco de terem sua pena aumentada pela colaboração do seu comparsa no crime. O aspecto mais importante do dilema dos prisioneiros está no fato de que um prisioneiro não sabe qual será a atitude do outro.

---

[343] A teoria dos jogos pode ser entendida como o meio formal de modelagem da interação estratégica. Essa teoria foi desenvolvida por John von Neumann e por Oskar Morgenstern, na obra *Theory of Games and Economic Behavior*, 1944. Para que se caracterize um jogo, devem estar presentes três elementos: os jogadores; as estratégias de cada jogador; os denominados *payoffs*, que são os ganhos ou retornos de cada jogador para cada estratégia. ULEN, Thomas; COOTER, Robert. *Direito & Economia*. 5. ed. Porto Alegre: Bookman, 2010. p. 56; BAIRD, Douglas G.; GERTNER, Robert H.; PICKER, Randal C. *Game Theory and The Law*. US: Harvard University Press, 1998; RAUHUT, Heiko. *Game Theory, Contribution to "The Oxford Handbook on Offender Decision Making"*. Disponível em: https://www.suz.uzh.ch/dam/jcr:ce4217d7-c808-40a1-ac1a-82cc3c5bf6b7/Rauhut_GameTheory_OxfordHandbook.pdf. Acesso em: 20 dez. 2018.

[344] "Strategic behavior arises when two or more individuals interact and each individual's decision turns on what that individual expects the others to do. Legal scholars have long recognized the need to take account of strategic behavior." BAIRD, Douglas G.; GERTNER, Robert H.; PICKER, Randal C. *Game Theory and The Law*. US: Harvard University Press, 1998. p. 7.

Portanto, quando a Lei de Leniência estabelece a prioridade para fazer o acordo com o primeiro que chegar com a informação e a intenção de colaborar, isso representa uma escassez, que desperta um gatilho comportamental, e cria um estímulo para a pessoa colaborar com as investigações, sob pena de, além de não ser beneficiada pelo acordo de leniência, também ser prejudicada pelo acordo eventualmente formalizado com outra pessoa jurídica integrante do grupo criminoso. É necessário ter presente que não existe intuito de prejudicar a pessoa jurídica na sua atividade, pois isso provoca um efeito indesejável no mercado de trabalho e na cadeia produtiva. O interesse que existe é em estimular ações que cessem a prática criminosa e promovam a entrega das informações da forma mais facilitada às autoridades.

Embora no sistema brasileiro não exista responsabilização penal da pessoa jurídica, a Lei de Leniência disponibiliza ferramentas que viabilizam a resolução eficiente de questões relacionadas à corrupção.

4.4 O princípio da presunção de inocência

4.4.1 Princípio da presunção de inocência nas convenções internacionais

O princípio da presunção de inocência é um direito fundamental protegido nos mais relevantes estatutos internacionais de defesa dos direitos humanos, como a Declaração Universal dos Direitos Humanos,[345] a Convenção Americana sobre Direitos Humanos,[346] e a Convenção

---

[345] Artigo 11 (1) da Declaração Universal dos Direitos Humanos: 1. Toda a pessoa acusada de um acto delituoso presume-se inocente até que a sua culpabilidade fique legalmente provada no decurso de um processo público em que todas as garantias necessárias de defesa lhe sejam asseguradas.

[346] Artigo 8 (2) da Convenção Americana sobre Direitos Humanos: Toda pessoa acusada de delito tem direito a que se presuma sua inocência enquanto não se comprove legalmente sua culpa. Durante o processo, toda pessoa tem direito, em plena igualdade, às seguintes garantias mínimas: a. direito do acusado de ser assistido gratuitamente por tradutor ou intérprete, se não compreender ou não falar o idioma do juízo ou tribunal; b. comunicação prévia e pormenorizada ao acusado da acusação formulada; c. concessão ao acusado do tempo e dos meios adequados para a preparação de sua defesa; d. direito do acusado de defender-se pessoalmente ou de ser assistido por um defensor de sua escolha e de comunicar-se, livremente e em particular, com seu defensor; e. direito irrenunciável de ser assistido por um defensor proporcionado pelo Estado, remunerado ou não, segundo a legislação interna, se o acusado não se defender ele próprio nem nomear defensor dentro do prazo estabelecido pela lei; f. direito da defesa de inquirir as testemunhas presentes no tribunal e de obter o comparecimento, como testemunhas ou peritos, de outras pessoas que possam lançar luz sobre os fatos; g. direito de não ser obrigado a depor contra si mesma, nem a declarar-se culpada; h. direito de recorrer da sentença para juiz ou tribunal superior.

Europeia sobre Direitos Humanos.[347] Com base nesse princípio, a pessoa acusada é presumidamente inocente enquanto sua culpabilidade não for comprovada. Como desdobramento do princípio da presunção de inocência, considera-se que a acusação tem o ônus da prova da culpa do acusado, embora essa literalidade não seja encontrada nos diplomas internacionais que, repetindo, asseveram que a pessoa acusada se presume inocente enquanto sua culpabilidade não ficar legalmente provada, em um processo justo, com garantias de defesa e duplo grau de recurso. Portanto, em nível de diplomas internacionais, não existe vedação a que a legislação de um país preveja a inversão do ônus da prova em hipóteses específicas.

4.4.2 Princípio da presunção de inocência no *common law* e no *civil law*

A presunção de inocência é princípio basilar, tanto no âmbito doméstico quanto no âmbito internacional, previsto nos mais importantes tratados, sendo considerado um princípio universal. Sua aplicação e alcance, todavia, variam consideravelmente dependendo do país, com efeitos que impactam decisivamente a efetividade de um sistema jurídico. Embora não seja possível abordar todas as suas *nuances* e interpretações, é fundamental, ao menos, entender a relevante distinção na estrutura e aplicação deste princípio nos países que possuem sua origem na tradição do *common law* em contraste com a tradição do *civil law* dos países da Europa continental. Essa distinção está diretamente ligada à estrutura do processo em ambas as tradições.

Em uma frase, podemos afirmar que enquanto o modelo do *common law*, especialmente o norte-americano, possui uma cultura mais voltada a assegurar os direitos do inocente, o *civil law* está mais preocupado em assegurar direitos ao culpado, como forma de evitar que seja excessivamente punido. Os dois modelos trazem contribuições valiosas um para o outro, o primeiro tornando o processo mais objetivo, e o segundo tornando o processo mais humano. A marcante diferença que existe no princípio da inocência em uma e outra tradição fica mais clara a partir do contraste da ideia subjacente que estrutura cada um dos sistemas de justiça.[348]

---

[347] Artigo 6 (2) da Convenção Europeia sobre Direitos Humanos: 2. Qualquer pessoa acusada de uma infracção presume-se inocente enquanto a sua culpabilidade não tiver sido legalmente provada.

[348] PACKER, Herbert L. Two Models of the Criminal Process, 113 U. PA. L. REV. 1, 13 (1964).

Para a tradição do *common law*, o maior perigo que um sistema criminal representa e que deve ser a todo custo evitado é o risco de uma pessoa inocente ser investigada, presa, processada e condenada. Para evitar esse grave risco, esse sistema de justiça tem seu foco em impedir que sejam instauradas investigações abusivas e julgamentos sem embasamento, tendenciosos, ou conduzidos por juízes ou jurados parciais ou injustos, pois isso atentaria gravemente contra a garantia fundamental de liberdade das pessoas. Com este foco, com o objetivo de evitar o que seria uma grave injustiça e atentaria seriamente contra a liberdade e privacidade das pessoas, esse sistema de justiça prevê filtros que dificultam que uma investigação seja iniciada e que uma acusação seja aceita contra uma pessoa.

Também são criados obstáculos para que as provas sejam aceitas no processo e uma série de regras que visam a evitar que a acusação possa influenciar a decisão do júri. Nesse sistema, pessoas que estão sendo investigadas ou acusadas de crimes dispõem de ampla proteção, pois, enquanto investigadas ou acusadas, são presumidamente inocentes, e cabe ao Estado provar o contrário. Entretanto, uma vez que a pessoa é condenada, cessam as garantias inerentes à presunção de inocência, já que, como é intuitivo, protege os direitos do inocente, não daquele já pronunciado culpado.

Em contraste com essa estrutura de sistema criminal, temos o modelo do *civil law*. Nele, o maior risco que se visa a evitar é que a pessoa condenada seja punida excessivamente pelo Estado. Nesse modelo de justiça, investigadores, juízes e promotores são profissionais considerados altamente confiáveis, não havendo uma preocupação demasiada do sistema jurídico em criar maiores obstáculos para que uma investigação seja iniciada ou uma acusação seja aceita. Tanto para a investigação quanto para a acusação, vigora o princípio segundo o qual, em havendo dúvida, decide-se em favor da sociedade (*in dubio pro societate*).

Em outras palavras, se com base em indícios uma pessoa está sendo investigada ou acusada de crime, a investigação e o processo devem prosseguir. Haveria aqui uma presunção de culpa.[349] Entretanto, este modelo não deixa a pessoa desamparada, pois, embora por um

---

[349] Há quem afirme que, no sistema continental, uma vez deflagrada a investigação ou recebida a denúncia, o investigado ou acusado neste modelo de justiça é, a princípio, considerado culpado. WHITMAN, James Q. Presumption of Innocence or Presumption of Mercy?: Weighting Two Western Modes of Justice. *Texas Law Review*, v. 94, p. 935.

lado confira menor proteção ao inocente que está sendo investigado ou acusado de crime, por outro, faz a compensação no momento seguinte, ao criar um sistema abrangente de proteção àquele que for declarado culpado, cercando de garantias que teriam o objetivo de impedir que seja excessivamente punido pelo sistema criminal.

Embora seja referido como princípio da presunção de inocência, a rigor, a questão da inocência já ficou superada pela condenação judicial. Existe uma grave contradição, uma impossibilidade lógica de a pessoa que já foi declarada culpada no processo judicial ser, ao mesmo tempo, presumidamente inocente. Por tal motivo, a presunção de inocência no modelo do *civil law* foi referida, com muita precisão, como presunção de misericórdia.[350] Aliás, a expressão "presunção de misericórdia" parece bastante alinhada com a clássica definição de Mirjan Damaska de que, no modelo continental, a justiça assume a estrutura hierárquica de autoridade e haveria uma obrigação paternalística de proteger o acusado.

Antes de avançar, é importante destacar que, na origem histórica, a presunção de inocência surge na tradição continental em torno de 1300,[351] quando foi elaborada a clássica fórmula "toda pessoa será considerada inocente até que seja provada culpada". Na tradição do *commom law* anglo-saxão, a Carta Magna inglesa de 1215 previa que nenhum homem livre será tomado, preso ou privado de seus bens ou liberdade ou condenado, salvo por julgamento conforme a lei.[352] E, na tradição do *common law* anglo-americano, a presunção de inocência foi reconhecida pela Suprema Corte dos Estados Unidos em 1895.[353]

O primeiro modelo, orientado pela presunção de inocência propriamente dita, enquanto ainda não sobreveio condenação judicial e que cessa com o veredicto de condenação – independente do direito ao duplo grau de recurso — é adotado especialmente nos Estados Unidos. O outro modelo, também fazendo referência à presunção de inocência, mas no qual identificamos uma contradição em termos quando existe

---

[350] A expressão foi cunhada por James Q. Whitman, no artigo "Presumption of Innocence or Presumption of Mercy?: Weighting Two Western Modes of Justice" (*Texas Law Review*, v. 94).

[351] Kenneth Pennington, Innocent Until Proven Guilty: The Origins of a Legal Maxim, 63 JURIST 106, 109, 112 (2003).

[352] "No freeman shall be taken, or imprisoned, or be disseised of his freehold, or liberties, or free customs, or be outlawed or exiled, or any otherwise destroyed; nor will we not pass upon him, nor condemn him, but by lawful judgment of his peers, or by the law of the land".

[353] Coffin v. United States, 156 US 432, 452-53 (1895).

prévia condenação, é identificado nos países de tradição inquisitorial do *civil law*.

Embora o modelo anglo-americano soe mais coerente, não podemos deixar de reconhecer que a tendência de associar o interesse do sistema criminal, e a justiça deste sistema, à proteção do inocente — e não do culpado — acabou produzindo como resultado nos Estados Unidos uma cultura de sistema punitivo bastante severo, e que possivelmente poderia ser melhor equacionado se estivesse aberto para absorver um pouco da cultura do sistema inquisitorial — com maior interferência do julgador — e do que foi chamado presunção de misericórdia.[354]

A título de exemplo, no modelo do sistema adversarial do *commom law*, durante a fase de provas, existe uma ênfase tão marcante na proteção de tudo que estaria abarcado pelo devido processo legal, que, não raro, evidências são suprimidas e excluídas mesmo ao custo de resultar em um processo desprovido da verdade.[355] O contraponto do processo inquisitorial continental, a busca da verdade, oferece mais resistência para sacrificar evidências em nome de garantias inerentes ao devido processo legal, pois tem a busca da verdade como valor maior a ser perseguido.

É o clássico embate que existe entre as duas tradições, direitos (do modelo adversarial) *versus* verdade (do modelo inquisitorial), sendo certo que não significa que o modelo adversarial não se preocupe com a apuração da verdade ou que o inquisitorial não reverencie o devido processo legal.

No final das contas, não existe uma verdade real, como normalmente se refere ao princípio no *civil law*, mas somente uma verdade processual, ou seja, o que conseguiu ficar provado no processo, em ambos os sistemas. O fundamental é compreender que, independentemente das diferenças que possam ter quando comparadas entre si e sua evolução, em qualquer tradição o princípio da inocência consiste em um elementar princípio de justiça segundo o qual o acusador deve provar suas alegações e o acusado tem direito de ser considerado inocente no intervalo entre a acusação e o julgamento.[356]

---

[354] WHITMAN, James Q. Presumption of Innocence or Presumption of Mercy?: Weighting Two Western Modes of Justice. *Texas Law Review*, v. 94, p. 935, visitado em 22.02.2021.

[355] William T. Pizzi, Trials Without Truth 25 (1999).

[356] QUINTARD-MORÉNAS, François. The Presumption of Innocence in the French and Anglo-American Legal Traditions. *The American Journal of Comparative Law*, v. 58, n.1 (winter 2010), p. 110.

4.4.3 A presunção de inocência no Brasil

À parte do que se compreende por princípio da inocência no *common law*, no *civil law*, e em todas as convenções internacionais, existe o que se entende por presunção de inocência no direito brasileiro, que é diferente de todo o resto. No Brasil, em determinados momentos, a leitura que é feita do princípio da presunção de inocência ganha uma extensão e uma dimensão que vão muito além do alcance que lhe é dado na Declaração Universal dos Direitos Humanos,[357] na Convenção Americana sobre Direitos Humanos,[358] Convenção Europeia sobre Direitos Humanos,[359] e na concepção clássica das tradições do *civil law* e *common law*, nas quais o acusado tem direito de ser considerado inocente até que seja reconhecida sua culpa, quando cessa a presunção.

À exceção do Brasil, nos demais fóruns, o fato de a culpa ser reconhecida por uma sentença condenatória recorrível, ou seja, contra a qual cabe recurso, não é considerado um argumento forte o suficiente para dar sobrevida à presunção de inocência, diante da existência de um pronunciamento judicial reconhecendo a existência de culpa, ainda que em sentença recorrível, pois esse pronunciamento conflitaria com a presunção de inocência, que cede perante o pronunciamento judicial em sentido contrário.

---

[357] Artigo 11 (1) da Declaração Universal dos Direitos Humanos: 1. Toda a pessoa acusada de um acto delituoso presume-se inocente até que a sua culpabilidade fique legalmente provada no decurso de um processo público em que todas as garantias necessárias de defesa lhe sejam asseguradas.

[358] Artigo 8 (2) da Convenção Americana sobre Direitos Humanos: Toda pessoa acusada de delito tem direito a que se presuma sua inocência enquanto não se comprove legalmente sua culpa. Durante o processo, toda pessoa tem direito, em plena igualdade, às seguintes garantias mínimas: a. direito do acusado de ser assistido gratuitamente por tradutor ou intérprete, se não compreender ou não falar o idioma do juízo ou tribunal; b. comunicação prévia e pormenorizada ao acusado da acusação formulada; c. concessão ao acusado do tempo e dos meios adequados para a preparação de sua defesa; d. direito do acusado de defender-se pessoalmente ou de ser assistido por um defensor de sua escolha e de comunicar-se, livremente e em particular, com seu defensor; e. direito irrenunciável de ser assistido por um defensor proporcionado pelo Estado, remunerado ou não, segundo a legislação interna, se o acusado não se defender ele próprio nem nomear defensor dentro do prazo estabelecido pela lei; f. direito da defesa de inquirir as testemunhas presentes no tribunal e de obter o comparecimento, como testemunhas ou peritos, de outras pessoas que possam lançar luz sobre os fatos; g. direito de não ser obrigado a depor contra si mesma, nem a declarar-se culpada; h. direito de recorrer da sentença para juiz ou tribunal superior.

[359] Artigo 6 (2) da Convenção Europeia sobre Direitos Humanos: 2. Qualquer pessoa acusada de uma infracção presume-se inocente enquanto a sua culpabilidade não tiver sido legalmente provada.

A característica das presunções é dispensar a exigência de prova no mesmo sentido da presunção. Se algo é presumido, não precisa ser provado. As presunções podem ser absolutas ou relativas. São absolutas quando não admitem prova em contrário, como no caso do crime de estupro de vulnerável,[360] que consiste em ter conjunção carnal ou praticar ato libidinoso com menor de 14 anos. Presentes as premissas conjunção carnal ou ato libidinoso e menor de 14 anos, o Código Penal estabelece uma presunção absoluta de que houve estupro, sendo irrelevante eventual consentimento da vítima para prática do ato, sua experiência sexual anterior, ou existência de relacionamento amoroso com o agente.[361] Todas as alegações que poderiam ser feitas na defesa do agente são desconsideradas, pois a lei estabelece uma presunção absoluta.

As presunções relativas admitem que seja produzida prova que contrarie a presunção, e nesse caso a presunção deixa de existir. A presunção de inocência é uma presunção relativa, pois admite prova em contrário. Se, após percorrida toda a fase de instrução probatória do processo, a prova produzida levar à conclusão no sentido da existência de culpa do acusado, a presunção de inocência deixa de existir, pois uma pessoa não pode ser culpada e inocente ao mesmo tempo.

Como regra geral, o princípio da presunção de inocência consiste em assegurar ao acusado todos os meios legítimos de produzir sua defesa durante a fase de instrução processual, assegurando seu *status* de inocente no intervalo que abrange desde o início das investigações até o julgamento. Essa regra geral é aplicada em todos os sistemas que conhecemos, exceto no sistema brasileiro (em alguns determinados momentos), onde a presunção de inocência subsiste mesmo após o julgamento e condenação do acusado, inclusive em Segunda Instância, aliás, em qualquer instância enquanto couber recurso.

No sistema brasileiro, a Constituição de 1988 estabeleceu que "ninguém será considerado culpado até o trânsito em julgado da sentença penal condenatória".[362] Se tivéssemos que eleger a regra cuja interpretação literal possui o efeito mais deletério sobre todo o sistema, seria a presunção de inocência como prevista na Constituição de 1988. Foi a primeira vez que uma Constituição brasileira previu o princípio

---

[360] Art. 217-A do Código Penal.
[361] Súmula nº 593 do Superior Tribunal de Justiça.
[362] Art. 5º, LVII.

CAPÍTULO 4
EFETIVIDADE DO SISTEMA CRIMINAL PELO AUMENTO DO CUSTO DO CRIME | 193

da presunção de inocência. Nas constituições anteriores[363] havia previsão da ampla defesa, do direito ao contraditório, e de somente ser preso por ordem escrita de autoridade competente, salvo em caso de flagrante delito.

A Constituição de 1988 acolheu o princípio da presunção de inocência, que já havia sido adotado na Declaração Universal dos Direitos Humanos, de 1948, que foi a base para dois outros importantes tratados internacionais das Nações Unidas, que são o Pacto Internacional dos Direitos Civis e Políticos e o Pacto Internacional sobre Direitos Econômicos, Sociais e Culturais. Os três juntos (a declaração e os dois tratados) formam a Carta Internacional dos Direitos Humanos da ONU.

O essencial para o nosso propósito é destacar que o princípio da presunção de inocência conforme previsto na Constituição brasileira, ao estabelecer que ninguém será considerado culpado até o trânsito em julgado da sentença penal condenatória, estabelece um marco temporal que ultrapassa o limite lógico acolhido em todos os tratados e ordenamentos jurídicos que conhecemos, para continuar presumindo inocente a pessoa que já foi julgada culpada pelo órgão judicial competente enquanto a sentença condenatória não transitar em julgado, ou seja, enquanto ainda couber recurso contra sentença.

Para uma pessoa ser condenada no sistema brasileiro, ela percorreu, primeiro, uma fase de investigação criminal (Inquérito Policial), depois foi oferecida uma denúncia e essa denúncia foi recebida pelo órgão judicial. Para que uma denúncia seja recebida, o julgador analisa as provas produzidas na fase de investigação, e reconhece a presença de indícios da autoria e da materialidade do crime. Recebida a denúncia, o acusado passa a ser réu no processo, ou seja, inicia-se uma nova fase na qual a relação processual se completa com a presença de um órgão julgador competente, um órgão de acusação e um réu, e a Ação Penal está devidamente instaurada.

Nessa fase processual, o réu é primeiro chamado a apresentar sua defesa contra a acusação, ocasião na qual o juiz reexamina, à luz dos argumentos trazidos pelo réu, se a denúncia foi regularmente recebida. Nessa etapa o réu pode ser absolvido sumariamente. Caso mantido o recebimento da denúncia, tem início a fase de instrução probatória, na qual o réu apresentará sua defesa propriamente dita, com as provas

---

[363] O estatuto dos direitos dos acusados está previsto na Constituição de 1946 no art. 141, §§25 a 31; na Constituição de 1967 no art. 150, §§11 a 16; e na Constituição/Emenda de 1969 no art. 153, §§11 a 16.

que pretende produzir. A instrução probatória é a fase mais alongada do processo, na qual são feitas diligências, perícias complementares às realizadas na fase do Inquérito Policial, ouvidas testemunhas em audiência, e o réu também é ouvido em seu interrogatório, que é considerado meio de defesa pelo qual o réu apresenta diretamente ao juiz sua versão dos fatos.

O interrogatório do réu é a última etapa da fase de produção de provas propriamente dita. Ao final, é aberta nova oportunidade para algum requerimento das partes, para sanar alguma questão que tenha surgido durante a audiência de instrução, alguma informação trazida por alguma testemunha ou pelo próprio réu que precise ser apurada. Depois de sanadas as dúvidas, ou caso não haja requerimentos das partes, é aberta a fase de alegações finais, quando as partes apresentam seus últimos argumentos sobre tudo que se passou no processo e pedem condenação ou absolvição.

Somente então o processo está maduro para ser julgado. Todas as fases precedentes são realizadas à luz da ampla defesa e do contraditório, ou seja, o acusado tem direito de produzir todos os meios legítimos para provar sua inocência e tem direito a se manifestar sobre todos os pontos levantados no processo. E durante todo o processo é permitido o uso de recursos para a instância superior, com o objetivo de impedir alguma decisão que possa prejudicar o réu injustamente. O sistema brasileiro é bastante generoso ao disponibilizar recursos interlocutórios. Ademais ainda que não exista previsão de um recurso específico contra determinada decisão, em processo penal sempre caberá *habeas corpus* em casos graves. Depois que as partes apresentaram suas alegações finais, o processo está pronto para julgamento.

No julgamento do caso, ao proferir a sentença, o juiz deve se manifestar sobre todos os aspectos relevantes para sua decisão, esclarecendo detalhadamente por que entende que o crime aconteceu e por que entende que o réu é ou não culpado pelo crime do qual está sendo acusado. Essa análise é feita conforme parâmetros técnicos definidos na lei processual, que exigem a análise da tipicidade da conduta, sua antijuricidade e a culpabilidade do agente, que inclui análise da sua imputabilidade, consciência da ilicitude e exigibilidade de conduta conforme o direito naquele caso específico. Ainda que existam vários réus no mesmo processo e pelos mesmos fatos, a conduta de cada um deve ser analisada individualmente.

Todas essas fases do processo estão previstas no Código de Processo Penal, e sua descrição de forma bem objetiva tem o fito exclusivo de expor a trajetória que a lei processual penal vigente no país estabeleceu para que um processo fique maduro para ser julgado, as fases necessárias que deve percorrer desde o seu início até o julgamento. O intuito do julgamento é definir se o réu é culpado ou inocente. Portanto, existe um procedimento todo disciplinado na lei processual penal para essa trajetória ao ponto culminante do processo, que é o julgamento.

Em todas as convenções internacionais e ordenamentos jurídicos que conhecemos, uma vez percorrida a trajetória e chegada a fase do julgamento, a condenação do réu se sobrepõe à presunção de inocência, por razões de ordem lógica. Em todos os sistemas, exceto atualmente no Brasil, uma vez condenado, cessa a presunção de inocência, embora ainda possa recorrer contra decisão condenatória. Pela lógica de uma interpretação sistemática, do sistema como um todo, se subsiste alguma presunção nesta fase após sentença condenatória, é presunção de culpabilidade, conforme afirmado na sentença, e não presunção de inocência, que é uma presunção que assiste às pessoas não condenadas.

Nos estatutos internacionais a presunção de inocência estabelece, basicamente, que ninguém será considerado culpado enquanto é investigado, processado, e até que sua culpa seja reconhecida no julgamento. A Declaração Universal dos Direitos Humanos, artigo 11 (1), estabelece que "Toda a pessoa acusada de um ato delituoso presume-se inocente até que a sua culpabilidade fique legalmente provada no decurso de um processo público em que todas as garantias necessárias de defesa lhe sejam asseguradas." A Convenção Europeia sobre Direitos Humanos, artigo 6 (2), prevê que "Qualquer pessoa acusada de uma infracção presume-se inocente enquanto a sua culpabilidade não tiver sido legalmente provada." Na mesma linha é a previsão constante na Convenção Americana sobre Direitos Humanos, artigo 8 (2), que afirma que "Toda pessoa acusada de delito tem direito a que se presuma sua inocência enquanto não se comprove legalmente sua culpa."

No sistema brasileiro, a presunção de inocência continua existindo mesmo após a sentença penal condenatória, pois nossa Constituição estabeleceu a presunção de inocência até o trânsito em julgado da sentença penal condenatória, o que significa até o julgamento do último recurso. Esse princípio, como previsto na Constituição brasileira, produz uma contradição que, além de atentar contra uma interpretação sistemática, também ocasiona violação do princípio da isonomia, que estabelece que todas as situações iguais devem ser tratadas da mesma forma. Consequentemente, situações diferentes devem ser tratadas com observância às suas diferenças, não podem ser tratadas com igualdade.

Esse raciocínio fica ainda mais evidenciado quando fazemos uma leitura mais clara do que consta na Constituição, ou seja, quando se diz que ninguém será considerado culpado até o trânsito em julgado da sentença penal condenatória, isso é exatamente o mesmo que dizer todos serão considerados inocentes até o trânsito em julgado da sentença penal condenatória. Não nos parece possível concordar com uma afirmação como essa: todos são inocentes até o trânsito em julgado da sentença penal condenatória, mesmo já condenados em Primeira e Segunda Instâncias.

Afirmar que uma pessoa já condenada está na mesma situação de uma pessoa que jamais foi processada fere o princípio da isonomia. A pessoa que é inocente, que nunca foi processada ou condenada, tem o direito legítimo de não ter sua situação igualada a uma pessoa condenada criminalmente. Ser condenado criminalmente é o reconhecimento, conforme ordenamento jurídico em vigor no país, da prática de uma conduta ilegal, que é prevista como crime.

O princípio da isonomia estabelece que situações iguais devem receber o mesmo tratamento. Porém, uma pessoa condenada está em uma situação diversa da pessoa que nunca foi processada criminalmente, sendo anti-isonômico com esta última ter sua situação equiparada a uma pessoa que foi investigada, processada com todas as garantias do processo penal, e acabou sendo condenada pela prática de um crime, porque sua culpa foi reconhecida. Se olharmos pela perspectiva da vítima e dos parentes da vítima, e tentarmos explicar que o criminoso que a violou ou assassinou o familiar foi condenado, mas continua sendo considerado inocente, essa pessoa não entenderá e será tomada por um sentimento enorme de desamparo e injustiça. Se tentarmos explicar isso para um norte-americano, ele também não entenderá.

Quando o constituinte introduziu a expressão "até o trânsito em julgado", ele foi além de todas as convenções, tratados, declarações internacionais e outros sistemas adotados em outros países, para dar ao princípio da presunção de inocência um alcance nunca antes visto, que possivelmente nem ele mesmo (constituinte) anteviu. Se essa previsão fosse boa, por que nunca foi prevista em nenhum outro tratado internacional ou sistema de outro país e por que, após mais de 30 anos da nossa Constituição, ninguém a copiou?

4.4.4 O impacto deletério que a literalidade do princípio da inocência no Brasil provoca no nosso sistema (o debate em torno da prisão em Segunda Instância)

O princípio presunção de inocência foi introduzido no nosso ordenamento jurídico com o advento da Constituição de 1988, prevendo no art. 5º, inciso LVII, que "ninguém será considerado culpado até o trânsito em julgado da sentença penal condenatória". Antes de 1988, a presunção de inocência já estava prevista na Declaração Universal dos Direitos Humanos, de 1948, que não tem força normativa, embora seja amplamente adotada. A presunção de inocência também era prevista na Convenção Americana de Direitos Humanos, de 1969, conhecida como Pacto de São José da Costa Rica. Porém, esta última somente foi incorporada no ordenamento jurídico brasileiro em 1992, com o advento do Decreto nº 678, de 06.11.1992.

Desde o advento da Constituição de 1988 e até o ano 2009, o princípio da presunção de inocência, com a extensão prevista na nossa Constituição, não chegava a provocar um impacto na efetividade do sistema criminal brasileiro porque o Supremo Tribunal Federal aplicava esse princípio de forma harmoniosa com o sistema jurídico como um todo, dando à presunção um alcance mais limitado e mais consistente com o alcance que sempre recebeu no plano internacional.

Em outras palavras, desde o advento da Constituição e nas duas décadas que se seguiram, a pena começava a ser cumprida, em regra, após o esgotamento das instâncias ordinárias, ou seja, após a decisão de Primeira e Segunda Instâncias (Tribunal de Apelação).

Naquela época, e até meados de 2011, vigorava o art. 393 do Código de Processo Penal, que dizia: São efeitos da sentença penal condenatória recorrível: 1) ser o réu preso ou conservado na prisão, nas infrações inafiançáveis ou nas afiançáveis enquanto não prestar fiança; 2) ser o nome do réu lançado no rol dos culpados. Portanto, desde quando entrou em vigor a Constituição de 1988, o sistema brasileiro funcionava como funcionam a maioria dos sistemas no mundo, ou seja, a pessoa é investigada, denunciada e processada, com direito a todas as garantias inerentes a um processo justo (ampla defesa, contraditório, devido processo legal), e durante esse processo é presumidamente inocente.

Quando o caso era julgado, se o réu fosse condenado, poderia ser preso imediatamente, porque a prisão era considerada um efeito da sentença condenatória recorrível, por força do mencionado art. 393, como ocorre em regra nos outros países do mundo. Sempre que o réu tivesse respondido o processo em liberdade e/ou não houvesse necessidade de prisão, o juiz autorizava que o réu recorresse em liberdade, o que normalmente acontecia. Após o julgamento do recurso de apelação no Tribunal, o condenado iniciava o cumprimento da sua pena.

Porém, no ano de 2009, o Supremo Tribunal Federal alterou seu entendimento ao julgar um *Habeas Corpus* (HC nº 84.078) e decidir pelo direito do réu de recorrer em liberdade até o trânsito em julgado da sentença penal condenatória. Foi a primeira vez que o Supremo Tribunal Federal interpretou literalmente a presunção de inocência conforme prevista na Constituição, em um caso que gerou muita repercussão, pois tratava de um fazendeiro condenado por tentativa de homicídio. Aos 25 anos, ele havia disparado 5 tiros em uma vítima desarmada que teria paquerado sua mulher em uma feira agropecuária. Os tiros atingiram a vítima na boca e no pescoço. O crime fora praticado em 1991, vários recursos foram interpostos, inclusive esse HC que assegurou o direito do réu de continuar recorrendo em liberdade. Ao final o crime prescreveu sem que o réu houvesse cumprido um dia de pena, gerando muita revolta na vítima.

Um sistema criminal que não protege suas vítimas, que iguala inocentes e culpados, onde as vítimas se sentem desamparadas; será que realmente preservar a presunção de inocência até o trânsito em julgado de uma sentença possui algum efeito benéfico no nosso sistema? O argumento de que é melhor absolver 1.000 culpados do que condenar 1 inocente não nos convence. Quando um inocente é julgado culpado, houve um erro judiciário grave. Entretanto, não é possível eliminar completamente a chance de erro, pois nenhum sistema funciona tão perfeitamente de modo que não ocorram erros.

É claro que a meta é sempre criar mecanismos de aprimoramento e mitigação do erro judiciário. Porém, é essencial destacar que não é estendendo o princípio da presunção de inocência até o esgotamento da última instância que vamos conseguir reduzir os erros. Não existe base científica para esse raciocínio. Aliás, estatísticas demonstram que são inexpressivos os percentuais no quais o Superior Tribunal de Justiça anulou processos ou absolveu réus condenados em Segunda Instância. Pesquisa realizada em 2019 pela Coordenadoria de Gestão da Informação do STJ[364] concluiu que a absolvição de réus condenados em Segunda Instância ocorreu em apenas 0,28% dos recursos interpostos.

---

[364] Disponível em: https://www.stj.jus.br/sites/portalp/Paginas/Comunicacao/Noticias/Absolvicao-por-meio-de-habeas-corpus-e-pequena--revela-pesquisa-do-STJ.aspx. Acesso em: 20 out. 2021.

CAPÍTULO 4
EFETIVIDADE DO SISTEMA CRIMINAL PELO AUMENTO DO CUSTO DO CRIME | 199

Portanto, estender o princípio da presunção de inocência não é um mecanismo necessário para reduzir o erro judiciário, considerado que é um percentual inexpressivo, que fica por conta de uma margem de erro que sempre vai existir, e ainda cabe uma pergunta: sistema criminal que deixa impunes seus culpados, que não faz justiça às suas vítimas, não está cometendo erros em todos os casos em que isso acontece? Entendemos que sim. Um sistema que funciona nessas bases produz um resultado ineficiente e não entrega justiça aos jurisdicionados, no caso do crime, às vítimas, que têm o direito legítimo de ver o sistema criminal funcionando efetivamente.

Observe-se que para um condenado réu primário ser preso, cumprir pena em regime fechado, sua pena deve ser maior do que 8 anos de reclusão, o que já elimina a possibilidade de prisão em crimes sem gravidade, e naqueles cometidos com violência ou grave ameaça sempre que não seja recomendável o cumprimento da pena em um regime mais leve, seja por reincidência, evidências de participação em organização criminosa, entre outros aspectos que possam convencer o juiz de que não é recomendável que a pessoa fique em liberdade.

Nos demais casos, para penas até 4 anos de reclusão, nosso sistema admite substituição da pena privativa de liberdade por restritiva de direitos, com prestação de serviços à comunidade ou pagamento de multa. Nas penas intermediárias, entre 4 e 8 anos, para não reincidentes, temos o regime semiaberto, que pode ser cumprido em casa, diante da ausência de casa do albergado ou colônia agrícola, ou em estabelecimento prisional no qual a pessoa trabalha ou frequenta cursos durante o dia, e se recolhe em casa ou no presídio no horário noturno e finais de semana.[365]

Para os crimes de menor potencial ofensivo, com penas até dois anos, o caso pode tramitar perante os Juizados Especiais, com possibilidade de transação penal. Caso a pena mínima prevista *in abstrato* não exceda um ano, pode haver suspensão condicional do processo mediante cumprimento de algumas condições pelo autor do fato. Recentemente ainda foi introduzido o Acordo de Não Persecução Penal (ANPP), que é o *plea bargaining* brasileiro, previsto na Lei nº 13.964/2019.

Portanto, o próprio sistema tem seus mecanismos de controle para evitar a aplicação de penas excessivas nos casos de menor gravidade, primariedade, entre outros, e, nos casos mais graves, o condenado

---

[365] Artigos 33 e 34 do Código Penal brasileiro.

passava a cumprir a pena após a condenação em Primeira ou Segunda Instância, dependendo do caso.

A mudança da jurisprudência do Supremo Tribunal Federal em 2009, no caso mencionado, recebeu reforço do Congresso Nacional quando entrou em vigor a Lei nº 12.403, de 04.05.2011, que revogou o art. 393 do Código de Processo Penal (CPP),[366] e mudou a redação do artigo 283,[367] do CPP, que passou a estabelecer que ninguém poderá ser preso senão por força de sentença penal condenatória transitada em julgado. Com a reforma promovida pela Lei nº 12.403/2011, o Código de Processo Penal passou a harmonizar com a presunção de inocência com o alcance previsto na Constituição de 1988, ou seja, impedindo a prisão como efeito da sentença penal condenatória recorrível.

É curioso observar que essa alteração surgiu na esteira do primeiro e maior julgamento já havido até aquela época envolvendo autoridades e uma quantidade nunca antes vista de réus com foro por prerrogativa de função (foro privilegiado) reunidos no mesmo processo. Rememore-se que as investigações sobre o escândalo que ficou conhecido como Mensalão se iniciaram em 2005, quando o Supremo Tribunal Federal instaurou o Inquérito nº 2.245 (INQ nº 2.245), que deu origem à Ação Penal nº 470 (AP nº 470), instaurada em 12.11.2007, e que passou pela fase de instrução probatória e ficou pronta para julgamento no dia 26.06.2012.[368]

Em 2016, houve duas decisões importantes do Supremo Tribunal Federal retomando a jurisprudência tradicional desde o advento da Constituição de 1988, no sentido de permitir o início do cumprimento da pena a partir do julgamento em Segunda Instância, sem precisar aguardar o trânsito em julgado da sentença penal condenatória. A primeira decisão ocorreu em fevereiro de 2016,[369] e a segunda em outubro de 2016,[370] quando o Supremo, por maioria apertada de 6 x 5, retomou

---

[366] Art. 393. São efeitos da sentença condenatória recorrível: (Revogado pela Lei nº 12.403, de 2011).
I – ser o réu preso ou conservado na prisão, assim nas infrações inafiançáveis, como nas afiançáveis enquanto não prestar fiança;
II – ser o nome do réu lançado no rol dos culpados.

[367] Art. 283. Ninguém poderá ser preso senão em flagrante delito ou por ordem escrita e fundamentada da autoridade judiciária competente, em decorrência de prisão cautelar ou em virtude de condenação criminal transitada em julgado.

[368] Disponível em: https://stf.jusbrasil.com.br/noticias/100018874/ap-470-confira-a-cronologia-da-tramitacao-do-processo-no-stf. Acesso em: 20 out. 2021.

[369] Julgamento do HC nº 126.292.

[370] Julgamento conjunto da MC na ADC nº 43 e da MC na ADC nº 44.

seu entendimento anterior, admitindo a possibilidade de prisão após o julgamento em Segunda Instância.

A partir desse entendimento, se houvesse condenação ou confirmação da condenação em Segunda Instância, o condenado poderia continuar recorrendo ao que chamamos instâncias extraordinárias, que são o Superior Tribunal de Justiça e o Supremo Tribunal Federal, porém não poderia aguardar o julgamento desses recursos em liberdade. Ou seja, uma vez condenado pela Segunda Instância, deveria iniciar imediatamente o cumprimento da pena imposta, ainda que pudesse continuar recorrendo, ainda que sua sentença não tivesse transitado em julgado. Essa decisão do Supremo Tribunal Federal era uma decisão bem calibrada, que retomava sua jurisprudência tradicional que vigorava desde o surgimento da Constituição de 1988 e negava interpretação literal à presunção de inocência conforme prevista na Constituição.

Entretanto, em novembro de 2019, houve nova mudança de entendimento. Em um julgamento polêmico e um placar apertado de 6 x 5, a maioria decidiu pela impossibilidade do início do cumprimento da pena enquanto não transitar em julgado a sentença condenatória. Ou seja, mesmo depois de condenado em Segunda Instância, foi reconhecido o direito do réu de continuar recorrendo em liberdade.

Essa mudança do entendimento do Supremo Tribunal Federal recebeu um reforço do Congresso Nacional com o advento da Lei nº 13.964, de 24.12.2019, que modificou mais uma vez a redação do art. 283 do Código de Processo Penal,[371] afirmando a impossibilidade de prisão que não seja cautelar ou decorrente de condenação criminal transitada em julgado.

O sistema criminal brasileiro prevê uma quantidade de recursos e um sistema de prescrição que calcula não apenas a data do crime até a data do início da ação penal, como ocorre, por exemplo, no sistema norte-americano. O sistema brasileiro possui vários marcos temporais de prescrição que fluem enquanto a ação penal está em tramitação e, inclusive, na fase de execução da pena. Esses fatores conjugados incentivam a apresentação de recursos protelatórios com o objetivo de alcançar a prescrição. Esse objetivo protelatório com vistas à impunidade é ainda mais incentivado pela aplicação da regra da presunção

---

[371] Art. 283. Ninguém poderá ser preso senão em flagrante delito ou por ordem escrita e fundamentada da autoridade judiciária competente, em decorrência de prisão cautelar ou em virtude de condenação criminal transitada em julgado. (Redação dada pela Lei nº 13.964, de 2019).

de inocência impedindo o cumprimento da pena antes do trânsito em julgado da sentença penal condenatória.

A impossibilidade de prisão mesmo depois do julgamento da apelação pela Segunda Instância, reafirmando a condenação, também produz um impacto muito negativo na apuração de crimes praticados por organizações criminosas, inclusive corrupção transnacional no setor público, ao desestimular a celebração de acordos de colaboração premiada. Em crimes complexos, que envolvem muitas operações financeiras em vários lugares do mundo, é importante a colaboração dos partícipes no crime para trazer informações sobre o esquema criminoso e especialmente a localização dos recursos que foram remetidos para o exterior.

A possibilidade de prisão é o maior estímulo para um investigado formalizar sua colaboração. Porém, quando a possibilidade de prisão se torna muito remota, são retirados os incentivos para que haja colaboração e para que as informações sobre a rota do dinheiro sejam apresentadas às autoridades, dificultando as investigações e a recuperação de recursos desviados. Essa nova leitura literal da presunção de inocência como prevista na Constituição, agora com reforço do Congresso Nacional, prejudica a efetividade do sistema criminal brasileiro e provoca o esvaziamento dos incentivos para colaboração premiada.

O sistema penal de um país não precisa ser rigoroso. Pode ser moderado, mas precisa ser efetivo. No Brasil, criamos um sistema que pode ser facilmente manipulável pela contratação de profissionais que encontrem um meio de apresentar mais um recurso e assim postergar indefinidamente o cumprimento da pena imposta, gerando impunidade dos criminosos, injustiça para com as vítimas, e dificultando a recuperação de ativos. Um sistema que opera dessa forma contribui para diminuir o custo do crime, pois o risco de ser punido é reduzido ao máximo. Quando o risco de punição é baixo, automaticamente isso tem o efeito de aumentar o benefício do crime e estimular sua prática.

4.4.5 A tendência de flexibilização do princípio da inocência pela ponderação dos valores em jogo (Teste *Salabiaku*)

Há algum tempo passou a haver uma tendência de abordagem mais flexível do princípio da presunção de inocência, no sentido de que seu alcance depende de todas as circunstâncias em jogo no caso concreto. Essa tendência ficou bem clara no julgamento da Corte

Europeia de Direitos Humanos no julgamento do caso *Salabiaku v. France*, e deu origem ao que ficou conhecido como Teste *Salabiaku*. É uma abordagem que se mostra consistente com o nível de evolução atingido pela maioria das nações, onde a condenação de uma pessoa inocente seria algo abominável, assim como a utilização da proteção presunção de inocência para impedir que uma pessoa evidentemente culpada responda pelo crime que cometeu.

Essa perspectiva está alinhada com o precedente estabelecido pelo Tribunal Europeu de Direitos Humanos no julgamento do caso *Salabiaku v. France*.[372] *Salabiaku*, nacional do Zaire, foi preso ao portar uma embalagem contendo 10kg de *cannabis*, sendo acusado pelo crime de tráfico internacional e pela prática de contrabando em violação à lei aduaneira francesa. A Corte de Apelação francesa afastou a condenação por tráfico, mas manteve o contrabando. A defesa de *Salabiaku* alegava que a embalagem não estava registrada em seu nome, embora ele a estivesse carregando no momento da prisão. Com base nesse argumento, desafiou a condenação da Corte francesa alegando violação do princípio da presunção de inocência perante a Corte Europeia de Direitos Humanos (ECHR).

Ao julgar esse precedente, a Corte Europeia estabeleceu as premissas do que ficou conhecido como Teste *Salabiaku*, a partir do qual se permite a alteração do ônus da prova. Esse teste consiste no reconhecimento de que, embora princípios sejam acolhidos em todo o sistema jurídico, os Estados devem estabelecer presunções dentro de limites razoáveis e que considerem a importância do que está em jogo, além de preservar os direitos da defesa. Assim decidindo, o tribunal realizou o que conhecemos como uma ponderação de valores em jogo, orientando que as presunções devem ser mantidas dentro de limites razoáveis.

4.4.6 A presunção de inocência e as exceções à distribuição do ônus da prova

Como corolário do princípio da presunção de inocência, temos que cabe à acusação produzir prova do crime e da culpa do acusado, ou seja, deve produzir a prova sem a qual o acusado não pode ser

---

[372] *Salabiaku v. France* (1988), App no. 10519/83, *European Court of Human Rights* – ECHR. 7 de outubro de 1988. Disponível em: https://www.hr-dp.org/contents/491. Acesso em: 05 maio 2021.

condenado, pois presumidamente inocente. Não obstante, nenhum direito, por mais fundamental que seja, pode ser imposto independente de qualquer outra consideração. Em outras palavras, o legislador sempre poderá estabelecer exceções para reconhecer a existência de outros interesses e valores que devam ser ponderados, seja porque se mostrem mais relevantes, seja para impedir que sejam neutralizados por uma abordagem formalista e descolada da realidade.

A presunção de inocência exige que todos os fatos e elementos do crime sejam provados além de qualquer dúvida razoável. Porém, exceções devem ser admitidas sempre que isso se mostrar razoável e conveniente para a instrução criminal. Em qualquer situação na qual a acusação possui o ônus da prova de demonstrar a presença dos elementos essenciais do crime, podemos afirmar que é improvável que a exceção seja desprovida de razoabilidade. De modo geral, quando as Cortes são chamadas a decidir entre a aplicação de direitos constitucionais e suas exceções, elas normalmente tomam em consideração não apenas aspectos estritamente legais, mas também consideram seriamente as repercussões políticas de suas decisões.

Um exemplo facilitará a compreensão: o crime de receptação, na sua modalidade dolosa, apenas admite o dolo direto, ou seja, aquele em que há intenção do agente direcionada à realização do resultado, e não admite o dolo indireto, aquele no qual o agente simplesmente aceita o risco de produzir o resultado. O crime de receptação se consuma quando o agente adquirir, receber, transportar, conduzir ou ocultar coisa que sabe ser produto de crime. Provar que o agente sabe que o bem é produto de crime representa um desafio para acusação, o que normalmente conduzia à sua desclassificação para a modalidade culposa, na qual a pena máxima é igual à pena mínima da receptação dolosa.[373]

Atento a essa realidade, o Superior Tribunal de Justiça ajustou sua orientação para reconhecer que no crime de receptação, se o bem for apreendido em poder do acusado, cabe à defesa apresentar prova acerca da origem lícita do bem ou de sua conduta culposa.[374] Embora

---

[373] A receptação dolosa (art. 180, *caput*, do Código Penal) tem pena de 1 a 4 anos de reclusão e multa, enquanto a receptação culposa (art. 180, §3º, do Código Penal) tem pena de 1 mês a 1 ano de reclusão e multa.

[374] AgRg no AREsp nº 979.486/MG, Rel. Min. Reynaldo da Fonseca, *DJe*, 21 mar. 2018: "A jurisprudência do Superior Tribunal de Justiça se firmou no sentido que, no crime de receptação, se o bem houver sido apreendido em poder do acusado, cabe à defesa apresentar prova acerca da origem lícita do bem ou de sua conduta culposa, nos termos

esses julgados afirmem categoricamente que isso não significa inversão do ônus da prova, está bem evidente que o ônus da prova foi invertido de forma que equilibra com muito mais justiça o ônus das partes. A pessoa que adquire um bem de forma lícita, ou que achava que era lícita, sabe informar de quem adquiriu, tem algum comprovante da compra, nem que seja uma troca de mensagens em aplicativo de celular.

Nada há de errado em promover uma distribuição mais consentânea e equilibrada do ônus da prova, como fez o Superior Tribunal de Justiça no caso do crime de receptação. É impossível não reconhecer que houve uma flexibilização de como a presunção de inocência é interpretada no nosso sistema, trazendo-a a um patamar mais sóbrio e que assegura plenamente direito de defesa.

Outra presunção que seria útil, se fosse estabelecida no nosso sistema, é presumir que no caso de armas e drogas apreendidas em zona de fronteira, ou em outro ponto do país, mas com origem em zona de fronteira, deveria ser presumidamente considerada a internacionalidade da conduta. Não raro são apreendidas armas e drogas durante o seu trajeto com destino às capitais, e os indivíduos presos em flagrante alegam que partiram da zona de fronteira e que desconhecem qualquer contato com o país vizinho. Nessas circunstâncias, a presunção de internacionalidade da conduta (tráfico internacional de armas e drogas) remediaria discussões sobre a tipificação precisa dos crimes e também a competência da Justiça Federal (no caso de tráfico internacional) ou Justiça Estadual (tráfico no âmbito doméstico).

Não se discute que a presunção da inocência seja a regra, e que o ônus da prova, em regra, seja da acusação. Entretanto, observe-que o próprio artigo 156 do Código de Processo Penal estabelece que "a prova da alegação incumbirá a quem a fizer". A jurisprudência não vê nesse artigo um conflito com a presunção de inocência ou o princípio que norteia a distribuição do ônus da prova, pois tudo é uma questão da leitura que se faz. O ideal é que essa leitura seja ponderada e que veja a prova como um meio de efetivamente esclarecer os fatos, pois é esse o único propósito da prova: viabilizar o julgamento justo, condenando quando o réu for culpado e absolvendo quando for inocente. Tudo que criamos em torno disso para dificultar esse esclarecimento não contribui com a justiça.

---

do disposto no art. 156 do Código de Processo Penal, sem que se possa falar em inversão do ônus da prova."; AgRg no AREsp nº 1.616.823/SP, Rel. Min. Joel Ilan Paciornik, *DJe*, 29 maio 2020.

Nessa linha, o princípio da presunção de inocência não impede a previsão de crimes que contenham outra presunção por lei, como a presunção de que o aumento comprovada e manifestamente desproporcional de patrimônio do agente público durante o exercício de cargo público tenha ocorrido por meios ilegítimos, por exemplo. Os meios ilegítimos de obtenção de riqueza se tornam muito mais acessíveis aos ocupantes de cargo público do que ao homem comum, que não tenha o mesmo poder decisório ou de gestão de recursos públicos.

A ponderação dos valores em jogo, especialmente o interesse público e os recursos públicos, precisa ser considerada nessa equação da distribuição do ônus da prova, sem que isso represente qualquer violação ao direito à ampla defesa, estando asseguradas ao acusado todas as garantias para um processo justo. Sob essa perspectiva, a inversão do ônus da prova no caso de manifesto enriquecimento ilícito de agente público não conflita com a presunção de inocência, tampouco com o princípio que o protege contra a autoincriminação. É simplesmente uma forma mais sóbria e equilibrada de distribuir o ônus da prova, diante da ponderação dos interesses em jogo. Aliás, a inversão do ônus da prova nos crimes de corrupção no setor público é a melhor tradução de efetiva prestação de contas (*accountability*) que podemos imaginar.

4.5 O privilégio contra autoincriminação e o direito ao silêncio

A proteção contra a autoincriminação é reconhecida na Convenção Americana sobre Direitos Humanos, que estabelece o direito do acusado em um processo criminal de não ser obrigado a produzir prova contra si próprio, nem a declarar-se culpado.[375] Como desdobramento do direito contra a autoincriminação, assegura-se também o direito de permanecer calado, direito ao silêncio.

Novamente é importante destacar que o direito contra a autoincriminação também não é um direito absoluto, e uma circunstância que prova essa afirmação é o uso do bafômetro para identificar motoristas que dirigem embriagados. Diante da presença de sinais de que o motorista está com sua capacidade psicomotora alterada e havendo recusa no uso do bafômetro, as penalidades previstas são aplicadas,

---

[375] Artigo 8(2)(g).

CAPÍTULO 4
EFETIVIDADE DO SISTEMA CRIMINAL PELO AUMENTO DO CUSTO DO CRIME | 207

como indiciamento no crime de embriaguez ao volante,[376] apreensão do veículo, aplicação de multa e eventual suspensão do direito de dirigir. Portanto, a recusa do uso do bafômetro pode ter consequências.

Entre nós, o bafômetro pode ser utilizado aleatoriamente, ainda que não exista qualquer evidência de embriaguez. Isso porque se reconhece, em primeiro lugar, o perigo que representa para a coletividade permitir que um motorista dirija embriagado. A partir disso, entende-se que o interesse público em preservar a integridade das demais pessoas, motoristas, pedestres e passageiros que estejam sendo conduzidos pelo motorista potencialmente embriagado, supera o direito de qualquer pessoa que se proponha a dirigir um veículo de alegar em sua defesa o direito contra a autoincriminação.

Um caso interessante da Corte Europeia de Direitos Humanos ilustra bem a flexibilização do princípio contra a autoincriminação. Em *O'Hallaran e Francis x Reino Unido*,[377] as pessoas acusadas foram responsabilizadas por se recusarem a fornecer registros indicando quem estava dirigindo um táxi no momento do crime. A Corte Europeia estabeleceu que todos os que possuem ou dirigem automóveis sabem que, ao fazê-lo, estão sujeitos a um regime específico. Esse regime é imposto não porque possuir ou dirigir carros é um privilégio concedido pelo Estado, mas porque a posse e o uso de carros são reconhecidos por terem o potencial de causar ferimentos graves. Portanto, ao conduzir um veículo, o motorista necessita cumprir estritamente a regulamentação da atividade.

São raciocínios que podem ser estendidos aos servidores públicos de modo geral, sujeitos que estão a um regime específico. Ao assumirem um cargo público, cujas atribuições são todas voltadas ao atendimento do interesse da coletividade, os servidores públicos se sujeitam a um regime específico que pode limitar determinados direitos como forma de proteger o interesse público para que não exista abuso dos poderes concedidos e da confiança depositada pela sociedade neste agente público. Um exemplo é a exigência de que os rendimentos dos servidores públicos sejam publicados com transparência e estejam acessíveis para consulta a qualquer pessoa, diferente do que ocorre com uma pessoa que não ocupe cargo público e, por isso, o público em geral não tem

---

[376] O Art. 306 do Código de Trânsito Brasileiro estabelece pena de detenção de 6 meses a 3 anos, multa e suspensão ou proibição de obter permissão ou habilitação para dirigir.

[377] *O'Hallaran and Francis v. the United Kingdom*, Processos nºs 15809/02 e 25624/02 (2007).

direito de acessar os valores que recebe como remuneração pelo seu trabalho prestado a outro particular.

Outro exemplo é a necessidade de os servidores públicos apresentarem anualmente ou autorizarem que as instituições às quais pertencem acessem documentos que são protegidos por sigilo fiscal. Os mesmos documentos não necessitam ser apresentados em qualquer outra relação de trabalho, senão naquela que envolve o serviço público. Isso porque a proteção do interesse coletivo se sobrepõe ao interesse de privacidade do servidor público. Nesse contexto, fornecer evidências sobre as fontes de renda e ativos não é considerado um ônus que viole qualquer direito do servidor público, embora seja um ônus que não se impõe a qualquer outra categoria.

Segundo a Corte Europeia de Direitos Humanos, é possível também extrair inferências prejudiciais quando o acusado optar por permanecer em silêncio. Em *Murray v. Reino Unido*, a Corte Europeia de Direitos Humanos aceitou que o tribunal pudesse extrair inferências do silêncio do acusado quando as circunstâncias de fato permitissem fazê-lo.[378] O direito ao silêncio existe como corolário do direito contra autoincriminação. Embora previsto nos mais relevantes tratados internacionais, e, no âmbito doméstico, muitas vezes venha previsto na Constituição, na parte dos direitos fundamentais, como ocorre no Brasil e também nos Estados Unidos, vê-se que existe uma tendência que rejeita a leitura estritamente formal do princípio e permite sua flexibilização em situações nas quais isso se mostra razoável.

Essa tendência é coerente com a noção de que (1) não existem direitos absolutos, (2) sempre deve haver ponderação com os valores em jogo e (3) devem ser asseguradas todas as garantias de um processo justo. Por processo justo, entenda-se um processo no qual, por um lado, ao acusado é dada oportunidade e condições de apresentar sua defesa, e, por outro, existe um uso racional da estrutura judiciária, permitindo que funcione com seriedade e contribua para criação de um sistema criminal eficiente.

4.5.1 O privilégio contra autoincriminação e o direito ao silêncio no sistema norte-americano

O direito contra autoincriminação e o direito ao silencio são as duas faces da mesma moeda, pois o indivíduo exerce seu direito de

---

[378] *John Murray v. United Kingdom*, Processo nº 18731/91 (2006), especialmente itens 47 e 51.

não ser compelido a admitir um crime mediante o uso do direito ao silêncio e mediante a recusa de produzir provas de crimes que possam ser contra si imputados. O privilégio contra a autoincriminação é inferido da Quinta Emenda à Constituição dos Estados Unidos, que diz, no ponto, que ninguém deve ser compelido, em nenhum caso criminal, a depor contra si próprio.[379]

O primeiro aspecto que é importante destacar é que se trata de direito que protege a pessoa que violou a lei criminal ou que acredita que possa ser assim acusada. Portanto, é diferente de outros privilégios, como o existente entre as comunicações entre o profissional e o cliente, como o sigilo existente entre o cliente e o advogado ou o paciente e o médico, por exemplo, que pressupõe uma relação que esteja conforme padrões de conduta considerada decente e socialmente aceitável. No direito contra autoincriminação, trabalha-se com a ideia da existência de uma conduta violadora das regras de conduta social. Ou seja, é um direito que, embora possa beneficiar um inocente, foi desenvolvido com o objetivo de retirar do culpado o ônus de admitir sua culpa, deslocando para acusação o encargo da prova da culpa. Mas essa não é uma questão pacífica.

Há décadas, discute-se quem seria o verdadeiro beneficiado pelo direito a não autoincriminação. Judge Friendly afirma que é um direito que somente protege o culpado.[380] De outro lado, os professores Seidmann e Stein argumentam que o direito ao silêncio protege os inocentes, porque, enquanto os culpados irão utilizar este privilégio para permanecerem em silêncio, os inocentes irão depor e trazer sua versão dos fatos e seus depoimentos serão vistos pelo júri com credibilidade. Se não houvesse o direito ao silêncio, os jurados teriam mais dificuldade de identificar e diferenciar depoimentos falsos e verdadeiros.[381]

Quando tratamos de privilégio contra autoincriminação e Quinta Emenda no sistema norte-americano, é fundamental mencionar o caso *Murphy v. Waterfront Commission of New York Harbor*,[382] julgado pela Suprema Corte em 1964. Nesse julgamento ficou estabelecido que o

---

[379] Amendment V (1791): "No person [...] shall be compelled in any criminal case to be a witness against himself [...]."

[380] *The Fifth Amendment Tomorrow: the Case for Constitutional Change*, 37 U. Cin. L. Rev. 679-81, 698 (1968)

[381] *The Right to Silence Helps the Innocent: a Game-Theoretic Analysis of the Fifth Amendment Privilege*, 114 Harvard L. Rev. 430 (2000).

[382] 378 US 52 (1964). Disponível em: https://supreme.justia.com/cases/federal/us/378/52/. Acesso em: 10 set. 2021.

Estado não pode compelir um indivíduo a dar um depoimento que possa incriminá-lo no sistema federal ou estadual, ainda que obtenha imunidade do sistema no qual está sendo processado.[383] Duas observações devem ser feitas para facilitar a compreensão: a primeira, é que a acusação pode conceder imunidade ao réu sobre determinados crimes no âmbito de acordos de cooperação; a segunda, é que a competência para legislar sobre direito penal nos Estados Unidos é dividida entre os Estados e a Federação. Portanto, há crimes estaduais e há crimes federais. Aliás, a mesma conduta pode caracterizar crime nas duas esferas e isso não constitui duplicidade ilegal (*bis in idem*/*double jeopardy*), podendo a pessoa ser processada pelo Estado e pelo Governo Central pela mesma conduta.[384]

O caso Murphy é um marco importante na interpretação da Quinta Emenda porque, além de esclarecer seu alcance, também superou o entendimento que prevalecia anteriormente, no sentido de que um indivíduo poderia ser compelido pelo órgão de acusação federal a depor contra si, ainda que pudesse estar se incriminando por crimes estaduais[385] e, da mesma forma, o órgão de acusação estadual poderia compelir o réu a depor contra si, ainda que pudesse estar se incriminando por crimes previstos pela lei federal.[386] Do caso Murphy é possível extrair as seguintes conclusões sobre a importância do privilégio contra autoincriminação:

1) Proteção ao inocente: nesta perspectiva, o privilégio contra autoincriminação, mediante o uso do direito ao silêncio, evitaria que o inocente pudesse se incriminar por sua má *performance* durante seu depoimento.[387]

2) Desestimular práticas inapropriadas pela polícia. Normalmente as declarações que são autoincriminadoras são obtidas por práticas abomináveis como a tortura ou outras práticas abusivas. Portanto, é importante evitar incentivos a tais práticas.

---

[383] *"Held:* One jurisdiction in our federal system may not, absent an immunity provision, compel a witness to give testimony which might incriminate him under the laws of another jurisdiction." Disponível em: https://supreme.justia.com/cases/federal/us/378/52/. Acesso em: 10 set. 2021.

[384] No sistema brasileiro, a competência para legislar sobre crimes é exclusiva da União. Portanto, no Brasil, não há crimes estaduais.

[385] *United States v. Murdok, 284 US 389 (1931).*

[386] *Knapp v. Schweitzer, 357 US 371 (1958).* Disponível em: https://supreme.justia.com/cases/federal/us/357/371/. Acesso em: 10 set. 2021.

[387] Conforme mencionado no caso *Murphy, 378 US 52 (1964).*

CAPÍTULO 4
EFETIVIDADE DO SISTEMA CRIMINAL PELO AUMENTO DO CUSTO DO CRIME | **211**

3) Faz parte do sistema acusatório adotado pelos Estados Unidos que as provas sejam produzidas exclusivamente pela acusação.[388]

Selecionamos algumas situações que também justificam a importância do direito contra autoincriminação, das quais enfatizamos as seguintes:[389]

1) Proteger o indivíduo de ser colocado diante de três alternativas, todas prejudiciais, que são: incriminar-se; cometer crime de perjúrio se mentir sob juramento/incorrer em crime de falsa declaração ou omissão (*1001 prosecution*) se for funcionário público; ou atuar mediante conduta que possa ser considerada um ato de desrespeito ou desobediência ao órgão jurisdicional (Corte ou Juiz) e, se assim for considerado, pode resultar em imposição de multa ou até prisão.[390]

2) Não criar incentivos para que o crime de perjúrio seja cometido. Isso porque, entre incriminar-se (e responder por este crime potencialmente mais grave) ou mentir sob juramento, possivelmente a pessoa optaria por cometer perjúrio. E aumentar deliberadamente os casos de perjúrio poderia sobrecarregar o sistema judiciário. No crime de perjúrio, que corresponde ao nosso falso testemunho, mas que nos Estados Unidos também se aplica ao réu, é importante fazer a seguinte fundamental ressalva relativamente ao sistema brasileiro: nos Estados Unidos a pessoa não pode mentir sob juramento e todos que são chamados a depor, inclusive o réu, prestam juramento. No Brasil, várias situações dispensam juramento, e o réu jamais presta juramento. Portanto, no sistema brasileiro, o réu pode mentir à vontade, pode trazer várias versões até conflitantes sobre o mesmo fato, pode negar algo que esteja demonstrado por foto, vídeo, documentos e testemunhas, estando tudo abarcado pelo que consideramos ampla defesa.

3) Proteção da privacidade. O raciocínio que invoca a inviolabilidade da privacidade da pessoa como justificativa para o privilégio contra autoincriminação deve ser visto sob a

---

[388] Mas não é regra um caso chegar a ponto de iniciar a descoberta de provas. Normalmente é resolvido antes, por acordo.

[389] SALTZBURG, Stephen A.; CAPRA, Daniel J. *American Criminal Procedure* – Cases and Commentary. 10th ed. Minnesota: West Academic Publishing, 2014. p. 649-652.

[390] *Brown v. Walker, 161 US 591, 637 (1896).*

perspectiva da Quarta Emenda, que protege a privacidade, mas apenas dentro dos limites nos quais a intromissão seja abusiva, não razoável. Além disso, sob a perspectiva histórica, a base racional da privacidade apenas encontra suporte quando relacionada a crimes de crenças ou opiniões.

4) O privilégio contra autoincriminação estabelece um equilíbrio justo entre o indivíduo e o Estado acusador. Na medida em que a acusação tem o ônus de demonstrar a existência de causa provável para ordem de busca ou prisão, isso protege o investigado de qualquer ação investigatória mais invasiva que não tenha sido devidamente autorizada por ordem judicial. Ademais, existe uma expectativa de igualdade na distribuição do ônus da prova, de modo que não se espera que nenhuma parte conte com a ajuda da outra. Porém, é fundamental enfatizar que isso não significa que a acusação tenha que carregar todo o peso em um caso criminal, pois o réu pode ser compelido pela acusação a produzir e fornecer suas amostras de DNA, de voz, e também evidências físicas, já que tais provas não estão abarcadas pela Quinta Emenda.

5) Preservação de direitos previstos na Primeira Emenda: a lógica da Primeira Emenda[391] é de oferecer proteção contra a intromissão governamental em questões que dizem respeito a liberdades civis. Portanto, a utilização desta lógica para justificar o direito contra autoincriminação apenas se aplica quando envolvidas questões de religião, liberdade de expressão e de associação pacífica. Ou seja, nada que se aplique necessariamente a uma típica investigação e processo criminal.

Sobre os itens 4 e 5, é oportuno que seja feita comparação com o direito brasileiro, no tópico seguinte.

4.5.2 O perjúrio no direito norte-americano e o direito de mentir no sistema brasileiro

Ao discorrer sobre os motivos que justificam a existência do privilégio contra autoincriminação e o direito ao silêncio no sistema

---

[391] *Amendment I (1791): Congress shall make no law respecting an establishment of religion, or prohibiting the free exercise thereof; or abridging the freedom of speech, or of the press; or the right of the people peaceably to assemble, and to petition the Government for a redress of grievances.*

CAPÍTULO 4
EFETIVIDADE DO SISTEMA CRIMINAL PELO AUMENTO DO CUSTO DO CRIME | 213

norte-americano, um dos mais fortes argumentos é impedir que o indivíduo que cometeu um crime seja colocado em uma situação na qual (1) ou ele admite o crime, (2) ou comete outro crime ao mentir (perjúrio), (3) ou comete outro ato sujeito à multa ou prisão ao desrespeitar ou desobedecer a uma ordem judicial para que ele, por exemplo, responda diretamente as perguntas que lhe são feitas (*contempt of Court*). Portanto, no sistema norte-americano, se não houvesse o privilégio contra autoincriminação, qualquer indivíduo que fosse confrontado sobre o crime que cometeu estaria diante de três opções, um verdadeiro trilema,[392] no qual, inevitavelmente, o resultado lhe seria desfavorável.

Relativamente ao crime de perjúrio, ocorre quando a pessoa presta declaração falsa estando sob juramento de dizer a verdade. É importante destacar que no sistema norte-americano todos que são chamados a depor prestam juramento, inclusive o réu. Não se admite que a pessoa possa estar em uma Vara ou Tribunal contando mentiras, pois isso é considerado inaceitável e desrespeitoso com todos os que estão ali reunidos, juiz, promotores, defensores, jurados, serventuários do Poder Judiciário, e com a sociedade de modo geral, que banca o funcionamento de toda essa estrutura.

Essa característica do sistema norte-americano de exigir que todos que forem intimados a depor prestem juramento é considerada até cruel em muitas situações. Isso porque o sistema sujeita amigos, pais, irmãos, cônjuges, parentes, professores e pessoas que se amam em qualquer nível a prestarem depoimento umas contra outras. Portanto, aqui vemos que o mencionado trilema existe de modo muito mais grave em relação a essas pessoas que são chamadas a depor como testemunhas, pois elas sequer têm a opção de permanecer em silêncio, já que esse é um direito que somente assiste ao réu. As testemunhas, uma vez chamadas a depor, somente podem optar entre dizer a verdade, mentir e cometer perjúrio ou praticar alguma outra conduta que possa eventualmente ser considerada ato de desrespeito à Corte (*contempt of Court*) e sancionada com multa ou prisão.

O crime de perjúrio previsto nos Estados Unidos corresponde ao crime de falso testemunho no sistema brasileiro, previsto no art. 342 do Código Penal. Entre nós existe uma discussão sobre a necessidade de ter sido tomado o compromisso de dizer a verdade para caracterizar crime de falso testemunho. Isso porque o art. 203 do Código de Processo Penal

---

[392] "[...] cruel trilemma of self-accusation, perjury or contempt." *Chavez v. Martinez, 538 US 760 (2003).*

estabelece que a testemunha fará, sob palavra de honra, a promessa de dizer a verdade do que souber e lhe for perguntado. Há quem sustente que, se o juiz não tomou o compromisso da testemunha, por esquecimento, então o crime de falso testemunho não poderia ser consumado ainda que a testemunha mentisse. Discordamos desta posição porque o crime de falso testemunho não exige, nas suas circunstâncias elementares e nos elementos do tipo, que tenha sido prestado o compromisso.

O art. 342 do Código Penal prevê como falso testemunho simplesmente "fazer afirmação falsa, ou negar ou calar a verdade". Portanto, a ausência de prestação formal do compromisso não impede a consumação do crime. Todavia, é importante que o compromisso seja tomado, em primeiro lugar porque a lei processual penal assim o determina (art. 203 do CPP), e também para que a testemunha, perito, intérprete, ou qualquer pessoa que seja ouvida em Juízo seja informada ou lembrada da seriedade daquele momento formal em que ela está prestando depoimento.

Em comparação com o sistema norte-americano, é importante fazer a seguinte ressalva: diferente do sistema que vigora nos Estados Unidos, onde todos prestam juramento e podem cometer perjúrio caso faltem com a verdade, no Brasil, várias pessoas são dispensadas de prestar juramento, e o réu jamais presta juramento. É vedado tomar o compromisso de dizer a verdade de pessoas menores de 14 anos, doentes mentais e parentes do réu. Nesse ponto, o modelo brasileiro é mais humano ao dispensar da obrigação de depor pessoas que, por sua relação de parentesco, naturalmente possuem laços afetivos muito fortes com o réu, e seria cruel exigir que depusessem contra ele.

Deixando de lado a crítica que pode ser feita ao sistema norte--americano quando compele parentes próximos a deporem contra o acusado, não havendo qualquer escusa para deixarem de responder as perguntas que lhes forem feitas, sob pena de cometerem perjúrio ou desrespeito à Corte, por outro lado, relativamente ao acusado que está se defendendo, o sistema norte-americano parece bem calibrado ao assegurar ao réu o privilégio contra autoincriminação e o direito ao silêncio. Ou seja, tem o direito de permanecer calado e de não ser obrigado a produzir prova que o incrimine. O silêncio é sempre uma opção. Porém, se prefere ser ouvido e falar em sua defesa, isso não lhe dá salvo conduto para mentir.

A crítica que fazemos não é direcionada ao direito ao silêncio como desdobramento do privilégio contra não autoincriminação, pois esses direitos integram um estatuto de defesa que forma a base fundamental para um processo justo. O direito ao silêncio e o privilégio contra autoincriminação estão totalmente alinhados com a ampla defesa. É razoável permitir que o indivíduo opte por permanecer em silêncio quando indagado sobre condutas que praticou e que possam ser enquadradas como crimes. O contrário seria o mesmo que obrigar o indivíduo a admitir seus atos e confessar o crime que eventualmente tenha cometido, o que esvaziaria completamente a garantia da ampla defesa e do devido processo legal.

Criticamos o direito do réu de mentir em Juízo. No sistema brasileiro, como visto, o réu pode mentir da forma que melhor lhe convier, estando tudo abarcado pelo que consideramos ampla defesa. Quando o sistema brasileiro admite que o réu possa mentir, estamos admitindo que ele cometa o que seria considerado crime no sistema norte-americano. Admitir que o réu possa mentir em um processo judicial não é apenas desrespeitoso ao Juízo, mas a todos de alguma forma envolvidos, desde a vítima e seus familiares, até o órgão de acusação que então precisa dedicar tempo para desconstruir todas as ilimitadas versões inverídicas apresentadas, e também o órgão jurisdicional, que necessita empregar mais recursos para afastar as alegações falsas, que agora precisam ser enfrentadas.

Será que existe mesmo um direito de mentir que está abrangido pela ampla defesa? Como existe o direito ao silêncio, que protege contra autoincriminação, a ampla defesa não deveria ter um alcance tão alargado. Quando o sistema autoriza que o réu minta, e dizemos que ele tem esse direito, construímos um modelo de Justiça no qual se permite que o indivíduo insista em um padrão de conduta que não é correta, que não é o que queremos como sociedade, não é o que buscamos, portanto, não deveria ser incentivado, sequer tolerado, pelo nosso sistema. Se queremos mesmo estabelecer uma cultura de integridade, necessitamos repensar o alcance que temos dado a direitos e refletir se nossa interpretação é coerente com o que buscamos como sociedade.

4.5.3 A extensão do privilégio contra autoincriminação nos Estados Unidos

O privilégio contra autoincriminação é extraído da Quinta Emenda da Constituição dos Estados Unidos. A leitura literal da Quinta Emenda transmite a ideia de que esse direito somente protege os indivíduos compelidos a prestarem depoimento em processos criminais. Não obstante, a Suprema Corte vem constantemente dando interpretação mais ampla a esse direito, estabelecendo que o privilégio contra autoincriminação protege o indivíduo não somente contra a situação na qual é compelido a prestar depoimento contra si mesmo em processo criminal, mas também é um privilégio que o assiste em qualquer situação em que tenha que responder a perguntas feitas por funcionários públicos, em qualquer processo civil ou criminal, formal ou informal, quando sua resposta possa incriminá-lo em futuros processos criminais.[393]

No julgamento do caso *Counselman v. Hitchcock*,[394] ficou estabelecido que a pessoa intimada a depor em qualquer procedimento federal poderia invocar o privilégio da Quinta Emenda contra autoincriminação. Essa interpretação passou a ser extensiva e vincular todos os Estados da federação norte-americana a partir de 1964, com o julgamento do caso *Malloy v. Hogan, 378 US 1 (1964)*.[395] Entretanto, o privilégio contra autoincriminação não pode ser utilizado para evitar processos civis, inclusive ações civis que busquem reparação de danos e processos indenizatórios.[396]

Portanto, o privilégio contra autoincriminação pode ser invocado em qualquer procedimento que tramite no âmbito judicial, legislativo ou administrativo, em nível federal ou estadual, sempre com o objetivo de evitar futura responsabilidade criminal.

4.5.4 O limite do privilégio contra autoincriminação
("exculpatory no doctrine" e Section 1001)

O privilégio contra autoincriminação não autoriza o indivíduo a prestar declarações falsas seja perante o judiciário, executivo ou legislativo. O art. 1001 do Código Penal dos Estados Unidos, conhecido como *§1001 prosecution*, estabelece que incorre em crime qualquer pessoa que, em qualquer assunto sob jurisdição do Poder Executivo, Legislativo ou Judiciário, intencionalmente: (1) falsificar, ocultar ou encobrir, por meio de qualquer truque, esquema ou artifício, um fato material; (2) fizer qualquer declaração ou representação materialmente

---

[393] *Lefkowitz v. Turley, 414 U.S. 70, 77 (1973)*. A interpretação do privilégio contra autoincriminação permitindo que fosse estendida a processos civis foi estabelecida primeiro no julgamento do caso *Counselman v. Hitchcock, 142 U.S. 547, 562 (1892)*.

[394] *142 U.S. 547, 562 (1892)*.

[395] O direito de não ser compelido a autoincriminação foi reconhecido como extensivo aos Estados federados por incorporação pela Décima Quarta Emenda.

[396] *Minnesota v. Murphy, 465 U.S. 420 (1984); Piemonte v. United States, 367 U.S. 556 (1961)*.

falsa, fictícia ou fraudulenta; ou (3) fizer ou usar qualquer escrita ou documento falso sabendo que o mesmo contém qualquer declaração materialmente falsa, fictícia ou fraudulenta. A pena prevista é multa ou prisão pelo tempo máximo de 5 anos, ou ambos.[397]

Vê-se que é um crime que pode ser cometido mediante qualquer declaração falsa, omissão ou qualquer artifício que seja manejado perante um funcionário público de qualquer um dos Poderes. Porém, esse crime especificamente não incide sobre as declarações feitas no âmbito de um processo judicial perante o Juiz (ou Magistrado),[398] situação na qual normalmente irá incorrer em crime de perjúrio ou declaração falsa ou obstrução de justiça. Mas o crime da §1001 pode incidir relativamente a uma falsa declaração feita a outro funcionário do Judiciário, por exemplo, o inspetor da liberdade condicional ou qualquer funcionário da Vara ou Tribunal.

A intolerância que o sistema norte-americano demonstra com as declarações falsas feitas a funcionários públicos fica bem ilustrada no julgamento do caso *Brogan v. United States*,[399] que tratou do alcance do privilégio contra autoincriminação relativamente a indivíduos que mentem a investigadores criminais no curso de uma investigação. No caso, James Brogan, agindo como funcionário de um sindicato, aceitou pagamento em dinheiro feito por JRD Management Corporation, que posteriormente foi alvo de investigação.

Agentes federais visitaram o Sr. Brogan em sua casa, se identificaram, informaram que estavam buscando sua cooperação em investigação contra JRD Management, e perguntaram se podiam fazer perguntas, com o que o Sr. Brogan concordou. Os agentes perguntaram se ele havia recebido pagamento em dinheiro ou presentes da JRD Management, ao que ele respondeu que não. Os investigadores revelaram que possuíam documentos produzidos pela JRD que mostravam que ele havia recebido pagamento e que mentir para agentes federais no âmbito de uma investigação era crime. No entanto, o Sr. Brogan insistiu na sua negativa, a entrevista foi encerrada, e posteriormente ele foi condenado por incorrer no crime previsto na §1001.

---

[397] Conforme seção 2 do *False Statements Accountability Act of 1996 (FSSA)*, que promoveu mudanças na seção/artigo 1001, do Código Penal dos Estados Unidos (18 USC). Disponível em: https://www.justice.gov/archives/jm/criminal-resource-manual-902-1996-amendments-18-usc-1001.

[398] Seção 2 e Subseção 2(b) do FSAA – *False Statements Accountability Act*.

[399] *522 U.S. 398 (1998)*.

Em sua defesa alegou a *"exculpatory no doctrine"*, cuja lógica é no sentido de que o §1001 não deveria criminalizar simples negativas de culpa quando feitas a investigadores, pois isso iria contra o "espírito" da Quinta Emenda no que tange ao privilégio contra autoincriminação. Essa alegação foi categoricamente rejeitada pela Suprema Corte dos Estados Unidos, que considerou que o Sr. Brogan não foi compelido, de qualquer maneira, a negar sua responsabilidade criminal quando respondeu "não". O fato de haver mentido a agentes federais durante investigação gera responsabilidade criminal. A conclusão da Suprema Corte foi no sentido de que poderia simplesmente ter ficado calado e não sofrer qualquer penalidade.

4.5.5 O que se entende por "compelir" alguém a incriminar-se (*Miranda warning*)

Discute-se o alcance da expressão "compelir", pois a Quinta Emenda prevê que ninguém deve ser *compelido*, em qualquer processo criminal, a testemunhar contra si próprio.[400] Sendo assim, para estabelecer a extensão do privilégio, é importante verificar quando se considera que uma pessoa está em situação na qual se sinta compelida a praticar uma conduta que possa incriminá-la, o que convenhamos é algo bastante subjetivo. A rigor, a pessoa é compelida sempre que receber uma ordem de uma instituição estatal, como uma Corte ou Congresso, e cujo não cumprimento possa ser considerado ato de desrespeito (*contempt*) e ensejar multa ou prisão. Afirma-se, então, que essa ordem é emanada com base no *contempt power*, que compele a pessoa a cumpri-la, sob pena até de prisão.

Entretanto, é compreensível que uma pessoa se sinta compelida a prestar informações em outras situações nas quais está diante de agentes estatais, como no âmbito de uma investigação criminal, por exemplo, situação na qual existe o risco de a pessoa fazer declarações autoincriminatórias. Por isso, ao longo do tempo, a Suprema Corte vem estendendo o conceito de compelir para alcançar as mais variadas situações, independente de a situação ostentar (ou não) o *contempt power*. Especialmente em situações nas quais a pessoa está sendo interrogada por agentes públicos antes, durante ou após sua prisão, ou em situação

---

[400] *Fifth Amendment*: "No person [...] shall be compelled in any criminal case to a witness against himself [...]".

na qual esteja sendo de qualquer forma privada de sua liberdade de ação em qualquer medida significativa, deverá ser previamente informada do seu direito de permanecer em silêncio e do privilégio contra autoincriminação.

No julgamento do caso *Miranda v. Arizona*,[401] a Suprema Corte dos Estados Unidos estabeleceu o que considerou o fator determinante para decidir sobre a admissibilidade de declarações obtidas durante os interrogatórios conduzidos por agentes públicos. Em síntese, são os limites que devem ser observados de acordo com a Constituição dos Estados Unidos na persecução de indivíduos por crimes. O precedente gerado nesse julgamento estabelece que, antes de qualquer questionamento, o indivíduo precisa ser informado que ele tem o direito de permanecer em silêncio, que qualquer declaração que ele faça pode ser usada como evidência contra si, e que tem direito à presença de um advogado, e, caso não possa contratar um, será providenciado pelo Estado. Essa advertência obrigatória ficou conhecida como *Miranda warning*,[402] ou seja, a advertência gerada a partir do caso Miranda.

Uma vez advertido, o indivíduo pode abrir mão desses direitos, desde que essa dispensa seja feita de forma voluntária e consciente. Se, entretanto, o indivíduo indicar, de qualquer forma e em qualquer estágio, que deseja consultar um advogado antes de se manifestar ou prosseguir, não poderá haver questionamento. Da mesma forma, se o indivíduo estiver sozinho e indicar, de qualquer forma, que não deseja ser interrogado, a polícia não pode questionar tal posição. O mero fato de o indivíduo haver respondido voluntariamente algumas perguntas não retira dele o direito de abster-se de responder outras perguntas, até que consulte um advogado e consinta em ser questionado. Portanto, para que o indivíduo tenha oportunidade de exercitar seu privilégio contra autoincriminação, deve ser devidamente informado sobre seu direito de permanecer em silêncio.

---

[401] 384 U.S. 436 (1966).

[402] *Miranda Warning*: "1. You have the right to remain silent; 2. Anything you say can and will be used against you in a court of law; 3. You have the right to talk to a lawyer and have him present with you while you are being questioned; 4. If you cannot afford to hire a lawyer, one will be appointed to represent you before any questioning if you wish; 5. You can decide at any time to exercise these rights and not answer any questions or make any statements. Waiver: Do you understand each of these rights I have explained to you? Having these rights in mind, do you wish to talk to us now?"

4.6 Imunidades contra autoincriminação

A imunidade[403] consiste em um compromisso da acusação que assegura à testemunha que ela não será responsabilizada criminalmente pelas informações e depoimentos que prestar ao Estado. A pessoa que recebe imunidade não fica sujeita ao trilema cruel de ter de decidir entre a autoincriminação, cometer perjúrio ou incorrer em *contempt of Court*. Uma vez conferida imunidade, não há risco de a pessoa ser processada por crime. Consequentemente, a pessoa que recebe imunidade não tem direito a se recusar a testemunhar e, caso haja recusa, pode ser punida com prisão.[404]

É importante destacar que em muitos casos haverá necessidade de a imunidade ser concedida no âmbito federal e também no estadual, e somente então o indivíduo estará obrigado a depor. Isso porque os Estados Unidos adotam um sistema de divisão de competências, no qual, diferente do Brasil, onde somente a União pode legislar sobre direito penal, no sistema norte-americano a legislação penal pode ser produzida no âmbito estadual ou federal. Atenta a tal fato, a Suprema Corte já estabeleceu que um indivíduo não pode ser compelido pelo governo federal a prestar depoimento, ainda que obtenha imunidade deste, caso possa ser acusado de crime pelo governo estadual, do qual não tenha obtido imunidade, e vice-versa.[405]

Dúvida surge se uma testemunha pode invocar o privilégio contra autoincriminação, obter imunidade, e negar sua culpa em qualquer crime. Essa situação já foi enfrentada pela Suprema Corte em um caso que resultou na morte de uma criança, no qual os suspeitos eram o pai e a babá. Foi concedida imunidade à babá, e, em seu depoimento, ela negou qualquer participação no crime, e acusou o pai da criança, que acabou condenado. A imunidade concedida à baba foi desafiada, pois, afinal, ela não admitiu qualquer crime, portanto, não deveria estar protegida por imunidade.

A Suprema Corte entendeu que a babá enfrentou o risco de incriminar-se no seu depoimento, embora tenha negado sua participação,

---

[403] O estatuto das imunidades em nível federal é previsto no *18 USC §6002*, que é uma imunidade limitada ao uso das informações e aos frutos das informações (*use and derivative use/or use-fruits*). Mais ampla é a *transactional immunity*, que assegura que nenhum acordo sobre o que a testemunha disser pode ser objeto de futuro processo contra ela.

[404] SALTZBURG, Stephen A.; CAPRA, Daniel J. *American Criminal Procedure* – Cases and Commentary. 10th ed. Minnesota: West Academic Publishing, 2014. p. 701.

[405] *Murphy v. Waterfront Commission of New York Harbor*, 378 US 52 (1964). Disponível em: https://supreme.justia.com/cases/federal/us/378/52/. Acesso em: 10 set. 2021.

mas o fato de haver sido submetida a tal risco fez com que a imunidade fosse considerada legalmente concedida.[406] Porém, é importante reforçar que a imunidade não dá direito à testemunha de mentir, e que a existência de indícios de que a testemunha mentiu sob imunidade pode ser utilizada para processá-la criminalmente por perjúrio, declaração falsa ou obstrução de justiça.[407]

4.6.1 A extensão da imunidade: não alcança potenciais crimes praticados no estrangeiro

No sistema norte-americano, embora um indivíduo chamado a prestar depoimento no âmbito federal, e com imunidade concedida pelo governo federal, possa se recusar a depor caso exista o risco de ser acusado criminalmente no âmbito estadual, e vice-versa, por outro lado, a ameaça potencial de ser acusado de crime por um sistema estrangeiro não autoriza o indivíduo a se recusar a depor. Portanto, a existência de risco potencial de ser processado criminalmente no estrangeiro não está coberta pelo alcance do privilégio contra autoincriminação previsto na Quinta Emenda. Essa foi a posição que prevaleceu na Suprema Corte dos Estados Unidos no julgamento do caso *United States v. Balsys, 524 US 666 (1998)*. Nesse caso, de ameaça de processo criminal em país estrangeiro, a Quinta Emenda não protege contra tal risco.

4.6.2 Imunidade contra autoincriminação no sistema brasileiro

O sistema de imunidades é fundamental em um modelo que reconhece o privilégio contra autoincriminação e ao mesmo tempo não admite que o indivíduo preste declarações falsas. Portanto, no momento atual, as imunidades não são necessárias no sistema brasileiro, pois admitimos que sejam prestadas declarações falsas como defesa. Entretanto, se evoluirmos para um modelo que não admita que o investigado/acusado minta, nesse caso, o regime de imunidades deve ser também previsto no novo modelo, pois muitas vezes o testemunho de um dos acusados é importante para facilitar o entendimento da extensão do esquema criminoso e estabelecer a responsabilidade

---

[406] *Ohio v. Reiner, 532 US 17 (2001).*

[407] *United States v. Apfelbaum, 445 U.S. 115 (1980).*

de outros acusados com maior participação no crime. Por ora, no sistema brasileiro, as imunidades podem ser concedidas no âmbito da colaboração premiada, em troca de informações que facilitem o entendimento do esquema criminoso e/ou a punição dos "peixes graúdos".

4.7 Mentir nunca é uma opção no sistema americano e também não deveria ser entre nós

Apesar de haver ficado claro dos itens acima que mentir jamais é uma opção no sistema norte-americano, pareceu-nos oportuno reforçar essa ideia, porque é totalmente contrastante com o modelo brasileiro, e isso causa um efeito degenerativo no nosso sistema de justiça. Ao considerar que o indivíduo tem o direito de mentir e que isso está abarcado pela ampla defesa, estabelecemos um padrão de conduta que, todos sabemos, é errado, além de ser totalmente incompatível com uma cultura de integridade que queremos incorporar e difundir na sociedade.

O indivíduo tem sempre o direito de permanecer em silêncio e não se incriminar, não produzir prova contra si próprio. A existência desse direito ao silêncio é considerada garantia suficiente no modelo norte-americano, que não admite que qualquer pessoa faça qualquer tipo de declaração falsa ou utilize qualquer documento que sabe ser falso, quando no âmbito de qualquer questão da competência dos Poderes Executivo, Legislativo e Judiciário, sob pena de incorrer em crime para o qual é prevista multa ou prisão por no máximo 5 anos, ou ambos.[408] Se investigadores perguntarem ao acusado se ele cometeu o crime, e ele negar, faltando com a verdade, isso caracteriza crime, porque no sistema norte-americano não se admite que o direito a mentir esteja abrangido pelas garantias do devido processo legal.

Se declarações falsas forem feitas no âmbito de um julgamento, então o indivíduo pode ser responsabilizado por perjúrio, declarações falsas ou obstrução de justiça, além do desrespeito à Corte. Isso porque no sistema norte-americano é inconcebível que o indivíduo possa estar diante de funcionários públicos desempenhando as atribuições dos seus cargos, ou diante de uma Corte e dos Jurados, e esteja autorizado a mentir.

O modelo brasileiro é mais humano que o modelo norte-americano quando dispensamos do compromisso de dizer a verdade as pessoas

---

[408] *18 USC §1001.*

que, por parentesco, possuem laços afetivos muito fortes com o réu.[409] Nesse ponto específico, nosso modelo se mostra mais aprimorado, pois, diferente do que ocorre no sistema norte-americano, as pessoas que são chamadas a testemunhar no sistema brasileiro não ficam sujeitas ao cruel trilema de incriminar um parente próximo, ou mentir e cometer crime, ou cometer ato que pode ser considerado desrespeitoso e ser sancionado com multa ou prisão.

Porém, quando admitimos a possibilidade de que o investigado/acusado, além do direito ao silêncio e do privilégio contra autoincriminação, possa mentir em sua defesa, isso leva nosso sistema a estabelecer um nível de tolerância tão fora do padrão de conduta que é considerado aceitável que afeta negativamente a credibilidade e prejudica o funcionamento do próprio sistema criminal. É uma filosofia que contribui mais do que imaginamos — porque já estamos tão acostumados com a ideia — para tornar o sistema ineficiente. Não ensinamos a nossos filhos que eles podem mentir, nem a nossos alunos, nem a nossos empregados, e nem a qualquer pessoa que esteja sob nossos cuidados. No âmbito familiar, nas escolas, nas empresas, a ideia que queremos transmitir é de conduta ética e de integridade, de reconhecer os erros, aceitar e trabalhar da melhor forma as consequências e desenvolver estratégias para estimular outro comportamento.

Então por que aceitamos que justamente no âmbito da lei, que regula nossas relações sociais e nosso modelo de justiça, a mentira seja uma prática aceita e abrangida pelo princípio da ampla defesa? Será que isso é mesmo ampla defesa? Ao dar esse alcance à ampla defesa, não estaremos criando uma situação de injustiça para aqueles que, por terem um padrão de conduta mais elevado, não quiserem insistir no erro e mentir? Não estaremos criando uma situação de desigualdade para aqueles que mentirem pior, mentirem com menos recursos, mentirem com menos influência? O processo não deve ser um jogo onde vence quem manipula melhor o sistema. É muito mais simples do que isso: o indivíduo que praticou a conduta descrita como crime deve ser condenado, pois esse é um direito da vítima, e o que não praticou deve ser absolvido. Tudo que inventamos em torno disso e que dificulta essa

---

[409] Art. 206 do Código Penal brasileiro: "A testemunha não poderá eximir-se da obrigação de depor. Poderão, entretanto, recusar-se a fazê-lo o ascendente ou descendente, o afim em linha reta, o cônjuge, ainda que desquitado, o irmão e o pai, a mãe, ou o filho adotivo do acusado, salvo quando não for possível, por outro modo, obter-se ou integrar-se a prova do fato e de suas circunstâncias."

conclusão somente contribui para a ineficiência e injustiça do modelo de sistema criminal.

Como mencionado pelo Justice Scalia da Suprema Corte dos Estados Unidos,[410] em julgamento de caso no qual o réu, enquanto ainda era investigado, negou sua participação em crime a agentes federais que o entrevistavam, e acabou sendo processado também por essa negativa: ele poderia ter simplesmente ficado calado, sem penalidade.

4.8 Três mudanças-chave que revolucionariam o sistema criminal brasileiro

As três mudanças que têm o potencial de transformar o modelo de justiça criminal brasileiro em um modelo eficiente de modo geral, e especialmente contra corrupção, de modo a pavimentar o caminho para o crescimento econômico consistente e desenvolvimento sustentável, são as seguintes:

1) Limitação do alcance que damos ao princípio da presunção de inocência, de modo que o investigado/acusado seja presumidamente inocente até que sua culpa seja legalmente reconhecida em um processo no qual todas as garantias necessárias à sua defesa lhe sejam asseguradas.

Essa interpretação compatibilizaria a interpretação que damos a esse princípio com os tratados e convenções internacionais e com uma leitura sistemática da Constituição de 1988, que define a estrutura do Poder Judiciário e afirma que aos juízes (de Primeira Instância) compete processar e julgar crimes, assim como aos Tribunais (de Segunda Instância) compete processar e julgar os crimes definidos na sua competência. No momento em que é proferida uma decisão condenatória, cessa o princípio da presunção de inocência, como previsto na legislação internacional e em todos os demais ordenamentos jurídicos que conhecemos.

Tal interpretação produz reflexos fundamentais na efetividade do modelo de sistema criminal, na possibilidade de início de cumprimento da pena após reconhecimento da culpa em segundo grau de recurso, e nos incentivos à colaboração premiada, essencial nos crimes de corrupção no setor público.

---

[410] *Brogan v. United States*, 522 U.S. 398 (1998).

2) Inversão do ônus da prova nos casos de corrupção no setor público.

Não se discute que a regra geral é que cabe à acusação produzir a prova da culpa do acusado. Entretanto, em hipóteses excepcionais, admite-se que a ponderação dos valores em jogo justifique a inversão do ônus da prova em casos pontuais. Uma vez que a corrupção foi apontada como a maior causa de atraso no desenvolvimento de países, não existe hipótese mais evidente de valores em jogo que justificam a inversão do ônus da prova em casos de corrupção no setor público. O ocupante de cargo público não deve se beneficiar das mesmas garantias disponibilizadas a uma pessoa comum, que não goza da mesma influência de um ocupante de cargo público com poder decisório e acesso a recursos públicos. Qualquer situação que envolva recursos públicos e indícios de abuso dos poderes inerentes ao cargo público ocupado justifica a inversão do ônus da prova pela ponderação dos valores em jogo: interesse público e recursos públicos.

Em diversas situações o ocupante de cargo público é submetido a um rigor maior e limitação das garantias de sigilo e privacidade em relação às pessoas que não ocupam cargo público. Por exemplo, os funcionários públicos possuem seus contracheques divulgados em portais de transparência e necessitam apresentar ou disponibilizar às suas instituições acesso aos seus comprovantes de rendimentos anuais, obrigações essas que não são exigidas de pessoas que não ocupam cargo público. Portanto, o estatuto do ocupante de cargo público o distingue das demais pessoas.

Ao assumir um cargo público, de livre e espontânea vontade, o agente/funcionário público deve ter consciência de que, caso apresente um crescimento excepcional no seu patrimônio, poderá ser chamado a demonstrar a origem lícita desse acréscimo patrimonial, cabendo à acusação comprovar exclusivamente o acréscimo desproporcional com suas fontes de renda legítimas.

Essa inversão do ônus da prova especificamente em crimes de corrupção no setor público já é prevista em sistemas como o existente na Coreia do Sul, Singapura e Índia, países que vêm consistentemente apresentando melhores resultados nos índices de combate à corrupção, crescimento e desenvolvimento econômico e humano.

3) Afastar o direito de mentir, permitindo o direito ao silêncio.

Quando o sistema criminal brasileiro admite o direito do investigado/acusado de mentir perante as autoridades policiais, promotores, juízes e Tribunais, perante o sistema de Justiça brasileiro, isso inviabiliza a disseminação de uma cultura de integridade. A partir do momento em que aceitamos a mentira como abrangida pela garantia da ampla defesa, difundimos uma cultura que dificulta nosso ingresso como grupo social em uma espiral virtuosa, pois a mensagem que transmitimos é que no processo criminal vale tudo e não se observa um padrão de conduta íntegra. O direito ao silêncio é garantia suficiente para assegurar ao investigado/acusado os direitos inerentes à sua defesa, exatamente como previsto no modelo norte-americano de Justiça, no qual a mentira sempre constitui crime e o próprio réu faz juramento de dizer a verdade caso queira falar, podendo permanecer em silêncio.

A intenção deste tópico 4.8 foi apontar, de forma muito objetiva, as três mudanças pontuais que provocariam uma revolução no modelo de Justiça brasileiro. Todos os pontos foram mais detalhadamente analisados nos tópicos anteriores deste Capítulo 4, aos quais remetemos o leitor.

CAPÍTULO 5

PAÍSES QUE SÃO BONS EXEMPLOS: ESTADOS UNIDOS, SINGAPURA, COREIA DO SUL E ÍNDIA

5.1 Países que são bons exemplos

Singapura é um raro exemplo de adoção de práticas bem-sucedidas, havendo enfrentado sérios problemas estruturais e profundamente corrupto no passado, mas hoje notável exemplo de avanço no combate à corrupção. Segundo dados do índice do Banco Mundial[411] (*World Governance Indicators* – WGI), embora Singapura tenha avançado e alcançado uma das melhores posições no *ranking* mundial de controle da corrupção, em contrapartida, ocupa uma posição intermediária no que tange a outro importante indicador[412] que apura o funcionamento de canais para denunciar práticas abusivas (voz) e mecanismos de prestação de contas (*accountability*).[413]

Pelo mesmo estudo, Coreia do Sul, Botswana, Costa Rica, Chile, Portugal, Estônia, Hungria, Estados Unidos e Canadá obtiveram as melhores posições no *ranking* tanto em controle da corrupção quanto em voz e prestação de contas. A Coreia do Sul vem apresentando avanços consistentes em todos os índices de interesse deste trabalho, ou seja,

---

[411] Disponível em: https://info.worldbank.org/governance/wgi/Home/Documents#wgiData Sources.

[412] *Voice and accountability.*

[413] O estudo apura a evolução de alguns países no período de 1996-2006: Worldwide Governance Indicators, Booklet: a Decade of Measuring the Quality of Governance, p. 9. Disponível em: https://info.worldbank.org/governance/wgi/Home/Documents#wgiDataSources. Acesso em: 07 abr. 2020.

relacionados diretamente ao enfrentamento da corrupção, como o Índice da Percepção da Corrupção da Transparência Internacional, e também naqueles relacionados ao crescimento econômico (PIB nominal e *Doing Business*) e desenvolvimento humano (Índice de Desenvolvimento Humano).

Com relação aos Estados Unidos, que podemos dizer que são o foco principal deste trabalho, já que se tornaram os maiores *players* mundiais no combate à corrupção transnacional, abordaremos sua estratégia principal mais detidamente no próximo capítulo, que trata das ferramentas mais poderosas no enfretamento da corrupção, com destaque para o *Foreign Practices Corruption Act (FCPA)* e o programa de *whistleblowing* norte-americano. Neste capítulo, incluímos os Estados Unidos, como não poderia deixar de ser, para fins de comparação de seu desempenho com os demais países.

No relatório *Doing Business* 2020,[414] elaborado a partir da análise de 190 países, constatou-se que 115 países facilitaram seus procedimentos para fazer negócios, e as economias que mostraram um avanço mais notável foram Arábia Saudita, Jordânia, Togo, Bahrein, Tajiquistão, Paquistão, Kuwait, China, Índia e Nigéria. Observe-se que a Índia teve um avanço notável e é uma economia que vem ganhando posições nos *rankings* das maiores economias mundiais, enquanto o Brasil vem perdendo. A Índia igualmente foi reconhecida como país que promoveu avanços notáveis também em 2019[415] e também em anos anteriores, mostrando que vem avançando de forma consistente. No relatório intitulado *The World in 2050*,[416] publicado em 2017 pela *PricewaterhouseCoopers* (PwC), a projeção é de que a Índia esteja na 2ª posição do *ranking* do PIB com base na paridade do poder de compra ou poder aquisistivo (GDP PPP[417]), atrás da China, mas à frente dos Estados Unidos.

O relatório *Doing Business* 2020 também aponta que somente dois países africanos conseguiram estar no *ranking* das 50 economias

---

[414] Disponível em: https://openknowledge.worldbank.org/bitstream/handle/10986/32436/9781464814402.pdf. Acesso em: 30 ago. 2021.

[415] Disponível em: https://portugues.doingbusiness.org/pt/reports/global-reports/doing-business-2019: "As economias que realizaram mais melhorias nas áreas analisadas pelo Doing Business 2019 foram o Afeganistão, Djibouti, China, Azerbaijão, Índia, Togo, Quênia, Costa do Marfim, Turquia e Ruanda." Acesso em: 30 ago. 2021.

[416] Disponível em: https://www.pwc.com/gx/en/research-insights/economy/the-world-in-2050.html#keyprojections. Acesso em: 30 ago. 2021.

[417] *Gross Domestic Product as Purchasing Power Parity.*

mais fáceis de fazer negócios, e nenhum país da América Latina está incluído neste *ranking*. Portanto, o Brasil, e a América Latina como um todo, tem várias lições que podem ser aproveitadas da experiência de países que vêm sendo mais bem-sucedidos em combate à corrupção e em crescimento econômico. Afinal, o que motiva e impulsiona essa necessidade inadiável de combater a grande corrupção é exatamente o impacto de estagnação que ela produz, impedindo que o crescimento econômico ocorra de forma consistente e sustentável. E o crescimento econômico caminha junto com o desenvolvimento humano, que é o objetivo que deve nos mover como sociedade.

Neste capítulo, nosso objetivo é trazer um pouco da experiência desses países e dos resultados refletidos nos indicadores que medem percepção da corrupção, crescimento econômico e desenvolvimento humano.

5.2 Singapura

5.2.1 O exemplo bem-sucedido de Singapura no combate à corrupção

> *Discover the possibilities with Singapore, the special place for those who love proving the world wrong.*[418]

No artigo que escreveu sobre o sucesso de Singapura no combate à corrupção, o Primeiro Ministro Lee Hsien Loong inicia com a seguinte frase: "Corrupção é um flagelo que jamais pode ser tolerado".[419] Ocupando o cargo de Primeiro-Ministro desde 2004, e conhecido pelo seu foco voltado para a construção de uma economia competitiva e uma sociedade inclusiva, ele credita o sucesso de Singapura no

---

[418] Disponível em: https://www.edb.gov.sg/. *Singapore Economic Development Board* – EDB é uma agência/órgão do governo de Singapura, responsável pelo desenvolvimento de estratégias para aprimorar a posição de Singapura no mercado global como centro de negócios, inovação e talento. Está vinculada ao Ministério do Comércio e Indústria. Acesso em: 10 ago. 2021.

[419] LOONG, Lee Hsien. Success in combating corruption – views on the Singaporean experience. *In: Against Corruption*, chapter 10, position 1806.

enfrentamento da corrupção a quatro fatores. O primeiro fator está relacionado à herança colonial, afirmando que Singapura herdou do governo colonial britânico um sistema limpo, em pleno funcionamento, e com instituições saudáveis, no qual se adotava o direito inglês, e contava com um Poder Judiciário eficiente e honesto, além de serviços civis em funcionamento, sendo importante enfatizar que os funcionários públicos que integravam o serviço colonial mantinham um padrão alto de conduta.

O segundo fator foi que, após independência em 1959, o país tinha muitos problemas, mas os líderes estavam determinados a manter o sistema limpo. Nesse período de transição para o governo independente, Singapura lidava com problemas relacionados à pobreza, sistema de saúde público precário, grave problema de carência de moradias, economia estagnada e explosão populacional. As pessoas que assumiram o poder em 1959, lideradas pelo Primeiro-Ministro Lee Kuan Yew, tomaram posse usando camisas e calças brancas, para simbolizar sua intenção e determinação de manter o governo limpo e livre de corrupção. Essas iniciativas deram o tom que seria seguido por Singapura desde então. É importante destacar a diferença fundamental que a presença do Primeiro-Ministro Lee Kuan Yew teve nesse período de transição de Singapura para governo independente e de economia estagnada para uma economia altamente competitiva e sustentável, com Singapura ocupando o segundo lugar no *ranking Doing Business* 2020. Nunca é demais enfatizar a determinação que o Primeiro-Ministro Lee Kuan Yew teve em estabelecer um governo limpo e incorruptível. O fato de haver permanecido no poder de 1959 a 1990 permitiu criar uma base sólida na qual a corrupção é uma prática não tolerada no governo e esse tom é transmitido para toda a sociedade.

O terceiro fator que contribuiu para o sucesso de Singapura no combate à corrupção foi a institucionalização de uma estrutura anticorrupção abrangente e robusta que abarca leis, fiscalização e serviço público. Um marco fundamental foi o advento da Lei de Prevenção à Corrupção[420] (PCA), aprovada logo após a independência, em 1960, e revisada em 1993. Na visão do Primeiro-Ministro Loong, o aspecto que torna essa uma poderosa ferramenta no enfrentamento da corrupção é que o ônus da prova recai sobre o acusado, que deve demonstrar que

---

[420] *Prevention of Corruption Act* (PCA), promulgado em 1960 e revisado em 1993. Disponível em: https://sso.agc.gov.sg/Act/PCA1960. Acesso em: 05 ago. 2021.

adquiriu sua riqueza legalmente. Qualquer riqueza inexplicada, que seja desproporcional às fontes de renda conhecidas, é presumida como proveniente de corrupção e pode ser confiscada.[421]

Outro aspecto relevante destacado pelo Primeiro-Ministro Loong é que o PCA prevê jurisdição extraterritorial, de modo que as ações dos cidadãos de Singapura no exterior sejam tratadas da mesma forma que as ações cometidas em Singapura, independentemente de tais atos corruptos produzirem consequências diretas em Singapura.[422] Ainda relativamente a esse terceiro fator, mencione-se a existência do Gabinete de Investigação de Práticas de Corrupção,[423] que é uma agência anticorrupção que trabalha com uma boa estrutura de recursos e de forma independente, que possui poderes para investigar qualquer pessoa, inclusive policiais e ministros. Ademais, Singapura paga aos seus funcionários públicos salários justos e compatíveis com os salários pagos no setor privado, e, em contrapartida, exige um alto padrão de integridade e *performance*.

O quarto fator destacado como pilar do sucesso no enfrentamento da corrupção é que Singapura desenvolveu ao longo do tempo uma sociedade e uma cultura que evita a corrupção. Os próprios cidadãos esperam e exigem um sistema limpo, e não toleram dar ou aceitar o que chamou de "lubrificantes sociais" para que as coisas sejam feitas, e, quando isso ocorre, os cidadãos prontamente relatam práticas corruptas. Segundo o Primeiro-Ministro, os cidadãos de Singapura assim o fazem porque confiam que a lei se aplica a todos e que o governo fará com que as leis sejam cumpridas sem medo ou favor.[424]

Embora Singapura tenha obtido sucesso no que chamou de erradicação da corrupção, afirma que não possui qualquer ilusão de que conseguiram solucionar o problema de forma definitiva. O fundamental na visão do Primeiro-Ministro é que "manter um sistema limpo deve começar do topo", pois a confiança demora para ser construída, mas pode ser rapidamente destruída. Por isso, considera que a integridade do governo, do sistema e dos homens e mulheres que ocupam as posições de comando têm sido chave para o sucesso de Singapura.

---

[421] LOONG, Lee Hsien. Success in combating corruption – views on the Singaporean experience. *In*: *Against Corruption*, chapter 10, position 1825.

[422] PCA, item 37.

[423] *Corrupt Practices Investigation Bureau.*

[424] LOONG, Lee Hsien. Success in combating corruption – views on the Singaporean experience. *In*: *Against Corruption* (2016), chapter 10, position 1833.

As palavras do Primeiro-Ministro Loong, quando afirma que o tom deve vir do topo, encontram ressonância na observação de Christine Lagarde sobre a importância de processar o que chamou de "peixes graúdos" como um claro sinal de compromisso e mudança, o que somente pode ser conseguido se os líderes do país apoiam a medida. Lagarde cita como exemplo a experiência de Singapura, onde Lee Kuan Yew foi um líder que efetivamente implantou políticas sinalizando tolerância-zero à corrupção e ao mesmo tempo trabalhou para construção de instituições fortes quando a corrupção, segundo afirma, era uma prática amplamente difundida no país.[425]

Como resultado, a análise que tem sido feita é no sentido de que Singapura vem se tornando cada vez mais competitiva, pois, enquanto seu sistema é considerado altamente rigoroso, também é considerado em grande medida justo e incorruptível.[426]

5.2.2 O sistema livre de corrupção de Singapura depende de um partido político?

Indaga-se se o sistema implantado em Singapura, refratário à corrupção, é dependente de uma pessoa, ou de um partido, ou de outra circunstância que exista além do fato de que não aceitar a corrupção como algo natural passou a fazer parte da experiência e da expectativa dos cidadãos de Singapura. Essa é uma questão de fundamental relevância, que pode responder se existe um determinado padrão de conduta ética e de integridade social que, uma vez atingido, passa a trabalhar automaticamente para impedir o retrocesso para um padrão de conduta que se distancie desses valores. Em outras palavras, ao passar a viver em uma sociedade livre de corrupção, esse se torna o novo padrão de conduta? Ou a corrupção pode voltar e passar a ser tolerada e aceita na sociedade, dependendo do tom dado por quem está no poder? Estaremos sempre às voltas com avanços e retrocessos agudos ou podemos atingir um determinado estágio no qual o retrocesso se torna absolutamente inaceitável ou ao menos não ocorre de forma significativa?

---

[425] LAGARDE, Christine. Addressing Corruption – Openly. *In: Against Corruption* (2016), position 2259.

[426] NORTON, Joseph J. Are Latin America and East Asia an Ocean Apart? The Connecting Currents of Asian Financial Crises, 4 NAFTA. L. & BUS. REV. AM. 93, at 100-01 (1998). Disponível em: https://scholar.smu.edu/lbra/vol4/iss4/3/. Acesso em: 20 jun. 21. p. 116.

CAPÍTULO 5
PAÍSES QUE SÃO BONS EXEMPLOS: ESTADOS UNIDOS, SINGAPURA, COREIA DO SUL E ÍNDIA | 233

As inúmeras variáveis existentes em diferentes situações e países dificultam uma resposta precisa, mas é possível afirmar que, alcançado determinado nível de evolução, grandes retrocessos não são comuns de acontecer. O que se vê com mais frequência é a estagnação que acomete alguns países, que ficam presos em um determinado nível, avançando e retrocedendo dentro desta faixa, mas sem conseguir efetivamente passar de nível. Não obstante, experiências como a de Singapura mostram que é possível construir uma situação consolidada de décadas de combate à corrupção e crescimento sustentável, e isso gera curiosidade sobre o ambiente político no qual essa realidade se desenvolveu.

Singapura é uma República Parlamentarista unitária de partido dominante. Isso significa que existe apenas um partido político que detém o poder governamental, confundindo-se com o próprio Estado. Um sistema de partido dominante não proíbe existência de outros partidos de oposição, entretanto, esses outros partidos são muito fracos frente ao partido dominante. As circunstâncias que vão fazer com que um partido se torne dominante são as mais variadas, podendo derivar de um sistema no qual a corrupção impede a ascensão de outros partidos, leis que propositalmente prejudicam a capacidade de um partido de oposição prosperar de forma eficaz, instituições e organizações que apoiam a manutenção do *status quo*, e a própria sociedade pode apoiar a manutenção de valores defendidos pelo partido dominante. Portanto, a existência de um partido dominante não está necessariamente relacionada a um sistema autoritário, podendo existir em regimes democráticos. Isso distingue os sistemas de partido dominante dos sistemas de partido único, sendo este típico de regimes autoritários.

O PAP (*People's Action Party*), partido que conquistou o poder após a independência, elegeu Primeiro-Ministro Lee Kuan Yew, que ficou no poder de 1959 a 1990, e foi sucedido pelo Primeiro-Ministro Goh Chok Tong, de 1990 a 2004. Desde 2004 o cargo é ocupado pelo Primeiro-Ministro Lee Hsien Loong, que vem a ser o filho mais velho do ex-Primeiro-Ministro Lee Kuan Yew, falecido em 2015. Portanto, nos 60 anos de história como país independente, o cargo de Primeiro--Ministro foi ocupado por três pessoas, todos do mesmo partido político (PAP). Contudo, o cargo de Presidente tem sido ocupado por pessoas que assumem não afiliadas a partidos políticos, são independentes, embora tenham sido filiadas ao PAP antes de assumirem a presidência do país. É o caso dos três últimos presidentes, ex-Presidente S.R. Nathan, que assumiu de 1999 a 2011, como independente, embora filiado ao PAP de 1966 a 1988, assim como o ex-Presidente Tony Tan, que presidiu Singapura de 2011 a 2017, e foi filiado ao PAP de 1980 a 2011. Desde 2017 Singapura é presidido por uma mulher, que é a 8ª Presidente Halimah Yacob, que assumiu como independente, embora tenha pertencido ao PAP de 2001 a 2017.

Vê-se que o sistema implantado em Singapura, e que teve como seu fundador o Primeiro-Ministro Lee Kuan Yew, está intimamente ligado ao partido político PAP, não havendo dúvidas de que é o partido dominante no país. Porém, a partir de 2011, o PAP sofreu o que foi considerado uma derrota nas eleições, ao alcançar apenas 60% dos votos e perder seis cadeiras, pior resultado desde a independência do país. Não obstante o declínio havido na popularidade do partido PAP, isso não representou um reflexo negativo nos *rankings* relacionados ao combate à corrupção e desenvolvimento do país.

5.2.3 Singapura é uma ditadura benevolente?

Ditadura benevolente consiste em um regime no qual o governo é exercido por um líder autoritário, porém esse líder é percebido como alguém que usa seu poder político absoluto em benefício da população como um todo, e isso o diferenciaria do estereótipo do ditador clássico, que usaria seu poder para realizar seus interesses pessoais e de seus apoiadores em prejuízo da população. Como exemplo de líderes que se enquadram na definição de ditador benevolente,[427] citem-se o Primeiro-Ministro fundador de Singapura independente Lee Kuan Yew[428] (1959-1990), Mustafa Kemal Atatürk,[429] líder da Guerra da Independência da Turquia (1919-1923) e Presidente da Turquia (1923-1938), e France-Albert René, que foi o segundo Presidente de Seychelles, e esteve no poder de 1977 a 2004. Em Seychelles, até 1993, a lei somente admitia um único partido político, e, após 1993, com o início de uma democracia multipartidária, ele continuou vencendo eleições em 1993, 1998 e 2001.

---

[427] Disponível em: https://thepolicywire.com/lee-kuan-yew-the-curious-legacies-of-benevolent-dictators/. Acesso em: 10 ago. 2021.

[428] Disponível em: https://www.malaymail.com/news/malaysia/2015/03/23/obituary-lee-kuan-yew-the-benevolent-dictator/864591; ver também: https://www.theguardian.com/world/2015/mar/23/lee-kuan-yews-legacy-of-authoritarian-pragmatism-will-serve-singapore-well; ver também: https://www.independent.co.uk/voices/comment/lee-kuan-yew-entirely-exceptional-leader-who-balanced-authoritarianism-pragmatism-10128277.html, todos acessados em: 10 ago. 2021.

[429] Disponível em: http://www.columbia.edu/~sss31/Turkiye/ata/hayati.html. Acesso em: 10 ago. 2021.

Assim como o Primeiro-Ministro de Singapura Lee Kuan Yew, o Presidente de Seychelles France-Albert René[430] também se popularizou por haver promovido um desenvolvimento rápido do país depois da independência, com sua administração estabelecendo avanços nas áreas administrativa e de serviços públicos de saúde e de educação, com a criação de um sistema público universal de saúde e elevando o índice de alfabetização da população a 90%.

Em Singapura, a gestão do Primeiro-Ministro Lee Kuan Yew no período pós-independência foi responsável pela transformação de um país praticamente subdesenvolvido e uma sociedade agrária empobrecida em um dos países mais desenvolvidos da Ásia e também um dos mais ricos, sendo considerado um centro da aviação, do sistema bancário internacional, de negócios, turismo e transporte marítimo. Singapura é um dos Quatro Tigres Asiáticos, ao lado da Coreia do Sul, Taiwan e Hong Kong, que é o grupo de países que entre as décadas de 1960 e 1990 alcançaram rápida industrialização e mantiveram índices de crescimento excepcionais, adentrando o século XXI como economias de alta renda.

5.2.4 Como Singapura combinou regime militar com uma das economias mais prósperas do mundo

Singapura, em 2015, era a 8ª maior renda *per capita* no mundo, e o país que ocupa o terceiro lugar no *ranking* de maior densidade de milionários relativamente à população, superado apenas pelo Qatar e Suíça.[431] Mas tanta prosperidade não foi alcançada sem antes vencer grandes desafios que se colocaram desde a independência do país. O primeiro deles ocorreu logo nos primeiros anos de Singapura independente, quando o Primeiro-Ministro Lee Kuan Yew assumiu o poder, em 1959, e promoveu um referendo que confirmou seu projeto de unificação do território de Singapura com a Malásia, então um poderoso império.

Quando, em 1963, Singapura havia se tornado um ente da federação malaia, um confronto envolvendo minorias étnicas fez com que o governo da Malásia rompesse o acordo e os laços com Singapura, que,

---

[430] SHILLINGTON, Kevin. *Albert René, the Father of Modern Seychelles*: A Biography. Crowley, Western Australia: The University of Western Australia, 2014.

[431] Disponível em: https://www.worldfinance.com/special-reports/how-singapore-married-dictatorship-with-a-market-economy. Acesso em: 10 ago. 2021.

então, se resumia a um Estado empobrecido e banido do acordo de unificação, para a completa desolação de Lee Kuan Yew, já que a unificação era um desejo e um projeto do Primeiro-Ministro e sua equipe. Os problemas enfrentados à época por Singapura eram muitos: escassez de recursos naturais, conflitos étnicos internos, pobreza generalizada, e um mercado doméstico muito limitado, especialmente após o rompimento com a Malásia. Essa combinação de fatores tornava muito remotas as chances de sucesso de Singapura como país independente. No entanto, a visão do Primeiro-Ministro Lee Kuan Yew foi o grande fator diferencial. Enquanto muitos líderes de países que haviam recentemente conquistado sua independência viam investimentos do Ocidente como uma nova forma de colonialismo e de dependência econômica, o Primeiro-Ministro tinha uma visão totalmente diferente, e acreditava que o desenvolvimento econômico viria a partir da colaboração com os ex-colonizadores e o Ocidente de modo geral, sendo esse o caminho que idealizou para atrair investimentos do Japão, dos Estados Unidos e de países Europeus.

Com essa visão, em 1968, Lee Kuan Yew anunciava a obtenção de investimentos da Texas Instruments, que abriria uma fábrica no país. Em seguida, outras fábricas como National Semiconductor, Hewlett-Packard, General Eletric e Philips também foram atraídas a investirem na instalação de fábricas em Singapura, e, em 1980, Singapura se colocava como a maior exportadora de equipamentos eletrônicos. Como Singapura conseguiu atrair tantos investimentos? Promoveu significativos investimentos em estrutura física, generosos incentivos fiscais para atrair capital, trabalhadores dóceis e regimes burocráticos e administrativos eficientes. A combinação de tais fatores produziu como resultado sucesso na geração de crescimento econômico e empregos, e fez com que Singapura se tornasse uma economia maior que a Malásia.[432]

Atualmente, Singapura figura como primeira no *ranking Asia for innovation*, primeira no *ranking doing business* e segunda no *ranking* local mais fácil no mundo para fazer negócios.[433] Segundo informações divul-

---

[432] No *ranking* das maiores economias do mundo do Banco Mundial no ano de 2020, com base no PIB nominal, Singapura é 36ª e Malásia é 37ª. Outro indicador que coloca Singapura em maior vantagem em relação à Malásia é o Índice de Desenvolvimento Humano. Ambas possuem IDH muito alto, mas Singapura ocupa a 11ª posição enquanto Malásia está em 62ª.

[433] Disponível em: https://www.edb.gov.sg/en/why-singapore/business-friendly-environ ment.html, embora no *ranking Doing Business* 2020 Singapura ocupe a segunda posição,

gadas pelo seu Conselho de Desenvolvimento Econômico, vinculado ao Ministério do Comércio e Indústria, leva somente 15 minutos para registrar uma empresa *on-line*, o que seria o processo de registro mais rápido da Ásia; um dia e meio para instalar um negócio, o que representa um processo dezessete vezes mais rápido que a média regional; instalar uma empresa custa apenas S$315 dólares de Singapura; e S$1 dólar de Singapura é o capital mínimo para registrar uma empresa.[434]

Quando a combinação de capitalismo com democracia se firmava como o melhor caminho a ser seguido,[435] a pequena ilha de Singapura se recusava a adotar a democratização. Enquanto Francis Fukuyama escrevia, no início dos anos 1990, que atualmente não havia uma ideologia com pretensão de universalidade que possa desafiar a democracia liberal, tampouco não havia outro princípio universal de legitimidade diferente da soberania do povo, por outro lado, Milton Friedman observava que, nos anos 1990, embora a maioria do mundo houvesse adotado regime democrático, Singapura demonstrou que é possível combinar livre economia de mercado com sistema político ditatorial.[436]

5.2.5 Lei de Prevenção à Corrupção (PCA): inversão do ônus da prova de enriquecimento ilícito e adoção da jurisdição extraterritorial para nacionais

A lei intitulada *Prevention of Corruption Act*[437] (PCA), aprovada logo após a independência de Singapura, em 1960, e revisada em 1993, é considerada fator fundamental para o sucesso no combate à corrupção. A característica apontada como decisiva para alcançar esse

---

mas praticamente empatada com a primeira colocada, Nova Zelândia, que obteve 86.8 pontos, enquanto Singapura obteve 86.2 pontos.

[434] Disponível em: https://www.edb.gov.sg/en/why-singapore/business-friendly-environ ment.html. Acesso em: 10 ago. 2021.

[435] O que foi chamado por Samuel P. Huntington de "A terceira onda: Democratização no final do século XX". Vários países optavam pela democracia como regime de governo: na década de 1970 em Portugal e Espanha; na década de 1980 em Taiwan, Coreia do Sul, Filipinas, Brasil e países do leste europeu; na década de 1990 em alguns países da África.

[436] "As Fukuyama wrote in the early 1990s: 'There is now no ideology with pretensions to universality that is in a position to challenge liberal democracy, no universal principle of legitimacy other than the sovereignty of the people.'; As Milton Friedman observed in the 1990s, as much of the world succumbed to democratic rule, Singapore demonstrated that 'it is possible to combine a free private market economic system with a dictatorial political system'". Disponível em: https://www.worldfinance.com/special-reports/how-singapore-married-dictatorship-with-a-market-economy.

[437] *Prevention of Corruption Act (PCA)*, promulgado em 1960 e revisado em 1993. Disponível em: https://sso.agc.gov.sg/Act/PCA1960. Acesso em: 05 ago. 2021.

objetivo é a inversão do ônus da prova que recai sobre o acusado de crime de corrupção, que deve demonstrar que adquiriu sua riqueza legalmente. Toda riqueza que seja desproporcional às fontes de renda conhecidas e cuja aquisição não seja justificada por fontes legítimas, é presumidamente proveniente de corrupção e pode ser confiscada.[438]

É relevante destacar que os recursos ou bens não precisam estar na posse, propriedade ou titularidade da pessoa acusada de corrupção; se tais recursos ou bens forem detidos por qualquer outra pessoa que, considerando sua relação com o acusado, ou qualquer outra circunstância, existam razões para acreditar que tais recursos ou bens foram obtidos para ou em nome do acusado ou foram dados pelo acusado a esse terceiro, tais bens são considerados do acusado para fins de justificação da sua origem.[439]

Outra hipótese de inversão do ônus da prova ocorre nos casos em que restar provado que houve pagamento, entrega ou recebimento de alguma gratificação em favor de funcionário público, que tenha sido feito por qualquer pessoa ou agente de pessoa que possua ou busque possuir negócios com o governo ou entidade pública. Nesse caso, a lei presume que o benefício pago, entregue ou recebido pelo funcionário público deve ser considerado ato de corrupção com o objetivo de induzir ou recompensar o funcionário público, a menos que o contrário seja provado.[440]

---

[438] PCA, 24(1): "Evidence of pecuniary resources or property 24. – (1) In any trial or inquiry by a court into an offence under this Act or under sections 161 to 165 or 213 to 215 of the Penal Code or into a conspiracy to commit, or attempt to commit, or an abetment of any such offence the fact that an accused person is in possession, for which he cannot satisfactorily account, of pecuniary resources or property disproportionate to his known sources of income, or that he had, at or about the time of the alleged offence, obtained an accretion to his pecuniary resources or property for which he cannot satisfactorily account, may be proved and may be taken into consideration by the court as corroborating the testimony of any witness in the trial or inquiry that the accused person accepted or obtained or agreed to accept or attempted to obtain any gratification and as showing that the gratification was accepted or obtained or agreed to be accepted or attempted to be obtained corruptly as an inducement or reward." Disponível em: https://sso.agc.gov.sg/Act/PCA1960#pr24-. Acesso em: 10 set. 2021.

[439] PCA, 24(2): "(2) An accused person shall, for the purposes of subsection (1), be deemed to be in possession of resources or property or to have obtained an accretion thereto where those resources or property are held or the accretion is obtained by any other person whom, having regard to his relationship to the accused person or to any other circumstances, there is reason to believe to be holding those resources or property or to have obtained the accretion in trust for or on behalf of the accused person or as a gift from the accused person." Disponível em: https://sso.agc.gov.sg/Act/PCA1960#pr24-. Acesso em: 10 set. 2021.

[440] PCA, 8: "Presumption of corruption in certain cases 8. Where in any proceedings against a person for an offence under section 5 or 6, it is proved that any gratification has been paid or given to or received by a person in the employment of the Government or any

PAÍSES QUE SÃO BONS EXEMPLOS: ESTADOS UNIDOS, SINGAPURA, COREIA DO SUL E ÍNDIA | 239

Além da inversão do ônus da prova para corrupção e enriquecimento ilícito, a lei em Singapura também prevê o estabelecimento da jurisdição extraterritorial com base no princípio da nacionalidade ou personalidade ativa. Jurisdição extraterritorial significa que a lei de Singapura, que a princípio somente seria aplicável aos crimes cometidos dentro do seu território (jurisdição territorial), será estendida para alcançar e ser aplicada a qualquer nacional de Singapura que cometa os crimes nelas previstos, em qualquer lugar do mundo (jurisdição extraterritorial).

O item 37 da Lei de Prevenção à Corrupção de Singapura (PCA) prevê que suas disposições se aplicam aos seus cidadãos, estejam eles dentro ou fora do território de Singapura. E, quando um crime for cometido por um nacional em qualquer lugar no estrangeiro, ele poderá ser julgado como se o crime tivesse sido cometido em Singapura.[441] A lei também prevê que, neste caso, o nacional que tenha cometido o crime no estrangeiro e seja processado em Singapura terá a mesma proteção prevista para os crimes que foram praticados em Singapura, para evitar que seja processado, bem como extraditado, pelo mesmo crime.[442]

Esse alcance extraterritorial da lei criminal anticorrupção também é indicado como outro fator importante ao qual é creditado o sucesso de Singapura no combate à corrupção. Aliás, a expansão da jurisdição extraterritorial é uma ferramenta muito poderosa no aumento do custo do crime, porque o torna mais arriscado. Sempre que uma atividade passa a ser mais arriscada, porque haverá mais de um Estado com jurisdição e interesse em aplicar sua lei criminal, isso aumenta as chances de punição, e, em consequência, haverá um desestímulo à prática deste

---

department thereof or of a public body by or from a person or agent of a person who has or seeks to have any dealing with the Government or any department thereof or any public body, that gratification shall be deemed to have been paid or given and received corruptly as an inducement or reward as hereinbefore mentioned unless the contrary is proved." Disponível em: https://sso.agc.gov.sg/Act/PCA1960#pr8-. Acesso em: 10 set. 2021.

[441] PCA, 37(1): "Liability of citizens of Singapore for offences committed outside Singapore 37(1) The provisions of this Act have effect, in relation to citizens of Singapore, outside as well as within Singapore; and where an offence under this Act is committed by a citizen of Singapore in any place outside Singapore, he may be dealt with in respect of that offence as if it had been committed within Singapore." Disponível em: https://sso.agc.gov.sg/Act/PCA1960#pr37-. Acesso em: 10 set. 2021.

[442] PCA 37(2): "(2) Any proceedings against any person under this section which would be a bar to subsequent proceedings against that person for the same offence, if the offence had been committed in Singapore, shall be a bar to further proceedings against him, under any written law for the time being in force relating to the extradition of persons, in respect of the same offence outside Singapore." Disponível em: https://sso.agc.gov.sg/Act/PCA1960#pr37-. Acesso em: 09 out. 2021.

crime. Seguindo essa lógica, várias convenções repressivas passaram a obrigar os Estados signatários a estabelecerem sua jurisdição com base na nacionalidade dos sujeitos ativos.[443]

5.2.6 O princípio da presunção de inocência em Singapura

A Constituição da República de Singapura, diferente da maioria das constituições modernas, não faz referência expressa à presunção de inocência. O que a Constituição de Singapura contém mais próximo desta proteção pode ser encontrado no artigo 9(1), que estabelece que a vida e a liberdade da pessoa podem ser suprimidas somente de acordo com a lei, e o artigo 12(1) estabelece que todas as pessoas são iguais perante a lei. Por lei, no contexto destes dois direitos fundamentais, não se entende somente qualquer lei aprovada pelo legislador.

Segundo o Professor Michael Hor, para uma lei ser constitucional deve ser compatível com as regras fundamentais de justiça natural. Do contrário, a lei será ineficaz na medida da sua inconsistência com a justiça natural. Apesar de os direitos fundamentais variarem nas diferentes jurisdições, essa perspectiva pemite que Singapura se alinhe tanto ao devido processo legal dos Estados Unidos (*due process of law*), quanto o procedimento conforme previsto pela lei, da Índia (*procedure established by law*).[444]

Se considerado o fato de que a declaração de direitos humanos da *ASEAN Inter-Parliamentary Organization* (AIPO)[445] prevê que "qualquer pessoa acusada de um crime tem o direito de ser presumida inocente até que seja provado o contrário conforme a lei",[446] essa regra adicional e cogente evidencia que as regras fundamentais de justiça natural em Singapura abrangem a presunção de inocência.[447]

---

[443] UNTOC Artigo 15(2)(b) e UNCAC Artigo 42(2)(b).

[444] HOR, Michael. The Presumption of Innocence – A Constitutional Discourse For Singapore. *Singapore Journal of Legal Studies* (Dec. 1995), p. 368.

[445] ASEAN – Association of Southeast Asian Nations/ANASE – Associação de Nações do Sudeste Asiático, fundada em 1977 e sediada em Jacarta, Indonésia, reúne 10 países: Tailândia, Vietnam, Camboja, Singapura, Laos, Indonésia, Myanmar, Malásia, Brunei e Filipinas.

[446] *Human Rights Declaration by the ASEAN Inter-Parliamentary Organization (AIPO), Art. 14* – "Everyone charged with a criminal offence has the right to be presumed innocent until proven otherwise according to law."

[447] HOR, Michael. The Presumption of Innocence – A Constitutional Discourse For Singapore. *Singapore Journal of Legal Studies* (Dec. 1995), p. 369 e 403.

5.3 Coreia do Sul

5.3.1 Coreia do Sul e as coincidências com o Brasil (mas com resultados melhores)

A Coreia do Sul é um exemplo de país que adotou uma trajetória considerada possivelmente o maior sucesso de democratização dentre os países da Ásia, isso após derrotar um sistema ditatorial que vigorou até 1987. Durante o regime militar, a Coreia era notoriamente conhecida pela corrupção generalizada e o pagamento de propinas como prática habitual. Porém, desde a democratização, o controle da corrupção e a qualidade da governança vêm sendo aprimorados substancialmente.[448]

A Coreia é país-membro da OCDE, e uma democracia jovem, como o Brasil. Aliás, o processo de democratização se iniciou em ambos os países quase simultaneamente, no final da década de 1980. Entretanto, no *ranking* de percepção da corrupção da Transparência Internacional, a Coreia está em posição muito melhor que o Brasil, pois atualmente ocupa a 33ª posição, enquanto o Brasil está na 94ª posição, segundo *ranking* do ano de 2020.[449] Em outros *rankings* de controle da corrupção a Coreia também vem alcançando posições de destaque.[450]

O despertar da sociedade para ações e práticas preventivas anticorrupção é algo recente, principalmente estimulado pelo advento da Lei do Suborno (*Graft Act*), que entrou em vigor em 2016.[451] Foi então que a sociedade coreana se engajou mais nas medidas anticorrupção e, como resultado, vários problemas domésticos relacionados à corrupção passaram a receber mais atenção. No setor privado empresarial, as empresas estão cada vez mais adotando programas de *compliance* para prevenir a corrupção, o que também é um fator indicativo de que a conscientização e preocupação da sociedade em relação ao tema vem aumentando.

---

[448] KALINOWSKI, Thomas. Trends and Mechanisms of Corruption in South Korea. *The Pacific Review*, v. 29, n. 4, 2016, p. 626.

[449] A pior e melhor posição ocupada por ambos os países desde o ano 2000 no *Corruption Perception Index* (CPI) da Transparência Internacional são: Brasil 106ª (2019) e 45ª (2002); Coreia do Sul 52ª (2016) e 33ª (2020).

[450] Embora o índice *Worldwide Governance Indicators* elaborado pelo Banco Mundial mostre tendência geral de progresso na Coreia, essa tendência não fica clara no que diz respeito aos quesitos *voice and accountability* e *political stability*.

[451] O *Graft Act* foi promulgado em 02.03.2015 e entrou em vigor em 30.11.2016.

O sistema jurídico da Coreia criminaliza a corrupção no plano doméstico, tanto no setor público quanto no setor privado, e também no plano internacional. No plano doméstico, a criminalização das condutas relativas ao recebimento de vantagens indevidas por servidores públicos está prevista na Lei dos Funcionários Públicos (*State Public Officials Act*) e na Lei de Ética do Serviço Público (*Public Service Ethics Act*). A Lei de Funcionários Públicos estabelece que nenhum funcionário público pode dar ou receber, direta ou indiretamente, qualquer recompensa, doação ou vantagem indevida que esteja relacionada ao desempenho de suas atribuições funcionais.[452] Por sua vez, a Lei de Ética do Serviço Público exige que determinadas categorias de funcionários públicos declarem seus bens e essa declaração deve ficar disponível por determinado período. Em caso de aposentadoria, o funcionário público inserido nessas categorias fica impedido de ser contratado para trabalhar nas entidades relacionadas com os seus deveres funcionais quando em atividade.[453]

Ainda no plano doméstico, a base legal contra corrupção está prevista na Lei Criminal (*Criminal Act*). Existem outras duas leis que ampliam o escopo da Lei Criminal, que são: a Lei sobre Punição Agravada em Crimes Econômicos Específicos e a Lei sobre Punição Agravada em Crimes Específicos.[454] Além disso, ainda tem a Lei sobre Solicitação Inapropriada e Suborno,[455] que suplementa a Lei Criminal relativamente aos crimes de corrupção no setor público. Devem ser mencionadas ainda a Lei de Assuntos Farmacêuticos, a Lei de Dispositivos Médicos e a Lei de Serviços Médicos,[456] que complementam a Lei Criminal e punem as práticas corruptas no setor privado que não estão sujeitas à punição de acordo com a Lei Criminal.

No plano internacional, a Lei de Combate ao Suborno de Funcionários Públicos Estrangeiros em Transações Comerciais Internacionais (Lei de Prevenção ao Suborno Internacional) caracteriza como crime a promessa ou entrega de vantagem indevida a um funcionário público estrangeiro, em relação a qualquer transação comercial internacional e com a intenção de obtenção de vantagem

---

[452] *State Public Officials Act*, artigo 61.

[453] *Public Service Ethics Act*, artigos 10 e 17.

[454] *Act on Aggravated Punishment of Specific Economic Crimes e Act on Aggravated Punishment of Specific Crimes*.

[455] *Improper Solicitation and Graft Act*. Disponível em: https://elaw.klri.re.kr/eng_service/lawView.do?hseq=41954&lang=ENG. Acesso em: 20 set. 2021.

[456] *Pharmaceutical Affairs Act, Medical Devices Act e Medical Services Act*.

CAPÍTULO 5
PAÍSES QUE SÃO BONS EXEMPLOS: ESTADOS UNIDOS, SINGAPURA, COREIA DO SUL E ÍNDIA | 243

imprópria para essa transação. No sistema coreano, à semelhança do que ocorre no FCPA, a lei doméstica somente pune a pessoa que promete ou paga a propina, ou seja, a pessoa que está no lado da oferta, e não prevê punição para o funcionário público estrangeiro que recebeu a propina (lado da demanda).[457]

5.3.2 A proibição de pagamento e recebimento de propina conforme o sistema coreano

A Lei Criminal[458] coreana proíbe as seguintes formas de suborno:

a) o funcionário público, ou uma pessoa que se tornará funcionário público, está proibido de receber, exigir ou prometer aceitar suborno em assuntos relacionados às suas funções;

b) o funcionário público está proibido de incitar, exigir ou prometer suborno a ser dado a terceiros quando da aceitação de uma solicitação injusta em assuntos relacionados às suas funções;

c) o funcionário público está proibido de, aproveitando-se do seu cargo, receber, exigir ou concordar em receber suborno relacionado à utilização de bens a que tem acesso em razão de suas funções e em relação aos negócios que pertençam às funções de outro funcionário público.

As práticas de corrupção de um funcionário público que não são abarcadas pela Lei Criminal acima descritas podem ser alcançadas pela Lei sobre Solicitação Inapropriada e Suborno, mais conhecida como Lei do Suborno ou *Graft Act*.[459] O *Graft Act* abrange funcionários públicos, pessoas que são consideradas funcionários públicos por equiparação, entidades relacionadas com o serviço público, funcionários de instituições públicas, funcionários da imprensa e do setor de educação, cônjuges de funcionários públicos e pessoas que prestem serviço público. *Grosso modo*, o *Graft Act* proíbe que seja feita uma solicitação inapropriada a um funcionário público e também a oferta e recebimento de suborno por um funcionário público, em situação diferente da prevista na Lei Criminal, pois no *Graft Act* não precisa estar relacionado ao desempenho das funções oficiais.

---

[457] *Act on Combating Bribery of Foreign Public Officials in International Business Transactions.*
[458] *Criminal Act*, artigos 129, 130 e 132.
[459] Disponível em: https://elaw.klri.re.kr/eng_service/lawView.do?hseq=41954&lang=ENG. Acesso em: 20 set. 2021.

Relativamente à solicitação inapropriada a um funcionário público, o *Graft Act* prevê que nenhuma pessoa deve praticar as condutas descritas como solicitações impróprias a qualquer funcionário público no desempenho de suas funções, diretamente ou por meio de terceiros, e enumera as 15 condutas proibidas,[460] incluindo a solicitação inadequada de licenças e aprovações. Também são listadas condutas que não se enquadram na categoria de solicitação inapropriada.[461] Para punir a solicitação inapropriada é prevista uma multa de até 30 milhões de wons,[462] que equivalem a aproximadamente 25.000 dólares norte-americanos.

Quanto ao recebimento de dinheiro e outros bens de valor por um funcionário público, o *Graft Act* estabelece um limite de valor que, caso excedido, pode caracterizar crime ainda que seu recebimento não esteja relacionado ao desempenho das atribuições do seu cargo. Em outras palavras, vimos que quando um funcionário recebe dinheiro ou outro bem de valor, ele será punido com base na Lei Criminal somente se esse pagamento estiver relacionado ao desempenho de suas funções. Entretanto, de acordo com o *Graft Act*, se o valor dado a um funcionário público for maior do que o permitido, o funcionário público é punido mesmo quando o suborno não está relacionado às suas funções. Esse mecanismo representou um enorme avanço anticorrupção no sistema coreano.

5.3.3 O poderoso mecanismo anticorrupção previsto no *Graft Act* (presunção de ilicitude de vantagem recebida que exceda determinado valor)

O advento do *Graft Act* representou uma verdadeira transformação na estrutura anticorrupção coreana. Esse efeito positivo resulta do fato de que, a partir de determinado valor que tenha sido recebido por um funcionário público, isso é automaticamente enquadrado como recebimento proibido de dinheiro ou bens e tudo que tiver valor. Esse enquadramento automático ocorre por força do artigo 8 do *Graft Act*.[463] O detalhe mais importante é que a caracterização da conduta

---

[460] Artigo 5(1).

[461] Artigo 5(2).

[462] Won é a moeda coreana identificada pela sigla KRW.

[463] *Article 8 (Prohibition of Receipt of Money, Goods, etc.):*
(1) No public servant, etc. shall accept, request, or promise to receive any money, goods, etc.

proibida está totalmente desvinculada de qualquer relação que necessite ser demonstrada com o desempenho das atribuições do seu cargo. Ou seja, a lei passou a prever um limite de valor objetivo. Tal valor, caso excedido, caracteriza conduta de recebimento proibido de valor por funcionário público.

Vimos que as condutas normalmente descritas como elementares do crime de corrupção passiva (do lado da demanda), como receber, solicitar, aceitar, prometer aceitar, incitar o pagamento de suborno para si ou para outrem, estão previstas na Lei Criminal relacionadas ao desempenho de atribuições de ofício por parte do funcionário público. Porém, na conduta descrita no *Graft Act*, independentemente da relação com suas atribuições funcionais, o funcionário público não deve aceitar,

---

exceeding one million won at a time or three million won in a fiscal year from the same person, regardless of any connection to his or her duties and regardless of any pretext such as donation, sponsorship, gift, etc.

(2) *No public servant, etc. shall, in connection with his or her duties, accept, request, or promise to receive any money, goods, etc. not exceeding the amount prescribed by paragraph (1), regardless of whether the money, goods, etc. are given as part of any quid pro quo.*

(3) *An honorarium for an outside lecture, etc. described in Article 10, or any of the following shall not constitute money, goods, etc., the receipt of which is prohibited by paragraph (1) or (2):*

1. *Money, goods, etc. that a public institution offers to its public servants, etc. and seconded public servants, etc.; or a senior public servant, etc. offers to subordinate public servants, etc. for purposes of consolation, encouragement, reward, etc.;*

2. *Money, goods, etc. the value of which is within the limits specified by Presidential Decree, in the form of food and beverages, congratulatory or condolence money, gifts, etc. offered for purposes of facilitating performance of duties, social relationships, rituals, or aid;*

3. *Money, goods, etc. offered from a legitimate source of right such as payment of debts (excluding donation) incurred in a private transaction;*

4. *Money, goods, etc. provided by relatives (relatives defined in Article 777 of the Civil Act) of a public servant, etc.;*

5. *Money, goods, etc. provided by employees' mutual aid societies, clubs, alumni associations, hometown associations, friendship clubs, religious groups, social organizations, etc., related to a public servant, etc. to their members in accordance with the rules prescribed by respective organizations; and money, goods, etc. offered by those who have long-term and continuous relationships with a public servant, etc., such as a member of the aforementioned groups, to the public servant, etc. who is in need due to a disease, disaster, etc.;*

6. *Money, goods, etc., provided uniformly in a normally accepted range by an organizer of an official event related to the duties of a public servant, etc. to all participants thereof, in the form of transportation, accommodation, food and beverages, etc.;*

7. *Souvenirs, promotional goods, etc. to be distributed to multiple unspecified persons, or awards or prizes given in a contest, a raffle, or a lottery;*

8. *Money, goods, etc. permitted by other statutes, standards, or societal rules and norms.*

(4) *No spouse of a public servant, etc. shall, in connection with the duties of the public servant, etc., receive, request or promise to receive any money, goods, etc. that public servants, etc. are prohibited from accepting (hereinafter referred as "prohibited money goods, ect.") under paragraph (1) or (2).*

(5) *No person shall offer, promise to offer, or express any intention to offer any prohibited money, goods, etc. to any public servant, etc. or to his or her spouse.*

solicitar, ou prometer aceitar dinheiro ou bens que excedam 1 milhão de won de uma vez ou quantias que somem 3 milhões de wons pagos por uma mesma pessoa no período de um ano, valores que correspondem a aproximadamente 850 dólares norte-americanos de uma vez ou 2.500 dólares no período de um ano, repetindo, oriundos da mesma fonte. Caso exceda esse limite, pode ser enquadrado no artigo 8(1) do *Graft Act* e ficar sujeito à pena de prisão por período não superior a 3 anos e pagamento de multa até 30 milhões de wons,[464] aproximadamente 25 mil dólares norte-americanos.

O artigo 8(3) do *Graft Act* prevê exceções às hipóteses de pagamento que supere os valores previstos como máximos para serem pagos por uma pessoa a um funcionário público. Não serão considerados proibidos os pagamentos feitos como honorários de palestras (dentro dos limites do artigo 10); valores oferecidos a funcionários públicos por instituições públicas com finalidade de recompensas; pagamentos recebidos de fontes legítimas em transações privadas, como devolução de empréstimos (excluídas doações); valores disponibilizados por parentes; valores distribuídos a múltiplas pessoas indeterminadas, ou prêmios recebidos em concursos, rifas ou loterias, além de outras formas de obtenção de valores ali previstas que podem ser consideradas lícitas e afastar a proibição legal.

Porém, outro detalhe essencial, a ocorrência de uma dessas hipóteses de exclusão deve ser demonstrada pelo funcionário público. Ou seja, cabe a ele a prova de que o valor que excede o limite previsto em lei foi obtido por uma das formas permitidas. Em síntese, o mecanismo preventivo e de enfrentamento da corrupção no sistema coreano consiste em submeter o funcionário público e as pessoas a ele equiparadas que se engajarem em atos de corrupção ao risco de serem enquadradas em uma das duas leis:

1) na Lei Criminal, que é a base do sistema anticorrupção, quando a conduta estiver relacionada a atos funcionais;

2) no *Graft Act*, que fixa critério objetivo (limite máximo de valor recebido de uma pessoa) a partir do qual o funcionário público ou equiparado incide na proibição de recebimento de dinheiro ou bens de valor, independe de qualquer relação com seus atos de ofício, e fica sujeito à pena ali prevista, de prisão, multa e confisco dos bens ou valores.

---

[464] *Graft Act*, artigo 22(1).

Vê-se que o *Graft Act* prevê um conjunto de regras que, se bem aplicadas, fornecem um suporte robusto para prevenção e enfrentamento da corrupção no âmbito doméstico. Em especial, a regra que proíbe o funcionário público de receber bens ou valores que ultrapassem o limite, independente de qualquer relação com as atribuições do seu cargo, é um aspecto distintivo do sistema coreano, por isso de particular interesse.

A formulação de um critério objetivo de valor máximo que pode ser recebido por um funcionário público ou equiparado tem o importante efeito de deslocar para o funcionário público o ônus de comprovar que esse recebimento se enquadra em uma das exceções nas quais o recebimento pode ser considerado legítimo. O sistema coreano desenvolveu um mecanismo prático e eficiente para lidar com a questão da evolução patrimonial incompatível com os rendimentos legítimos recebidos pelo funcionário público.

5.3.4 A previsão de suborno no setor privado no sistema coreano

O *Graft Act* também cuidou de responsabilizar a pessoa jurídica à qual vinculada a pessoa física que incorrer na conduta criminosa ali prevista. O seu artigo 24[465] estabelece que, caso esse infrator seja representante de uma pessoa jurídica ou organização, ou agente, empregado ou funcionário, a pessoa jurídica também será punida com aplicação de pena de multa. Entretanto, a multa poderá deixar de ser aplicada caso a pessoa jurídica demonstre que adota medidas preventivas e não negligenciou atenção e supervisão com o intuito de evitar a violação da lei, o que é uma medida importante de incentivo à adoção e investimento em programa de *compliance*.

---

[465] *Article 24 (Joint Penalty Provisions)*: "If a representative of a juridical person or an organization; or an agent, an employee or any other worker employed by a juridical person, an organization, or an individual, commits, in connection with the affairs of the juridical person, the organization, or the individual, any of the violations set forth in: Article 22 (1) 3, excluding where the provider of the money, goods, etc. is a public servant, etc. (including private persons performing public duties to whom Article 8 applies mutatis mutandis pursuant to Article 11); Article 23 (2); Article 23 (3); or Article 23 (5) 3, excluding where the provider of the money, goods, etc. is a public servant, etc. (including private persons performing public duties to whom Article 8 applies mutatis mutandis pursuant to Article 11), not only shall the violator be punished but the juridical person, the organization, or the individual shall also be subject to the fines or administrative fines specified in relevant provisions: Provided, That the foregoing shall not apply if the juridical person, the organization, or the individual was not neglect in paying due attention to and supervising the relevant affairs, in order to prevent such violation."

A seu turno, a Lei Criminal[466] prevê que, se uma pessoa que administra o negócio de outra pessoa recebe bens ou obtém vantagem pecuniária de um terceiro, ou ajuda e incita um terceiro a receber bens ou obter vantagem pecuniária, em resposta a uma solicitação indevida sobre seu dever, essa pessoa será punida com pena de prisão não superior a cinco anos, ou com multa não superior a 10 milhões de wons. E quem der bens ou vantagem pecuniária é punido com pena de prisão não superior a dois anos, ou com multa não superior a 5 milhões de wons.

Relativamente às condutas que criminalizam a corrupção no setor privado, também há várias previsões relativas à área médica, abrangendo pessoas que lidam com medicamentos e dispositivos e equipamentos médicos.[467] No caso de violação dessas leis, tanto a pessoa que paga quanto a que recebe o suborno ficam sujeitas à pena de prisão e multa. A pena de quem paga o suborno não varia, mas a da pessoa que o recebe vai sendo agravada proporcionalmente ao valor da propina recebida; quanto maior a propina, maior a pena,[468] e o valor da propina é confiscado.

5.3.5 Lei de Suborno de Funcionários Públicos Estrangeiros

Em 1998, seguindo recomendação da OCDE, a Coreia aprovou sua Lei de Combate ao Suborno de Funcionários Públicos Estrangeiros em Transações Comerciais Internacionais (*Act on Combating Bribery of Foreign Public Officials in Internnational Business Transactions* ou *International Bribery Prevention Act*[469]).

De acordo com essa lei, qualquer pessoa que prometa, dê ou expresse sua intenção de subornar um funcionário público estrangeiro, em relação a qualquer transação comercial internacional e com a intenção de obter qualquer vantagem imprópria para essa transação, pode ser punida com pena de prisão não superior a cinco anos e multa não superior a 20 milhões de wons. Caso o valor do benefício econômico supere 10 milhões de wons, a multa poderá ser fixada até

---

[466] Artigo 357. Disponível em: https://elaw.klri.re.kr/eng_service/lawView.do?hseq=28627 &lang=ENG. Acesso em: 20 set. 2021.

[467] *Pharmaceutical Affairs Act, Medical Devices Act e Medical Services Act.*

[468] *Aggravated Punishment Act*, artigo 2.

[469] Disponível em: https://elaw.klri.re.kr/eng_service/lawView.do?hseq=16460&lang=ENG. Acesso em: 20 set. 2021.

o dobro deste valor, mas o tempo de prisão permanece limitado a 5 anos.[470]

A lei não se aplica quando o pagamento tiver sido feito ou solicitado com suporte em leis do país estrangeiro. Outra exceção são as promessas ou pagamentos de pequenas quantias em reconhecimento a tarefas desempenhadas com habitualidade e com o intuito de estimular o seu desempenho e remunerar de maneira mais razoável.[471]

A Lei Internacional de Prevenção do Suborno pune somente o lado da oferta da propina, ou seja, quem oferece ou paga a vantagem indevida, mas não pune o funcionário público estrangeiro destinatário da propina. No plano internacional, a lei coreana também não pune a propina paga em relações internacionais privadas. O conceito de funcionário público estrangeiro inclui:

a) qualquer pessoa que ocupe cargos legislativos, administrativos ou judiciais em um governo estrangeiro, seja ele nomeado ou eleito;

b) qualquer pessoa conduzindo assuntos públicos delegada por um governo estrangeiro;

c) qualquer pessoa que ocupe cargos em uma organização pública ou órgão público estabelecido por qualquer lei;

d) qualquer diretor executivo ou funcionário de uma empresa na qual um governo estrangeiro tenha investido mais de 50 por cento de seu capital social integralizado, ou sobre a qual um governo estrangeiro tenha controle de fato em relação a aspectos de sua gestão, como a tomada de decisões sobre operações comerciais importantes e a nomeação e destituição de diretores executivos.

Relativamente à responsabilidade da pessoa jurídica, o artigo 4[472] da Lei Internacional de Prevenção ao Suborno (*International*

---

[470] *Article 3(1)*: "Any person who has promised, given, or expressed his or her intent to give a bribe to a foreign public official in relation to any international business transaction with intent to obtain any improper advantage for such transaction shall be punished by imprisonment with prison labor for not more than five years or by a fine not exceeding twenty million won. In such cases, if the pecuniary advantage obtained by such offense exceeds ten million won, the offender shall be punished by imprisonment for not more than five years or by a fine not exceeding an amount equivalent to double the pecuniary advantage."

[471] Artigo 3(2).

[472] *Article 4 (Criminal Liability of Legal Entities)*: "If the representative, an agent, an employee, or a servant of a legal entity has committed an offense under *Article 3* (1) in the course

Bribery Prevention Act) estabelece que, caso seu representante, agente, funcionário ou empregado haja incorrido na conduta descrita no artigo 3(1), já descrita, a pessoa jurídica também será punida com multa não excedente a 1 bilhão de won. Caso o benefício econômico obtido supere 500 milhões de wons, a multa poderá ser fixada no dobro do benefício econômico obtido.

Porém, essa responsabilidade da pessoa jurídica será afastada caso consiga comprovar que não negligenciou em adotar medidas razoáveis de cuidado e supervisão com o objetivo de prevenir esse tipo de crime. Tal previsão é altamente relevante porque estimula as empresas a adotarem e investirem em programas de *compliance*,[473] especialmente considerado o alto valor da multa prevista para pessoa jurídica.

Uma previsão importante do *International Bribery Prevention Act* é o confisco de qualquer valor que tenha sido pago a título de propina tanto para pessoa física quanto para pessoa jurídica, prevista no artigo 5, que estabelece: qualquer suborno que tenha sido pago durante o cometimento do crime, que esteja em poder do ofensor, pessoa física ou jurídica, ou sabidamente adquirido por outra pessoa diversa do ofensor, deverá ser confiscado.[474]

O tratamento dado pelo sistema coreano relativo ao suborno de funcionários públicos estrangeiros em transações comerciais é bastante similar, na sua estrutura, ao FCPA norte-americano, pois tal estrutura foi recomendada pela OCDE, e os Estados Unidos desempenharam um papel-chave no processo que resultou na Convenção Antissuborno da OCDE (*OECD Anti-Bribery Convention*).

5.3.6 *Whistleblowing* no sistema coreano

Desde 2008, com o advento da Lei da Comissão Anticorrupção (*Act on the Prevention of Corruption and the Establishment and Management*

---

[473] of performing the business of the legal entity, not only shall such offender be punished accordingly, but the legal entity shall also be punished by a fine not exceeding one billion won. In such cases, if the pecuniary advantage obtained by such offense exceeds 500 million won, the legal entity shall be punished by a fine not exceeding an amount equivalent to double the pecuniary advantage: Provided, That the foregoing sentences shall not apply to cases where the relevant legal entity had not neglected to take reasonable care or supervision in order to prevent offenses."

[473] *Article 4, in fine.*

[474] *Article 5 (Confiscation):* "Any bribe given in the course of committing an offense and owned by the offender (including a legal entity subject to the punishment under Article 4) or knowingly acquired by any person other than the offender shall be confiscated."

of the *Anti-Corruption and Civil Rights Commission*[475]), a Coreia possui uma disciplina bastante detalhada relativamente às denúncias de corrupção no setor público. As denúncias de corrupção no setor privado são regidas pela Lei de Proteção do Interesse Público (*Protection of Public Interest Reporters Act*[476]).

Relativamente ao setor público, a disciplina do procedimento de denúncia de corrupção no setor público e a proteção dada ao *whistleblower* está prevista no Capítulo V da Lei da Comissão Anticorrupção (artigos 55 a 71). Essa lei estabelece que qualquer pessoa que tome conhecimento do comportamento corrupto de funcionários públicos ou funcionários de instituições públicas pode denunciar à Comissão Nacional dos Direitos do Povo.

Os denunciantes têm garantias referentes ao cargo que ocupam, contra discriminação e retaliação no ambiente de trabalho. Além disso, os denunciantes têm direito à proteção contra prejuízos administrativos ou econômicos que possam vir a suportar, como a revogação de uma licença ou permissão ou extinção de um contrato, podendo a Comissão adotar medidas para manter a licença ou permissão, estender o contrato, e o que for necessário para evitar prejuízos administrativos e econômicos.

Se os denunciantes forem discriminados no que diz respeito ao seu cargo ou condições de trabalho por causa da sua denúncia, a organização estará sujeita ao pagamento de multa de até 10 milhões de wons.[477] Os *whistleblowers* também têm direito de ter sua identidade mantida em sigilo e podem solicitar proteção pessoal, conforme disciplina bem detalhada e que também se estende à pessoa que, sem ser *whistleblower*, colabore com as investigações. Essa disciplina detalhada de proteção ao *whistleblower* e colaborador foi introduzida por alteração legislativa ocorrida em 2017.[478] No caso de violação, a pessoa que expôs a identidade do denunciante fica sujeita a prisão por até três anos ou uma multa de até 30 milhões de wons.[479] Além disso, os *whistleblowers* podem solicitar proteção pessoal, para si e seus familiares.[480]

---

[475] Disponível em: https://elaw.klri.re.kr/eng_mobile/viewer.do?hseq=48545&type=sogan&key=42. Acesso em: 20 set. 2021.

[476] Disponível em: https://elaw.klri.re.kr/eng_mobile/viewer.do?hseq=45963&type=sogan&key=42. Acesso em: 20 set. 2021.

[477] Artigo 91 da Lei da Comissão Anticorrupção. Disponível em: https://elaw.klri.re.kr/eng_mobile/viewer.do?hseq=48545&type=sogan&key=42.

[478] Artigos 64 e 65 da Lei da Comissão Anticorrupção, na redação dada pelo Act nº 15024/2017.

[479] Artigo 88 da Lei da Comissão Anticorrupção.

[480] Artigo 64-2 da Lei da Comissão Anticorrupção.

No setor privado, os *whistleblowers* são protegidos pela Lei de Proteção do Interesse Público.[481] O artigo 6 desta lei prevê que qualquer pessoa que entender que uma violação do interesse público ocorreu ou pode ocorrer pode relatar tal informação a um rol de pessoas, que inclui desde os canais existentes na própria instituição onde ocorreu o ato prejudicial ao interesse público, bem como as agências que supervisionam a atividade, agências de investigação, a Comissão de Direitos do Povo, dentre outros. Esta lei também impõe obrigação de confidencialidade, para proteger a identidade do *whistleblower*.[482] Eventual violação da confidencialidade pode ser punida com prisão por até cinco anos, ou multas de até 50 milhões de wons. Ademais, se uma pessoa interferir com o objetivo de induzir a retirada do relato de um denunciante, essa pessoa poderá ser punida com prisão por até um ano ou multa de até 10 milhões de wons.[483]

5.3.7 Escândalo de corrupção na Coreia

A Coreia recentemente enfrentou um grande escândalo de corrupção que resultou na condenação da ex-Presidente Park Geun-hye a 20 anos de cadeia, confirmada pela mais alta Corte do país. Ela fora condenada na Primeira Instância a 30 anos de prisão, após seu *impeachment* em 2017, mas a sentença foi reduzida para 20 anos pela Corte de Apelação e foi confirmada pela Suprema Corte, em janeiro de 2021. Também foi condenada a pagar multa de 18 bilhões de wons.[484] Ela foi a primeira presidente democraticamente eleita a ser removida do cargo, em um escândalo que provocou uma fúria generalizada da população contra as elites políticas e empresariais.

Em 2018, a ex-Presidente foi condenada por 16 das 18 acusações que foram feitas contra ela, a maioria relacionada aos crimes de corrupção e coerção. A Justiça concluiu que ela pressionou grandes conglomerados de equipamentos eletrônicos, como a Samsung, a dar milhões de dólares às fundações administradas por sua amiga íntima Choi Soon-sil, bem como compeliu as empresas a assinarem acordos

---

[481] Disponível em: https://elaw.klri.re.kr/eng_mobile/viewer.do?hseq=45963&type=sogan&key=42. Acesso em: 20 set. 2021.

[482] *Article 12 (Duty to Maintain Confidentiality of Whistleblowers).*

[483] *Article 30 (Penalty Provisions).*

[484] Aproximadamente 15 milhões de dólares norte-americanos, na conversão do dia 06.10.2021. Disponível em: https://www.fxrateslive.com/KRW/USD/20000000000.

lucrativos com empresas de sua amiga e também doar presentes para Choi. Além disso, a ex-Presidente também foi condenada por vazar documentos oficiais e revelar informações confidenciais à sua amiga Choi.

A revelação do escândalo gerou muitos protestos nas ruas pedindo sua renúncia, até que em março de 2017 a ex-Presidente foi definitivamente removida do cargo e presa logo em seguida. Mas ela não é a primeira ex-Presidente a ser presa por corrupção. No passado, três outros Presidentes se viram envolvidos em escândalos de corrupção: na década de 1990, os dois ex-presidentes Chun Doo-hwan e Roh Tae-woo foram condenados por traição e corrupção; em 2019, o ex-Presidente Roh Moo-hyun cometeu suicídio enquanto estava sendo investigado por denúncias de corrupção; e, em 2018, o ex-Presidente Lee Myung-bak foi acusado de corrupção por supostamente haver recebido propina quando estava na presidência, cargo que ele ocupou de 2008 a 2013.

Apesar da alta pena à qual foi condenada, a ex-Presidente ainda possui muitos apoiadores, e seu futuro, cumprindo pena ou sendo beneficiada por perdão presidencial, ainda é uma incógnita. O atual Presidente Moon Jae-in irá decidir sobre se concede ou não perdão à ex-Presidente com base em pesquisa da vontade do povo. Porém, aparentemente, a nação está totalmente dividida. Uma pesquisa realizada no início do ano apurou que 47,7% das pessoas são a favor da concessão do perdão presidencial e 48% são contra.[485]

Em outubro de 2021, o atual Presidente Moon Jae-in concedeu liberdade condicional ao Vice-Presidente da Samsung, que fora condenado a 5 anos de prisão por crimes de corrupção, desvio de recursos e perjúrio em conexão com os crimes da ex-Presidente Park. Cabe também a ele decidir se concederá perdão aos seus dois antecessores: o ex-Presidente Lee Myung-bak, atualmente cumprindo pena de 17 anos por corrupção, desvio de recursos e abuso de poder, e a ex-Presidente Park. Em outra pesquisa, o resultado foi no sentido de que a maioria da população (56%) não aprova a ideia de perdoar ex-Presidentes que tenham cometido atos de desonra para com o cargo. Porém, uma minoria significativa de 38% apoia a ideia.[486]

---

[485] Disponível em: https://www.bbc.com/news/world-asia-55657297. Acesso em: 06 out. 2021.
[486] Disponível em: https://www.koreatimes.co.kr/www/nation/2021/08/356_313674.html. Acesso em: 06 out. 2021.

5.4 Índia

5.4.1 Uma visão geral sobre o sistema indiano

A Índia, o Brasil, os Estados Unidos e a Indonésia são as quatro maiores democracias do mundo. Nosso especial interesse pela Índia vem do fato de que foi apontada pela Transparência Internacional como o país mais corrupto da Ásia, alcançando o topo da lista de maior índice de pagamento de propina para acesso a serviços públicos como saúde e educação (39%), e também o país no qual existe o maior percentual de pessoas que usam conexões pessoais para conseguir acesso a serviços públicos (46%).[487] Aproximadamente metade da população aceita pagar propina quando solicitada.

O relatório (Barômetro da Corrupção) da Transparência Internacional sobre a Ásia[488] foi feito a partir da pesquisa com 20.000 pessoas em 17 países asiáticos, no ano de 2020, e concluiu que na lista dos mais corruptos na Ásia estão Índia, Camboja e China, e os menos corruptos[489] Maldivas, Japão, Coreia do Sul e Nepal. Na Ásia, de modo geral, uma em cada cinco pessoas admitiu haver pago propina no ano anterior, três a cada quatro pessoas consideram que a corrupção no governo é o maior problema do país, e uma em cada três pessoas acredita que os parlamentares são corruptos.

Especificamente sobre a Índia, o relatório concluiu que as causas para índices tão altos de corrupção são decorrentes de procedimentos administrativos altamente complicados, formais e burocráticos, associados a uma estrutura regulatória pouco clara, que acaba gerando incerteza e confusão. Esses fatores decorrem especialmente da estrutura de governo, no qual atuam simultaneamente, além do governo federal, também existe uma forte ênfase no governo local. Como resultado, um pequeno negócio pode estar sujeito a várias regulações no âmbito dos governos central, estadual e local, que requeiram aprovações, *compliance*, inspeções e relatórios periódicos, tudo isso combinado com alto grau de discricionariedade dos funcionários públicos em todos os níveis. Portanto, são fatores que tornam as interações com o governo morosas e instáveis.

---

[487] Disponível em: https://www.transparency.org/en/news/bribery-or-personal-connections. Acesso em: 01 out. 2021.

[488] Disponível em: https://www.transparency.org/en/publications/gcb-asia-2020. Acesso em: 01 out. 2021.

[489] Singapura não é incluída no relatório Ásia, mas no relatório Ásia Pacífico.

Para mitigar o problema, o relatório (Barômetro da Corrupção) sugere a otimização dos procedimentos administrativos relacionados a serviços públicos, a implementação de medidas preventivas contra a corrupção e mais investimentos no uso de plataformas *on-line* que proporcionassem uma navegação acessível e amigável para fornecimento de serviços públicos de forma rápida e eficiente.

Não obstante as evidências de que a Índia enfrenta grave problema relacionado à corrupção no governo e no setor público de modo geral, com um sistema altamente burocrático, e uma cultura que aparentemente aceita ou se conforma com o uso de conexões pessoais para facilitar o acesso a serviços públicos de modo geral, ainda assim, a Índia vem apresentando uma *performance* muito melhor que o Brasil em vários importantes indicadores. Apenas a título de exemplo, no *ranking Doing Business*, que afere a facilidade que um país oferece para fazer negócios, em 2006, Brasil estava na 119ª posição e Índia em 116ª, bem próximos, portanto, com pequena vantagem para o Brasil. Porém, em 2020, o Brasil caiu para a 124ª posição e a Índia subiu para a 63ª. Isso apesar de todo atraso constatado pelo Barômetro da Transparência Internacional 2020 na estrutura burocrática da Índia.

No *ranking* das maiores economias do mundo, com base no PIB nominal, nos anos 2012 e 2013 o Brasil era a 7ª maior economia, e a Índia a 10ª. Porém, de 2015 a 2019, o Brasil caiu para a 9ª posição, enquanto, no mesmo período, a Índia passava da 7ª (2015 a 2018) para a 5ª (2019). Em 2020, a Índia ocupava a 6ª posição no *ranking* e o Brasil a 12ª. Da mesma forma, nos índices de desenvolvimento humano, embora o Brasil esteja mais avançado, o que se observa no período de 1990 a 2020 é que esse avanço vem ocorrendo muito lentamente, ao contrário da Índia, que vem avançando de forma muito mais consistente.

O fato de a Índia ser um país com uma população cinco vezes maior que o Brasil, ter sérios problemas relacionados à corrupção, e, ainda assim, estar passando com folga à frente do Brasil nos mais importantes indicadores, é uma questão que provoca nossa curiosidade de tentar entender o que impede o Brasil de avançar mais rapidamente. Assim como o Brasil, nos últimos anos, o cenário político e social da Índia também foi tomado por um sentimento anticorrupção no setor público, com uma crescente conscientização da população sobre os custos da corrupção.

Essa conscientização deu origem à adoção de várias medidas destinadas a combater a corrupção na Índia, como a criação de um órgão independente (chamado Lokpal) para investigar e processar casos de corrupção por altos funcionários públicos (incluindo ministros). Houve um fortalecimento das leis relacionadas à persecução dos corruptores (lado da oferta da propina), facilitadores e intermediários que praticam tráfico de influência. Também foram aprovadas leis que expandiram o escopo das leis existentes que regem a lavagem de dinheiro e transações denominadas *benami*, ou seja, transações feitas por procuradores e que ocultam o verdadeiro proprietário de bens, na Índia e no exterior. Outro aspecto fundamental é que as autoridades indianas se tornaram mais agressivas na aplicação das leis anticorrupção na Índia e esse movimento vem recebendo suporte dos Tribunais indianos.[490]

5.4.2 A estrutura jurídica anticorrupção na Índia

Na Índia, as principais regras contra a corrupção no plano doméstico estão no Código Penal de 1860 e na Lei de Prevenção à Corrupção, de 1988 (*Prevention of Corruption Act*). Além disso, há também a Lei que proíbe as denominadas *benami transactions*, que consistem em transações nas quais uma propriedade é transferida para determinada pessoa, mas essa transação financeira é paga por outra pessoa, o que é considerado proibido pelo *Benami Transactions (Prohibition) Act*,[491] de 1988.

Mais recentemente foi aprovada uma lei que cria um órgão independente (Lokpal) para investigar denúncias de corrupção contra determinados funcionários públicos na Índia. O *Lokpal and Lokayuktas Act*, de 2013, entrou em vigor em 2014, e ficou conhecido como *Lokpal Act*. Esses funcionários públicos que o *Lokpal Act* se destina a investigar e processar são do mais alto escalão (Primeiro-Ministro, Ministros, Parlamentares e determinados funcionários do Poder Executivo central). A expressão *Lokpal* surgiu a partir da junção das palavras Lok (povo) e Pala (protetor), ou seja, a Lei *Lokpal* é a lei protetora do povo.

Também merece menção o fato de que em 2013 a Lei das Empresas (*Companies Act*) estabeleceu a obrigação para determinadas empresas de criar canais para denúncias. E, em 2014, surgiu a Lei de Proteção ao *Whistleblower* (*Whistleblower's Protection Act*), que foi um passo importante para estimular que práticas ilegais no setor público sejam denunciadas. Entretanto, a lei não prevê a realização de denúncias

---

[490] Disponível em: https://thelawreviews.co.uk/title/the-anti-bribery-and-anti-corruption-review/india. Acesso em: 01 out. 2021.

[491] Disponível em: https://dea.gov.in/sites/default/files/Benami%20Transaction_Prohibition_%20Act1988.pdf. Acesso em: 01 out. 2021.

anônimas, o que fragiliza muito o alcance da lei, pois uma das proteções mais importantes é justamente o sigilo da identidade do *whistleblower*. Outras legislações de interesse relacionado a medidas anticorrupção são o *The Companies Act*, que regula a transparência relativamente às informações sobre o fluxo financeiro das empresas, proibindo qualquer omissão, ocultação, dissimulação, fraude, abuso de cargo, enfim, qualquer situação que possa ser utilizada para dissimular pagamento de propina, obter ganhos ilícitos ou de qualquer forma prejudicar o interesse de acionistas. Diretores, auditores, contadores, ficam sujeitos às penas previstas no *Companies Act*, que variam de 6 a 10 anos, para os casos mais graves, e multa, caso incorram nas práticas criminosas ou deixem de reportá-las às autoridades.

Também merece menção a lei que disciplina a lavagem de dinheiro (*Prevention of Money Laundering Act* – PMLA), de 2002. A exigência de manutenção dos registros contábeis é feita pelo *Companies Act*, pelo PMLA, e pelas leis tributárias indianas. Embora as autoridades indianas não tenham historicamente contado com regras de manutenção de registros para processar a conduta relacionada à corrupção, a introdução de disposições rigorosas relacionadas a fraude, evasão fiscal e lavagem de dinheiro nos últimos anos é indicativo de uma tendência crescente do uso de sanções financeiras para lidar com a corrupção.[492]

5.4.3 A Lei de Prevenção à Corrupção de 1988 (*Prevention of Corruption Act* – PCA)

A Lei de Prevenção à Corrupção[493] (PCA) é a base do sistema anticorrupção da Índia e criminaliza, entre outras condutas, o pagamento ou recebimento de vantagem indevida pelo funcionário público. Tanto pessoas físicas quanto pessoas jurídicas podem ser enquadradas no PCA. A expressão vantagem indevida abrange qualquer gratificação, em dinheiro ou coisa que possa ser convertida em dinheiro, diversa da remuneração à qual o funcionário público tem direito pelo desempenho das funções do seu cargo.

A expressão "funcionário público" para fins do PCA possui definição ampla, incluindo qualquer pessoa que trabalhe ou seja paga

---

[492] BHAT, Aditya Vikram; VED, Prerak; SINGH, Shantanu. *The Anti-Bribery and Anti-Corruption Review*: Índia, p. 13.

[493] Disponível em: https://legislative.gov.in/sites/default/files/A1988-49.pdf. Acesso em: 01 out. 2021.

por qualquer governo, autoridade local, autarquia, empresa pública ou qualquer outro órgão público ou controlado ou que receba auxílio do governo, bem como juízes, árbitros e empregados de empresas que recebam financiamento dos cofres públicos. Em 2016, a Suprema Corte da Índia estabeleceu que, de acordo com algumas leis do direito bancário, empregados de bancos públicos e privados podem ser considerados funcionários públicos para fins do PCA.[494]

Os crimes previstos no PCA[495] objetivam, entre outros, punir as seguintes condutas: (1) de funcionários públicos que obtenham gratificação diversa da remuneração legal pelo desempenho das suas funções de ofício, ficando sujeitos à pena de prisão de 3 a 7 anos e multa; (2) de recebimento de gratificação com o objetivo de, por meios corruptos ou ilegais, influenciar servidor público, ficando sujeito à pena de prisão de 3 a 7 anos e multa; (3) de recebimento de gratificação para exercer influência pessoal com funcionário público, ficando sujeito à pena de prisão de 3 a 7 anos e multa; (4) o servidor público que incitar as condutas previstas nos itens 2 e 3, independente de o crime ser ou não cometido com resultado dessa incitação, ficando sujeito à pena de prisão de 6 meses a 5 anos e multa; e caso a incitação seja dos crimes dos itens (1) ou (5) a pena sobe para 3 a 7 anos de prisão e multa; (5) de funcionários públicos que obtenham coisa de valor de pessoa interessada em procedimentos ou transações negociais relacionadas às funções deste servidor, ficando sujeito à pena de prisão de 6 meses a 5 anos e multa.[496]

O PCA também prevê o crime de desvio de conduta, que possui pena de 4 a 10 anos e multa, e que se caracteriza quando o funcionário público pratica as condutas de aceitar, obter ou concordar em aceitar vantagem indevida, conforme previsto no item (1) acima, mas faz isso de forma habitual. Portanto, o desvio de conduta, que possui pena majorada, requer que a conduta criminosa seja praticada com habitualidade. Também no conceito de desvio de conduta estão previstos crimes de apropriação indevida de bens de que tem a posse ou controle em razão de suas funções, ou permitir que um terceiro deles se aproprie.[497]

Em 2018 o PCA foi emendado para criminalizar conduta de corruptores (lado da oferta), incluindo empresas comerciais e seus

---

[494] *CBI v. Ramesh Gelli & Ors, 2016 (3) SCC 788.*

[495] PCA, *Chapter III, Offences and Penalties.* Disponível em: https://legislative.gov.in/sites/default/files/A1988-49.pdf. Acesso em: 01 out. 2021.

[496] PCA, Capítulo III, itens 7 a 12.

[497] PCA, Capítulo III, item 13.

representantes, agentes, funcionários que atuarem em seu nome e que pagarem, oferecerem ou prometerem pagar suborno a qualquer pessoa, independente de ser funcionário público, bem como induzir ou recompensar funcionário público pelo desempenho de suas atribuições de forma desonesta ou inapropriada. Portanto, o PCA criminaliza conduta de pagamento de propina no setor público e também no setor privado.

O PCA estabelece que qualquer tentativa de obter ou aceitar vantagem indevida por funcionário público é suficiente para caracterizar crime, sendo irrelevante se o funcionário público desempenhou suas atribuições de maneira inapropriada ou desonesta. Embora o PCA exija a prévia autorização do governo para que seja instaurado um processo contra um funcionário público,[498] essa exigência somente se aplica aos funcionários públicos ativos ou inativos, e não se estende às pessoas que pagaram suborno (lado da oferta), que podem ser processadas livremente, independente de prévia autorização.

As denúncias de corrupção são investigadas pelo *Central Bureau of Investigation* (CBI) no caso de denúncias contra funcionários públicos federais e por departamentos anticorrupção da polícia estadual. Os processos envolvendo o PCA tramitam perante Cortes especiais. O PCA confere imunidade para a pessoa que foi compelida a pagar propina e procura as autoridades para colaborar e denunciar a situação, desde que o faça dentro de 7 dias contados da data do pagamento da vantagem indevida.

5.4.4 A inversão do ônus da prova nos crimes previstos no PCA

O Capítulo V do PCA, em seu item 20, estabelece uma presunção que incide no caso de o funcionário público aceitar gratificação diversa da sua remuneração do cargo. Essa presunção incide nos crimes acima descritos de recebimento ou aceite de vantagem indevida (itens 1 e 5) e quando cometidos com habitualidade, e consiste no seguinte: uma vez comprovado que o funcionário público aceitou, obteve ou prometeu aceitar, ou tentou obter para si ou para outrem, qualquer vantagem diversa da sua remuneração legal, ou qualquer bem de valor, de qualquer pessoa, presume-se, a menos que o contrário seja provado, que

---

[498] PCA, Capítulo V, item 19 (*Previous sanction necessary for prosecution*).

a obtenção (aceite ou promessa de aceite) dessa vantagem ocorreu de forma criminosa.[499]

A presunção de que as vantagens ou bens recebidos por funcionários públicos, diversos da remuneração do seu cargo, presumem-se recebidas como estímulo ou recompensa por ato de corrupção tem o poderoso efeito de deslocar para o próprio funcionário público o ônus de comprovar a origem lícita do bem, ou seja, que sua aquisição se deu por meios legítimos e que podem ter sua origem identificada e esclarecida. Essa é uma ferramenta essencial no enfrentamento da corrupção no setor público, que se alinha à necessidade de ponderação dos valores em jogo, colocando o interesse público na identificação de atos corruptos e recuperação de valores desviados em um plano acima do interesse privado do funcionário público que obteve vantagem indevida no curso do desempenho de suas atribuições funcionais de ofício.

Observe-se que, como normalmente ocorre nos casos de corrupção no setor público, aqui também essa ferramenta somente será utilizada nos casos em que a vantagem obtida, o acréscimo patrimonial, for inequívoco. Isso porque a Corte pode afastar a presunção sempre que a vantagem for considerada trivial, de modo que inferências sobre corrupção não podem ser extraídas.[500] Portanto, essa inversão do ônus da prova não é algo para ser usado em casos triviais, mas nos casos típicos de evidente enriquecimento repentino do funcionário público,

---

[499] *PCA, Chapter V, 20.* "Presumption where public servant accepts gratification other than legal remuneration.— (1) Where, in any trial of an offence punishable under section 7 or section 11 or clause (a) or clause (b) of sub-section (1) of section 13 it is proved that an accused person has accepted or obtained or has agreed to accept or attempted to obtain for himself, or for any other person, any gratification (other than legal remuneration) or any valuable thing from any person, it shall be presumed, unless the contrary is proved, that he accepted or obtained or agreed to accept or attempted to obtain that gratification or that valuable thing, as the case may be, as a motive or reward such as is mentioned in section 7 or, as the case may be, without consideration or for a consideration which he knows to be inadequate.
(2) Where in any trial of an offence punishable under section 12 or under clause (b) of section 14, it is proved that any gratification (other than legal remuneration) or any valuable thing has been given or offered to be given or attempted to be given by an accused person, it shall be presumed, unless the contrary is proved, that he gave or offered to give or attempted to give that gratification or that valuable thing, as the case may be, as a motive or reward such as is mentioned in section 7, or, as the case may be, without consideration or for a consideration which he knows to be inadequate.
(3) Notwithstanding anything contained in sub-sections (1) and (2), the court may decline to draw the presumption referred to in either of the said sub-sections, if the gratification or thing aforesaid is, in its opinion, so trivial that no inference of corruption may fairly be drawn."

[500] PCA, Capítulo V, item 20(3).

crescimento de patrimônio incompatível com rendimentos legítimos e outros casos suspeitos de corrupção.

5.4.5 O *Foreign Contribution Regulation Act* (FCRA) indiano

A Lei de Regulação do Financiamento Estrangeiro (*Foreign Contribution Regulation Act* – FCRA), aprovada em 2010, proíbe a aceitação de qualquer ajuda, financiamento ou contribuição de fontes estrangeiras por pessoas que sejam funcionários governamentais, empregados de qualquer pessoa da qual o governo tenha propriedade ou controle, juízes, legisladores, partidos políticos, salvo se houver permissão do governo central. A expressão "fontes estrangeiras" possui sentido amplo e inclui companhias e outras entidades estrangeiras, fundações estrangeiras, ou mesmo um cidadão estrangeiro.

As organizações não governamentais, para receberem financiamento e contribuições estrangeiras, devem estar registradas no FCRA e reportar todas as contribuições recebidas. Ademais, o FCRA determina que parlamentares, representantes de partidos políticos, juízes, funcionários públicos ou empregados de empresas públicas ou controladas pelo governo não devem aceitar qualquer hospitalidade estrangeira quando estiverem no exterior, exceto se previamente autorizado pelo governo central. As violações do FCRA são punidas com pena de até 5 anos e/ou multa.

5.4.6 Suborno de funcionário público estrangeiro

A Índia não possui uma lei que proíba o pagamento de propina a funcionários públicos estrangeiros. Também não é país-membro da OCDE e tampouco é país participante do Grupo de Trabalho da OCDE sobre Corrupção em Transações Internacionais.[501] Portanto, no ponto, é inegável que a Índia se encontra em uma posição bastante atrasada em relação às ações de enfrentamento da corrupção no plano transnacional, o que não deveria ocorrer, considerada sua posição de país apontado como o mais corrupto da Ásia pelo relatório Barômetro da Corrupção da Transparência Internacional.[502]

---

[501] Disponível em: https://en.wikipedia.org/wiki/OECD_Anti-Bribery_Convention. Acesso em: 01 out. 2021.

[502] Disponível em: https://www.transparency.org/en/publications/gcb-asia-2020. Acesso em: 01 out. 2021.

5.5 Evolução comparativa dos indicadores PIB, Índice de Percepção da Corrupção, *Doing Business* e IDH nos Estados Unidos, Brasil, Índia, Coreia do Sul e Singapura

Este tópico objetiva trazer uma análise comparativa da evolução dos principais índices de avaliação do desempenho do crescimento econômico (PIB), calculado pelo Fundo Monetário Internacional, no período de 1990 até 2020 e sua estimativa projetada até 2026; do Índice de Percepção da Corrupção, calculado pela Transparência Internacional, de 1995 até 2020; do índice *Doing Business*, calculado pelo Grupo Banco Mundial, de 2006 a 2020; e do Índice de Desenvolvimento Humano, calculado pela Organização das Nações Unidas, no aspecto do IDH e seus componentes isolados no ano 2019 e também a média anual do crescimento do IDH, no período de 1990 a 2019.

Todos esses índices recebem críticas relativas à sua metodologia, pois os dados com que trabalham representam inúmeras variáveis que podem resultar distorções. Além disso, o mero fato de compararem países com diferentes histórias, geografias e recursos naturais, contextos econômicos e políticos, sistemas de governo, desafios e crises internas, comportamento da moeda frente à variação cambial, tudo isso torna a comparação extremamente desafiadora e dificilmente haverá um critério que possa refletir com autenticidade todas essas variações em uma medida precisa.

Não obstante as críticas, o fato é que eles são utilizados como critério de *ranking* dos países no plano global. Ademais, sua metodologia é amplamente acessível, de modo que um país pode trabalhar para melhorar sua posição. Outro dado importante é que, se um país vai mal em todos os indicadores, tudo aponta no sentido de que tal resultado está mais relacionado ao desempenho insatisfatório do país do que a falhas na metodologia de todos os índices. Embora os índices reflitam setores específicos, apesar de inter-relacionados, podemos observar coerência no resultado geral.

Por exemplo, não vemos um país onde o índice de percepção da corrupção venha piorando, e o crescimento econômico melhorando. Em regra, a melhora ou piora dos países é refletida de forma consistente e coesa em todos os índices, o que nos leva à conclusão de que, embora não exista um índice cuja metodologia de cálculo consiga refletir o resultado com toda precisão, não obstante, a coerência que pode ser verificada entre eles demonstra que são importantes indicadores que refletem de forma autêntica o desempenho de um país.

Os países que compõem essa comparação são Estados Unidos, Brasil, Índia, Coreia do Sul e Singapura. Os Estados Unidos são a grande potência econômica com hegemonia mundial. Além disso, são os maiores *players* globais no combate à corrupção transnacional. A Índia está entre as 4 maiores democracias do mundo, juntamente com Brasil, Estados Unidos e Indonésia. Ademais, é um país extremamente populoso e que enfrenta graves desafios bastante semelhantes aos do Brasil, como pobreza e corrupção.

A Coreia do Sul, apesar de sua população representar ¼ da população do Brasil, possui muita semelhança com o Brasil no contexto histórico e geopolítico. Ambos os países caminharam do regime militar para o democrático na década de 1980, e ambos convivem com a ameaça de países vizinhos que adotam regimes não democráticos que escravizam e empobrecem seu povo, enquanto enriquecem seus líderes. A Coreia do Sul, exuberante em desenvolvimento, faz fronteira com a Coreia do Norte, um retrato do atraso e da opressão. O Brasil, na América Latina, convive com vários vizinhos de regimes autoritários que desgraçam a vida do seu povo, sendo o exemplo mais atual o caso da Venezuela, que um dia já foi um país exuberante. Ademais, a Coreia recentemente enfrentou uma sequência de escândalos de corrupção envolvendo ex-presidentes, sendo que dois se encontram cumprindo pena no presídio e sua única esperança de liberdade é receber o perdão presidencial.

Singapura é talvez o país que esteja mais fora do contexto que permita uma comparação com o Brasil, pois sua população é de apenas 5,704 milhões de habitantes em 2019, além de ser um país asiático com uma cultura bastante distinta dos países da América Latina. No entanto, após sua independência como colônia inglesa, na década de 1960, era um país com grandes desafios relacionados à pobreza, carência de recursos naturais, e uma população com baixa instrução. No entanto, em poucas décadas, tornou-se uma potência, com uma economia exuberante, e hoje é o 3º país com maior número de milionários *per capita*. Também é o país que há décadas vem ocupando as melhores posições no *ranking* do índice de percepção da corrupção.

Nossa perspectiva é de que esse resultado não é mera coincidência, mas está intimamente relacionado ao que referimos como riqueza criativa, ou seja, um ambiente que estimula oportunidades para quem quer empreender e cria uma atmosfera que incentiva e facilita o empreendedorismo. Singapura é um exemplo de superação de desafios, de ter uma visão, acreditar e trabalhar de forma consistente para concretizar um ideal que, no passado, poderia parecer distante, mas hoje se realizou, e, agora, o retrocesso se mostra uma possibilidade cada vez mais remota. Quando o setor privado enriquece, o setor público não consegue mais fazer o que bem entende para o benefício privado de seus líderes.

Uma última observação antes de adentrarmos no exame dos quadros comparativos: todos os países comparados com o Brasil adotam o regime do *common law*. O Brasil tem suas raízes no modelo romano-germânico do *civil law*, mas, há décadas, passamos a promover modificações em nosso sistema, que hoje adota vários institutos do *common law*. Como resultado, nos tornamos uma jurisdição mista.[503]

5.5.1 Quadro comparativo: Produto Interno Bruto (Fundo Monetário Internacional)

PIB Nominal (US$)	Estados Unidos (População: 328,2 milhões)	Brasil (População: 211 milhões)	Índia (População: 1,366 bilhão)	Coreia do Sul (População: 51,71 milhões)	Singapura (População: 5,704 milhões)
1990	5,963 tri	455,335 bi	326,608 bi	283,365 bi	38,892 bi
2000	10,250 tri	655 bi	476 bi	576 bi	96 bi
2010	15,048 tri	2,208 tri	1,708 tri	1,143 tri	239 bi
2011	15,599 tri	2,614 tri	1,823 tri	1,253 tri	279 bi
2012	16,253 tri	2,464 tri	1,827 tri	1,278 tri	295 bi
2013	16,843 tri	2,471 tri	1,856 tri	1,370 tri	307 bi
2014	17,550 tri	2,456 tri	2,039 tri	1,484 tri	314 bi
2015	18,206 tri	1,800 tri	2,103 tri	1,466 tri	307 bi
2016	18,695 tri	1,796 tri	2,294 tri	1,499 tri	318 bi
2017	19,479 tri	2,063 tri	2,651 tri	1,623 tri	343 bi
2018	20,527 tri	1,916 tri	2,702 tri	1,725 tri	376 bi
2019	21,372 tri	1,873 tri	2,830 tri	1,651 tri	375 bi
2020	20,893 tri	1,448 tri	2,667 tri	1,638 tri	345 bi
2021	22,997 tri	1,608 tri	3,177 tri	1,798 tri	396 bi
2022	25,346 tri	1,833 tri	3,534 tri	1,804 tri	424 bi
2023	26,695 tri	1,980 tri	3,893 tri	1,919 tri	450 bi
2024	27,745 tri	2,124 tri	4,270 tri	2,014 tri	473 bi
2025	28,790 tri	2,228 tri	4,681 tri	2,111 tri	496 bi
2026	29,885 tri	2,328 tri	5,100 tri	2,205 tri	520 bi

Fonte: Tabela PIB FMI. Disponível em: https://en.wikipedia.org/wiki/List_of_countries_by_past_and_projected_GDP_(nominal). Acesso em: 07 jul. 2022.

---

[503] HASELOF, Fabíola Utzig. *Jurisdições Mistas*: um novo conceito de jurisdição. Belo Horizonte: Fórum, 2018.

O Produto Interno Bruto nominal (PIB nominal) é o índice apropriado para comparar economias nacionais no plano internacional. É diferente do Produto Interno Bruto com base na Paridade de Poder Aquisitivo (PPP – *Purchasing Power Parity*), que se mostra mais adequado para refletir variações no custo de vida e taxas de inflação entre os países. Para o nosso propósito, utilizamos o PIB nominal, pois nosso objetivo é comparar a economia de países. O índice é calculado em dólares norte-americanos. O Brasil sofreu muito impacto de variação cambial na última década, com um dólar muito acessível no início da última década, e extremamente valorizado no final, situação que permanece até o momento atual.

A variação cambial, é inegável, impacta o resultado final do PIB nominal. Porém, todos os países comparados possuem câmbio flutuante, ou seja, possuem câmbio não controlado, seja por um órgão independente, seja por um órgão governamental. É necessário dizer que existem vários modelos de câmbio flutuante. Por exemplo, todos os países (Brasil, Índia, Coreia e Singapura) adotam flutuação livre (*free floating*), mas Brasil e Coreia adotam o câmbio flutuante em um modelo relacionado à inflação (*inflation targeting framework),* enquanto a Índia adota modelo flutuante e flutuante livre (*floating and free floating*).

O fato de todos adotarem o modelo de câmbio flutuante, ou seja, que não recebe uma interferência direta do governo, é um fator que autoriza a comparação e deslegitima a alegação de que a perda de posições pelo Brasil no *ranking* das maiores economias se deve exclusivamente a fatores relacionados à variação cambial. Todos os países enfrentam crises, aliás, a Coreia vem enfrentando crises seguidas com seus ex-presidentes e setor empresarial envolvido em escândalos de corrupção. A moeda coreana, o won (KRW), é altamente desvalorizada frente ao dólar, pois 1 milhão de wons equivale a menos de 850 dólares norte-americanos. O mesmo se diga em relação à moeda indiana (INR), pois 1 milhão de rúpias indianas equivalem a pouco mais de 13 mil dólares. Nessa comparação, o real brasileiro é muito mais valorizado, pois 1 milhão de reais equivale a mais de 181 mil dólares.[504]

Outra referência importante é que embora se fale que câmbio flutuante é aquele que não recebe intervenção, o Banco Central do Brasil emite títulos quando o dólar dispara, para segurar sua cotação. Mesmo em um sistema de câmbio flutuante, existe possibilidade de

---

[504] Disponível em: https://www.fxrateslive.com/KRW/USD/1000000, câmbio de 10.10.2021.

interferência em alguma medida. Portanto, a questão da variação cambial experimentada pelo Brasil nos últimos anos e a alta do dólar não podem ser argumentos utilizados para descreditar os resultados obtidos pelo Brasil no *ranking* das maiores potências mundiais, perdendo várias posições para a Índia.

No quadro, vemos que, na década de 1990, o PIB de todos os países estava na casa dos bilhões de dólares, exceto dos Estados Unidos, que já estava em 5,963 trilhões de dólares. Com relação aos demais, vamos começar comparando Brasil e Índia: o Brasil, em 1990, possuía uma vantagem de quase 130 bilhões em relação à Índia. Essa vantagem, na qual o Brasil tem PIB aproximadamente ¼ maior que o da Índia, permanece de 1990 a 2014. A partir de 2015, vemos que a Índia segue seu ritmo de crescimento consistente, ao passo que o Brasil começa a andar para trás, de forma muito evidente. Pela estimativa do FMI do PIB projetado até 2026, a expectativa é que em 2026 o Brasil alcance 2,328 trilhões, ou seja, o que é menor que o PIB brasileiro do ano de 2014 (2,456 trilhões), ao passo que em 2026 o PIB projetado da Índia é de 5,100 trilhões, ou seja, mais que o dobro do PIB brasileiro no mesmo ano.

Não se diga que isso decorre do fato de a Índia ser um país muito mais populoso que o Brasil, pois, se compararmos à Coreia, que possui população que é um ¼ da brasileira, fenômeno parecido acontece. Na década de 1990, o PIB do Brasil era 455,335 bilhões e o da Coreia era de 283,365 bilhões. Ou seja, o PIB brasileiro era quase 1/3 maior que o PIB coreano. Porém, em 2020, o PIB da Coreia (1,638 trilhão) ultrapassou o PIB do Brasil (1,448 trilhão), e a estimativa é que, em 2026, o PIB da Coreia seja 2,205 trilhões e o do Brasil 2,328 trilhões.

Relativamente a Singapura, possui uma população muito menor, o que dificulta comparação. Entretanto, o ponto de interesse é demonstrar que todos os países têm crescimento consistente ao longo dos anos, que às vezes pode ter um ano pior, como de 2019 a 2020, quando todos os países tiveram um resultado pior em 2020 do que em 2019, inclusive os Estados Unidos, mas o ponto fora da curva é a dificuldade do Brasil de retomar o crescimento.

O escândalo de corrupção que impactou o Brasil a partir do ano de 2013 não é um episódio isolado, pois a Coreia, na mesma década, também enfrentou escândalos de corrupção envolvendo a elite política e empresarial, tanto que dois ex-presidentes cumprem pena no presídio e o vice-presidente da Samsung recebeu liberdade condicional. Não obstante, em momento algum se vê retrocesso nos números da

Coreia. Ao contrário, é um crescimento consistente de bilhões de dólares a cada ano (exceto 2019-2020).

Se o resultado do Brasil está relacionado aos escândalos de corrupção, a conclusão a que podemos chegar, diante da incapacidade de reação que se reflita em crescimento econômico, é que o Estado funcionava por meio da corrupção, e, uma vez que o esquema de corrupção começou a ser desarticulado, não havia mais ninguém preparado para assumir o lugar do cartel envolvido no escândalo. Um efeito grave da corrupção, especificamente a sistêmica, é não deixar espaço para a riqueza criativa, que depende da concorrência efetiva para se destacar.

5.5.2 Quadro comparativo: Índice de Percepção da Corrupção (Transparência Internacional)

Observe-se que o quadro mostra a posição dos países no *ranking*:

Índice de Percepção da Corrupção	Estados Unidos	Brasil	Índia	Coreia do Sul	Singapura
1995	15º	37º	35º	27º	3º
2000	14º	49º	69º	48º	6º
2001	16º	46º	71º	42º	4º
2002	16º	45º	71º	40º	5º
2003	18º	54º	83º	50º	5º
2004	17º	59º	90º	47º	5º
2005	17º	62º	88º	40º	5º
2006	20º	70º	70º	42º	5º
2007	20º	72º	72º	43º	4º
2008	18º	80º	85º	40º	5º
2009	19º	75º	84º	39º	3º
2010	22º	69º	91º	41º	1º
2011	24º	73º	95º	43º	5º
2012	19º	69º	94º	45º	5º
2013	19º	72º	94º	46º	5º
2014	17º	69º	85º	44º	7º
2015	16º	76º	76º	43º	7º
2016	18º	79º	79º	52º	7º
2017	16º	96º	81º	51º	6º
2018	22º	105º	78º	45º	3º
2019	23º	106º	80º	39º	4º
2020	25º	94º	86º	33º	3º
2021	27º	96º	85º	32º	4º

Esse índice afere a corrupção em 180 países e territórios e é um importante indicador de como a corrupção é percebida no setor público por especialistas e empresários. A metodologia do índice utiliza uma pontuação de 0 a 100, onde 0 corresponde ao nível máximo de corrupção e 100 corresponde a um país livre de corrupção. Portanto, quanto maior o valor do índice, melhor a posição do país no *ranking*. Observe-se que a tabela acima não reproduz o índice, mas apenas a posição do país no *ranking*. Ele pode ser algo enganoso, porque ele reflete a percepção da corrupção, e não a corrupção propriamente dita, que é muito mais complexa de ser identificada, justamente pela sua clandestinidade e por ser uma prática que beneficia todos os envolvidos, ou seja, os dois lados envolvidos, da oferta e da demanda de propina.

Portanto, no momento em que algum escândalo de corrupção é revelado, o índice vai diminuir, ficando mais próximo de zero, e o país vai passar a ocupar uma posição pior no *ranking*. Mas isso não significa necessariamente que passou a haver mais corrupção. Significa apenas que houve um aumento na percepção da corrupção. Ou seja, a corrupção que já existia e estava despercebida foi descoberta e passou a ser percebida. O problema não é o escândalo em si, mas a corrupção que ele revela, obviamente. Portanto, o fato de um escândalo causar a perda de posições de um país no *ranking* não é necessariamente um problema, pois o escândalo é o primeiro passo para que o problema possa ser enfrentado.

O problema surge quando o país perde posições, e não consegue recuperá-las ao longo dos anos. Isso demonstra que um escândalo veio à tona e não houve o devido encaminhamento e adoção das medidas de modo a permitir que a percepção da corrupção seja acalmada e retorne aos seus patamares anteriores ao escândalo.

O Brasil e a Índia nunca estiveram muito bem colocados no *ranking*. Em relação ao Brasil, de 2015 a 2019, podemos observar uma perda significativa de posições, indo da 76ª (2015) a 106ª (2019). Em 2020, houve uma melhora significativa, passando para a 94ª posição, porém, ainda muito em desvantagem em relação aos Estados Unidos (25ª) e à Coreia (33ª). E também continua em desvantagem se comparado à Índia.

Com relação à Coreia, vê-se que tem havido uma melhora consistente nas suas posições no *ranking* a partir de 2016, quando caiu para a 52ª posição, e vem sucessivamente melhorando no *ranking*: 2017 (51ª), 2018 (45ª), 2019 (39ª) e 2020 (33ª). Ou seja, no período em que foram revelados os escândalos de corrupção envolvendo a ex-Presidente e empresários do país, que acabaram presos, vê-se que houve uma melhora no índice, indicando que, não obstante os escândalos, a percepção foi no sentido de que o problema foi bem encaminhado.

Singapura é um país modelo no que se refere à percepção da corrupção, ocupando em 2020 a 3ª posição no *ranking*. Tudo que se lê sobre os estímulos para o setor privado em Singapura referem leis rigorosas e ambiente refratário à corrupção. Tal situação é bem retratada neste índice e também na sua combinação com o *doing business*.

5.5.3 Quadro comparativo: *Doing Business* (Banco Mundial)

Doing Business	Estados Unidos	Brasil	Índia	Coreia do Sul	Singapura
2006	3	119	116	27	2
2007	3	121	134	23	1
2008	3	122	120	30	1
2009	3	125	122	23	1
2010	4	129	133	19	1
2011	5	127	134	16	1
2012	4	126	132	8	1
2013	4	130	132	8	1
2014	4	116	134	7	1
2015	7	120	142	5	1
2016	7	116	130	4	1
2017	8	123	130	5	2
2018	6	125	100	4	2
2019	8	109	77	5	2
2020	6	124	63	5	2

O indicador *Doing Business*,[505] calculado pelo Grupo Banco Mundial, mede a facilidade de se fazer negócios em determinado país.

---

[505] 2006 – disponível em: https://www.doingbusiness.org/content/dam/doingBusiness/media/Annual-Reports/English/DB06-FullReport.pdf.
2007 – disponível em: https://www.doingbusiness.org/content/dam/doingBusiness/media/Annual-Reports/English/DB07-FullReport.pdf.
2008 – disponível em: https://www.doingbusiness.org/content/dam/doingBusiness/media/Annual-Reports/English/DB08-FullReport.pdf.
2009 – disponível em: https://www.doingbusiness.org/content/dam/doingBusiness/media/Annual-Reports/English/DB09-FullReport.pdf.
2010 – disponível em: https://www.doingbusiness.org/content/dam/doingBusiness/media/Annual-Reports/English/DB10-FullReport.pdf.
2011 – disponível em: https://www.doingbusiness.org/content/dam/doingBusiness/media/Annual-Reports/English/DB11-FullReport.pdf.
2012 – disponível em: https://www.doingbusiness.org/content/dam/doingBusiness/media/Annual-Reports/English/DB12-FullReport.pdf.
2013 a 2020 – disponível em: https://www.doingbusiness.org/en/reports/global-reports/doing-business-2020.

O Brasil, em 2020, apesar de ser a 12ª maior economia do mundo, em contrapartida, ocupa a posição 124ª quando se trata da facilidade de fazer negócios e incentivo ao empreendedorismo. O que mais chama a atenção é a incapacidade do Brasil de avançar de forma consistente, pois, desde 2006, vem ocupando as posições entre 109 e 130 do *ranking*.

A situação se torna ainda mais alarmante quando comparada com a Índia, por exemplo, que enfrenta graves problemas relacionados à corrupção, e a ausência ou incoerência da sua regulação no setor privado. Não obstante, a Índia, de 2015 a 2020, vem em um ritmo consistente de melhora, ganhando dezenas de posições no *ranking*, passando da 142ª, em 2015, para a 63ª, em 2020. Singapura desde 2006 ocupa a 1ª e a 2ª posições no *ranking*. Coreia e Estados Unidos ocupam a 5ª e a 6ª, respectivamente.

5.5.4 Tabela de Índice de Desenvolvimento Humano e seus componentes

IDH e seus componentes	Estados Unidos (IDH Muito Alto)	Brasil (IDH Alto)	Índia (IDH Médio)	Coreia do Sul (IDH Muito Alto)	Singapura (IDH Muito Alto)
Expectativa de vida ao nascer (2019)	78.9	75.9	69.7	83	83.6
Expectativa de anos na escola (2019)	16.3	15.4	12.2	16.5	16.4
Média de anos na escola (2019)	13.4	8	6.5	12.2	11.6
Renda Nacional Bruta *per capita* (2019) 2017 PPP	63.826	14.263	6.681	43.044	88.155
Ranking IDH (2019)	17	84	130	22	12

Fonte: Disponível em: http://hdr.undp.org/sites/default/files/2020_statistical_annex_table_1.pdf.

O Índice de Desenvolvimento Humano,[506] calculado pela Organização das Nações Unidas, por meio do seu PNDU (Programa Nacional de Desenvolvimento Humano) foi criado com o objetivo

---

[506] Disponível em: http://hdr.undp.org/sites/default/files/2020_statistical_annex_table_1.pdf. Acesso em: 01 out. 2021.

CAPÍTULO 5
PAÍSES QUE SÃO BONS EXEMPLOS: ESTADOS UNIDOS, SINGAPURA, COREIA DO SUL E ÍNDIA | 271

de enfatizar que o desenvolvimento da pessoa humana deveria ser o mais importante critério para aferir o desenvolvimento de um país, não apenas o crescimento econômico isoladamente retratado no PIB. Com base nesse critério, os países são classificados em "muito alto desenvolvimento humano", onde se enquadram Estados Unidos, Coreia e Singapura; "alto desenvolvimento humano", onde se enquadra o Brasil; "médio desenvolvimento humano", onde se enquadra a Índia; e "baixo desenvolvimento humano". Do nosso grupo de interesse, o país mais bem colocado no *ranking* é Singapura, ocupando a 12ª posição, seguida dos Estados Unidos (17ª posição), Coreia (22ª posição), Brasil (84ª posição) e Índia (130ª posição).

5.5.5 Tabela de Tendências do Índice de Desenvolvimento Humano de 1990 a 2019

Média anual do crescimento do IDH	Estados Unidos	Brasil	Índia	Coreia do Sul	Singapura
1990-2000	0.24	1.12	1.44	1.18	1.31
2000-2010	0.33	0.60	1.58	0.77	1.02
2010-2019	0.12	0.57	1.21	0.33	0.35
1990-2019	0.24	0.77	1.42	0.78	0.91
Valor comparativo do IDH 1990 - 2019	0.865 – 0.926	0.613 - 0.765	0.429 -0.645	0.732– 0.916	0.721– 0.938

Fonte: Disponível em: http://hdr.undp.org/sites/default/files/2020_statistical_annex_table_2.pdf.

Na última linha dessa tabela, podemos analisar o crescimento do IDH pela comparação do valor em um corte que abrange 3 décadas (1990 a 2019).[507] Todos os países avançaram dois pontos no IDH de 1990 para 2019: Índia foi de 0.4 para 0.6; e Coreia e Singapura foram de 0.7 para 0.9. As exceções são Estados Unidos e Brasil. Com relação aos Estados Unidos, já estava com a pontuação próxima da máxima na década de 1990, pois já partiram de 0.8 pontos. Portanto, não há margem para aumentar dois pontos. Para ilustrar, observe-se que a Noruega, que é primeira no *ranking* do IDH 2019, estava com 0.849 em 1990 e

---

[507] Disponível em: http://hdr.undp.org/sites/default/files/2020_statistical_annex_table_2.pdf. Acesso em: 01 out. 2021.

com 0.957 em 2019, sendo essa a maior pontuação geral. Relativamente ao Brasil, sua pontuação em 1990 era 0.6, de modo que havia margem para aumentar três pontos, mas aumentou apenas um, atingindo 0.7 em 2019, ou seja, uma evolução menor que a alcançada pelos outros países em comparação.

Tal constatação reforça nossa perspectiva de que o Brasil está se arrastando na categoria "em desenvolvimento" e "alto desenvolvimento humano", encontrando grande dificuldade para quebrar a barreira que nos separa dos países "desenvolvidos" e com "muito alto desenvolvimento humano", o que seria alcançado se o Brasil tivesse atingido 0.8 pontos. Em contraste, a Índia vem evoluindo de forma consistente seu IDH desde a década de 1990, sendo que nas três últimas décadas cresceu mais de um ponto na média do IDH, ficando com média de 1.42 de crescimento de IDH no período de 1990 a 2019. No mesmo período, o Brasil conseguiu crescer seu IDH em mais de um ponto somente de 1990 a 2000, ficando com média de 0.77 de crescimento de IDH de 1990 a 2019.

Esse dado é consistente com todos os demais indicadores. Apesar de todos esses índices (PIB nominal, Índice de Percepção da Corrupção, *Doing Business*, IDH) serem elaborados por diferentes órgãos, todos eles refletem a dificuldade que o Brasil vem enfrentando para avançar, isso ficando bastante claro em uma comparação com a Coreia, que possui muitas semelhanças com o Brasil, e também se comparado com a Índia, que vem avançando em um ritmo que o Brasil não consegue reproduzir e, seguindo nessa toada, com chance de ser ultrapassado pela Índia em menos de uma década.

CAPÍTULO 6

O FCPA, O *UK ANTI-BRIBERY ACT* E O *WHISTLEBLOWING*

6.1 *Foreign Corrupt Practices Act* (FCPA)

O *Foreign Corrupt Practices Act* (FCPA) é uma ferramenta poderosa por meio da qual os Estados Unidos vêm desempenhando um papel importante no combate à corrupção transnacional e se destacando como o ator mais importante no cenário global. Essa legislação foi introduzida no sistema norte-americano em 1977. No entanto, começou a ser fortemente aplicada nos últimos 15 anos. A quantidade e o valor das penalidades impostas têm aumentado exponencialmente. Como resultado, os EUA estão aumentando magnificamente o custo da corrupção. O grande segredo do FCPA é simples: ele vem sendo efetivamente implementado.

6.1.2 Breve contexto histórico

Em 1977, quando o tema corrupção ainda era altamente sensível no contexto geopolítico global, os Estados Unidos já atentavam para a corrupção em um espectro mais amplo e aprovavam o *Foreign Corrupt Practices Act*. O FCPA caracteriza como crime que as empresas e pessoas que componham seus quadros diretivos, conselheiros, funcionários e representantes paguem, prometam, ofereçam ou autorizem o pagamento de qualquer coisa de valor, a qualquer autoridade ou funcionário estrangeiro, partido político estrangeiro, candidato a cargo político estrangeiro ou responsável vinculado à organização pública internacional, com o objetivo de conseguir ou manter negócios.

A iniciativa da lei surgiu como desdobramento do escândalo *Watergate* e a investigação sobre as contribuições ilegais para a campanha política do Partido Democrata e do então Presidente Nixon, que acabou renunciando durante o processo deflagrado para seu *impeachment*. O valor das contribuições ilegais de campanha chamaram a atenção do povo americano e, com o avanço das investigações, acabou sendo revelado ao conhecimento público que o suborno de funcionários estrangeiros por cidadãos americanos era uma prática comum. Quando a magnitude do problema foi finalmente exposta, o clamor público foi incontrolável.

A *Securities and Exchange Commision* (SEC) descobriu que mais de 400 empresas norte-americanas pagaram centenas de milhões de dólares em subornos a funcionários de governos estrangeiros para garantir negócios no exterior.[508] A investigação da SEC revelou que as empresas estavam utilizando ardis (*slush funds*) para fazer contribuições ilegais de campanha política nos Estados Unidos e pagamentos de propina a funcionários públicos estrangeiros no exterior. Para ocultar os pagamentos, as empresas estavam fraudando sua contabilidade. Várias audiências públicas foram convocadas no Congresso e resultaram em um pedido de legislação, pois a corrupção revelada foi vista como antiética e atentatória ao conceito de livre concorrência, que é o pilar na história do capitalismo e da livre iniciativa nos Estados Unidos.

A exposição de motivos do FCPA, elaborada na Câmara dos Deputados (*House of Representatives*), descreve, brevemente, um cenário que vemos de forma muito clara no Brasil, e que é exatamente o que o documento pretendia evitar. O documento afirma que o pagamento de propinas para influenciar os atos e as decisões é antiético, é contrário às expectativas e valores morais do público americano, além disso, um mau negócio, porque corrói a confiança do público na integridade do sistema de mercado livre. É um atalho no mercado que direciona os negócios para aquelas empresas que são ineficientes demais para competir em termos de preço, qualidade ou serviço, ou sem condições de se engajar em negociações honestas. Em resumo, recompensa a corrupção em vez da eficiência e pressiona empresas éticas a reduzirem seus padrões ou arriscar perder negócios.[509]

---

[508] H.R. Rep. N. 95-640, at 4; A. Carl Kotchian, *The Payoff: Lockheed's 70-Day. Mission to Tokyo*, Saturday Rev., Jul. 9, (1977).

[509] "The payment of bribes to influence the acts or decisions of foreign officials, foreign political parties or candidates for foreign political office is unethical. It is counter to the

A essência da visão que estimulou a aprovação do FCPA foi a de que a prática da corrupção possui um custo altíssimo, no âmbito doméstico e no internacional, porque pavimenta o caminho para ineficiência e instabilidade do mercado, produção de produtos com baixo padrão de qualidade e um ambiente injusto para transações e empresas que querem operar honestamente. O FCPA foi o caminho vislumbrado para romper com essa trajetória, que produz efeitos deletérios no crescimento econômico consistente e sustentável, pois, mediante um rigoroso estatuto contra a corrupção, o Congresso objetivou criar incentivos para que as corporações americanas resistissem às demandas por pagamento de propina,[510] e, ao mesmo tempo, enfrentar os desdobramentos destrutivos causados por essa prática de corrupção transnacional. Para tanto, alguns anos depois, os Estados Unidos atuaram junto à OCDE com o objetivo de aprovar uma Convenção voltada a criminalizar o pagamento de propina nas transações comerciais internacionais.

O FCPA também proíbe contabilidade clandestina ou sistema paralelo de contabilidade (*off-the-books accounting*), mediante regras que objetivam estimular a precisão das informações lançadas nos documentos e livros contábeis e a credibilidade das auditorias feitas nestes registros.

De 1977 até 2020, a aplicação do FCPA resultou em mais de US$19,7 bilhões de dólares em penalidades, em mais de 240 ações realizadas em mais de 50 países.[511]

6.1.3 A relação entre o FCPA e a Convenção da OCDE

Em 1988, quando o Congresso americano alterou o FCPA para adicionar duas hipóteses de defesas (a defesa fundada na lei do local e a defesa fundada em despesas promocionais que fossem razoáveis e genuínas), também iniciou um movimento para que o Presidente

---

moral expectations and values of the American public. But not only is it unethical, it is bad business as well. It erodes public confidence in the integrity of the free market system. It short-circuits the marketplace by directing business to those companies too inefficient to compete in terms of price, quality or service, or too lazy to engage in honest salesmanship, or too intent upon unloading marginal products. In short, it rewards corruption instead of efficiency and puts pressure on ethical enterprises to lower their standards or risk losing business." (*H.R. Rep. N. 95-650, at 4-5*). TARUN, Robert W; TOMCZAK, Peter P. *The Foreign Corrupt Practices Act Handbook*. 5. ed. Chicago: American Bar Association, 2018. p. 1.

[510] S.Rep. Nº100-85 at 46 (1987).

[511] Disponível em: https://app.fcpablog.com/features/landing/?mepr-unauth-page=24&redi rect_to=%2F. Acesso em: 07 jul. 2020.

negociasse junto à OCDE a elaboração de uma convenção para criminalizar o suborno em transações comerciais internacionais. O resultado foi a elaboração da Convenção sobre o Combate da Corrupção de Funcionários Públicos Estrangeiros em Transações Comerciais Internacionais,[512] que foi concluída em Paris, em 17.12.1997, conhecida como Convenção Antissuborno da OCDE ou *OECD Anti-Bribery Convention*.

A partir do advento da Convenção da OCDE, que recomendou aos Estados Partes que criminalizassem o suborno de funcionários públicos estrangeiros, mais alterações foram feitas no FCPA, com o objetivo de expandir seu escopo para: incluir pagamentos feitos para garantir "qualquer vantagem indevida"; incluir, na definição de funcionário público estrageiro, os funcionários de organizações internacionais públicas; incluir a nacionalidade como fundamento para reclamar jurisdição; aplicar sanções criminais para estrageiros empregados ou atuando como representantes de empresas dos Estados Unidos.[513] Tais alterações no FCPA tiveram por objetivo adequá-lo aos requerimentos e implementar a Convenção da OCDE, que entrou em vigor em 15 de fevereiro de 1999, e teve os Estados Unidos como Estado Parte fundador.

6.1.4 Quais são as condutas proibidas pelo FCPA?

O FCPA possui dois grupos de regras: o primeiro relativo ao pagamento de suborno propriamente dito, e o segundo relativo aos livros e registros e ao controle interno das transações financeiras da pessoa jurídica. Portanto, o problema da corrupção internacional é abordado de duas maneiras. A primeira delas ocorre mediante disposições que proíbem as pessoas físicas e jurídicas de subornar funcionários de governos estrangeiros, com o objetivo de obter ou reter negócios. A segunda forma pela qual o FCPA incrimina condutas é por meio de normas contábeis, que impõem certos requisitos de manutenção de registros e controle interno sobre os emissores de valores mobiliários e também proíbem essas pessoas de fraudarem intencionalmente livros e registros de um emissor, ou de alguma forma contornar ou deixar de implementar sistema de controles internos.

---

[512] *Convention on Combating Bribery of Foreign Public Officials In International Business Transactions.*

[513] *International Anti-Bribery and Fair Competition Act 1998, Pub. L. 105-366, 112 Stat.3302 (1998); S. Rep. nº 105-277, at 2-3.*

Foi com base nas previsões referentes à contabilidade que a companhia brasileira subsidiária da Odebrecht – Construtura Norberto Odebrecht, S.A. (CNO) foi condenada ao pagamento de indenização milionária em ação coletiva com fundamento no FCPA. O contexto fático que gerou a denúncia surgiu a partir da venda de títulos (*corporate bonds*) a investidores nos Estados Unidos e na América Latina em bolsa de valores norte-americana.

Em seu memorando de oferta para vender seus títulos, a CNO relatou receitas e lucros líquidos substanciais, apresentando-se como bem-sucedida na obtenção de grandes contratos públicos com base em suas habilidades de negócios, experiência e eficiência. Mais tarde, veio à tona a outra versão do sucesso da Odebrecht na obtenção de contratos públicos, que não estava necessariamente relacionado à sua alegada *expertise*, mas sim a um esquema generalizado de corrupção em que a CNO e a Odebrecht pagaram aproximadamente US$800 milhões em subornos a vários funcionários governamentais que, em troca, concederam contratos públicos lucrativos.

As Cortes americanas reconheceram a violação das normas do FCPA relacionadas à contabilidade também a partir da descoberta da existência de um sistema paralelo de comunicação entre os integrantes do esquema criminoso. A Odebrecht criou uma divisão autônoma denominada "Divisão de Operações Estruturadas", criada com o único propósito de funcionar como departamento de suborno. No bojo do acordo bilionário (US$2,6 bilhões) firmado perante as autoridades norte-americanas, foi confessado que entre 0,5% e 2,0% da receita da empresa eram direcionados a subornos pagos a funcionários públicos, dependendo das demandas dos contatos da Odebrecht.

Para impedir que esses pagamentos massivos fossem registrados nos resultados financeiros reportados pela CNO e pela Odebrecht, o Departamento de Operações Estruturadas operava a partir de dois sistemas paralelos e ocultos de registro de informações, apenas acessíveis aos participantes do esquema de corrupção: o sistema *MyWebDay*, que cuidava do rastreamento dos subornos; e o sistema *Drousys*, que consistia em um sistema seguro de *e-mail* e mensagens instantâneas. Ao deixar de registrar os pagamentos de propina nos registros contábeis da CNO ou da Odebrecht, essas empresas violaram as normas contábeis e os requisitos de relatórios financeiros. Por isso, foram enquadrados no FCPA na parte relativa à transparência contábil da empresa (*books and records*).

Em síntese, as violações às normas do FCPA podem ensejar o ajuizamento de ações nos âmbitos civil e criminal, e as penalidades aplicadas incluem multas, restituição de valores e também pena de prisão.

6.1.5 Condutas proibidas pelo FCPA relativamente à oferta e/ou ao pagamento de suborno (*supply side*)

Como regra geral, o FCPA proíbe oferecer ou efetuar pagamento, prometer pagar ou autorizar o pagamento de dinheiro ou qualquer outro bem de valor (*anything of value*) para um funcionário público estrangeiro, a fim de influenciar qualquer de seus atos ou decisões compreendidas nas suas atribuições funcionais, ou para garantir qualquer outra vantagem indevida a fim de obter ou manter negócios.

O FCPA torna ilegal exclusivamente a conduta praticada pelo lado que oferta o pagamento de propina (*supply side*) a funcionário público estrangeiro, e não a do lado que aceita ou recebe a propina (*demand side*). O dispositivo que tipifica a conduta[514] deixa claro que a conduta ilegal é dar, oferecer ou prometer vantagem indevida. A aceitação ou recebimento não constitui crime previsto no FCPA.

6.1.6 Por que aceitar ou receber propina (*demand side*) não é considerado ilegal?

Antes de adentrar especificamente nos elementos do crime propriamente ditos, vamos indagar os possíveis motivos pelos quais o FCPA não incrimina o lado da demanda da propina, ou seja, a solicitada por funcionários públicos estrangeiros. Um dos motivos pode ser o contexto histórico no qual o FCPA foi aprovado, após a descoberta de que o suborno de funcionários públicos estrangeiros era uma conduta corriqueiramente praticada por cidadãos americanos, escândalo este que veio à tona juntamente com a descoberta de contribuições políticas domésticas ilegais.[515] A partir de então, não apenas o FCPA, mas várias outras leis domésticas historicamente focaram especificamente no lado da oferta da propina e não foram direcionadas para o lado da demanda.

---

[514] *15 U.S.C. §78dd-1 ao §78dd-3.*

[515] *Henry H. Rossbacher e Tracy W. Young, The Foreign Corrupt Practices Act Within The American Response to Domestic Corruption*, 15 Dickinson J. Int'l L. 509, 510 (1997). Disponível em: https://elibrary.law.psu.edu/cgi/viewcontent.cgi?referer=https://scholar.google.com/&htt psredir=1&article=1414&context=psilr. Acesso em: 20 abr. 2021.

A expectativa era que a comunidade internacional adotasse certas disposições para processar o lado da oferta também em seus países. Por exemplo, com a aprovação da Lei Internacional Antissuborno de 1998 (*International Anti-Bribery Act*), os Estados Unidos promoveram alterações no FCPA para adotar certas disposições da Convenção da Organização para Cooperação e Desenvolvimento Econômico (OCDE) sobre Combate ao Suborno de Funcionários Públicos Estrangeiros em Transações Comerciais Internacionais (Convenção Antissuborno da OCDE). Na mesma linha do FCPA, também a Convenção da OCDE, constitui um esforço internacional para processar os proponentes, não os tomadores de suborno.

Há outros motivos pelos quais a criminalização da aceitação de suborno por estrangeiros pode ser considerada difícil de ser implementada. Talvez o mais evidente seja o fato de que o recebimento de propina normalmente é considerado prática ilegal no plano doméstico. Aliás, as convenções internacionais anticorrupção, de modo geral, encorajam os Estados Partes a abordarem ambas as condutas, tanto o lado da oferta quanto o da demanda, na sua legislação criminal doméstica.[516]

Outro obstáculo é o alcance jurisdicional dos Estados Unidos, e o fato de que tais casos podem ser processados sob outros estatutos, como lavagem de dinheiro e fraude cometida por meios eletrônicos (*wire fraud*). Além disso, haveria maior interesse do governo do recebedor de suborno em processar a conduta do seu nacional, atuando sobre o lado passivo da conduta. Outro aspecto considerado sensível no âmbito das relações internacionais são as possíveis consequências políticas que poderiam resultar da formalização de acusações criminais contra funcionários de governos estrangeiros por aceitação de suborno. Todos esses fatores, aliados aos desafios jurisdicionais de deflagrar os processos contra estrangeiros, seriam as justificativas para a incriminação exclusiva do lado da oferta da propina.[517]

Não obstante, é curioso observar alguns casos, que podem ser considerados exceções, ou interessantes hipóteses, nos quais os Estados Unidos obtiveram êxito contra pessoas que aceitaram ou receberam propina. Há casos de lavagem de dinheiro e fraude cometida por meios

---

[516] *Article 16 e 18 da UNCAC – United Nations Convention Against Corruption.*

[517] FIRESTONE, Tom; PIONTKOVSKA, Maria. *Two to Tango: Attacking the Demand Side of Bribery*, The American Interest (Dec. 17, 2018). Disponível em: https://www.the-american-interest.com/2018/12/17/two-to-tango-attacking-the-demand-side-of-bribery/. Acesso em: 20 abr. 2021.

eletrônicos em que os Estados Unidos, por meio do FCPA, podem processar indivíduos que recebem subornos. Por exemplo, em 2017, um Ministro de Minas da Guiné, residente em Nova York, foi processado por receber e lavar US$8,5 milhões em subornos com base no FCPA, sendo condenado a cumprir 7 anos na prisão.[518]

Além disso, atualmente existe a possibilidade de aplicação de outras disposições legais[519] para processar pessoas que aceitam subornos.[520] E outros atos, como a *Global Magnitsky Act*, que autoriza o presidente a impor proibições de vistos e sanções direcionadas a indivíduos em qualquer parte do mundo responsáveis por cometer violações dos direitos humanos ou atos de corrupção considerada significativa.

Em resumo, o FCPA reprime apenas a conduta da pessoa que oferece ou paga o suborno (*supply side*), e não daquela que recebe o suborno (*demand side*). E a simples oferta de pagamento é suficiente para gerar responsabilidade com base no FCPA, não havendo necessidade de que seja efetivamente paga.

Mas é essencial destacar que estão em andamento projetos de criminalização do que está sendo referido como extorsão por funcionários públicos estrangeiros. Existe muita expectativa para aprovação do Foreign Extortion Prevention Act (FEPA), que criminaliza o lado da demanda da propina e colocaria os Estados Unidos em alinhamento com outros países que já criminalizam tal prática, como Alemanha, Reino Unido e França.[521]

6.1.7 Categorias de pessoas abarcadas pelo FCPA

As pessoas que podem ser alvos do FCPA são aquelas abrangidas por uma das três categorias claramente definidas no Código Penal Federal (15 USC): (1) emitentes de títulos mobiliários registrados[522]

---

[518] Disponível em: https://www.justice.gov/opa/pr/former-guinean-minister-mines-sentenced-seven-years-prison-receiving-and-laundering-85. Acesso em: 20 abr. 2021.

[519] 18 USC §219: Officers and Employees Acting as Agents of Foreign Principals. Disponível em: https://www.law.cornell.edu/uscode/text/18/219. Acesso em: 20 abr. 2021.

[520] FIRESTONE, Tom; PIONTKOVSKA, Maria. Here's how to prosecute foreign bribe takers. *The FCPA Blog*, dez. 2018. Disponível em: https://fcpablog.com/2018/12/28/heres-how-to-prosecute-foreign-bribe-takers. Acesso em: 20 abr. 2021.

[521] Disponível em: https://us.transparency.org/resource/what-transparency-international-chapters-around-the-world-are-saying-about-the-foreign-extortion-prevention-act/; https://us.transparency.org/resource/foreign-extortion-prevention-act-fepa-factsheet/. Acesso em: 10 maio 2022.

[522] Devem atender o disposto no 15 USC §781, que dispõe sobre os requisitos para registro de títulos mobiliários (§781 – *Registration Requirements for Securities*).

ou obrigados a apresentar relatórios nos termos do artigo 78º (d), ou qualquer diretor, funcionário, empregado ou agente de tal emissor, ou qualquer acionista agindo em nome do emissor, usando comércio interestadual (transações comerciais interestaduais) em conexão com o pagamento de subornos;[523] (2) empresas americanas e pessoas americanas que usam o comércio interestadual em conexão com o pagamento de subornos;[524] e (3) pessoas ou empresas estrangeiras que praticam atos para promover certos esquemas corruptos, incluindo aqueles que efetuam o pagamento de subornos, enquanto presentes nos Estados Unidos.[525] Vamos tentar detalhar um pouco mais essas figuras.

A primeira categoria, *Issuers* ou emitentes de títulos, abarca todas as pessoas jurídicas que têm ações listadas em qualquer bolsa nacional de valores norte-americana. Essa pessoa jurídica não precisa ser uma companhia americana. Empresas estrangeiras com ADR (*American Receipt Deposits*) listados em bolsa nacional americana também são consideradas emitentes de títulos para fins do FCPA. Essa categoria também abrange as pessoas jurídicas que possuem títulos em mercado de balcão licenciado pela *Securities Exchange Commission* (SEC), ou seja, são as pessoas jurídicas que também precisam apresentar relatórios periódicos, ou outros relatórios, à SEC. Em todas as hipóteses acima referidas, também serão incluídos os diretores, executivos, empregados, agentes, acionistas agindo em nome da companhia, sejam eles nacionais ou estrangeiros, bem como qualquer coautor ou partícipe que aja com alguma dessas pessoas, podem ser enquadrados em condutas criminosas previstas no FCPA.

A segunda categoria, *Domestic Concerns* ou questões internas/domésticas, envolve qualquer indivíduo que seja cidadão, nacional ou residente dos Estados Unidos, ou qualquer empresa, corporação, parceria, associação, sociedade por ações, truste comercial, organização não incorporada, empresa individual, que não seja um emissor (*Issuer*) e não possa ser enquadrado na primeira categoria, mas que seja organizado de acordo com as leis dos Estados Unidos ou seus estados, territórios, possessões ou integrantes do *commonwealth*, ou que tenha seu principal local de negócios nos Estados Unidos. Da mesma forma como ocorre na categoria anterior, executivos, diretores, funcionários, agentes, ou acionistas agindo em nome/benefício de uma questão

---

[523] 15 USC §78dd-1 (*Issuers*).
[524] 15 U.S.C. §78dd-2 (*Domestic Concerns*).
[525] 15 U.S.C. §78dd-3 (*Territorial Jurisdiction*).

doméstica, incluindo cidadãos ou empresas estrangeiras, também são abrangidos por essa categoria de pessoas que podem ser enquadradas por violação ao FCPA.

A terceira categoria, que trata da competência territorial (*Territorial Jurisdiction*) abarca cidadãos estrangeiros ou entidades que não se enquadram nas duas outras categorias, ou seja, não são emissores nem relacionados a questões internas. Desde 1998, o FCPA se aplica também a pessoas e entidades estrangeiras não emissoras que, diretamente ou por meio de um agente, se envolvem em qualquer atividade que objetive viabilizar pagamento de propina. Tais atos podem consistir em oferta, promessa, ou autorização de pagamento, entre outras, que sejam praticados no território dos Estados Unidos.

Qualquer tratativa referente a pagamento de propina a funcionário público estrangeiro que seja feita pessoalmente em solo americano ou que seja feita por um *e-mail* ou um telefone que passe pelos Estados Unidos, em tese, autoriza enquadramento no FCPA com base na competência territorial. Obviamente a utilização de um banco americano ou qualquer transação utilizando o sistema bancário americano também chama a aplicação do FCPA. Aqui, da mesma forma, executivos, diretores, funcionários, agentes ou acionistas agindo em nome de pessoas ou entidades podem ser responsabilizados por crimes previstos no FCPA.

6.1.8 Quais atos são crimes no FCPA: o Teste do Propósito Negocial (*Business Purpose Test*)

O FCPA se aplica apenas a pagamentos, ofertas ou promessas de pagamento de propina feitas com a finalidade de: (a) influenciar qualquer ato ou decisão de um funcionário público estrangeiro no desempenho de suas atribuições de ofício; (b) induzir um funcionário estrangeiro a fazer ou a deixar de fazer algo em violação do dever funcional; (c) obtenção de qualquer vantagem indevida; ou (d) induzir um funcionário público estrangeiro a usar sua influência com um governo estrangeiro ou órgão do mesmo para afetar ou influenciar qualquer ato ou decisão desse governo ou órgão.

Em qualquer caso, o pagamento, oferta ou promessa deve ser feito com "propósito negocial", ou seja, deve ser feito com o objetivo de auxiliar na obtenção ou manutenção de negócios, ou direcionamento de negócios para qualquer pessoa. Para aferir a presença desse requisito é feito o teste conhecido como "Teste de Propósito Negocial". Este teste recebe ampla interpretação e considera-se atendido tal requisito se, por exemplo, o pagamento, oferta ou promessa de propina é feito para obtenção de uma vantagem comercial, para obtenção de tratamento fiscal favorável, para reduzir ou eliminar taxas alfandegárias, para que seja adotada alguma ação governamental que evite que concorrentes entrem no mercado, ou para contornar um requisito de licença ou permissão, entre outros.

Observe-se como o propósito negocial recebe uma interpretação ampla, não restrita a situações nas quais se objetiva diretamente a obtenção ou manutenção de um contrato público, mas compreendendo também as situações nas quais o tratamento favorável permita alguma vantagem sobre a concorrência. Essa interpretação mais abrangente fica bastante evidenciada no julgamento do caso *United States v. Kav*,[526] no qual o Tribunal de Apelação entendeu que os subornos pagos para obter tratamento fiscal favorável, reduzindo as taxas alfandegárias de uma empresa e os impostos de vendas sobre as importações, poderiam constituir pagamentos feitos para "obter ou reter" negócios no âmbito do FCPA.

Isso porque a eliminação ou redução de impostos consequentemente reduz os custos operacionais e aumenta as margens de lucro. Portanto, a empresa dispõe de mais recursos para gastar com suas ações, inclusive em prejuízo dos concorrentes. Por tal razão, o caso *Kav* conclui que subornar funcionários estrangeiros para reduzir impostos e taxas alfandegárias certamente pode fornecer uma vantagem injusta sobre os concorrentes e, portanto, ajudar o pagador na obtenção ou manutenção de negócios, em violação às regras previstas no FCPA.

6.1.9 Alcance jurisdicional do FCPA: condutas que podem ser enquadradas no FCPA ainda que praticadas fora dos Estados Unidos

É fundamental deixar claro que o FCPA pode enquadrar condutas praticadas dentro e fora dos Estados Unidos. As pessoas referidas na primeira e segunda categorias acima mencionadas (Emitentes/*Issuers* e Questões Internas/*Domestic Concerns*), bem como seus executivos, diretores, funcionários, agentes ou acionistas, podem ser processados por usar os correios (*e-mail*) dos Estados Unidos ou qualquer meio

---

[526] 359 F3d 738 (5th Circuit 2004).

ou instrumento de comércio interestadual[527] (*interstate commerce*) com o objetivo de promover pagamento de propina a um funcionário público estrangeiro. O FCPA inclui na expressão *interstate commerce*, explicitamente, que abrange o uso intraestadual de qualquer meio de comunicação interestadual, ou qualquer outra instrumentalidade interestadual, inclusão essa oportuna por refletir os meios eletrônicos pelos quais atualmente ocorrem as comunicações e transações. Portanto, fazer uma chamada telefônica ou enviar um *e-mail*, mensagem de texto ou fax de, para ou através dos Estados Unidos envolve comércio interestadual. Da mesma forma, também é abarcado pelo comércio interestadual o envio de uma transferência eletrônica de ou para um banco dos Estados Unidos, ou usando o sistema bancário dos Estados Unidos, ou cruzando as fronteiras estaduais ou internacionais de ou para os Estados Unidos.[528]

As pessoas incluídas nas categorias Emissores ou Questões Domésticas podem ser enquadradas no FCPA caso participem de qualquer ato para promover um pagamento de propina a funcionário público estrangeiro enquanto estiverem no território dos Estados Unidos, independente de utilizarem os correios ou qualquer meio ou instrumento de comércio interestadual. Portanto, um cidadão estrangeiro que comparece a uma reunião nos Estados Unidos e participa das tratativas para pagamento de propina a funcionário público estrangeiro pode ser enquadrado no FCPA.

Em 1998, as emendas que foram feitas ao FCPA para sua adequação à Convenção da OCDE expandiram o alcance jurisdicional do FCPA, estabelecendo a denominada "jurisdição alternativa", que consiste em estabelecer jurisdição com base no princípio da nacionalidade. Com base nessa nova regra, foi afastada a necessidade de que houvesse uso de alguma prática considerada comércio interestadual (como *e-mail*, telefone, transferência eletrônica) para caracterizar, enquadrar no FCPA pessoas ou empresas americanas que, ainda que estivessem fora do território americano, subornassem funcionários

---

[527] A definição legal de comércio interestadual conforme previsto no Código Penal dos Estados Unidos, especificamente em relação ao FCPA [15 USC §78dd-3(a)] é: a transação, comércio, transporte ou comunicação entre os vários Estados (norte-americanos), ou entre qualquer país estrangeiro e qualquer Estado (norte-americano) ou entre qualquer Estado e qualquer lugar ou navio fora dele ("[...] trade, commerce, transportation, or communication among the several States, or between any foreign country and any State or between any State and any place or ship outside thereof [...]").

[528] *FCPA A Resource Guide to the U.S. Foreign Corrupt Practices Act*, p. 11.

públicos estrangeiros. Portanto, desde 1998 a jurisdição alternativa com base na nacionalidade permite o enquadramento de cidadãos e empresas americanas por violarem o FCPA (pagamento, oferta ou promessa de pagamento de propina a funcionários públicos estrangeiros com propósito negocial), ainda que tais atos sejam todos praticados totalmente fora do território dos Estados Unidos.

Essa emenda foi justificada no fato de que a Convenção da OCDE concita os Estados a estabelecerem a jurisdição nacional quando isso for consistente com os princípios legais e constitucionais de cada Estado. E os Estados Unidos consideraram que expandir sua jurisdição para alcançar seus nacionais, suas empresas e seus cidadãos, por atos ilegais por eles praticados no exterior, além de ser consistente com seus princípios legais e constitucionais, era também essencial para proteger os interesses dos Estados Unidos no plano internacional.[529]

6.1.10 Os 5 elementos do crime de corrupção previsto no FCPA

O reconhecimento da prática de um crime de corrupção previsto no FCPA requer a presença de 5 elementos. São eles:[530]

1) O pagamento, oferta, autorização, ou promessa de pagamento de dinheiro ou qualquer coisa de valor, de forma direta ou indireta. Indireta é a conduta realizada por um terceiro, em benefício do interessado, e objetiva cobrir as situações nas quais indivíduos ou empresas utilizam terceiros para lidar com propostas e pagamentos de propinas, inclusive para fins de contornar os controles internos contábeis da empresa, que são desenhados para prevenir e identificar pagamentos suspeitos que sejam feitos diretamente a funcionários públicos estrangeiros. Porém, o uso de terceiros não isenta de responsabilidade, pois o FCPA expressamente prevê a conduta na modalidade indireta.

2) A qualquer funcionário público estrangeiro, qualquer partido político estrangeiro, qualquer candidato a cargo público estrangeiro, qualquer funcionário de organização pública

---

[529] Conforme Exposição de Motivos da Emenda que modificou o FCPA: S.Rep. nº 105-277 at 2.

[530] TARUN, Robert W; TOMCZAK, Peter P. *The Foreign Corrupt Practices Act Handbook*. 5. ed. Chicago: American Bar Association, 2018. p. 5-6.

internacional ou qualquer pessoa ciente de que o pagamento ou promessa de pagamento será repassado a qualquer pessoa acima relacionada.

3) Fazendo uso do comércio interestadual (*interstate commerce clause*), ou seja, mediante *e-mail*, telefone, fax, correio, por qualquer pessoa nacional ou estrangeira, ou praticando o ato de fora dos Estados Unidos por qualquer pessoa incluída na categoria Questões Domésticas (*Domestic Concerns*), ou praticado no território dos Estados Unidos por estrangeiro, ou, ainda, praticado por qualquer nacional americano (pessoa física ou jurídica), ainda que totalmente fora do território dos Estados Unidos. A última hipótese é resultado de uma emenda ao FCPA, aprovada em 1998, que amplia a jurisdição com base no princípio da nacionalidade.

4) Com o propósito corrupto (*corruptly*) de (a) influenciar um ato ou decisão de funcionário público estrangeiro; (b) induzir o funcionário público estrangeiro a fazer ou deixar de fazer algo em violação aos seus deveres funcionais; (c) assegurar uma vantagem indevida; (d) induzir o funcionário público estrangeiro a utilizar sua influência sobre governo estrangeiro para influenciar ato ou decisão governamental.

5) Com o objetivo de auxiliar na obtenção ou manutenção de negócios para ou com qualquer pessoa ou direcionar negócios a qualquer pessoa.

6.1.11 Conceitos-chave no FCPA

6.1.11.1 Intenção de corromper (*corruptly*)

A conduta de pagar, oferecer ou prometer pagar, para ser enquadrada no FCPA, deve ser praticada com a intenção de corromper. A intenção de corromper deve ser provada pela acusação relativamente às pessoas físicas e também às pessoas jurídicas — diferente da consciência da ilicitude (*willfully*), cuja prova da sua existência deve ser feita pela acusação somente no que diz respeito às pessoas físicas.

O FCPA não traz uma definição, mas ela é extraída do contexto histórico, segundo o qual a lei visa a criminalizar o propósito de ilegalmente influenciar o beneficiário da propina a fazer mau uso do seu cargo ou função pública, com o objetivo de ilegalmente direcionar, obter ou manter negócios. Em outras palavras, o termo "corruptamente" foi utilizado pelo legislador para deixar claro que a conduta incriminada possui a intenção de ilegalmente influenciar o beneficiário do pagamento. De modo geral, entende-se que a intenção de corromper seria idêntica àquela que deve estar presente para caracterizar a corrupção no âmbito interno,[531] ou seja, não direcionada a funcionários públicos estrangeiros.

Porém, o fato de o FCPA colocar ênfase neste elemento (propósito de corromper) não significa que se exija que o ato de corromper seja bem-sucedido no seu propósito. A conduta é praticada independente da obtenção do resultado intencionado.

Outra forma amplamente utilizada para obter conceitos jurídicos é por meio da definição dada pelas Cortes nas instruções ao Júri. Analisando dois casos de repercussão (*Liebo* e *Bourke*), tem-se que para a conduta ser considerada com intenção de corromper exige-se que seja praticada voluntária e intencionalmente, e possua a má intenção de alcançar um fim ou um resultado ilegal mediante algum meio ou método também ilegal.[532]

6.1.11.2 Consciência da ilicitude (*willfully*)

A comprovação da presença deste requisito não é exigida quando o sujeito ativo de crime é pessoa jurídica ou para fins de responsabilidade civil com base no FCPA. Porém, no caso de pessoa física, para seu enquadramento na conduta de corrupção prevista no FCPA é necessário que a acusação demonstre que o indivíduo agiu com consciência de que praticava um ato ilegal. Não é necessário que tenha consciência de que está violando o FCPA, conforme reiteradamente reconhecido pelas Cortes, mas é necessário que aja com má intenção, sabendo que pratica uma conduta ilegal.

Nas instruções do Júri no caso *Bourke*, foi estabelecido que a pessoa age consciente da ilicitude quando deliberadamente atua com o propósito de fazer algo que a lei proíbe, não sendo necessário que saiba qual a lei que sua conduta pode estar violando, desde que aja com intenção de praticar uma conduta proibida.[533]

---

[531] Prevista no 18 USC §201(b).

[532] *United States v. Liebo, 923 F.2d 1308 (8th Cir. 1991); United States v. Bourke, 667 F.3d 122, 132-35 (2nd Cir. 2011) e Jury Charge, United States v. Bourke, S2 05 CR 518 (SAS) (SDNY July 1st, 2009).*

[533] *Jury Charge, United States v. Bourke, S2 05 CR 518 (SAS) (SDNY July 1st, 2009).*

6.1.11.3 Qualquer coisa de valor (*anything of value*)

Pagamentos em dinheiro são a modalidade mais conhecida de pagamento de propina. Aliás, foi a forma como a brasileira Odebrecht, acionista de companhia listada na bolsa dos Estados Unidos, desenvolveu e operou um departamento financeiro secreto que tinha o exclusivo objetivo de efetuar pagamentos corruptos a funcionários estrangeiros.[534] Mas é notório que o pagamento de propina pode ocorrer de variadas formas,[535] não apenas em dinheiro. Por isso, a conduta prevista no FCPA criminaliza o pagamento de propina em dinheiro ou "qualquer coisa de valor". Esse conceito aberto abarca as mais variadas formas pelas quais uma pessoa pode ser corrompida, como pagamento de viagem e hospedagem, oportunidade de emprego, que pode até ser um estágio para um parente, ingressos para um evento esportivo ou de entretenimento, até uma doação para uma instituição de caridade pode ser enquadrada em pagamento de propina.

Relativamente a doações para caridade, o *FCPA Resource Guide*[536] estabelece cinco questões que devem ser consideradas por uma companhia quando tomar a decisão de fazer pagamentos a instituições de caridade em países estrangeiros: 1) qual o propósito do pagamento?; 2) o pagamento é consistente com as diretrizes internas da companhia relativamente a doações para caridade?; 3) o pagamento está sendo feito a pedido de um funcionário público estrangeiro?; 4) o funcionário estrangeiro está associado à instituição de caridade, e, caso esteja, ele pode tomar decisões sobre os negócios da companhia naquele país?; 5) o pagamento condiciona o recebimento de negócios ou outros benefícios? O fundamental é que as doações de caridade não sejam usadas como forma de encobrir pagamentos feitos para subornar funcionários públicos estrangeiros. Adotadas as precauções, estando a doação em conformidade com práticas legítimas, não existe violação ao FCPA.

É fundamental que todas as despesas sejam registradas e identificadas com transparência na contabilidade da pessoa jurídica, sob

---

[534] *United States v. Odebrecht S.A., No. 16-CR-643 (E.D.N.Y. Dec. 21, 2016), ECF No. 8.* Disponível em: https://www.justice.gov/criminal-fraud/file/920096/download.

[535] *United States v. Schwartz, 785 F.2d 673, 679 (9th Cir. 1986):* com base no 18 U.S.C. §1954 interpretando amplamente "coisa de valor" para incluir bens tangíveis e intangíveis; *United States v. Zouras, 497 F.2d 1115, 1121 (7th Cir. 1974):* considerando o depoimento de uma testemunha coisa de valor; *United States v. Crozier, 987 F.2d 901 (2d Cir. 1993):* considerando empréstimos e promessas de futuro emprego como coisa de valor; *United States v. McDade, 827 F.Supp. 1153, 1174 (E.D. Pa. 1993):* considerando uma bolsa universitária e equipamentos esportivos como coisa de valor.

[536] *FCPA A Resource Guide to the U.S. Foreign Corrupt Practices Act,* Second Edition, p. 19.

pena de, além de não conseguir demonstrar o propósito legítimo de pagamentos de viagens com intuito de treinamento, por exemplo, a companhia também incorrer em violação ao FCPA no que diz respeito às informações lançadas em seus livros e registros. A violação ao FCPA também pode ficar caracterizada se a companhia efetuar pagamento em dinheiro ou alguma vantagem a um terceiro, como por exemplo um parente de um funcionário público, como forma de indiretamente influenciá-lo na prática de ato que viole seus deveres funcionais.

Nem o FCPA e nem a legislação sobre corrupção no âmbito doméstico dos Estados Unidos estabelecem um valor mínimo para que um pagamento, vantagem ou presente possa ser dado a um funcionário público de acordo com a lei. Há vários casos de condenação por corrupção envolvendo pequenos valores.[537] É importante notar que no sistema norte-americano, no âmbito federal, a acusação possui discricionariedade para avaliar os casos nos quais possui interesse em oferecer denúncia, e faz essa avaliação conforme suas prioridades, normalmente voltadas a casos de maior repercussão econômica e com maiores probabilidades de obter condenação.

Independentemente do valor, é essencial que o ato possua a intenção de corromper (*corruptly intend*), de influenciar o funcionário público a praticar ou omitir um ato em violação aos seus deveres funcionais. De modo geral, o FCPA autoriza as empresas a proporcionar viagem e hospedagem a um funcionário público estrangeiro, desde que tais despesas sejam incorridas de forma razoável e de boa-fé, como viagens que objetivam promover ou demonstrar os produtos e serviços de determinada companhia a um governo estrangeiro. Entretanto, viagens que sejam primariamente para fins de entretenimento dificultarão o reconhecimento da boa-fé e podem dar margem à incidência do FCPA.

Brindes promocionais ou comemorativos, pagamento ou reembolso de despesas módicas com táxis ou refeição dificilmente poderiam caracterizar a conduta descrita no FCPA. Todavia, a corrupção pode ser caracterizada se identificados pagamentos ou presentes de pequeno valor, mas que sejam parte de um esquema ou que venham sendo feitos

---

[537] *United States v. Franco*, 632 F.3d 880, 882-84 (5th Cir. 2011): confirmando condenação por corrupção de um detento que pagou US$350 a um agente penitenciário para obter telefone celular, comida e marijuana. A decisão do Tribunal assevera que a legislação doméstica (18 U.S.C. §201) não estipula um valor mínimo; *United States v. Williams*, 216 F.3d 1099, 1103 (D.C. Cir. 2000) confirmando condenação por pagamento de US$70 a um funcionário do departamento de trânsito; *United States v. Hsieh Hui Mei Chen*, 754 F.2d 817, 822 (9th Cir. 1985) confirmando condenação por pagamento de US$100 a um funcionário da imigração.

de forma constante, e nos quais exista a intenção de direcionar, obter ou reter negócios.

Como regra, podemos afirmar que uma despesa se mostra segura, vale dizer, compatível com as regras do FCPA, quando ela for razoável, feita de boa-fé, e possa ser diretamente relacionada à promoção, demonstração ou explicação sobre produtos ou serviços ou execução de um contrato.

6.1.12 Definição de servidor público como sujeito ativo das condutas previstas no FCPA

O FCPA define funcionário público estrangeiro como qualquer servidor público ou empregado de um governo estrangeiro ou de qualquer departamento, agência ou órgão do mesmo; ou de uma organização internacional pública; ou qualquer pessoa agindo no desempenho de uma função pública ou em nome de qualquer das pessoas acima.

Portanto, o FCPA aplica-se a pagamentos corruptos feitos a: (1) qualquer funcionário público estrangeiro; (2) qualquer partido político estrangeiro ou seu funcionário; (3) qualquer candidato a cargo político estrangeiro; ou (4) qualquer pessoa, que tenha conhecimento que todo ou parte do pagamento será oferecido, dado ou prometido a um indivíduo que se enquadre em uma dessas três categorias.[538] Embora exista referência a essas quatro categorias, o essencial é que o termo funcionário público estrangeiro abarca qualquer uma delas. Vê-se que o FCPA se aplica amplamente a pagamento de propina feito a qualquer funcionário público de um governo estrangeiro e àqueles que atuam em nome do governo estrangeiro. Estão abarcados, portanto, os funcionários públicos de baixo e alto escalão.

Relativamente às instituições às quais os funcionários públicos estão vinculados, a definição inclui vínculo com governo estrangeiro ou respectivo departamento, agência, órgão, ou organização pública internacional.[539] Estão incluídas também as empresas estatais e

---

[538] U.S. Dept. of Justice, FCPA Op. Release 06-01 (Oct. 16, 2006). Disponível em: https://www.justice.gov/sites/default/files/criminal-fraud/legacy/2010/04/11/0601.pdf. Acesso em: maio 2021.

[539] "[...] any officer or employee of a foreign government or any department, agency, or instrumentality thereof, or of a public international organization, or any person acting in an official capacity for or on behalf of any such government or department, agency, or instrumentality, or for or on behalf of any such public international organization."

as entidades controladas pelo governo. As empresas estatais e as controladas pelo governo se incluem no conceito de *instrumentality*, previsto no FCPA. Para verificar se uma entidade se enquadra no conceito de *instrumentality* para fins de incidência do FCPA, é feita uma análise casuística que avaliará a propriedade, o controle, o *status* e as funções desempenhadas pela entidade.

Há hipóteses que podem gerar alguma dúvida se a entidade pode ou não ser alvo das regras previstas no FCPA. Algumas das características que devem ser observadas para responder a essa pergunta são, por exemplo: qual o nível de controle que o Estado estrangeiro possui sobre a entidade, inclusive se indica seus executivos e diretores; quais as circunstâncias que deram origem à entidade; o propósito da entidade; qual o nível de apoio financeiro que a entidade recebe do Estado estrangeiro, como subsídios, tratamento tributário especial, empréstimos; os serviços prestados pela entidade; a percepção geral relativamente ao desempenho de uma atividade governamental pela entidade. Portanto, o conceito recebe interpretação ampla, e a ideia é que os conceitos sejam empregados da forma mais abrangente possível.

6.1.13 Distinção entre coação (não incide o FCPA) e extorsão (incide o FCPA)

Uma distinção importante foi feita pelas Cortes americanas relativamente às situações nas quais o pagamento de propina é feito em resposta a uma ameaça. No Brasil, nos primeiros anos da Operação Lava Jato, tivemos oportunidade de assistir a depoimentos de empresários que admitiam o pagamento de propina, mas alegavam em sua defesa que a propina era uma exigência dos beneficiários, sem a qual não poderiam obter contratos ou manter seus negócios.

No julgamento do caso *United States v. Kozeny*,[540] a Corte concluiu que um indivíduo que paga propina sob ameaça de coação, como, por exemplo, evitar que uma plataforma de petróleo seja alvo de explosão ou evitar que os empregados de uma empresa ou suas instalações tenham sua integridade violada, e outras situações similares que ocorrem em países que vivem uma realidade política conturbada, nesses casos, o pagamento de propina não viola as disposições do FCPA, pois não

---

[540] 582 F.Supp. 2d 535, 540 n. 31 (SDNY 2008).

existe uma intenção de obter ou manter negócios, mas de impedir que um dano ou atos violentos sejam praticados.

Diferente é a hipótese na qual a propina foi paga mediante extorsão, ou seja, a partir de exigência do funcionário público e como condição para obtenção ou manutenção dos negócios. Nesta hipótese, o FCPA vai incidir para criminalizar a conduta do pagador, pois não pode alegar em sua defesa que o pagamento não foi feito com intenção de corromper, ou seja, de praticar um ato ilícito com o objetivo de obter ou manter negócios, quando poderia simplesmente ter recusado a exigência e deixado de fazer negócios. Ao aceitar a extorsão, conscientemente incorre na violação do FCPA. Tal opção, de simplesmente deixar de fazer negócios, não se apresenta no exemplo da plataforma de petróleo ameaçada de explosão, na qual o pagamento ocorre para afastar ameaça iminente de violência ao patrimônio, à saúde e à segurança.

6.1.14 As denominadas "defesas afirmativas"

Defesas afirmativas consistem em condutas que, em tese, poderiam ser enquadradas como crime, porém, dentro de certos limites, são condutas aceitas como sendo conforme a lei, ou seja, não alcançadas pelo FCPA. Por essa razão, embora a conduta possa ser afirmada/confirmada, ela não caracteriza crime, mas, defesa. O FCPA estabelece duas defesas afirmativas:[541] (1) a primeira defesa consiste em aceitar como regular um pagamento, presente ou promessa de qualquer coisa de valor se as leis e regulamentos vigentes no país do funcionário público estrangeiro expressamente autorizam tais pagamentos. É fundamental enfatizar que, para estar dentro dos limites da defesa, a conduta deve estar explicitamente permitida nas leis e regulamentos escritos do país estrangeiro, não sendo suficiente a ausência de proibição; (2) a segunda defesa afirmativa estabelece que o pagamento, presente ou promessa de qualquer coisa de valor pode ser considerado lícito e feito de boa-fé (*bona fide expendidures defense*) se for uma despesa razoável e genuína, como despesas de viagem e hospedagem, e estava diretamente relacionada com a promoção, demonstração ou explicação de produtos ou serviços, ou execução de um contrato com um governo ou agência estrangeira.

Relativamente a essa segunda defesa afirmativa, é importante destacar que sempre haverá a ponderação da existência de "intenção corrupta" que eventualmente tenha motivado o pagamento, e, uma

---

[541] 15 U.S.C. §§78dd-1(c)(1)(2).

vez reconhecida a presença de tal intenção, isso impediria que uma despesa seja considerada de boa-fé, consequentemente impedindo o reconhecimento da defesa afirmativa. Como são infinitas as possibilidades e as dúvidas que situações mais limítrofes podem trazer, há várias diretrizes que podem ajudar a minimizar as preocupações de incidência do FCPA em pagamento de viagens e despesas de hospedagem para clientes governamentais:

1) As despesas devem ser para fins comerciais legítimos e de boa-fé.

2) As despesas devem estar diretamente relacionadas com a promoção, demonstração ou explicação de um produto ou serviço, ou execução de um contrato.

3) A empresa norte-americana deve seguir uma regra de razoabilidade na determinação do nível de serviço e hospitalidade.

4) O governo ao qual vinculado o funcionário estrangeiro deve estar ciente da viagem.

5) O pagamento de despesas de viagem e hospedagem deve ser permitido pela legislação local e regulamentos.

6) A seleção dos funcionários que irão em viagem de negócios geralmente deve ser feita pelo cliente governamental.

7) Na medida do possível, a empresa norte-americana deve evitar fazer pagamentos diretos a um funcionário público estrangeiro:

    a) sempre que possível, a empresa deve pagar diretamente à agência governamental cliente uma diária acordada para cada participante; a agência governamental seria então diretamente responsável por pagar a diária de cada participante;

    b) sempre que possível, todas as despesas de viagem devem ser pagas diretamente aos prestadores de serviços, mediante o recebimento de faturas apropriadas;

    c) quando os pagamentos diretos forem inevitáveis, a empresa dos Estados Unidos deve reembolsar o oficial estrangeiro somente após recebimento de faturas apropriadas e confirmação de que a despesa foi de fato paga pelo funcionário.

8) O itinerário e o orçamento da viagem devem ser revistos e aprovados por um gerente sênior com atuação não relacionada ao departamento de vendas.

9) As despesas incorridas pelo cliente para viagens paralelas ou escalas que sejam do interesse pessoal do cliente não devem ser pagas ou reembolsadas pela empresa norte-americana.

10) Em regra, despesas geralmente incorridas para cônjuges e familiares não devem ser pagas ou reembolsadas.

11) Os livros e registros devem registrar com precisão todas as despesas.

6.1.15 O FCPA autoriza pagamento de adicional facilitador para realização expedita de ação governamental de rotina (*facilitating or expediting payments*)

A proibição de suborno existente no FCPA contém uma exceção restrita para "pagamentos para facilitação ou agilização" que sejam feitos em favor de ações governamentais de rotina. O pagamento deste adicional para agilização do serviço não é uma defesa afirmativa e não se confunde com aqueles pagamentos previstos na lei local ou feitos de boa-fé, que integram defesas afirmativas. Diferente, esses pagamentos para agilização do serviço estariam simplesmente fora do alcance do escopo anticorrupção do FCPA, e consistem em uma exceção de ordem prática. Para caracterizar esse pagamento como um adicional facilitador legítimo, é fundamental que não exista margem de discricionariedade na decisão que envolve o pagamento.

Como exemplo de situações nas quais é considerado legítimo o pagamento de adicional para agilizar a expedição da ação governamental de rotina podemos citar o processamento de vistos, serviço de correio, e fornecimento de serviços públicos como serviço de telefone, energia e água. Observe-se que não pode ser incluída no que se considera uma ação governamental de rotina uma decisão de conceder novos negócios ou dar continuidade a negócios com uma parte em particular. Da mesma forma, também não se incluem em uma ação governamental de rotina os atos que se inserem em campo de discricionariedade de um funcionário público ou atos que representem uso indevido do cargo para praticá-lo.

A intenção do Congresso americano ao excluir tais pagamentos do alcance do FCPA é distinguir e estabelecer que esses pagamentos simplesmente dão um encaminhamento em direção a um ato ou decisão que não envolve qualquer ação discricionária, como, por exemplo, a gratificação paga a um oficial da alfândega para acelerar o processamento de documentos alfandegários ou pagamentos feitos para garantir autorizações, licenças ou o desempenho expedito de tarefas semelhantes de natureza essencialmente vinculada e que devem necessariamente ser realizadas em qualquer caso.[542]

Historicamente, na sua redação anterior a 1988, o FCPA tinha o enfoque voltado para as atribuições do servidor público e excluía do alcance da definição de servidor público para fins do FCPA aqueles que desempenhassem atribuições de conteúdo vinculado, ou seja, de caráter objetivo, conforme previsão legal e sem margem de discricionariedade decisória. Nessa perspectiva, o próprio conceito mais restrito de servidor público abarcava implicitamente como legítimo o pagamento desse adicional facilitador. Portanto, a exceção original para tais pagamentos focava nas atribuições do recipiente, e não no propósito do pagamento.

Entretanto, na prática, revelava-se difícil estabelecer se as atribuições do funcionário permitiam ou não que houvesse espaço para discricionariedade. Tal dificuldade provocou o deslocamento do enfoque, fazendo com que ao invés de atentar para as atribuições do servidor público, o foco passasse para o propósito do pagamento. Ao promover a mudança, o Congresso americano reiterou que, ao tempo em que excluía esses pagamentos da incidência do FCPA por razões de ordem prática, ainda assim tais pagamentos não deveriam ser admitidos e aceitos.[543]

Em síntese, o guia do FCPA fornece o seguinte exemplo para diferenciar o pagamento do adicional facilitador de uma ação governamental do pagamento de suborno: pagar a um funcionário público uma pequena quantia para ter a energia ligada em uma fábrica pode ser um pagamento facilitador, porém, pagar um fiscal para ignorar o fato de que a empresa não possui uma licença válida para operar a fábrica não caracterizaria um pagamento facilitador.[544] Mais duas notas merecem destaque: rotular um pagamento como facilitador nos livros contábeis evidentemente não o transforma em um pagamento fora do alcance do FCPA. E, se o pagamento de um adicional facilitador legítimo não for precisamente anotado nos livros contábeis, isso

---

[542] H.R.Rep. N. 95-640, at 8.

[543] H.Rep. N. 100-40, pt.2, at 77.

[544] *FCPA A Resource Guide to the U.S. Foreign Corrupt Practices Act.* Disponível em: https://www.justice.gov/sites/default/files/criminal-fraud/legacy/2015/01/16/guide.pdf. Acesso em: 27 abr. 2020.

por si pode constituir violação das regras do FCPA sobre os registros contábeis (*books and records*).

6.1.16 Situações que vão provocar investigação e/ou denúncia

Os dois órgãos legitimados para atuar em casos de violação ao FCPA, o *Department of Justice* (DOJ) e a *Securities Exchange Commission* (SEC), possuem discricionariedade para avaliar e decidir sobre os casos que serão investigados ou mesmo aqueles em que as evidências são suficientes para que a acusação já possa ser imediatamente apresentada.

Em regra, as condutas chegarão ao conhecimento das autoridades do DOJ e SEC mediante confissão espontânea, informações apresentadas por *whistleblowers*, informações obtidas em outras investigações no plano doméstico e também no plano internacional, pela via da cooperação internacional, que compartilha informações que possam ser do interesse do Estado recipiente. Essa modalidade vem crescendo consideravelmente à medida que o *network* internacional trabalha cada vez mais alinhado e estreitando e fortalecendo os vínculos institucionais em nível global. A confissão espontânea (*self report*) pode ocorrer quando o potencial infrator se antecipa e procura as autoridades antes que a prática tenha chegado ao conhecimento destas, ou quando a prática pode ser inferida dos relatórios emitidos pelo potencial infrator ou divulgações públicas feitas pelas empresas. Outra forma pela qual os delitos chegam ao conhecimento das autoridades é mediante fontes públicas, como relatórios divulgados pela mídia e publicações comerciais, entre outras.

As investigações podem ser formais ou informais. Serão formais quando a SEC emite uma ordem formalizando determinada investigação e autorizando sua equipe a emitir intimações para que sejam prestados depoimentos e apresentados documentos. Informais, quando, embora exista uma investigação em curso, não são utilizadas intimações para colheita de evidências, mas apenas uma equipe analisando os elementos disponíveis.

Para definir quais casos justificam a abertura ou aprofundamento de investigações e apresentação de acusação, não apenas no âmbito criminal, mas também na parte civil do FCPA, existem critérios estabelecidos no Manual de Execução da SEC,[545] que giram em torno do

---

[545] Disponível em: http://www.sec.gov/divisions/enforce/enforcementmanual.pdf.

que for definido como Questões de Prioridade Nacional, com base nas quais serão definidas as prioridades e alocação de recursos.

6.1.17 Questões de prioridade nacional para fins do FCPA

A Divisão de Execução da SEC lida com uma série de investigações que variam em dimensão, complexidade e importância programática, sendo essencial definir quais são as mais significativas, para que os recursos sejam alocados de modo a garantir que as investigações tenham alta qualidade e que os resultados sejam maximizados. Para ajudar a definir as prioridades e os recursos a serem nelas empregados, o Diretor da Divisão publicará, trimestralmente, o que são consideradas Questões de Prioridade Nacional. Como parâmetro para enquadrar uma investigação no conceito de Questões de Prioridade Nacional, podem ser considerados um ou mais critérios previstos no Manual da SEC, incluindo, mas não se limitando ao seguinte:

1) Se o assunto apresenta uma oportunidade de enviar uma mensagem de dissuasão particularmente forte e eficaz, incluindo no que diz respeito a mercados, produtos e transações que estão se desenvolvendo recentemente, ou que estão há muito estabelecidos, mas que por sua natureza apresentam oportunidades limitadas para detectar irregularidades e, portanto, para impedir a má conduta; 2) Se o assunto envolve conduta imprópria particularmente grave ou extensa; 3) Se o assunto envolve danos potencialmente generalizados e extensos aos investidores; 4) Se o assunto envolve má conduta de pessoas que ocupam cargos de autoridade ou responsabilidade substancial, ou que têm deveres fiduciários ou outros deveres e obrigações aumentados para com um amplo grupo de investidores ou outros; 5) Se o assunto envolve transgressão potencial, conforme proibido pela legislação ou regras regulatórias recém-promulgadas; 6) Se a possível má conduta ocorreu em relação a produtos, mercados, transações ou práticas que representam riscos particularmente significativos para os investidores ou um setor do mercado sistemicamente importante; 7) Se o assunto envolve um número substancial de vítimas potenciais e/ou vítimas particularmente vulneráveis; 8) Se o assunto envolve produtos, mercados, transações ou práticas que a Divisão identificou como áreas prioritárias; 9) Se o assunto oferece uma oportunidade de buscar interesses prioritários compartilhados por outros órgãos de aplicação da lei em uma base coordenada.[546]

---

[546] Disponível em: http://www.sec.gov/divisions/enforce/enforcementmanual.pdf. p. 4-5.

É importante notar que a determinação da importância de uma investigação é feita com base nos fatos conhecidos até o momento, e outros fatores também são relevantes, como os estatutos ou regras potencialmente violadas, a magnitude potencial da violação, se existe uma continuidade delitiva na conduta, se a conduta pode ser investigada de forma eficiente e dentro do prazo prescricional. Outra avaliação importante é saber se, eventualmente, outras autoridades, incluindo agências ou reguladores federais ou estaduais, podem ser mais adequados para investigar a conduta.[547]

6.1.18 Confissão espontânea (*voluntary disclosure*), autorrelato (*self report*) e cooperação

Embora a conduta potencialmente violadora do FCPA seja aspecto essencial a ser avaliado para definir o encaminhamento para a próxima etapa (abrir, aprofundar ou encerrar investigação, apresentar denúncia), existem comportamentos que também produzem um efeito importante nessa definição, como, por exemplo, a confissão espontânea, a cooperação, e os esforços empenhados para remediar os danos e corrigir o curso da atuação considerada ilícita.

O Ministério Público Federal americano (DOJ) possui um manual com Princípios das Organizações Empresariais (*Principles of Federal Prosecution of Business Organizations*), com base nos quais os promotores federais consideram se a empresa fez uma divulgação voluntária (confissão espontânea) e oportuna, se a empresa demonstra que está disposta a fornecer informações e evidências relevantes para a investigação, e identificar e trazer provas contra eventuais infratores, dentro e fora da empresa, incluindo altos executivos. Além disso, os promotores também avaliarão se a empresa possui um efetivo programa de *compliance*, se estão sendo adotadas medidas para aprimorar esse programa e remediar os desvios de curso, e se os infratores são adequadamente punidos no âmbito administrativo da empresa.

Embora a intenção de cooperar não possa, isoladamente e por si, afastar a responsabilidade criminal, ela pode fazer com que a acusação avalie com especial consideração a possibilidade de oferecer um acordo ao potencial infrator, no qual a natureza, relevância e valor da cooperação que ele se propõe a oferecer sejam recompensados com redução

---

[547] *FCPA A Resource Guide to the U.S. Foreign Corrupt Practices Act.* Second Edition, p. 53.

da pena ou mesmo desclassificação do crime.[548] O exame é totalmente casuístico e tomará em consideração, por exemplo, a revelação de uma conduta às autoridades que, de outra forma, não chegaria ou dificilmente chegaria ao conhecimento destas.

Outro fator considerado altamente relevante é a efetividade dos programas de *compliance* e ética da empresa, que possibilita a obtenção de chamados créditos de cooperação, que podem reduzir consideravelmente as sanções em tese previstas. No âmbito da análise da efetividade desse programa, os investigadores avaliam, por exemplo, se no momento em que são identificados desvios de conduta são imediatamente adotadas medidas razoáveis para responder adequadamente a essa conduta criminosa e prevenir que a situação continue acontecendo, inclusive mediante ajustes no programa de *compliance*. Um programa de *compliance* que seja considerado eficiente pode levar à redução da culpabilidade da pessoa jurídica. Ademais, se a empresa se autorreportar às autoridades e admitir sua culpa, cooperando com as investigações e medidas remediadoras, da mesma forma, pode reduzir sua culpabilidade e, consequentemente, o valor da multa que deverá pagar. Porém, a empresa que protelar injustificadamente a revelação da conduta ilícita às autoridades não terá direito ao benefício de redução das sanções com base no seu programa de *compliance*.

6.1.19 Divulgar ou investigar internamente e tentar corrigir?

Divulgar uma informação que revele violação das condutas proibidas pelo FCPA é uma decisão altamente complexa e estratégica, que deve ser cuidadosamente avaliada pelo conselho de administração de uma companhia, ou seja, pelos integrantes da mais alta esfera decisória. A alternativa a esta decisão normalmente é a investigação interna e colocar em prática ações que possam remediar a prática criminosa. Entretanto, essa alternativa pode trazer ainda mais complicações, colocando a empresa em situação ainda pior do que aquela na qual estaria se houvesse imediatamente procurado as autoridades e revelado o que veio à tona, pois, neste caso, ao menos existe uma boa possibilidade de a empresa beneficiar-se com a redução das penalidades (ou mesmo isenção), se for reconhecido que se autorreportou (*self-report*)

---

[548] *Sentencing Guidelines* §5K1.1, §5K2.16.

às autoridades, ou seja, que promoveu uma confissão espontânea da prática de conduta prevista no FCPA.

As situações que podem na prática ocorrer são infinitamente variáveis, e todos os detalhes devem ser cuidadosamente avaliados para chegar à melhor decisão para a empresa. Não obstante a variedade de cenários, existem contextos que sempre irão conduzir mais facilmente a uma ou outra decisão, como, por exemplo, se for alto o risco de que a informação de violação do FCPA já tenha chegado ao conhecimento de autoridades, por um informante (*whistleblower*) por exemplo, ou se for uma informação difícil de ser mantida em segredo durante uma investigação interna. Neste caso, o caminho escolhido normalmente será a confissão espontânea (*self-report*). Não existe garantia de obtenção de benefício pela confissão espontânea. Dependendo do contexto, poderá beneficiar a empresa isentando-a de acusações ou reduzindo as penalidades, ou poderá ser um elemento neutro, quando se entender que, apesar da confissão, a informação de qualquer forma já havia chegado ou chegaria de qualquer forma ao conhecimento das autoridades.

Quando não for evidente que a decisão de autorreportar é a mais estratégica, nesse caso a empresa estará diante de duas possibilidades: revelar às autoridades ou tentar resolver a situação internamente. A decisão de revelar às autoridades ou investigar e tentar remediar internamente vai envolver as seguintes etapas: (1) procurar colher o máximo de informações possíveis por meio de investigação interna, sendo que tal decisão deverá avaliar o risco de a conduta ilícita chegar ao conhecimento das autoridades e impedir que a empresa obtenha os créditos de cooperação pela confissão espontânea; (2) avaliar os desfechos possíveis, entre os quais, o acesso de potenciais *whistleblowers* à informação, a repercussão negativa que a informação pode gerar no mercado e os prejuízos daí advindos, a dificuldade ou facilidade de remediar a conduta no âmbito interno da empresa sem que a informação chegue ao conhecimento das autoridades e do público. Portanto, uma decisão altamente estratégica, que deve ser tomada pelo mais alto escalão da empresa.

6.1.20 Proibição do *bis in idem* ou *double jeopardy*

O princípio do *double jeopardy* é conhecido entre nós e na tradição dos países da Europa Continental como *ne bis in idem*, ou seja, a pessoa física ou jurídica não deve ser processada duas vezes pelo mesmo crime.

CAPÍTULO 6
O FCPA, O UK ANTI-BRIBERY ACT E O WHISTLEBLOWING | 301

Nos Estados Unidos, esse princípio está expressamente previsto na 5ª Emenda à Constituição,[549] dispondo que nenhuma pessoa deve ficar sujeita pelo mesmo crime a ser duas vezes prejudicada na sua vida ou integridade física. Apesar de tal princípio estar previsto na Constituição, ele recebe duas interpretações que limitam seus efeitos.

A primeira, vinculada ao conceito de soberania. A soberania é considerada tanto no âmbito interno (*single sovereign*), envolvendo a relação entre os Estados e o Governo Central, e também no âmbito externo (*one sovereign*), envolvendo os Estados Unidos em relação a outros países. Para melhor compreensão da relação de soberania no âmbito interno, é importante anotar que nos Estados Unidos os Estados têm competência para editar sua lei penal, diferente do que ocorre no Brasil, onde o direito penal é competência exclusiva da União. Portanto, lá, o sujeito ativo pode praticar uma conduta que seja prevista como crime na lei penal estadual e também na lei penal federal, ficando, em tese, sujeito a responder em ambas as esferas pelo mesmo fato.

Pelo princípio da soberania no âmbito interno, se uma pessoa é condenada ou absolvida por um Estado, isso não impede que seja processada com base na mesma conduta por outro Estado ou pelo Governo Federal, e vice-versa, pois cada ente federativo é considerado uma soberania.[550] Em razão das questões que esse sistema levanta relativamente à distribuição da justiça, o Departamento de Justiça (DOJ) editou um protocolo intitulado *Dual and Sucessive Prosecution Policy* ou *Petite Policy*, segundo o qual, quando uma pessoa tiver sido ou estiver sendo processada no âmbito estadual, em regra, não será processada no âmbito federal.

Excepcionalmente a pessoa poderá ser processada no âmbito federal, ainda que já tenha sido processada, condenada ou absolvida no âmbito estadual, se estiverem presentes as seguintes circunstâncias cumulativas previstas na *Petite Policy*: 1) o caso deve envolver um interesse federal que seja substancial; 2) no primeiro processo, o interesse federal deve ter ficado evidentemente não reivindicado; e 3) com base nos mesmos parâmetros utilizados nas demais causas da competência federal, a acusação deve ter ficado convencida de que a conduta do autor do fato constitui um crime federal e as provas admissíveis no

---

[549] "[...] nor shall any person be subject for the same offence to be twice put in jeopardy of life or limb".

[550] Casos importantes sobre o *Petite Policy: Rinaldi v. United States, 434 U.S. 22, 27, (1977); Petite v. United States, 361 US 529 (1960).*

processo possuem probabilidade de serem suficientes para obter e manter eventual condenação.[551]

Observe-se que o *Petite Policy* não possui força vinculante para a acusação, tampouco pode ser alegado como defesa para sustentar eventual proteção contra múltiplos processos pelo mesmo fato. Da mesma forma, a acusação também não se sente tolhida em casos de crimes transnacionais, quando o acusado já foi ou está sendo processado por outro país.

Com base no princípio de uma soberania (*one sovereign*), o Departamento de Justiça americano se sente livre para apresentar acusações contra pessoas físicas ou jurídicas pela segunda vez, ainda que já tenha sido condenada ou absolvida em outro país. Conforme orientação publicada pelo Departamento de Justiça em maio de 2018, caso tenha ocorrido condenação em outro país, será avaliado se o resultado do processo no país estrangeiro é considerado adequado, e neste caso é possível que não seja apresentada nova denúncia. É uma questão bastante polêmica nas causas envolvendo o FCPA (*Foreign Corrupt Practices Act*) e, de modo geral, os infratores chamados a firmar acordo com outros países têm exigido sempre a presença dos Estados Unidos na mesa de negociações, justamente para evitar que, logo em seguida, sejam chamados a responder também perante o Departamento de Justiça americano.

Ou seja, o tratamento dado no âmbito internacional é parecido com o dado no âmbito interno: quando praticada conduta que possa caracterizar crime federal, já processada, independentemente do resultado, por outro Estado ou país, haverá análise do resultado do primeiro processo em relação aos interesses federais envolvidos, e a decisão de processar ou não novamente é ato discricionário da acusação, que não fica vinculada ao *Petite Policy* ou a outras orientações (*Guidelines*) do Departamento de Justiça.

A segunda interpretação restritiva que o princípio *double jeopardy* recebe está relacionada ao processo criminal. Ou seja, o *double jeopardy* protege exclusivamente o risco de processo criminal, não se estendendo aos processos administrativos ou cíveis, ainda que tenham um impacto altamente oneroso. Por exemplo, nas violações do FCPA, é possível que o órgão federal regulador SEC requeira aplicação de altas multas em adição às penalidades criminais requeridas pelo órgão de acusação

---

[551] Disponível em: https://heinonline.org/HOL/LandingPage?handle=hein.journals/cjust10 &div=39&id=&page=. Acesso em: 10 mar. 2021.

(DOJ) contra o mesmo acusado e pelos mesmos fatos. Ou seja, embora o SEC e o DOJ pertençam à mesma soberania (Governo Federal), o fato de as sanções administrativas não terem natureza penal, sua imposição não justifica a aplicação do *double jeopardy*.

Em tese, é possível que no âmbito dos Estados Unidos a mesma pessoa possa sofrer quatro penalidades pelo mesmo fato: da promotoria federal, do órgão regulador federal, da promotoria estadual e do órgão regulador estadual, e ser obrigada a pagar altas penalidades em cada uma delas.[552] Entretanto, quando o princípio *double jeopardy* tem aplicação, ele deve ser alegado previamente ao julgamento (*pretrial motion*), e, caso a Corte reconheça que a pessoa já foi previamente condenada ou absolvida pelo mesmo fato e mesma soberania, neste caso deve ser indeferida a segunda acusação.

6.1.21 O *ranking* dos 10 maiores acordos do FCPA e seus valores bilionários e crescentes

Para ter uma ideia da escalada dos valores arrecadados com esses acordos do FCPA pelo governo norte-americano, em 2016, os 10 maiores acordos somaram o valor de 4,84 bilhões de dólares.[553] Em março de 2020, esse valor havia sido ultrapassado somente pela soma dos três maiores acordos, que renderam 4,93 bilhões de dólares. E, em outubro de 2020, o mesmo valor já era ultrapassado apenas pela soma dos dois maiores acordos. Considerando os 40 maiores acordos, o valor arrecadado superou 17 bilhões de dólares,[554] valor este que não inclui o acordo de US$3,3 bilhões formalizado com a Goldman Sachs.

Até outubro de 2016, somente três companhias norte-americanas constavam na lista dos 10 maiores (Top 10) acordos do FCPA, e 800 milhões de dólares era o valor do maior acordo até então celebrado, com a empresa alemã Siemens, em 2008.[555] Passados poucos anos, em novo *ranking* publicado em março de 2020,[556] o valor dos acordos firmados

---

[552] DAVIS, Frederick. *American Criminal Justice* – An Introduction. United Kingdom: Cambridge University Press, 2019. p. 78-79.

[553] Disponível em: https://fcpablog.com/2016/10/4/och-ziff-takes-fourth-spot-on-our-new-top-ten-list/. Acesso em: 20 abr. 2020.

[554] Disponível em: https://fcpablog.com/2020/03/06/the-fcpa-top-40-surges-past-17-billion/. Acesso em: 20 abr. 2020.

[555] Disponível em: https://fcpablog.com/2016/10/4/och-ziff-takes-fourth-spot-on-our-new-top-ten-list/. Acesso em: 20 abr. 2020.

[556] Disponível em: https://fcpablog.com/2020/03/06/the-fcpa-top-40-surges-past-17-billion/. Acesso em: 20 abr. 2020.

com o governo norte-americano havia aumentado consideravelmente, ao mesmo tempo que deixaram de existir companhias americanas na lista Top 10 do FCPA, já que a Kellogg Brown & Root LLC/Halliburton Company passou a ocupar a 11ª posição, com um acordo no valor de $579 milhões de dólares, celebrado em 2009. À época, encabeçava a lista a companhia holandesa e francesa Airbus, com acordo no valor de $2,09 bilhões de dólares, celebrado no início de 2020; em segundo lugar a brasileira Petrobras, com acordo no valor de $1,78 bilhão de dólares, celebrado em 2018; em terceiro e quarto lugar duas companhias suecas (Ericsson e Telia), nos valores de $1,6 bilhão de dólares, em 2019, e $1,1 bilhão de dólares em 2018. Nos 40 maiores acordos do FCPA até março de 2020, 9 acordos envolveram companhias norte-americanas. As companhias brasileiras são três e ocupam a 2ª posição (Petrobras), 26ª posição (Embraer), 29ª posição (Brasken).[557]

Ainda no ano de 2020, em outubro, um novo recorde foi quebrado com o acordo celebrado com a Goldman Sachs,[558] no valor de US$3,3 bilhões, alçando a gigante de Wall Street ao primeiro lugar do *ranking* dos 10 maiores acordos do FCPA. Até maio de 2021,[559] o *ranking* dos Top 10 do FCPA era composto por: (1) Goldman Sachs Group Inc (Estados Unidos): US$3,3 bilhões em 2020; (2) Airbus SE (Holanda e França): US$2,09 bilhões em 2020; (3) Petróleo Brasileiro SA – Petrobras (Brasil): US$1,78 bilhão em 2018; (4) Telefonaktiebolaget LM Ericsson (Suécia): US$1,06 bilhão em 2019; (5) Telia Company AB (Suécia): US$1,01 bilhão em 2017; (6) MTS (Rússia): US$850 milhões em 2019; (7) Siemens (Alemanha): US$800 milhões em 2008; (8) VimpelCom (Holanda): US$795 milhões em 2016; (9) Alstom (França): US$772 milhões em 2014; (10) Société Générale SA (França): US$585 milhões em 2018. E, em maio de 2022, em novo *ranking* divulgado, foram mantidas todas as posições, à exceção da décima, que passou a ser ocupada pela Glencore plc (Suíça), com um acordo de US$700 milhões celebrado em 2022.[560]

---

[557] Disponível em: https://fcpablog.com/2020/03/06/the-fcpa-top-40-surges-past-17-billion/. Acesso em: 20 abr. 2020.

[558] Disponível em: https://fcpablog.com/2020/10/26/wall-street-bank-earns-top-spot-on-fcpa-blog-top-ten-list/. Acesso em: 30 maio 2021.

[559] Disponível em: https://fcpablog.com/2021/05/26/whats-new-on-the-fcpa-top-ten-list/. Acesso em: 30 maio 2021.

[560] Disponível em: https://fcpablog.com/2022/06/09/country-count-for-the-top-ten-list/. Acesso em: 10 maio 2022.

CAPÍTULO 6 — O FCPA, O UK ANTI-BRIBERY ACT E O WHISTLEBLOWING | 305

Apesar dos altíssimos valores, não parece que há excesso, pois os valores envolvidos nas práticas ilícitas que motivaram a imposição da penalidade (corrupção e delitos a ela relacionados) são mais impressionantes ainda. Portanto, o alto padrão de abordagem feita pelos promotores americanos, que se amparam também em um sistema criminal sério, é um exemplo para ser seguido e não contido, se quisermos efetivamente combater a corrupção e mantê-la sob controle.

6.1.22 Como dividir o bolo de dinheiro das penalidades do FCPA? (no plano interno e transnacional)

Um problema surge relativamente aos critérios para dividir os valores das penalidades aplicáveis quando uma empresa é enquadrada em práticas corruptas previstas no FCPA. Por exemplo, se uma empresa estrangeira com ações na bolsa americana, digamos, dinamarquesa, viola o FCPA ao oferecer propina a um servidor público africano, digamos, congolês, neste caso os três países (Estados Unidos, Dinamarca e Congo) poderão, em tese, punir os criminosos e dividir as multas e outras penas aplicadas, como apreensão ou restituição do produto do crime. O problema surge porque essa divisão não será necessariamente em partes iguais e não existem diretrizes que especifiquem os critérios para dividir esse bolo.

Além de questões delicadas como soberania e territorialidade, há o justo temor da dupla punição. O receio de que o acordo feito com um país não seja considerado pelo governo norte-americano tem compelido as companhias a o procurarem primeiro e não aceitarem finalizar qualquer acordo que não tenha a participação dos Estados Unidos, fazendo com que os promotores americanos se tornem os árbitros máximos dos acordos,[561] muitas vezes em detrimento de um país que foi mais atingido pela prática do ato de corrupção objeto do acordo.

Países estrangeiros, especialmente europeus, têm ficado irritados com a agressividade das ações dos promotores norte-americanos envolvendo multinacionais estrangeiras em prática de corrupção transnacional, e também com a aparente diferenciação do tratamento dado a companhias americanas e estrangeiras.[562]

---

[561] Disponível em: https://globalanticorruptionblog.com/2016/12/16/equitable-sharing-not-deference-how-us-fcpa-enforcers-should-accommodate-foreign-interests/. Acesso em: 20 abr. 2020.

[562] DAVIS, Frederick. The US Needs to Show More Respect for Foreign Prosecutions. 2016.

Não existem companhias chinesas listadas nos maiores acordos do FCPA pelo simples fato de que as mesmas estão fora do alcance da legislação norte-americana. Por conta disso, não existe expectativa de que essas empresas coloquem em prática efetivos programas de *compliance*, que são custosos, já que não existe qualquer preocupação no sentido de que possam ser submetidos a cumprir, enquanto em território da República Popular da China, qualquer ordem emanada das cortes norte-americanas e sequer podem ser auditados pela *Securities Exchange Commission*, Departamento de Justiça dos Estados Unidos, ou pelo *Public Company Accounting Oversight Board* (PCAOB).[563]

O valor das penalidades que têm sido aplicadas contribui para elevar a tensão nas negociações, pois praticamente inviabiliza que uma companhia que entre em acordo com o governo americano tenha fôlego financeiro para um segundo eventual acordo, o que inclusive impede que acordos sejam fechados no âmbito doméstico sem a participação do governo americano por meio da sua Procuradoria (DOJ). E tudo fica mais complicado pela ausência de critérios mínimos para dividir as penalidades entre os países e suas agências, aliada a maior discricionariedade dos promotores norte-americanos em comparação aos promotores dos países da tradição continental do *civil law*.

Em regra, os valores arrecadados com as penalidades observam quatro formas:[564] 1) perda dos bens obtidos ilicitamente; 2) indenização de danos estimáveis; 3) multas punitivas; 4) devolução dos lucros obtidos com a prática criminosa. Obviamente não é tarefa fácil definir critérios para dividir penalidades entre países e entre suas respectivas agências. Não obstante, princípios do direito internacional podem iluminar a definição de critérios de distribuição das penalidades, como o princípio de que aquele que sofre o dano tem direito de ser compensado ou o princípio de que os Estados podem impor sanções pelos comportamentos ilícitos praticados ou que produzam efeitos em seus territórios. A Convenção das Nações Unidas Anticorrupção tem como princípio fundamental a devolução de ativos obtidos mediante

---

Disponível em: https://globalanticorruptionblog.com/2016/11/03/guest-post-the-us-needs -to-show-more-respect-for-foreign-prosecutions/. Acesso em: 20 abr. 2020.

[563] Disponível em: https://www.sec.gov/news/public-statement/emerging-market-invest ments-disclosure-reporting. Acesso em: 12 nov. 2020.

[564] STEPHENSON, Matthew. UNCAC Does Not Require Sharing of Foreign Bribery Settlement Monies with Host Countries. Disponível em: https://globalanticorruptionblog. com/2014/09/16/uncac-does-not-require-sharing-of-foreign-bribery-settlement-monies- with-host-countries/. Acesso em: 20 abr. 2020.

corrupção e, para cumprir esse objetivo, prevê que os Estados Partes devem disponibilizar um ao outro as mais amplas medidas de cooperação e assistência.[565]

Com fundamento nesses princípios básicos, pode-se adotar a seguinte estrutura para distribuição de ativos recuperados com base no FCPA:[566] 1) os bens obtidos ilegalmente serão confiscados para o Estado do qual foram adquiridos; 2) a indenização por dano estimável será concedida a cada Estado de acordo com o dano que ele (e seus nacionais) sofreram; 3) as multas punitivas serão determinadas pelo Estado promotor que lidera as negociações e compartilhadas entre os Estados envolvidos pela prática do ato corrupto; 4) os lucros devolvidos serão compartilhados pelos Estados envolvidos pela prática do ato de corrução.

A Convenção das Nações Unidas Anticorrupção (UNCAC) presta valioso auxílio na definição de a quem pertencem os ativos encontrados e bens que forem adquiridos em outros países com recursos provenientes de desvio de dinheiro público ou respectiva lavagem deste dinheiro, bem como com o produto de quaisquer dos crimes mencionados na UNCAC. Como regra geral, os ativos apreendidos devem ser devolvidos aos seus legítimos proprietários.[567] A orientação é clara no sentido de que esses ativos financeiros devem ser apreendidos e devolvidos ao Estado do qual os recursos públicos foram desviados.[568] Da mesma forma, quando os ativos forem adquiridos no Estado estrangeiro com o produto de crimes previstos na UNCAC, devem ser devolvidos ao Estado requerente que demonstrar sua prévia propriedade dos recursos ou o dano causado ao requerente e seus nacionais.[569]

---

[565] UNCAC – Article 51 – General provision – "The return of assets pursuant to this chapter is a fundamental principle of this Convention, and States Parties shall afford one another the widest measure of cooperation and assistance in this regard."

[566] MARUCA, Michael. Disponível em: https://globalanticorruptionblog.com/2016/12/16/equitable-sharing-not-deference-how-us-fcpa-enforcers-should-accommodate-foreign-interests/. Acesso em: 20 abr. 2020.

[567] UNCAC, artigo 57, item 1.

[568] UNCAC, artigo 57, item 3 (a): "In the case of embezzlement of public funds or of laundering of embezzled public funds as referred to in articles 17 and 23 of this Convention, when confiscation was executed in accordance with article 55 and on the basis of a final judgement in the requesting State Party, a requirement that can be waived by the requested State Party, return the confiscated property to the requesting State Party;"

[569] UNCAC, artigo 53 e artigo 57, item 3 (b): "In the case of proceeds of any other offence covered by this Convention, when the confiscation was executed in accordance with article 55 of this Convention and on the basis of a final judgement in the requesting State Party, a requirement that can be waived by the requested State Party, return the

Nos demais casos, a UNCAC orienta que deve ser prioritariamente considerado devolver o bem ao Estado requerente que seja seu proprietário legítimo ou devem ser compensadas as vítimas do crime.[570] Como disposição final, sempre que se mostre apropriado, os Estados devem considerar confeccionar acordos especialmente desenhados para cada caso dispondo sobre o destino dos ativos apreendidos.[571]

Não é apenas a divisão das penalidades entre países que é uma questão complexa, mas também a divisão do bolo no âmbito interno de cada país, acomodando os interesses de todos os órgãos e agências potencialmente envolvidos, ou seja, que tenham base razoável para acionar o ofensor. Portanto, é do interesse geral, especialmente do ofensor, que façam parte do acordo todas as instituições que possam potencialmente acioná-lo nas esferas administrativa, penal e civil.

Nos Estados Unidos, que já vêm intensificando a aplicação do FCPA há algum tempo, especialmente a partir de 2005, portanto, já possuem mais experiência, o Department of Justice – DOJ (que corresponde ao nosso Ministério Público Federal – MPF) atua em conjunto com a Securities Exchange Commission (SEC), que corresponde a nossa Comissão de Valores Mobiliários (CVM), já que ambos (DOJ e SEC) possuem competência para impor o cumprimento do FCPA. Portanto, já existe essa tradição de trabalharem em conjunto. Outras agências, como o Internal Revenue Service (IRS), nossa Receita Federal do Brasil (RFB), *Commodity Futures Trading Commission* (CFTC), e agências reguladoras locais, como o *New York State Department of Financial Services* (NYSDFS), também têm procurado trabalhar em conjunto para fechar os acordos. Já existe uma cultura de ações conjuntas e trabalho integrado.

Em outros países, de modo geral, essa integração não está tão avançada quanto nos Estados Unidos. No caso do Brasil, essa integração não ocorria até recentemente, mas começa a acontecer,[572] e efetivamente

---

confiscated property to the requesting State Party, when the requesting State Party reasonably establishes its prior ownership of such confiscated property to the requested State Party or when the requested State Party recognizes damage to the requesting State Party as a basis for returning the confiscated property".

[570] UNCAC, Artigo 57, item 3 (c): "In all other cases, give priority consideration to returning confiscated property to the requesting State Party, returning such property to its prior legitimate owners or compensating the victims of the crime."

[571] UNCAC, Artigo 57, item 5: "Where appropriate, States Parties may also give special consideration to concluding agreements or mutually acceptable arrangements, on a case-bycase basis, for the final disposal of confiscated property."

[572] Impulsionado pelo novel Acordo de Não Persecução Penal (ANPP), previsto no art. 28-A do Código Penal (redação da Lei nº 13.964/2019). Para celebração do ANPP, acusação e defesa devem se reunir, independente de intervenção judicial, e encaminhar

é um caminho importante que devemos procurar para fortalecer a integração do Ministério Público Federal (MPF) com a Controladoria-Geral da União (CGU), Advocacia-Geral da União (AGU), Receita Federal do Brasil (RFB), Comissão de Valores Mobiliários (CVM), entre outras agências e autoridades locais que potencialmente tenham ação contra o ofensor.

O MPF foi o precursor dos órgãos federais brasileiros nos acordos envolvendo investigações transnacionais. A partir de 2019, a CGU e a AGU começaram a intensificar suas atividades nesse tipo de casos que transbordam as fronteiras nacionais. Um bom exemplo recente ocorreu em junho de 2019, com um acordo no qual houve uma resolução coordenada no caso da matriz Technip FMC PLC, que aceitou pagar $296 milhões de dólares à promotoria norte-americana (DOJ), além de outros compromissos.[573] Simultaneamente, as coligadas Technip Brasil e Flexibrás celebraram acordo com o MPF, a CGU, e a AGU,[574] o que marca um episódio particularmente importante porque foi a primeira vez que houve um acordo coordenado envolvendo o DOJ americano e as três entidades que desempenham um papel-chave no combate à corrupção no Brasil.[575]

Ações coordenadas não fazem parte da nossa tradição de sistema inquisitorial, no qual as Cortes são chamadas a decidir todas as questões que surgem entre as partes interessadas. Embora o sistema brasileiro já

---

o acordo pronto, assinado, para então ser designada uma audiência de homologação do acordo. Caso o Juiz não concorde com os termos do acordo, não faz ajustes, mas o devolve fundamentadamente para a acusação. Por ora, ainda há resistência em algumas Promotorias para realizar o acordo fora do ambiente de audiência, embora seja esta a ideia que inspira o ANPP. Confira-se a Orientação Conjunta MPF 03/2018 (revisada e ampliada a partir da Lei nº 13.964/2019), item 1.4: "As tratativas do acordo de não persecução penal, bem como sua efetiva celebração, ocorrerão preferencialmente na sede do MPF."

[573] U.S. Department of Justice, "TechnipFMC PLC and U.S.-Based Subsidiary Agree to Pay Over $296 Million in Global Criminal Fines to Resolve Foreign Bribery Case" (June 25, 2019). Disponível em: https://www.justice.gov/opa/pr/technipfmc-plc-and-us-based-subsidiary-agree-pay-over-296-million-global-penalties-resolve. Acesso em: 20 abr. 2020.

[574] "CGU, AGU, MPF e DOJ Firmam Primeiro Acordo de Leniência Global no Âmbito da Lava Jato" [*CGU, AGU, MPF, and DOJ Sign First Global Leniency Agreement in Context of Lava Jato*], CGU (June 25, 2019), Disponível em: http://www.cgu.gov.br/noticias/2019/06/cguagu-mpf-e-doj-firmam-primeiro-acordo-de-leniencia-global-no-ambito-da-lava-jato. Acesso em: 20 abr. 2020.

[575] *The Year of 2019 in Review: A Record-Breaking Year of Anti-Corruption Enforcement.* Disponível em: https://www.debevoise.com/insights/publications/2020/01/fcpa-update-january-2020. p. 68-69. Acesso em: 20 abr. 2020; BROCKMEYER, Kara *et al.* Skeletons in the Closet: TechnipFMC Settles FCPA Allegations Involving Both of its Predecessor Companies. *FCPA Update*, v. 10, n. 12, July 2019. Disponível em: https://www.debevoise.com/insights/publications/2019/07/fcpa-update-july-2019. Acesso em: 20 abr. 2020.

tenha sofrido bastante alteração no processo civil e no processo criminal, adotando vários institutos típicos do modelo acusatório, adversarial ou de partes, os conflitos acabam sendo resolvidos pelos Tribunais. Mesmo a explícita referência à adoção do sistema acusatório não é suficiente para promover uma verdadeira mudança na prática. Entretanto, a intensificação do combate à criminalidade transnacional vai requerer empenho dos Estados interessados em encontrar caminhos para ações coordenadas tanto no âmbito interno quanto nas relações internacionais.

6.1.23 Restituição de valores ilicitamente obtidos

No sistema norte-americano, a Securities Exchange Commission (SEC) é autorizada a impor a devolução de valores ilicitamente obtidos com base em regra constante no *Securities Exchange Act of 1934*,[576] que autoriza tal imposição, como penalidade, conferindo poderes para adotar regras, regulamentar e impor pagamentos a investidores lesados em operações ilícitas, podendo estipular as taxas de juros e respectivo período.

Pelo fato de a restituição ser imposta como penalidade, a Suprema Corte dos Estados Unidos determinou que sua aplicação fica sujeita à prescrição quinquenal[577] e também que deve haver dedução das despesas consideradas como legítimas,[578] pois, anteriormente, a SEC calculava o valor da restituição considerando o valor total obtido (faturamento) com transações oriundas de atos corruptos.

6.1.24 A prescrição nos crimes previstos no FCPA

Não existe uma regra de prescrição específica para as condutas previstas no FCPA, seguindo a regra geral da prescrição quinquenal para crimes,[579] ou seja, cinco anos contados da conduta considerada criminosa. Porém, condutas que ocorreram há mais de cinco anos

---

[576] *Securities Exchange Act of 1934: 15 USC §78u-2:* "In any proceeding in which the Commission or the appropriate regulatory agency may impose a penalty under this section, the Commission or the appropriate regulatory agency may enter an order requiring accounting and disgorgement, including reasonable interest. The Commission is authorized to adopt rules, regulations, and orders concerning payments to investors, rates of interest, periods of accrual, and such other matters as it deems appropriate to implement this subsection."

[577] *Kokesh v. SEC (2017)*.

[578] *Liu et al v. SEC (2020)*.

[579] 18 USC §3282.

podem ser alcançadas caso uma delas tenha sido praticada dentro dos cinco anos do prazo prescricional. Em outras palavras, se houver várias condutas praticadas pelo mesmo grupo criminoso, todas praticadas há mais de cinco anos, com exceção de uma delas, é o que basta para que todas as condutas possam ser alcançadas, investigadas e processadas. Em tese, condutas praticadas há trinta anos, por exemplo, podem ser alcançadas se houver, também, uma conduta praticada a cada 5 anos, fazendo uma corrente conectando os crimes mais remotos aos mais atuais.

É interessante anotar que nos Estados Unidos não existe prescrição retroativa, nem prescrição punitiva pela pena *in concreto*, nem prescrição da pretensão executória. Aliás, parece muito estranho para um norte-americano que, após iniciado o processo, ainda possa correr a prescrição. A única prescrição que eles conhecem é a que é contada da data do fato criminoso até o início do processo judicial, que não pode superar cinco anos, ressalvada a exceção já mencionada de crimes cometidos em sequência (ainda que diversos) pela mesma organização criminosa.[580]

Outras duas exceções merecem referência, ambas extensivas do período da prescrição: a primeira, é a possibilidade de a pessoa ou a empresa acusada de ato de corrupção entrar em acordo com a Promotoria (DOJ) para voluntariamente estender o período de prescrição; a segunda, a Promotoria pode requerer uma ordem judicial que suspenda o fluxo da prescrição por até 3 anos, com o objetivo de obter evidências de países estrangeiros, e nesse caso a suspensão geralmente se inicia quando o requerimento oficial do governo/promotoria (DOJ) é feito ao país estrangeiro, e termina quando o governo estrangeiro finaliza sua ação relativa ao requerimento.[581]

6.2 Lei do Suborno do Reino Unido: *UK Bribery Act* 2010

Apesar de haver assinado a Convenção Anticorrupção da OCDE de 1997, o Reino Unido manteve durante anos uma legislação desatualizada e que impossibilitava o enfrentamento efetivo da corrupção, em razão das dificuldades que criava para deflagração de ações que

---

[580] 18 USC §371.

[581] *FCPA A Resource Guide to the U.S. Foreign Corrupt Practices Act*. Disponível em: https://www.justice.gov/sites/default/files/criminal-fraud/legacy/2015/01/16/guide.pdf. p. 34-35. Acesso em: 20 abr. 2020.

objetivassem investigar e processar ações suspeitas de corrupção, fazendo com que, em 2008, a Organização para Cooperação e Desenvolvimento Econômico (OCDE) publicasse um relatório no qual criticava a incapacidade do Reino Unido de efetivamente enfrentar e solucionar as deficiências do seu sistema anticorrupção. Nesse contexto, em 2010, foi aprovada a Lei do Suborno, como uma resposta do Reino Unido às críticas feitas pela OCDE.

A Lei do Suborno do Reino Unido (*UK Bribery Act*[582]) prevê quatro crimes: (1) subornar alguém; (2) aceitar suborno; (3) oferecer suborno a um funcionário público estrangeiro; (4) fracassar, sendo uma organização comercial, em prevenir que o suborno ocorra. As condutas previstas nos itens 1 e 2 consistem na conhecida entre nós como corrupção ativa e passiva, com a importante diferença de que também prevê o crime de corrupção nessas modalidades no setor privado, envolvendo exclusivamente particulares. Tais itens (1 e 2) são abordados no tópico a seguir (6.2.1)

O item 3 prevê conduta assemelhada à prevista no FCPA, ou seja, suborno de agente/servidor público estrangeiro com o objetivo de obter ou manter um negócio, ou uma vantagem na condução no negócio. Aqui é interessante notar que ao definir o alcance de agente/servidor público estrangeiro, o *UK Bribery Act* dispõe que é qualquer pessoa que detenha um mandato legislativo, administrativo ou judicial, indicado ou eleito, não havendo a previsão obtenção do mandato por concurso público, pois o concurso público não é modalidade de aquisição de cargo público entre eles. Entretanto, tal especificação acaba tornando a definição imprecisa, sendo mais acurada no ponto a redação do FCPA[583] que, ao definir servidor público estrangeiro, não detalhou a forma de aquisição do cargo.

O item 4 trata da responsabilidade corporativa, ou seja, responsabilidade criminal da pessoa jurídica, que também não existe no Brasil relativamente à corrupção, mas apenas em relação aos crimes ambientais. Relativamente à responsabilidade corporativa, ela é caracterizada a partir do fracasso da organização comercial em prevenir a ocorrência do suborno. O *UK Bribery Act* prevê a publicação de diretrizes a serem seguidas para que as organizações comerciais possam adotar medidas preventivas, colocando em prática procedimentos que previnam que as pessoas a ela relacionadas (associadas) pratiquem suborno. Tais

---

[582] Disponível em: https://www.legislation.gov.uk/ukpga/2010/23. Acesso em: 05 ago. 2021.
[583] 15 USC §78dd-1(f)(1)(A).

CAPÍTULO 6
O FCPA, O UK ANTI-BRIBERY ACT E O WHISTLEBLOWING | 313

diretrizes não constam na lei, que apenas prevê sua publicação pelo Secretário de Estado.[584] Para os crimes de corrupção ativa e passiva, no setor público ou no privado, e o crime de suborno de servidor público estrangeiro, são previstas como penalidades que uma pessoa física condenada pela sua prática com base em uma denúncia[585] pode cumprir pena na prisão pelo tempo máximo de 10 anos ou pagar multa, ou ambos.[586]

6.2.1 Corrupção ativa (*supply side*) e passiva (*demand side*): o afastamento expresso do costume como fonte de lei

A conduta prevista no item 1 do tópico acima (6.2) consiste em oferecer, prometer ou dar uma vantagem financeira ou de qualquer natureza, com o objetivo de induzir alguém a desempenhar uma atividade ou função relevante de forma inapropriada ou recompensar alguém pelo desempenho inapropriado desta função ou atividade. Nesses casos é indiferente se a oferta, promessa ou pagamento da vantagem é feita à mesma pessoa que vai desempenhar inapropriadamente. A oferta, promessa ou pagamento da vantagem também caracteriza ato de corrupção se o sujeito ativo sabe ou acredita que a aceitação da vantagem constitui, por si, um desempenho inapropriado da atividade ou função. Em qualquer hipótese, é indiferente se a oferta, promessa ou pagamento é feita de forma direta ou por interposta pessoa.[587]

Relativamente à conduta prevista no item 2, consiste em solicitar ou aceitar, por si ou por interposta pessoa, vantagem financeira ou de outra natureza com o intuito de que uma atividade ou função relevante deva ser desenvolvida de forma inapropriada, pelo próprio sujeito ativo desta conduta ou por outrem. Também caracteriza ato de corrupção se a solicitação ou aceitação constitui, por si, desempenho inapropriado da função ou atividade.[588]

Entende-se por função ou atividade relevante, qualquer função de natureza pública, ou qualquer atividade relacionada a negócios

---

[584] *UK Bribery Act* (9).

[585] A ênfase colocada na existência de condenação com base em denúncia é para diferenciar da hipótese de condenação sumária, no qual é prevista pena máxima de prisão de 12 meses ou multa, ou ambos. *UK Bribery Act*, 11 (1)(a).

[586] *UK Bribery Act*, 11 (1)(b).

[587] *UK Bribery Act 2010, Offences of bribing another person* (1), de (1) a (5).

[588] *UK Bribery Act 2010, Offences relating to being bribed* (2), de (1) a (8).

(comércio e profissões), ou qualquer atividade desenvolvida em uma relação de trabalho, ou qualquer atividade desenvolvida por ou em benefício de um grupo de pessoas. Cumulativamente, requer-se que exista uma expectativa de que a função ou atividade seja desempenhada com boa-fé, ou que seja desempenhada com imparcialidade, ou que a pessoa ocupe uma posição que lhe confere confiança na sua habilidade de desempenhar a atividade ou função. Em qualquer caso, é irrelevante se a função ou atividade possui conexão com o Reino Unido ou se é desenvolvida em um país ou território fora do Reino Unido.[589]

Para fins de incidência da Lei de Suborno, considera-se que uma função é desenvolvida de forma inadequada sempre que violar uma expectativa relevante e deve ser considerada inapropriadamente desenvolvida se houver uma falha no seu desempenho que, por si, constitua uma violação de uma expectativa relevante.[590]

Um aspecto interessante diz respeito ao teste de expectativa, que consiste em identificar o que uma pessoa média (homem comum) no Reino Unido pode esperar relativamente ao desempenho de um tipo de atividade ou função que não esteja sujeita à lei existente em qualquer ponto do Reino Unido. Nesse caso, a Lei do Suborno determina que se desconsidere qualquer costume ou prática, a menos que seja admitida em lei escrita. Por lei escrita entende-se, para este fim, constituição escrita, ou lei feita por ou conforme a legislação, aplicável ao país ou respectivo território, ou qualquer decisão judicial aplicável e publicada em fontes escritas.[591]

Portanto, embora o costume seja fonte de direito no *common law*, se houver uma prática de oferecer ou pagar vantagens para desempenho inapropriado de uma atividade ou função, ainda que seja uma prática altamente difundida e que tenha se tornado costume em alguma região, não poderá ser considerada se não estiver expressamente prevista na lei local ou em decisão judicial. Vê-se que a lei (*Bribery Act*) expressamente afastou o costume como fonte de direito nesta hipótese específica.

6.2.2 Corrupção no setor privado

Ao prever a corrupção ativa e passiva (ou no lado da oferta e da demanda) a Lei do Suborno do Reino Unido abrange indistintamente

---

[589] UK Bribery Act, *Function or activity to which bribe relates* (3), de (1) a (7).
[590] UK Bribery Act, *Improper performance to which bribe relates* (4), de (1) a (3).
[591] UK Bribery Act, *Expectation test* (5).

o setor público e o setor privado, criando uma figura que não existe no Brasil e na maior parte dos países, que é o crime de corrupção praticado no âmbito exclusivamente privado. A possibilidade de a corrupção envolver somente entes privados é explicitada quando a lei esclarece o alcance do que se entende por função ou atividade relevante, como sendo (além de uma função pública) qualquer atividade relacionada a negócios, ou qualquer atividade desenvolvida em uma relação de trabalho, ou qualquer atividade desenvolvida por ou em benefício de um grupo de pessoas. Como referido no tópico anterior, cumulativamente, o desempenho da atividade ou função deve gerar uma expectativa de que seja desempenhada com boa-fé, ou com imparcialidade, ou confiança na sua habilidade de desempenhar a atividade ou função. Para caracterizar o crime, não se exige que a função ou atividade possua conexão com o Reino Unido, podendo ser desenvolvida, inclusive, no estrangeiro.[592]

6.3 *Whistleblowing*

A implantação de um bom programa de *whistleblowing* é possivelmente a medida mais efetiva que um Estado pode colocar em prática para combater a corrupção de forma inteligente, estabelecendo uma relação de ganha-ganha com o informante e estimulando-o, com recompensa financeira, a fazer algo que ele já tem vontade de fazer (até de graça), mas o desgaste de se tornar um informante gera um desestímulo. Esse desestímulo é quebrado pela recompensa em dinheiro, que funciona como um apelo irresistível para que a pessoa tome a decisão de atuar proativamente junto às autoridades, apresentando informações sobre uma prática ilegal da qual tem conhecimento.

Sabemos que as pessoas agem por estímulos, e um dos maiores estímulos que existem é o dinheiro. A possibilidade de obter dinheiro move as pessoas porque o dinheiro é absolutamente tangível, totalmente mensurável, é também um bem fungível, ou seja, pode ser convertido em uma infinidade de outros bens. Portanto, o dinheiro representa liberdade que a pessoa passa a ter para realizar seus sonhos materiais. Por isso, estabelecer uma recompensa em dinheiro para estimular que informações sobre práticas ilegais cheguem ao conhecimento das autoridades é uma abordagem inteligente e que completa um ciclo de uma relação na qual todos os envolvidos saem ganhando.

---

[592] *UK Bribery Act, Function or activity to which bribe relates (3)*, de (1) a (7).

As pessoas envolvidas nessa relação de *whistleblowing* são o informante (*whistleblower*) e as autoridades para as quais são apresentadas as informações. Vejamos como ambas as partes saem ganhando: do ponto de vista do *whistleblower*, quando uma pessoa normal se depara com uma prática ilegal, é natural que isso desperte nela uma vontade de tomar uma providência para fazer cessar aquele comportamento ilegal que ela está presenciando, seja no seu ambiente de trabalho, seja ao solicitar algum serviço público, seja ao participar de uma licitação, são inúmeras as possibilidades. O mal-estar causado por essa informação da prática ilegal que chegou ao seu conhecimento passa a atormentar essa pessoa, pois, lá no seu íntimo, ela sabe que deve tomar alguma atitude para interromper esse ciclo de ilegalidade.

Em contrapartida, também sabe que denunciar a prática pode tornar sua vida mais complicada, dependendo do caso, um verdadeiro inferno, pois pode ser ameaçada, ter seus familiares ameaçados, transformar amigos e colegas de trabalho em inimigos, sofrer retaliações no ambiente de trabalho e nos órgãos públicos de que necessita para movimentar sua atividade, e infinitas outras possibilidades que vão de meros aborrecimentos até graves ameaças à sua integridade física e de sua família. Além disso, coletar informações sobre a prática ilegal, para que sejam apresentadas às autoridades, também pode ser algo extremamente desgastante. Todos esses fatores contribuem para desestimular que o informante procure as autoridades. Em um cenário como esse, o que ocorre é que a prática ilegal continua acontecendo e a pessoa continua experimentando a sensação de mal-estar e impotência, causada pela sua omissão, totalmente compreensível, já que não quer arcar com os ônus de fazer uma denúncia.

Entretanto, esse cenário é totalmente modificado a partir do momento em que um programa de *whistleblowing* é colocado em prática, com garantias que resguardam o informante e eliminam — ou ao menos suavizam — grande parte desses aborrecimentos. Mas o fator principal de incentivo para o informante é a recompensa em dinheiro, e por isso é preciso que a recompensa seja alta, para que não haja dúvidas a respeito da decisão de levar as informações às autoridades.

Observe-se que a recompensa em dinheiro não gera qualquer impacto nos cofres públicos, pois a recompensa corresponde a um percentual sobre o valor que será arrecadado ou recuperado a partir da denúncia da prática ilegal. Aliás, o impacto nos cofres públicos é positivo, pois serão arrecadados e recuperados bens e valores que de outra forma não ingressariam nos cofres públicos. Ou seja, a partir das informações trazidas às autoridades pelo informante, uma fonte de receita é criada ou uma fonte ilegal de desvio é desarticulada, em qualquer caso, representando saldo positivo para o erário.

Do ponto de vista das autoridades e da estrutura de Estado, o programa de *whistleblower* consiste em uma forma de engajar todas as pessoas, indistintamente, para que denunciem práticas ilegais de que tenham conhecimento. O potencial de um programa de *whistleblower* bem implantado e em pleno funcionamento é de uma bomba atômica comparada a um palito de fósforo se formos contar apenas com a estrutura de investigação estatal para detectar práticas ilegais.

Os recursos da estrutura estatal são limitados, mas eles podem ser alavancados ilimitadamente com a colaboração dos *whistleblowers*, que além de fazerem a informação chegar ao conhecimento das autoridades, ainda podem passar a cooperar com a investigação e na instrução probatória de uma ação penal.

Mais do que isso, a partir do momento em que cada pessoa é um potencial informante, que tem os canais abertos para denunciar um fato e ainda incentivado por recompensa financeira, isso necessariamente vai provocar uma mudança de comportamento. Isso porque, à medida que o risco de ser denunciado aumenta (qualquer pessoa tem incentivo para denunciar), dois efeitos importantes podem ser observados: por um lado, aumenta o custo do crime para os criminosos, já que aumentam as chances de sua prática ilegal ser detectada; por outro, especialmente para pessoas jurídicas, haverá um incentivo para implementação de programas de *compliance*, com o objetivo de evitar o envolvimento da empresa em denúncias de práticas ilegais. E, a partir da adoção e difusão de práticas de *compliance*, uma cultura de integridade passa a ser fomentada e incentivada no âmbito da pessoa jurídica.

O *whistleblowing* é uma importante estratégia para facilitar a detecção das mais variadas práticas ilegais, especialmente corrupção, com resultados positivos para todas as partes envolvidas. O desenvolvimento de um programa de *whistleblowing* consistente está diretamente relacionado a outras práticas positivas, como programas de *compliance* e fomento da cultura de integridade. Se todas as pessoas forem potenciais informantes de práticas ilegais, isso aumenta infinitamente o custo do crime e incentiva uma verdadeira revolução de práticas em um país. É exatamente isso que queremos.

6.3.1 *Whistleblowing*: origem na recompensa *Qui Tam* e seu desenvolvimento

A origem mais remota do que hoje conhecemos como *whistleblower* pode ser identificada na Inglaterra da Idade Média, mais precisamente em 1318, quando o Rei Edward II instituiu uma lei que previa a perda em favor do rei de mercadorias cujo comércio fosse proibido, da qual um terço seria entregue, como presente do rei, à parte que denunciou o comércio ilegal. Tal lei estabeleceu a recompensa *Qui Tam*.[593] A tradição das leis *Qui tam* foi trazida pelos colonizadores ingleses que chegaram na América, em Massachusetts, no século XVII,[594] tradição segundo a qual o valor arrecadado pelo governo era partilhado com a pessoa que houvesse descoberto a fraude.

Em 1863 surge o *qui tam* como conhecemos hoje, a partir da aprovação do *False Claims Act* (FCA), também conhecido como Lei de Lincoln, então Presidente dos Estados Unidos, que trabalhou para aprovação desta lei (FCA) como forma de combater a corrupção nos contratos com fornecedores contratados pelo governo durante a guerra civil americana (1861-1865). Em 1943, o Congresso aprovou emenda que reduziu drasticamente a previsão de *qui tam* constante no *False Claims Act*, mas tal previsão acabou sendo revigorada em 1986.[595]

O *False Claims Act* continua em vigor e é considerado a ferramenta mais poderosa no combate às fraudes contra o governo nos contratos públicos, respondendo por mais da metade do número de denúncias e também dos valores recuperados pelo governo federal. Ao longo do tempo, o FCA sofreu várias emendas, sendo as mais relevantes no ponto, em 1986, já mencionada; em 2006, quando foi implantado o programa de *whistleblower* da Receita Federal americana (IRS) no mesmo modelo do FCA; em 2010, com o advento do *Dodd-Frank Act*,[596] que implantou o programa de *whistleblower* no âmbito da *Securities Exchange Commission* (SEC).[597]

---

[593] "Qui tam pro domino rege quam pro se ipso in hac parte sequitur". Em inglês: "Who as much for our lord the king as for he himself in this action pursues". Em português: Aquele que tanto pelo senhor nosso rei quanto por si persegue nesta ação.

[594] *Colonial Laws of Massachusetts* (1686).

[595] Disponível em: http://www.whistleblowingprotection.org/?q=node/69. Acesso em: 10 mar. 2021.

[596] Section 922. Disponível em: https://www.govinfo.gov/content/pkg/PLAW-111publ203/html/PLAW-111publ203.htm. Acesso em: 10 mar. 2021.

[597] Emendando o *Securities Exchange Act* de 1934.

6.3.2 *Whistleblower* em números: a mais efetiva fonte de informação, superando toda estrutura do Estado

No estudo intitulado "Who Blows The Whistle on Corporate Fraud?",[598] considerado um dos mais relevantes e abrangentes sobre o tema,[599] as conclusões mais relevantes foram que (1) um forte incentivo monetário para trazer as informações ao conhecimento das autoridades motiva efetivamente as pessoas com essas informações a apresentá-las; (2) não há evidências de que ter incentivos monetários mais fortes conduza a processos mais frívolos; (3) os incentivos monetários parecem funcionar bem, sem os efeitos secundários negativos que muitas vezes lhes são atribuídos. O mesmo estudo também concluiu que a existência de informantes constitui elemento-chave para identificação de crimes, especialmente crimes do colarinho branco praticados no ambiente corporativo.

Outro estudo sobre fraude no âmbito empresarial, realizado pela PricewaterhouseCoopers, uma das maiores empresas de auditoria independente, na qual se entrevistaram mais de cinco mil altos executivos, concluiu que os *whistleblowers* constituem a mais efetiva fonte de informação para detectar e eliminar a atividade criminosa no âmbito corporativo, com especial destaque para o papel absolutamente essencial que os *whistleblowers/tips* desempenham na detecção de prática de crimes. Esse importante papel do informante na detecção de crimes também foi enfatizado, em 2016, pelo *Global Fraud Study*, conduzido pela *Association of Certified Fraud Examiners*.[600]

Outro estudo, do Departamento de Justiça dos Estados Unidos, concluiu que entre 1986 e 2016 o governo, utilizando sua estrutura, processou e recuperou o valor de US$15,347 bilhões, que haviam sido desviados ou deixado de ingressar nos cofres públicos devido a fraudes. No mesmo período (1986-2016), com a ajuda de *whistleblowers*, o governo recuperou US$37,685 bilhões. Em outras palavras, os resultados na recuperação de ativos resultante de fraudes obtidos com a ajuda dos informantes respondem por mais do dobro do resultado obtido com

---

[598] DYCK, Alexander; MORSE, Adair; ZINGALES, Luigi. Who Blows the Whistle on Corporate Frauds?. *The Journal of Finance*, v. 65, n. 6, p. 2213-2253, Dec. 2010.

[599] O trabalho foi realizado a partir do estudo de 216 casos de alegada fraude corporativa, selecionados em companhias americanas com patrimônio maior que US$750 milhões, entre 1996 e 2004, incluindo os casos de alta visibilidade como Enron, HealthSouth e WorldCom.

[600] KHON, Stephen Martin. *The New Whistleblower's Handbook*, introduction.

toda a estrutura de governo (investigadores, inspetores, auditores, promotores) somada.

Especificamente com relação ao *False Claims Act*, em 2019, mais de 72% dos casos de denúncia de atos de corrupção no governo federal foram deflagrados por *whistleblowers*. Entre 1987 e 2019, o governo recuperou US$62,1 bilhões nestes casos, dos quais mais de US$44,7 bilhões foram recuperados com a ajuda dos informantes.[601] No início do ano de 2021, o Departamento de Justiça dos Estados Unidos anunciou que foram recuperados, em 2020, mais de US$2,2 bilhões por meio do FCA, dos quais US$1,6 bilhão foi recuperado com a ajuda de *whistleblowers*. Ou seja, mais de 70% do valor recuperado tiveram a ajuda dos informantes, que receberam US$309 milhões pela sua colaboração na revelação das práticas criminosas. No ano 2019, foi reportado um valor recuperado com base no FCA ainda maior, de US$3 bilhões.[602]

6.3.3 O Estatuto do *Whistleblower*

A experiência bem-sucedida nos Estados Unidos estimulou o advento de uma série de leis que constituem o estatuto do *whistleblower*, e preveem, além da recompensa, leis que protegem o informante contra retaliação. Essa tendência provocou uma revolução no ambiente de trabalho, que pode ser ilustrada por algumas das mudanças a seguir listadas:[603]

(1) As leis que preveem recompensas monetárias aos *whistleblowers* passaram a ser consideradas os mais efetivos meios de deteção de fraude.[604]

(2) O FCPA se tornou o primeiro estatuto internacional do *whistleblower*, permitindo que empregados em países estrangeiros recebam recompensas nos Estados Unidos.

(3) Os empregados podem reportar crimes corporativos e evasão de divisas de forma confidencial ou anônima.

---

[601] Disponível em: https://www.justice.gov/opa/press-release/file/1233201/download. Acesso em: 10 mar. 2021.

[602] Disponível em: https://www.justice.gov/opa/pr/justice-department-recovers-over-3-billion-false-claims-act-cases-fiscal-year-2019. Acesso em: 10 mar. 2021.

[603] KHON, Stephen Martin. *The New Whistleblower's Handbook*, introduction.

[604] DYCK, Alexander; MORSE, Adair; ZINGALES, Luigi. Who Blows the Whistle on Corporate Frauds?. *The Journal of Finance*, v. 65, n. 6, p. 2213-2253, Dec. 2010.

(4) É considerado crime de obstrução de justiça um empregador interferir com as garantias trabalhistas de qualquer empregado que forneça às autoridades informações verdadeiras relacionadas a possível cometimento de crime federal.

(5) Todas as empresas listadas na bolsa de valores dos Estados Unidos são legalmente obrigadas a manter um programa independente de atendimento ao empregado, e que deve atuar em denúncias confidenciais de *whistleblowers*.

(6) Até 2017, 49 Estados federados haviam editado leis que protegem o empregado contra demissão caso se torne um *whistleblower*.

(7) O Congresso aprovou inúmeras leis proibindo retaliação contra trabalhadores, em várias matérias, desde proteção ambiental, segurança do consumidor e fraude corporativa.

(8) Programas de *compliance* e de estrito controle de qualidade e auditorias são a regra em todas as agências do governo e nas grandes corporações.

(9) Milhões de empregados são obrigados a assinar compromissos de que irão reportar às autoridades práticas ilegais que cheguem ao seu conhecimento, praticamente obrigando-os a se tornarem informantes.

(10) Um Decreto Presidencial determinou que todos os servidores públicos federais possuem o dever de reportar abuso de poder.

(11) Acordos de confidencialidade, que proíbem empregados de reportar práticas ilegais às autoridades, são considerados ilegais.

A necessidade de proteção dos informantes foi reconhecida em tratados internacionais, como a Convenção das Nações Unidas Contra Corrupção (UNCAC)[605] e a *Criminal Law Convention on Corruption* do Conselho da Europa.[606]

---

[605] *Article* 39.
[606] *Article* 22.

6.3.4 A evolução do *whistleblower* no direito americano (*False Claims Act, FCPA, Dodd-Frank Act* e demais leis que preveem pagamento de recompensa)

No âmbito federal, a figura do *whistleblower* surge em 1863, com o advento do *False Claims Act* (FCA), aprovado no governo do Presidente Abraham Lincoln, com o objetivo de estimular que fossem reportadas as fraudes praticadas contra o governo por seus contratados na época da Guerra Civil Americana (1861-1865). Oferecer recompensa em dinheiro àqueles que reportassem as fraudes, como entrega de suplementos impróprios para consumo, armas e munição defeituosas, foi o caminho encontrado para estimular que as denúncias chegassem ao conhecimento das autoridades.

O *False Claims Act* sofreu emendas importantes, sendo as mais relevantes em 1986, quando foi restabelecido o pagamento de recompensas significativas, que haviam sido suprimidas por algum período; em 2006, quando foi implantado o programa de *whistleblower* da Receita Federal americana (IRS) no mesmo modelo do FCA; em 2010, com o advento do *Dodd-Frank Act*,[607] que implantou o programa de *whistleblower* no âmbito da *Securities Exchange Commission* (SEC)[608] e promoveu mudanças substanciais na proteção conferida ao informante,[609] além de estabelecer recompensa entre 10 e 30% sobre qualquer sanção monetária aplicada sobre a pessoa jurídica e que seja em valor acima de US$1 milhão.

Com o advento do *Dodd-Frank Wall Street Reform and Consumer Protection Act*, que passou a vigorar a partir de 21 de julho de 2010, após a crise financeira causada pela bolha imobiliária nos Estados Unidos e que evidenciou a necessidade de aprimoramento da regulação, foi previsto que as empresas que atuassem no mercado financeiro Wall Street criassem programas internos para investigar denuncias de empregados que reportassem práticas criminosas.

---

[607] *Section* 922. Disponível em: https://www.govinfo.gov/content/pkg/PLAW-111publ203/html/PLAW-111publ203.htm. Acesso em: 10 mar. 2021.

[608] O *Dodd-Frank Act* emendou o *Securities Exchange Act* de 1934.

[609] A retaliação praticada contra o *whistleblower* é considerada crime de obstrução da justiça. O Código Penal americano, 18 USC §1513(e), prevê como crime federal a retaliação ao empregado que apresentar informação verdadeira sobre potenciais crimes previstos em lei federal. Além disso, duas importantes leis preveem também ação civil relacionada a este crime: *Dodd-Frank Act* (15 USC §78u-6 (h)(1)(A)(iii) e RICO – *Racketeer Influenced and Corruption Organizations Act* (18 USC §1961, 1962 e 1964).

A mesma obrigação de criação de programas internos que permitissem aos empregados reportar práticas ilícitas de que tivessem conhecimento foi imposta a todos que possuíssem contratos de altos valores com o governo federal. A partir disso, foram aprovadas leis que protegiam os empregados contra retaliações que pudessem sofrer na empresa.

Mas foi o caso do informante Bradley Bikerfeld, executivo do UBS, então o maior banco do mundo, que provocou uma revolução na figura do informante, *whistleblower* ou *tipster*. Em 2012, o *Internal Revenue Service*, que corresponde à Receita Federal do Brasil, editou uma norma autorizando o pagamento de recompensa de mais de cem milhões de dólares a esse informante, por haver exposto práticas ilegais do UBS envolvendo contas numeradas secretas, não declaradas e abertas em uma complexa rede de companhias *off-shore*, de clientes que, com isso, deixaram de recolher bilhões em impostos aos cofres americanos. A partir das informações trazidas por Birkenfeld, os Estados Unidos puderam recuperar US$13,7 bilhões em impostos, multas e penalidades, no que foi então considerada a maior recuperação da história, e que rendeu ao informante uma recompensa de US$104 milhões.

Não apenas isso, mas esse caso também revolucionou o sistema financeiro mundial, pois foi um marco a partir do qual a criação de contas secretas para clientes americanos por bancos suíços renomados chegou ao fim.

No início, essas leis estavam concentradas em proteger funcionários públicos que expusessem fraudes em contratos públicos federais, e logo passaram a ser aprovadas leis prevendo recompensa para quem reportasse altas fraudes tributárias, fraudes no mercado de valores mobiliários ou no mercado de *commodities*, poluição no mar e tráfico ilegal de animais selvagens. Hoje, mais da metade dos Estados norte--americanos também aprovaram leis que estipulam recompensas para informações sobre fraudes nos seus contratos públicos.

Atualmente coexistem nos Estados Unidos dois sistemas relacionados ao *whistleblower*: o primeiro, mais antigo, baseado na legislação que previa garantias contra retaliação e compensação por danos suportados pelo informante, ou seja, a recompensa era paga como meio de aliviar o sofrimento do *whistleblower*. O segundo, mais atual, baseado na recompensa financeira como forma de estimular que as informações sobre práticas criminosas cheguem ao conhecimento das autoridades. Para tanto, as recompensas variam de 10% a 30% sobre o que foi arrecadado ou recuperado com a informação. Neste novo modelo, a recompensa é paga, não apenas para aliviar o sofrimento do informante, mas como forma de reconhecer a relevância das informações apresentadas para responsabilizar os infratores. A seguir listamos as leis que preveem pagamento de recompensa, e os respectivos percentuais:

(1) *False Claims Act* (FCA):[610] trata de fraude em contratos do governo ou outras fraudes que causem perdas financeiras para o governo federal. As denúncias são apresentadas de forma confidencial e assim permanecem durante a primeira fase do procedimento. Cumpridos todos os requisitos, o informante tem direito a uma recompensa que varia de 15 a 30% sobre o valor obtido pelo governo (recuperado ou arrecadado com a informação). Com base no FCA, mais de 26 Estados americanos aprovaram leis nos mesmos moldes da legislação federal, inclusive Califórnia e Nova York.

(2) *Foreign Corrupt Practices Act* (FCPA):[611] trata de pagamento de propina para funcionário público estrangeiro. O *whistleblower* pode apresentar denúncia anônima e a recompensa pode variar de 10 a 30% sobre o valor arrecadado pelo governo com a informação. No caso, a lei determina que a *Securities Exchange Commission* (SEC) pague ao *whistleblower* o percentual mencionado sobre as sanções que aplicar e obtiver relativamente às violações do FCPA denunciadas. Essa previsão legal inclui tanto as sanções obtidas diretamente da SEC e também do Departamento de Justiça (DOJ). O processo e os procedimentos para dar entrada no pedido de recompensa com base no FCPA é idêntico a qualquer outro caso de denúncia de violação da lei de valores mobiliários apresentado perante a SEC.[612]

(3) Fraude e sonegação fiscal (*Internal Revenue Code – IRC*[613]): estabelece que se qualificam para receber recompensas as pessoas que apresentarem informações sobre sonegação de tributos federais ou violações ao código da receita federal (IRC), desde que a informação conduza à recuperação ou arrecadação de valores.

---

[610] 31 USC §§3729 a 3732. Disponível em: https://www.govinfo.gov/app/details/USCODE-2011-title31/USCODE-2011-title31-subtitleIII-chap37-subchapIII-sec3729. Acesso em: 20 mar. 2021.

[611] 15 USC §§78dd-1 e seguintes.

[612] Regras publicadas no 17 C.F.R. Parts 240, 241 e 249.

[613] 26 USC §7623.

CAPÍTULO 6
O FCPA, O UK ANTI-BRIBERY ACT E O WHISTLEBLOWING | **325**

A Receita Federal americana (IRS) considera confidenciais todas as informações apresentadas por *whistleblowers* e as recompensas variam de 15 a 30% do valor arrecadado pelo governo.

(4) *Securities Exchange Act*:[614] ao tratar de fraudes em companhias listadas na bolsa de valores dos Estados Unidos, estabelece que se qualificam para receber recompensas as pessoas que denunciarem à *Securities Exchange Commission* (SEC), equivalente à nossa Comissão de Valores Mobiliários (CVM), violações ao *Securites Exchage Act*, desde que essas informações conduzam à arrecadação de valores em sanções monetárias superiores a US$1 milhão, hipótese em que as recompensas variam de 10 a 30% sobre os valores arrecadados pelo governo.

(5) *Commodity Exchange Act*:[615] ao tratar de fraudes em transações com *commodities*, estabelece que se qualificam para receberem recompensa as pessoas que apresentarem informações à *Commodity Futures Trading Commission* relacionadas a violações do *Commodity Exchange Act*, desde que essas informações conduzam à arrecadação de valores em sanções monetárias superiores a US$1 milhão, hipótese em que as recompensas variam de 10 a 30% sobre os valores arrecadados pelo governo.

(6) *Motor Vehicle Safety Act*:[616] constitui uma proteção ao consumidor. Permite que o Departamento de Transporte pague ao *whistleblower* recompensas que variam entre 10 e 30% do valor arredado pelo governo com sanções obtidas de fabricantes ou revendedores de veículos, desde que o valor arrecadado seja superior a US$1 milhão. As denúncias são confidenciais.

(7) *Financial Institution Reform, Recovery, and Enforcement Act (FIRREA)*:[617] estabelece o pagamento de recompensa aos informantes que apresentem informações sobre fraudes

---

[614] 15 USC §78u-6; e as informações devem ser apresentadas conforme regras previstas no SEC 17 CFR §240 e 249.

[615] 7 USC §26; e as informações devem ser apresentadas conforme regras do CFTC 17 CFR Part 165.

[616] 49 USC §30172.

[617] 12 USC §4201-10.

cometidas por ou em face de bancos ou instituições cujos depósitos sejam garantidas (securitizadas) pelo governo federal, por meio do FDIC, contra falência ou furto/roubo até certo valor. As recompensas são pagas conforme definido pelo Advogado-Geral da União, por ato discricionário.

No âmbito das medidas de proteção do meio ambiente, temos as seguintes leis:

(8) *Lacey Act*:[618] proíbe tráfico de animais selvagens, peixes e plantas e estabelece que o Departamento do Interior, Tesouro e Comércio (ou o Departamento de Agricultura, no caso de plantas ou madeira) recompense *whistleblower* que apresente informações sobre violação das normas do *Lacey Act*. Não prevê valores mínimo e máximo para recompensa e nem confidencialidade.

(9) *Endangered Species Act*:[619] trata de animais ameaçados e permite que o Departamento do Interior, Tesouro e Comércio (ou o Departamento de Agricultura, no caso de plantas ou madeira) recompense *whistleblower* que apresente informações sobre violação das suas normas. Não prevê valores mínimo e máximo para recompensa e nem confidencialidade.

(10) *Fish and Wildlife Improvement Act*:[620] contém uma previsão única que autoriza que o Departamento de Interior e Comércio pague recompensa ainda que não exista qualquer valor arrecadado com a informação. As informações deverão ser relativas a violações de qualquer lei de proteção à vida selvagem de plantas, peixes ou animais, efetivadas pelo US Fish and Wildlife Service ou pelo National Marine Fisheries Service.

(11) Outra previsão única está no *Ocean Pollution Act (Act to Prevent Pollution from Ships – APPS*[621]), que visa a prevenir poluição por embarcações e autoriza que as cortes federais concedam recompensas ao *whistleblower* de até 50% do valor arrecadado pelo governo por denúncia por violação do APPS.

---

[618] 716 USC §3375 (d).
[619] 16 USC §1540 (d).
[620] 16 USC §7421 (k).
[621] 33 USC §1908 (a).

6.3.5 *Whistleblower* nas convenções internacionais

A Convenção Interamericana Contra Corrupção foi inovadora ao estabelecer, em 1996,[622] que os Estados Partes deverão adotar padrões de conduta para o correto, honroso e apropriado desempenho das funções públicas, bem como estabelecer medidas e sistemas que exijam que funcionários públicos reportem práticas de corrupção de que tiverem conhecimento no desempenho de suas funções às autoridades competentes.[623] A criação deste sistema para denúncias feitas por funcionários públicos foi estipulada como medida preventiva e com o propósito de promover e fortalecer o desenvolvimento de mecanismos de prevenção, detecção, punição e erradicação da corrupção no serviço público.

Em 2003, adveio a Convenção das Nações Unidas Contra Corrupção (UNCAC), que passou a vigorar em 14.12.2005, prevendo que os Estados-membros deverão, de acordo com princípios do seu ordenamento jurídico doméstico, considerar o estabelecimento de medidas e sistemas que facilitem que atos de corrupção sejam reportados por servidores públicos às autoridades competentes, sempre que tiverem conhecimento desses atos quando no desempenho de sua função pública.[624]

A previsão de recompensa e de confidencialidade do informante surge na legislação interna aprovada pelos países-membros.

6.3.6 *Whistleblower*/Informante no Brasil

No Brasil, a figura do informante ainda não ganhou a dimensão revolucionária que efetivamente possui, sendo um instituto ainda novo no nosso sistema. Caso alguém ainda não saiba, o nome *whistleblower* significa a pessoa que sopra (*blow*) o apito (*whistle*) para chamar a atenção de todos para a ocorrência de alguma prática negativa, indesejável ou fora das regras do jogo. Ao soprar o apito, a intenção é impedir a continuidade da prática e restabelecer as coisas no seu devido lugar.

O aspecto mais importante deste instituto é introduzir um novo modelo, no qual quem age corretamente é recompensado, pode enriquecer, pode até ficar milionário,[625] simplesmente reportando uma

---

[622] Entrou em vigor em 03.06.1997.

[623] *Article III*, item 1.

[624] *Article 8*, item 4, da UNCAC, introduzida no Brasil pelo Decreto nº 5.687/2006.

[625] Bradley Birkenfeld, ex-executivo do UBS, obteve US$104.000.000,00 (cento e quatro milhões de dólares) no programa de *whistleblower* da Receita Federal norte-americana (IRS).

prática ilegal da qual tenha conhecimento. Um modelo que pode parecer óbvio, mas que é revolucionário no Brasil, onde sempre foi muito mais fácil enriquecer compactuando e participando diretamente de práticas ilegais, especialmente nos meios político e empresarial. Aliás, não compactuar com tais práticas, em regra, era ser excluído de qualquer contrato público, especialmente dos mais vultosos.

Como as mudanças são todas muito recentes no Brasil, não houve tempo ainda para estimar os impactos no nosso sistema, até pelo fato de que necessitamos de ampla regulação para que o programa possa produzir seus efeitos potenciais de forma consistente. Mas, de modo geral, em países que já adotam o instituto há mais tempo, criar incentivos para que informações sobre práticas criminosas sejam trazidas ao conhecimento das autoridades é um modelo que tem se mostrado altamente vantajoso e eficiente. O sucesso do modelo requer, além do incentivo financeiro, a existência de um estatuto de garantias ao informante/*whistleblower*.

O informante é definido como sendo a pessoa que, tendo conhecimento de práticas ilícitas, procura os canais disponíveis para reportar tal prática, e apresentar eventuais provas que possua, com o fito de permitir o direcionamento das informações às autoridades competentes, normalmente a polícia investigativa, no âmbito federal ou no estadual, dependendo do crime. A distinção que normalmente é feita entre informante e colaborador, este específico da colaboração premiada, é que o informante não seria coautor ou partícipe na prática criminosa, apenas teria conhecimento da sua ocorrência, seria uma testemunha dos fatos.

A distinção é válida, mas é bom atentar que há exemplos de casos nos quais as figuras do informante e do partícipe em crime podem se confundir. Um exemplo é o caso do possivelmente mais famoso *whistleblower*, Bradley Birkenfeld, que, por ter sido executivo do UBS e participado das práticas de abertura de contas secretas como Diretor de clientes-chave, foi acusado de conspiração e ficou preso por 30 meses nos Estados Unidos antes de ser reconhecido como *whistleblower* e receber a recompensa de US$104 milhões.

A rigor, não existe uma vedação legal que impeça que o partícipe/colaborador possa receber algum percentual sobre os valores que suas informações permitiram que fossem recuperados de outros coautores ou partícipes. Apesar de levantar questões de ordem ética-moral, levanta também a avaliação sobre a relação de custo e benefício da informação apresentada. No caso de Birkenfeld, suas informações permitiram a recuperação de US$13,7 bilhões ao tesouro americano. Portanto, os US$104 milhões que recebeu como recompensa no programa *whistleblower* da Receita Federal americana (IRS) corresponde a menos de 1% do valor recuperado pelo Tesouro dos Estados Unidos.

O embrião do programa de *whistleblower* no Brasil pode ser reconhecido no serviço do disque-denúncia, implantado em 1995, em regime de parceria entre entidade da sociedade civil e o Estado do Rio de Janeiro,[626] mas sem interferência política e sem subordinação a órgãos ou instituições públicas. Esse serviço pode ser considerado a iniciativa pioneira para estimular a população de modo geral a denunciar crimes, mediante garantia de anonimato ao informante, e com pagamento de recompensas em alguns casos.

A Lei nº 13.608, de 10 de janeiro de 2018, implantou no âmbito nacional o serviço de denúncias por telefone e recompensa por informações sobre crimes. A lei prevê que o serviço de disque-denúncia deve incentivar a colaboração da população e garantir o anonimato do denunciante, prevendo, ainda, que União, Estados, Distrito Federal e Municípios poderão estabelecer formas de recompensa pelas informações que sejam úteis para prevenção, repressão ou apuração de crimes ou ilícitos administrativos, e, entre as recompensas, poderá ser instituído o pagamento de valores em espécie.[627] Relativamente à prática ilícita reportada, a lei somente exige que o relato seja considerado "razoável" pela unidade de ouvidoria ou correição, para que seja dado seguimento, mediante encaminhamento para apuração.

A reforma promovida pelo Pacote Anticrime (Lei nº 13.964, de 24 de dezembro de 2019), introduziu outras regras na lei nacional do disque-denúncia (Lei nº 13.608/2018), determinando que a União, Estados, Distrito Federal e Municípios e suas autarquias e fundações, empresas públicas e sociedades de economia mista, manterão unidade de ouvidoria ou correição que permita que qualquer pessoa possa relatar informações sobre crimes contra a administração pública, entre os quais se incluem a corrupção, ilícitos administrativos ou qualquer ação ou omissão lesiva ao interesse público.

A Lei nº 13.964/2019 regulamentou — ainda que de forma superficial, mas suficiente para começar — alguns dos principais aspectos

---

[626] Em 2000, o disque-denúncia foi implantado no Estado de Pernambuco; em 2001, no Estado do Espírito Santo; em 2002, em Campinas, Estado de São Paulo; em 2005, em Salvador, Estado da Bahia.

[627] Artigo 1º, II, e artigo 4º, da Lei nº 13.608/2018.

referentes às garantias conferidas ao informante, como preservação de sua identidade, salvo relevante interesse público ou necessidade para apuração dos fatos, mas sempre que necessário a revelação da identidade ocorrerá mediante prévia comunicação ao informante e com sua concordância formal;[628] proteção integral contra retaliações e isenção de responsabilização civil ou penal relativamente à denuncia, exceto se houver apresentado informações ou provas que sabe serem falsas;[629] extensão da proteção prevista na lei de proteção às vítimas testemunhas (Lei nº 9.807/1999) e também proteção contra demissão arbitrária, alteração injustificada de funções e atribuições, imposição de sanções, prejuízos materiais de qualquer espécie, supressão de benefícios, sejam eles diretos ou indiretos, ou negativa de fornecimento de referências profissionais positivas.[630]

Relativamente às vantagens financeiras, a lei prevê ressarcimento em dobro dos danos materiais experimentados como consequência de atos de retaliação, sem prejuízo de danos morais. E, quanto à recompensa propriamente dita, caso as informações resultem em recuperação de produto de crime contra a administração pública, o informante poderá receber até 5% do valor recuperado.

O limite de até 5% sobre o valor recuperado está muito abaixo do valor oferecido em sistemas mais avançados. Observe-se que nos Estados Unidos, em regra, 10% é o valor mínimo oferecido sobre o valor recuperado, e o valor máximo, também em regra, e nos casos de corrupção, é 30% do valor recuperado.[631] Aparentemente esse é o ajuste que deve ser feito na nossa legislação, especialmente se considerado o papel decisivo que as informações desempenham na descoberta de crimes como corrupção. Ademais, a recompensa é sobre o valor recuperado, ou seja, um valor que de outra forma não ingressaria nos cofres públicos. Portanto, deve ser melhor ajustada essa relação custo e benefício da informação.

O *whistleblower*/informante/*tipster* é uma figura que auxilia imensamente o combate a corrupção e crimes de modo geral, e, ao escolher reportar as práticas ilícitas, arca com inúmeros transtornos.

---

[628] Artigo 4º-B da Lei nº 13.608/2018, introduzido pela Lei nº 13.964/2019.

[629] Artigo 4º-A, parágrafo único, da Lei nº 13.608/2018, introduzido pela Lei nº 13.964/2019.

[630] Artigo 4º-C, da Lei nº 13.608/2018, introduzido pela Lei nº 13.964/2019.

[631] No *False Claims Act*, que trata de informações sobre crimes nos contratos federais, os valores mínimo e máximo da recompensa são de 15% a 30% do valor recuperado, e no *Foreign Corrupt Practices Act*, a recompensa vai de 10% a 30% do valor recuperado.

O reconhecimento da figura do informante como uma voz da justiça é uma tendência nova, pois o que acontecia mais frequentemente, pouco tempo atrás, com a pessoa que denunciava práticas ilícitas de que tinha conhecimento no seu ambiente de trabalho, por exemplo, era a pessoa perder o emprego e não conseguir mais se colocar no mercado de trabalho. Isso sem mencionar que grandes esquemas de corrupção, cartéis em contratos públicos, e tudo que envolve muito dinheiro, representa enorme risco até à integridade física do informante e sua família. E a garantia de ser incluído no programa de proteção à testemunha obviamente não é o que se pode chamar de estímulo para denunciar práticas criminosas. O estímulo vem da recompensa em espécie. Para isso, o limite de até 5% parece muito baixo e está muito abaixo dos parâmetros de países mais desenvolvidos.

Em síntese, há ajustes que necessitam ser feitos para que nosso modelo se aproxime mais de modelos mais avançados. De qualquer sorte, a figura do informante já foi introduzida no nosso sistema. Com o advento do Pacote Anticrime, podemos afirmar que a figura do *whistleblower* passou a existir entre nós, com a previsão dos três elementos fundamentais, ou seja, a estruturação de canais que possam receber as denúncias, as salvaguardas para o informante (sigilo da identidade e proteção) e a recompensa em dinheiro. Existe um longo caminho pela frente até que um programa dessa magnitude seja efetivamente implantado e esteja em pleno funcionamento e gerando resultados que superem aqueles obtidos com a estrutura estatal, como já ocorre nos Estados Unidos.

Embora ainda seja necessário regulamentação e extensão do programa para o setor privado, as diretrizes essenciais para o programa ganhar vida já existem. Também é necessário que as pessoas internalizem seu potencial de se tornarem informantes de práticas ilegais. Aliás, a figura do *whistleblower* possui um efeito tão devastador no custo do crime, aumentado tão significativamente o risco de detecção de práticas ilegais, especialmente a corrupção, que foi muito inteligente colocar a figura do *whistleblower* de forma discreta no Pacote Anticrime.

CAPÍTULO 7

EXPANSÃO DO PRINCÍPIO DA EXTRATERRITORIALIDADE

7.1 O novo princípio da extraterritorialidade

Para efetivamente atuar contra determinado crime, o Estado precisa deter ou reivindicar jurisdição sobre tal crime. O Estado no qual o crime tenha sido praticado (conduta) ou produzido efeitos terá jurisdição para investigar e punir, pois cometido dentro dos seus limites territoriais e no âmbito da sua soberania. A noção de conduta e efeitos resolve satisfatoriamente a generalidade das questões de competência criminal. Até recentemente, assim como a questão da territorialidade não suscitava maiores indagações, a extraterritorialidade também era normalmente resolvida com facilidade com a aplicação de princípios clássicos do direito internacional.

De algum tempo para cá, todavia, essa placidez que havia em torno do tema foi fortemente impactada por vários fenômenos produzidos pela globalização intensificada e pelos avanços da tecnologia, que permitem conectar várias pessoas em diversos pontos do mundo em uma infinidade de operações, que podem ser praticadas inclusive simultaneamente, de diversos pontos do globo, de forma lícita e também ilícita.

Fenômenos ainda mais recentes, como a denominada desterritorialização de dados, que podem ser armazenados em pontos diversos do planeta, às vezes de forma fragmentada e espalhada em vários pontos, podendo, ainda, ser armazenados em ambientes desvinculados do conceito de soberania, como o alto-mar ou o espaço, desafiam-nos a revisitar conceitos com os quais estávamos bem adaptados e introduzem um novo conceito ao princípio da extraterritorialidade. Cada vez mais se intensifica a necessidade de estabelecer diretrizes para conduzir uma investigação criminal em nível global quando crimes, no todo ou em parte, são praticados em ambientes multijurisdicionais, despertando a atenção de múltiplos Estados soberanos que tenham interesse em investigar, processar e punir determinado crime transnacional.

Os Estados Unidos tomaram a vanguarda da atuação em nível global na repressão da criminalidade organizada transnacional. O fato de haverem despontado como o maior *player* no cenário global criou uma crescente tensão com os outros países, especialmente quanto à extensão da ação penal do primeiro contra empresas e indivíduos não americanos, o que é visto como uma afronta à soberania dos demais países. Mas ainda é polêmica a repercussão que o julgamento do caso *Morrison*[632] pode ter sobre os processos criminais, e ainda não se sabe ao certo se indica um recuo radical por parte das Cortes norte-americanas em permitir a expansão ampla de sua jurisdição criminal.

7.2 Jurisdição, soberania e enfrentamento do crime transnacional (o caso *Bownam*)

Quando se trata de crime transnacional, o estabelecimento da jurisdição pode se tornar questão bastante complexa quando houver sido praticado e produzidos efeitos em outro Estado, fora dos seus limites territoriais, pois, neste caso, o crime terá ocorrido fora dos limites que definem sua soberania estatal. Sempre que um Estado pretende assumir jurisdição sobre um crime ocorrido fora dos limites da sua soberania, em regra será criado um conflito de soberania com outro Estado.

A legislação internacional apresenta diretrizes para estabelecer a jurisdição sobre o crime transnacional. Não obstante, é a legislação doméstica que define os fatos que estabelecem que um Estado tenha jurisdição sobre um determinado crime. Somente a partir da definição, na legislação doméstica de cada país, que determinada ação viola sua lei, constituindo crime quando planejada, praticada, executada ou produzidos efeitos em determinado local de interesse deste país, somente então as respectivas autoridades poderão atuar na prevenção e repressão dos crimes, investigação, processo, julgamento e aplicação de sanções.

---

[632] *Morrison v. National Australia Bank Ltd*, tratado mais à frente, no tópico "Expansão da Competência Territorial dos Estados Unidos".

CAPÍTULO 7
EXPANSÃO DO PRINCÍPIO DA EXTRATERRITORIALIDADE | 335

Em boa parte dos países que têm sua base em códigos, o alcance territorial das leis penais é definido no próprio código. Por exemplo, no Código de Processo Penal brasileiro, o Título V define regras de competência, e nos artigos 88 a 91, trata dos crimes praticados fora do território nacional, e a bordo de embarcações e aeronaves brasileiras ou estrageiras em águas territoriais ou espaço aéreo brasileiro. Na Europa continental, mencionem-se os artigos 113-1 e seguintes do Código Penal francês, situados em capítulo intitulado "Sobre a aplicação geográfica do Código Penal", que vai definir as hipóteses nas quais o direito penal francês se aplica, ou seja, as hipóteses em que é reconhecida a jurisdição francesa sobre determinado crime.

Não existe tal disposição na generalidade das leis criminais nos Estados Unidos. Embora algumas leis criminais específicas indiquem a extensão geográfica de sua aplicação, a maior parte das leis vai exigir que as Cortes definam, no caso específico, o alcance geográfico de determinada lei criminal.

Atualmente existe consenso no sentido de que o efetivo combate à criminalidade transnacional vai demandar que sejam previstos mecanismos de expansão da jurisdição. Sempre que a jurisdição de um Estado estiver rigidamente vinculada aos limites do seu território, haverá o risco de criar-se um ambiente de impunidade que protege aqueles que obtêm benefícios no âmbito interno mediante prática de crimes no exterior. Além disso, um Estado cuja jurisdição esteja rigidamente alocada em seus limites territoriais fica incapacitado de atuar no efetivo combate à criminalidade transnacional, intensificada no século XXI e que não conhece fronteiras.

O risco de uma interpretação que imponha limitação territorial rigorosa já fora previsto pela Suprema Corte dos Estados Unidos, em 1922, no julgamento do caso *United States v. Bowman*,[633] quando antecipou a necessidade de expandir a jurisdição sobre a criminalidade transnacional, sob o fundamento de que eventual restrição limitaria demasiadamente o alcance e a utilidade da legislação criminal. Uma passagem deste importante precedente de 1922, diz o seguinte:

> [...] a mesma regra de interpretação não deve ser aplicada aos estatutos criminais que são, como uma classe, não logicamente dependentes de sua localidade para a jurisdição do Governo, mas são promulgados

---

[633] 260 US 94 (1922).

devido ao direito do Governo de se defender contra obstrução ou fraude onde quer que seja perpetrada, especialmente se cometida por seus próprios cidadãos, oficiais ou agentes. Algumas dessas infrações só podem ser cometidas dentro da jurisdição territorial do Governo devido aos atos locais necessários para constituí-las. Outros são tais que limitar seu *locus* à jurisdição estritamente territorial seria reduzir enormemente o escopo e a utilidade do estatuto e deixar aberta uma grande imunidade para fraudes tão facilmente cometidas por cidadãos em alto-mar e em países estrangeiros quanto em casa. Em tais casos, o Congresso não considerou necessário fazer uma disposição específica na lei que o *locus* deve incluir o alto-mar e países estrangeiros, mas permite que seja inferido da natureza do crime.[634]

Este precedente do caso *Bowman* não foi superado por qualquer outra decisão. O FCPA (*Foreign Corrupt Practices Act*), da mesma forma, também objetivou ultrapassar os obstáculos dos limites territoriais para permitir sua atuação em crimes de corrupção praticados além das suas fronteiras. Cada vez mais, para efetivamente atuar contra o crime organizado transnacional, o Estado deve buscar mecanismos para expandir sua jurisdição extraterritorial. Somente assim poderá reprimir crimes praticados no todo ou em parte no exterior, mas que, de alguma forma, produzam consequências no âmbito doméstico. Como um Estado pode promover a expansão da sua jurisdição extraterritorial é o que vamos analisar nos próximos tópicos.

7.3 Expansão da competência extraterritorial: abordagem clássica

Existem vários mecanismos atualmente disponíveis em tratados e convenções internacionais com base nos quais é possível promover

---

[634] "[...] the same rule of interpretation should not be applied to criminal statutes which are, as a class, not logically dependent on their locality for the Government's jurisdiction, but are enacted because of the right of the Government to defend itself against obstruction, or fraud wherever perpetrated, especially if committed by its own citizens, officers or agents. Some such offenses can only be committed within the territorial jurisdiction of the Government because of the local acts required to constitute them. Others are such that to limit their locus to the strictly territorial jurisdiction would be greatly to curtail the scope and usefulness of the statute and leave open a large immunity for frauds as easily committed by citizens on the high seas and in foreign countries as at home. In such cases, Congress has not thought it necessary to make specific provision in the law that the locus shall include the high seas and foreign countries, but allows it to be inferred from the nature of the offense." *United States v. Bowman, 260 US 94 (1922).*

a expansão da jurisdição extraterritorial de um país. São princípios existentes na abordagem que podemos considerar clássica do tema. Ao adotarem determinado tratado, os Estados signatários fazem concessões recíprocas de reconhecimento de competência alheia, apoiados em princípios existentes no tratado, com base nos quais renunciam ao direito de oferecer objeções ao estabelecimento da jurisdição extraterritorial dos demais signatários nas hipóteses previstas no próprio tratado.

Se uma convenção específica torna obrigatório o estabelecimento de um princípio relativo à jurisdição sobre determinando crime, isso indica reconhecimento, pelos Estados Partes, da existência de interesse mútuo na repressão de um crime específico ou as variadas formas que pode assumir.

A inclusão de princípios mais controversos, que tenham sido previstos em um tratado repressivo apenas como permissões, serve legalmente para validar o uso desses princípios, impedindo os demais signatários de contestar quando outros Estados Partes contam com eles para estabelecer jurisdição sobre as infrações previstas no tratado específico. Tais permissões podem ser utilizadas para demonstrar a ausência de proibição para que seja estabelecida a jurisdição de um Estado Parte, mas não necessariamente para impor sua jurisdição no território de outro Estado Parte sem o seu consentimento.

É interessante notar que países da tradição do *common law*, em regra, implementam as regras de jurisdição previstas em tratados repressivos na legislação específica referente àquele determinado crime, ou seja, é uma previsão pontual. É diferente em países do *civil law*, onde normalmente a regra de jurisdição estará prevista na parte geral, com aplicação à generalidade dos crimes. Quais são os princípios existentes na legislação internacional que podem ser usados para promover essa expansão? Vamos tratar de territorialidade, nacionalidade, personalidade ativa e passiva, jurisdição protetiva, jurisdição condicional (em caso de não extradição) e universalidade.

7.4 Territorialidade

Como nota introdutória, é relevante destacar que a tendência observada nas convenções internacionais é a interpretação da competência territorial da forma mais ampla possível, inclusive dispensando a existência de uma significativa conexão física com o território. Essa tendência fica bastante clara a partir da leitura dos comentários sobre a convenção da OCDE,[635] afirmando que a base territorial, para fins de reconhecimento de jurisdição, deve ser interpretada amplamente, de forma que não se exige que o ato de corrupção tenha significativa conexão física com o território.[636]

7.4.1 Territorialidade em sentido estrito

Consiste na regra básica que considera que, como o Estado exerce soberania sobre todo o seu território, qualquer crime praticado, no todo ou em parte, em seu território automaticamente confere jurisdição para o respectivo Estado atuar. É, portanto, uma regra de ordem lógica e prática, haja vista que o mal foi causado naquele território, despertando o interesse local em reprimir a conduta, e também onde estão as evidências do crime, que facilitam e também são indispensáveis à sua elucidação, processamento e punição. Em tese, o Estado no qual o crime foi praticado é o que possui maior interesse na sua repressão.

Praticamente todas as convenções repressivas possuem regra que obriga os Estados Partes a reconhecerem e estabelecerem sua competência territorial nas condutas criminosas de que tratam, mediante reprodução da regra em seu ordenamento jurídico doméstico.

O território de um Estado, consequentemente sua jurisdição, abrange o mar territorial[637] (12 milhas náuticas contadas da preamar média de 1831) e o espaço aéreo.[638] Também se considera território de um Estado, para fins de estabelecimento de jurisdição sobre os crimes cometidos a bordo de embarcações e aeronaves, onde quer que estejam, conforme a bandeira do país que ostentem ao navegar ou do Estado sob o qual estiverem registradas.[639] Alguns Estados também reivindicam jurisdição sobre a zona contígua (24 milhas náuticas) e a zona econômica exclusiva (188 milhas náuticas), ambas contadas a partir das 12 milhas náuticas do mar territorial.

---

[635] *Comments on the Convention on Combating Bribery of Foreign Public Officials in International Business Transactions,* adopted by the Negotiating Conference on 21 November 1997.

[636] *Article 4 – Jurisdiction (Re paragraph 1. Item 25):* "The territorial basis for jurisdiction should be interpreted broadly so that an extensive physical connection to the bribery act is not required."

[637] Convenção das Nações Unidas sobre o direito do mar, concluída em Montego Bay, em 10.12.1982.

[638] Artigo 1 da Convenção de Chicago sobre Aviação Civil, de 7 de dezembro de 1944: 15 UNTS 295 (fonte: Boyle p. 252, NR 42).

[639] UNCAC, art. 42.

CAPÍTULO 7
EXPANSÃO DO PRINCÍPIO DA EXTRATERRITORIALIDADE | 339

7.4.2 Quasi-territorialidade

O conceito está relacionado à extensão territorial em embarcações e aeronaves, conforme a bandeira do Estado (*flag state*) no qual a embarcação está registrada ou o Estado de registro (*state of registration*) da aeronave. Embora mais relacionada com a nacionalidade, essa forma de expansão da jurisdição é considerada uma extensão da territorialidade.

Algumas convenções explicitamente obrigam os Estados Partes a estabelecerem sua jurisdição em determinados crimes cometidos a bordo de embarcações ou aeronaves que ostentem sua bandeira ou sejam neles registradas.[640] A Convenção de Haia sobre Sequestro de Aeronaves determina que devem estabelecer jurisdição tanto o Estado no qual registrada a aeronave quanto o Estado sobrevoado pela aeronave sequestrada. Além disso, também estabelece jurisdição do Estado no qual a aeronave pousa com o suposto criminoso a bordo. Antes mesmo do advento da Convenção de Haia sobre Sequestro de Aeronaves, que é de 1970, os Estados Unidos já haviam previsto no seu Código Federal de Aviação, de 1958, sua jurisdição sobre crimes praticados em aeronaves procedentes ou com destino aos Estados Unidos,[641] ilustrando uma hipótese de expansão da jurisdição mediante previsão na legislação doméstica.

7.4.3 Territorialidade qualificada

Trata-se de uma forma de expansão da jurisdição territorial que tem sido mais intensamente explorada por decisões judiciais do que pelo trabalho do legislador propriamente dito. Consiste em valer-se da existência de um *link*, um vínculo tênue entre o crime e o Estado interessado em estabelecer sua jurisdição, para afirmar a expansão da competência territorial deste Estado interessado, em vez de utilizar a existência desse vínculo para obter reconhecimento da sua competência extraterritorial, o que, talvez, fosse um caminho mais difícil de percorrer em busca do reconhecimento da sua jurisdição. Os Estados Unidos popularizaram os conceitos de territorialidade subjetiva, territorialidade objetiva, jurisdição dos efeitos ou doutrina dos efeitos.[642]

---

[640] *Drug Trafficking Convention*, 1988, art. 4(1)(a); *Hague Hijacking Convention*, 1970, art. 4(1).

[641] 49 USC §1301(4) e (20).

[642] Boister, 2nd ed., p. 253-254.

7.4.4 Territorialidade subjetiva

A mera ocorrência de algum dos elementos do crime é suficiente para um Estado reclamar a territorialidade, ainda que seja somente o ato inicial, e os demais atos e/ou a consumação do crime tenham ocorrido em território estrangeiro. Não se exige que o Estado que reclama jurisdição demonstre qualquer dano em seu território. Basta que tenha interesse em reprimir a conduta criminosa, especialmente quando houver incapacidade, pelo Estado no qual ocorreram os demais atos, de reprimir o crime.

7.4.5 Territorialidade objetiva

A jurisdição pode ser reclamada pelo Estado no qual a conduta criminosa se completou ou se consumou, ainda que os atos iniciais tenham sido praticados no exterior. A legislação doméstica dos Estados varia, alguns exigindo que o resultado seja elemento do crime, outros que apenas o último ato tenha sido praticado em seu território.

Ambas as teorias compõem o que ficou conhecido como doutrina da ubiquidade, seguindo a tendência que tem prevalecido nos países de *civil law*, nos quais a territorialidade pode ser reconhecida com base na prática de quaisquer dos atos elementares da conduta criminosa, ou na produção dos seus efeitos, no respectivo território.

O uso da doutrina da ubiquidade pode expandir consideravelmente a jurisdição territorial. Possui o efeito prático de, por exemplo, evitar que um Estado tenha de efetuar o teste de dupla tipicidade para reconhecer sua competência extraterritorial quando parte dos atos foi praticada em seu território e parte no estrangeiro, permitindo que seja reclamada, desde logo, a jurisdição territorial.

Valendo-se desta doutrina, os Estados Unidos têm reclamado jurisdição territorial sobre casos de corrupção ocorridos no exterior, com pagamento de propina em dólar norte-americano e consequente utilização de um banco correspondente nos Estados Unidos para viabilizar a operação. A expansão da jurisdição, em tal medida, tem sido considerada por alguns desproporcional para com o interesse do Estado e uma demonstração de ausência de autocontenção.

O contraponto que pode ser feito a essa crítica é que vários países não atuam efetivamente contra corrupção praticada por seus agentes políticos ou servidores, tornando oportuna a atuação de uma potência, como os Estado Unidos, que reclame sua jurisdição e atue no combate à corrupção transnacional. Esse contraponto é de especial importância

CAPÍTULO 7
EXPANSÃO DO PRINCÍPIO DA EXTRATERRITORIALIDADE | 341

para a finalidade deste trabalho, porque é justamente a partir da cooperação de Estados engajados no enfrentamento da corrupção transnacional que outros Estados, que possuem suas estruturas políticas mais comprometidas e fragilizadas pela corrupção, irão obter ajuda e ter alguma chance no enfrentamento do problema no âmbito doméstico.

7.4.6 Jurisdição dos efeitos ou doutrina dos efeitos

Com base nesta doutrina, ainda que nenhum dos elementos da conduta criminosa tenha sido praticado no território de determinado Estado, caso danos significativos tenham ocorrido neste território, o Estado poderá reivindicar sua competência territorial com base na jurisdição ou doutrina dos efeitos. Surge originariamente em casos envolvendo direito antitruste, com os Estados Unidos reivindicando sua competência para atuar contra empresas não americanas e operando fora dos Estados Unidos, mas com efeitos danosos em território americano.[643] Para reconhecimento da jurisdição com base nos efeitos da conduta, é necessário alegar e provar a efetiva ocorrência de dano no âmbito doméstico a bens ou negócios.[644]

7.5 Personalidade

Pode ser ativa (crime cometido por nacional), passiva (nacional como vítima) ou protetiva (permite ao Estado estabelecer jurisdição sobre crimes específicos).

7.5.1 Nacionalidade ou personalidade ativa

A nacionalidade é fator que autoriza o Estado a estabelecer sua jurisdição sobre uma conduta praticada por seu nacional dentro ou fora do seu território. Várias convenções repressivas passaram a obrigar os Estados signatários a estabelecerem sua jurisdição com base na nacionalidade dos sujeitos ativos.[645] Tal modalidade de jurisdição ganha especial relevância quando o criminoso fica impune no território onde pratica o crime.

---

[643] *Morrison vs. National Bank of Australia 561 US 247 (2010); RJR Nabisco, Inc. vs. European Community 136 S Ct 2090 (2016).*

[644] *RJR Nabisco, Inc. vs. European Community 136 S Ct 2090 (2016).*

[645] UNTOC, artigo 15(2)(b), e UNCAC, artigo 42(2)(b).

É uma modalidade importante de ser implementada em países que recusam extradição de seus nacionais. Uma pessoa que tenha cometido um crime no exterior e retorne ao seu país de nacionalidade, caso este recuse sua extradição, deve, então, processá-la, com base na personalidade ativa. A recusa de extradição de nacionais é bastante comum nos países de tradição do *civil law*. Por questão de coerência, também costumam prever sua jurisdição com base na nacionalidade/personalidade ativa na sua legislação doméstica. São duas regras que devem caminhar juntas, sob pena de fomentar a impunidade.

Com o objetivo de evitar impunidade, muitos países de tradição do *common law* também vêm prevendo em sua legislação doméstica a jurisdição com base na nacionalidade do sujeito ativo, especialmente em crimes graves que tenham sido praticados no exterior, como exploração sexual de menores[646] ou tortura.[647]

Mas, independentemente da gravidade do crime, o estabelecimento da jurisdição com base na nacionalidade ou personalidade ativa provoca um efeito importante no combate à criminalidade em nível global, ao contribuir de forma muito consistente para elevar o custo do crime. Isso ocorre porque, no momento em que o nacional de um país comete um crime no estrangeiro, não apenas será potencialmente investigado e processado pelo país estrangeiro, mas também poderá ser investigado e processado pelo seu país de nacionalidade. A possibilidade de ser alvo de mais um país reduz a chance de impunidade, consequentemente, aumenta o custo do crime, porque o torna mais arriscado, e mais remota a chance de ficar impune.

Um exemplo que ganhou repercussão foi o caso do filho do ex-presidente da Libéria Charles Taylor, Charles Emmanuel "Chuckie" Taylor, nascido em Boston, que foi preso na Flórida e respondeu por crime de tortura praticado na Libéria, conforme previsto no Código Penal americano,[648] com base na sua nacionalidade americana. No julgamento que negou a moção para rejeitar a acusação de tortura, a Justiça Federal na Flórida considerou que a lei penal norte-americana[649] prevê

---

[646] *United States v. Clark 435 F 3d 1100 (9th Circ 2006).*

[647] *United States v. Emmanuel*, 2007 U.S. Dist. LEXIS 48510 – Case n. 06-20758-CR (SD Fla 2007).

[648] 18 USC §2340A – *The Torture Convention Implementation Act.*

[649] 18 USC §3238: "The trial of all offenses begun or committed [...] out of the jurisdiction of any particular State or district, shall be in the district in which the offender [...] is arrested [...]".

que o julgamento de crimes *iniciados* ou *cometidos* fora da jurisdição de um Estado ou distrito em particular deve ser processado no distrito no qual o acusado tenha sido preso.

Com isso, reconheceu a competência da Justiça Federal no Estado da Flórida para julgar o crime de tortura que teria sido praticado na Libéria. Charles Emmanuel Taylor foi condenado a 97 anos, no que ficou conhecido como o primeiro caso de tortura cometido no exterior e processado nos Estados Unidos. Desde 1994, a lei doméstica dos Estados Unidos (18 USC §2340A) afirma sua jurisdição sobre nacionais, legalmente residentes, ou que simplesmente estejam em território americano, independentemente da nacionalidade, por crime de tortura praticado no exterior.

A legislação doméstica de alguns países, com o objetivo de evitar que o critério da jurisdição com base na nacionalidade seja adotado de forma trivial, prevê essa modalidade apenas em crimes graves, de forma explícita ou implícita, por exemplo, requerendo que o crime seja daqueles em que em tese fica autorizada extradição.[650] A maioria dos países também exige dupla criminalização da conduta para afirmar sua jurisdição com base na nacionalidade.

Cada Estado concede sua nacionalidade, para pessoas físicas ou jurídicas, por seus próprios critérios. Normalmente países de *common law* reconhecem nacionalidade das pessoas jurídicas com base no local onde constituídas, enquanto países do *civil law*, o local onde administradas.

Possivelmente o critério que pode gerar um vínculo mais tênue com o território para fins de reconhecimento da jurisdição com base na personalidade ativa seja a presença física/formal no território que afirma a jurisdição. Com base nisso, há vários casos nos quais os Estados Unidos afirmam sua jurisdição para fins de aplicar o FCPA (*Foreign Corrupt Practices Act*) em casos de corrupção cometida por companhias situadas no exterior, mediante pagamento de propina a autoridades ou servidores públicos estrangeiros, mas com base no fato de a companhia ser listada na bolsa de valores norte-americana.

---

[650] *Swiss Criminal Code*, art. 6 e 7. Disponível em: https://sherloc.unodc.org/cld/uploads/res/document/che/1937/swiss_criminal_code_en_html/Swiss_CC_1937_am2013_en.pdf. Acesso em: 02 mar. 2021.

7.5.2 Personalidade passiva

Com base neste critério, um Estado pode afirmar sua jurisdição quando seu nacional é vítima de um crime cometido em qualquer lugar no exterior, independentemente de haver intenção, no crime, de atingir determinada nacionalidade ou de haver outras vítimas de outras nacionalidades. Essa modalidade é comum em países do *civil law*. De qualquer forma, normalmente com análise da ocorrência de um vínculo significativo entre a nacionalidade e o crime, de modo a estabelecer algum limite no que, de outra maneira, seria um critério por demais amplo. Mais recentemente, países de *common law* passaram a reconhecer a relevância deste critério, especialmente nos casos em que o país do território não atua na repressão do crime e/ou quando o crime objetiva atingir a nacionalidade em particular.

Os Estados Unidos, embora historicamente contrários a esse critério, passaram a adotar a personalidade passiva para crimes de terrorismo.[651] As Convenções das Nações Unidas Contra Corrupção (UNCAC) e Contra Criminalidade Organizada Transnacional (UNTOC) também preveem a personalidade passiva como forma opcional de estabelecimento da jurisdição.[652]

A personalidade passiva pode apresentar questões delicadas relativamente à legalidade quando a conduta for considerada crime no Estado que reclama jurisdição, mas não naquele onde foi praticada. Neste caso, possivelmente estará ausente o *fair-warning*, ou seja, a informação acessível ao criminoso no sentido de que a conduta constitui crime no país de nacionalidade da vítima. Em razão das questões que podem ser levantadas relativamente à personalidade passiva, muitos Estados condicionam o reconhecimento da sua jurisdição à existência de dupla criminalização da conduta, à gravidade do crime e à presença do autor do fato no seu território, de forma espontânea ou mediante extradição.

7.6 Jurisdição protetiva (ou personalidade protetiva)

Essa modalidade permite ao Estado reivindicar sua jurisdição sobre categorias específicas de crimes, que, embora tenham sido cometidos integralmente no exterior, produzam efeitos ou ameaças potenciais

---

[651] 18 USC §§2331, 2332; *United States v. Yunis* 924 F 2d 1086 (DC Cir 1991); *United States v. Rezaq* 899 F Supp 697 (DDC 1995).

[652] UNCAC, art. 42(2)(a), e UNATOC, art. 15 (2)(a).

no âmbito do Estado, prejudicando ou ameaçando sua soberania, segurança, integridade ou outro aspecto relevante relacionado aos seus interesses ou às suas funções governamentais. O escopo desta modalidade de jurisdição é bastante amplo, admitindo seu manejo mediante a existência de mera ameaça potencial, e estendendo-se sobre nacionais e estrangeiros. Normalmente a jurisdição reivindicada com base neste princípio é restringida unicamente pela objeção feita por outros Estados. É bastante utilizado tradicionalmente para fins de combate ao narcotráfico[653] e vem ganhando relevância no combate aos crimes cibernéticos, para os quais disponibiliza uma forma prática de estabelecimento da jurisdição em crimes que, por sua natureza, são desafiadores para apontar precisamente uma jurisdição. Ganha relevância, também, no combate ao crime organizado transnacional.

7.7 Jurisdição condicional (em caso de não extradição)

Trata-se do princípio *Aut Dedere Aut Judicare*, ou seja, ou extradita ou processa. Exige-se que um Estado reconheça sua jurisdição quando se recusar a promover a extradição da pessoa que se encontra em seu território. Em regra, não se requer que exista um pedido de extradição formulado e que este tenha sido negado, para que seja estabelecida a jurisdição condicional, embora essa exigência conste na Convenção das Nações Unidas Contra Crime Organizado Transnacional.[654] Essa modalidade de estabelecimento de jurisdição foi primeiramente prevista na Convenção de Haia sobre Sequestro de Aeronaves,[655] tornando obrigatória a jurisdição do Estado, a menos que a extradição fosse concedida. Outras convenções repressivas preveem que o estabelecimento da jurisdição no caso de negativa de extradição é obrigatório se a recusa é motivada pelo fato de o suposto criminoso ser nacional, e opcional, se for não nacional.[656] O Estado que estabelece sua jurisdição com base nesse critério, a partir de compromisso assumido em convenções internacionais, estaria atuando em nome e como representante do Estado que teve negado o

---

[653] *United States v. Bravo and ors* 489 F 3d (1st Cir 2007); *United States v. Gonzales* 776 F 2d 931 (11th Cir 1985).

[654] UNTOC, art. 16(10).

[655] *Hague Hijacking Convention*, 1970, art. 4(2).

[656] *Drug Trafficking Convention*, 1988, art. 4(2)(a) e (b).

pedido de extradição, em uma forma de jurisdição substitutiva. Tal fato, em tese, obstaria a possibilidade de dupla incriminação pela mesma conduta (*double jeopardy*), embora as convenções internacionais nada mencionem no ponto relativamente à jurisdição condicional. Os Estados Unidos possuem precedente contrário ao entendimento de que a jurisdição condicional impede a dupla incriminação. O caso *United States v. Rezaq*[657] envolveu sequestro de aeronave que pousou em Malta, no qual dois cidadãos norte-americanos foram mortos. Malta recusou extradição e condenou o sequestrador a 25 anos de prisão, dos quais foram cumpridos 7, e extraditado para os Estados Unidos.[658] Perante a Corte norte-americana, o acusado alegou que a jurisdição substitutiva estabelecida por Malta impediria que fosse processado novamente pelo mesmo fato. Tal argumento não foi acolhido pela Corte de Apelação norte-americana, que confirmou a condenação em primeira instância, considerando que tanto a convenção internacional específica quanto a lei federal na qual previamente condenado, bem como as tratativas para extradição, não impediram a dupla incriminação por diferentes soberanias.

Vê-se que a jurisdição condicional, como forma de jurisdição substitutiva, é diferente da jurisdição universal propriamente dita, embora essa jurisdição condicional seja por vezes referida como jurisdição subsidiária ou universal secundária.

7.8 Jurisdição universal

Este princípio confere jurisdição a todos os Estados para processar determinados crimes, independentemente de quem praticou o crime e do local onde foi praticado. Essa modalidade de jurisdição é justificada, primeiro, pelo fato de serem crimes que impactam a comunidade internacional pela sua gravidade; e, segundo, porque praticados em local no qual não existe uma efetiva jurisdição,[659] seja pela natureza do

---

[657] 134 F 3d 1121 (DC Cir 1998).

[658] Observe-se que o artigo 3(d) do *United Nations Model Extradition Treaty* considera motivo obrigatório para recusa do pedido de extradição a existência de sentença definitiva proferida contra a pessoa no Estado requerido com relação ao delito para o qual a extradição da pessoa é solicitada.

[659] Por exemplo, a Convenção das Nações Unidas sobre Direito do Mar (UNCLOS), art. 105, reconhece jurisdição universal de todos os Estados sobre navios ou aeronaves piratas ou sob domínio de piratas, que estejam em alto-mar ou qualquer outro lugar fora da jurisdição de um Estado, podendo prender as pessoas e apreender a embarcação ou aeronave, bem como os bens encontrados a bordo.

local ou pela ausência de capacidade ou vontade das autoridades locais de atuar na sua apuração. A jurisdição universal deve ser estabelecida expressamente no tratado.

É impreciso afirmar que um tratado pode criar uma jurisdição universal *stricto sensu*, no sentido de estabelecer jurisdição de todos os Estados (universal), pois um tratado internacional apenas pode obrigar os Estados signatários, mas não a generalidade dos Estados.[660]

7.9 Jurisdição concorrente

A implementação dos princípios ou modalidades que acabamos de analisar, com base nos quais é possível estabelecer e também expandir a jurisdição de um Estado, por vezes resulta em uma sobreposição de jurisdições concorrentes, especialmente quando tratamos de criminalidade transnacional.

A sobreposição de jurisdições levanta várias questões, e duas das mais relevantes são estabelecer qual Estado ocupa uma posição de prioridade para processar o crime e se é possível reconhecer a jurisdição de mais de um Estado sem que isso viole a regra que proíbe o *bis in idem* ou *double jeopardy*.

7.10 Imunidade de jurisdição sobre crime transnacional

Embora nosso ponto de interesse seja a expansão da jurisdição como meio de incrementar as chances de que crimes que impactam múltiplos país sejam processados e julgados, aumentando o risco da criminalidade transnacional, por vezes, a imunidade de jurisdição surgirá como obstáculo impeditivo para que esses crimes sejam processados, quando praticados por agentes e servidores públicos do alto escalão, favorecidos pela imunidade de jurisdição.

Portanto, ainda que um Estado tenha sucesso em estabelecer sua jurisdição sobre determinado crime transnacional, é possível que não consiga adotar as providências legais cabíveis caso a pessoa ou a ação seja imune à jurisdição do referido país. São situações nas quais o princípio da soberania, que impede que uma soberania seja levada ao banco dos réus por outra, ou questões de imunidade diplomática impedirão que acusações sejam apresentadas e que o processo seja instaurado perante o Estado que estabeleceu jurisdição.

---

[660] *United States v. Yousef* 327 F 3d 56.

7.11 Princípio da imunidade de soberania

Trata-se de princípio de Direito Internacional que confere imunidade de jurisdição para agentes políticos e servidores de alto escalão, impedindo que sejam processados por atos que praticarem e que estiverem cobertos pela imunidade pessoal (*ratione personae*) ou imunidade funcional (*ratione materiae*). A imunidade pessoal é uma decorrência do princípio de imunidade de soberania, segundo o qual uma soberania não fica sujeita ao julgamento por outra soberania. Em consequência, a pessoa que, em razão do alto cargo que ocupa, incorpora e representa o próprio Estado soberano, fica imune à jurisdição criminal de outro Estado. A imunidade funcional protege atos de governo de um Estado de serem processados perante as Cortes de outro Estado. Em ambos os casos, o reconhecimento da imunidade fica condicionado, primeiro, ao reconhecimento de que o ente representado é um Estado soberano, e, segundo, para gozar de imunidade pessoal propriamente dita, ou como desdobramento da imunidade material, o acusado precisa ser o líder atual[661] ou desempenhar uma função superior na entidade soberana.

7.12 Princípio da imunidade diplomática

Consiste em forma de imunidade *ratione personae*, que confere proteção ampla relativamente a atos praticados no exercício da função diplomática e, no caso do Chefe da missão e sua família, também protege contra atos praticados na sua vida privada. A Convenção de Viena sobre Relações Diplomáticas, de 1961, proporciona total imunidade ao Chefe da missão e à sua família contra prisão, busca, apreensão e impede que sejam processados no Estado da missão diplomática (acreditado). A inviolabilidade da bagagem diplomática (*diplomatic bag*) se estende ao local da missão diplomática.

Os demais funcionários integrantes do corpo diplomático também gozam de imunidade para atos praticados no exercício da função. A imunidade de jurisdição se estende também à missão consular,

---

[661] No caso *United States v. Noriega* (117 F 3d 1206, 1212 (11th Cir 1997) as Cortes norte-americanas de primeira e segunda instâncias rejeitaram a alegação de imunidade pessoal do General Noriega em caso de narcotráfico no período que comandava as forças armadas na República do Panamá porque consideraram que ele teria sido apenas o líder de fato do Panamá, que teria se recusado a deixar o cargo que ocupava quando demitido pelo Presidente daquele Estado. Os Estados Unidos nunca o consideraram legítimo líder de Estado.

CAPÍTULO 7
EXPANSÃO DO PRINCÍPIO DA EXTRATERRITORIALIDADE | 349

chefe, funcionários e empregados consulares, conforme previsto na Convenção de Viena sobre Relações Consulares,[662] de 1963, em especial artigos 43 e 53.

Crimes transnacionais como tráfico de armas e drogas, e até mesmo terrorismo envolvendo a missão diplomática e consular, ocorrem com alguma frequência.[663] Nesse caso, o Estado acreditado (anfitrião) pode solicitar ao Estado acreditante que renuncie à imunidade, para que possa deflagrar investigação e processo, e também pode declarar o Chefe da missão *persona non grata*, como forma de pressionar para o encerramento da sua missão e sua substituição.

Os Estados Unidos têm tradição de interpretar sistematicamente o artigo 39 da Convenção de Viena sobre Relações Diplomáticas[664] para permitir o exercício da jurisdição dos Estados Unidos sobre pessoas cujo *status* como membros da missão tenha sido rescindido em razão de atos que cometeram durante o período em que desfrutaram de privilégios e imunidades, salvo os atos praticados no exercício das funções de membros da missão. A imunidade criminal expira com o término da missão diplomática ou consular do indivíduo que goza de tal imunidade e sua saída do país acreditado, incluindo um período de tempo razoável para essa pessoa deixar o seu território. Depois disso, no caso dos Estados Unidos, se as autoridades norte-americanas puderem obter jurisdição sobre uma pessoa que supostamente cometeu crimes comuns enquanto coberta pela imunidade, o processo normal pode prosseguir.[665] Em outras palavras, se o agente da missão diplomática ou consular, após encerrada sua missão e decorrido o prazo razoável

---

[662] Promulgada no Brasil pelo Decreto nº 61.078/67.

[663] Casos nos quais a imunidade pode ser afastada: *United States v. Sharaf* 183 F Supp 3d 45 (2016); *United States v. Guinand* 688 F Supp 774 (DDC 1988); *United States v. Enger* 472 F Supp 490 (1978).

[664] Decreto nº 56.435/65 – Promulga a Convenção de Viena sobre Relações Diplomáticas: "Artigo 39(2) –Quando terminarem as funções de uma pessoa que goze de privilégios e imunidades, êsses privilégios e imunidades cessarão normalmente no momento em que essa pessoa deixar o país ou quando transcorrido um prazo razoável que lhe tenha sido concedido para tal fim, mas perdurarão até êsse momento mesmo em caso de conflito armado. Todavia a imunidade subsiste no que diz respeito aos atos praticados por tal pessoal no exercício de suas funções como Membro da Missão."

[665] 22 USCS §254 d: "Any action or proceeding brought against an individual who is entitled to immunity with respect to such action or proceeding under the Vienna Convention on Diplomatic Relations, under section 3(b) or 4 of this Act [22 USCS §§254b or 254c], or under any other laws extending diplomatic privileges and immunities, shall be dismissed. Such immunity may be established upon motion or suggestion by or on behalf of the individual, or as otherwise permitted by law or applicable rules of procedure."

para deixar os Estados Unidos, permanecer no país, pode ser processado por crime que não esteja relacionado a suas atribuições funcionais.[666]

7.12.1 Afastamento da imunidade diplomática para atos criminosos

A possibilidade de afastamento da imunidade diplomática ou consular para atos criminosos é algo polêmico. Por um lado, o cometimento de crimes comuns, como tráfico, terrorismo, tortura, não deveria ser protegido por imunidade diplomática ou consular, ainda mais considerando que a missão é recebida pelo país anfitrião (acreditado) em cortesia às relações diplomáticas internacionais e em auxílio aos nacionais do país estrangeiro que se encontram no território da missão.

Por outro lado, a imunidade não pode ser considerada uma questão de direito substantivo, mas de direito processual, que consiste em saber se as Cortes de um Estado soberano podem exercer jurisdição sobre outro Estado soberano. Com base neste argumento, a Corte Internacional de Justiça (ICJ) tem rejeitado qualquer possibilidade de flexibilizar a imunidade funcional de integrantes de missão diplomática ou consular e sustentado que a mesma se mantém intacta,[667] independente do esforço global no combate ao crime transnacional.

Ademais, o fato de Estados Partes assinarem convenções supressivas não pode ser interpretado como derrogatório de direitos previstos em outras convenções e concordância para eliminar imunidade de crimes transnacionais, a menos que isso esteja expressamente previsto. Porém, ainda que as convenções internacionais não contenham disposições expressas no sentido de afastar a imunidade nas condutas que preveem, podem conter disposições que estimulam os Estados signatários a adotarem medidas que previnam que imunidades sejam manejadas com o objetivo de acobertar crimes.

---

[666] *United States v. Guinand* 688 F Supp 774 (DDC 1988): funcionário da Embaixada do Peru, acusado de tráfico de cocaína, motivo pelo qual houve rescisão da sua missão e consequente perda da imunidade. As autoridades norte-americanas concederam período para que deixasse os Estados Unidos, dentro do qual ele se casou com uma americana e obteve *status* de residente estrangeiro. Independentemente do *status* adquirido, foi acusado pelo crime e o processo teve seguimento, pois permaneceu no país após o término do período no qual gozava de imunidade de jurisdição.

[667] ICJ Reports, 3 February 2012, paragraphs 92-97; ICJ Jurisdictional Immunities of the State (Germany v. Italy: Greece intervening). Disponível em: https://www.icj-cij.org/en/multim edia/56e93a6288fa3fe1450a785c. Acesso em: 06 mar. 2021.

CAPÍTULO 7
EXPANSÃO DO PRINCÍPIO DA EXTRATERRITORIALIDADE | 351

Nessa linha, a Convenção das Nações Unidas contra Corrupção (UNCAC) prevê, relativamente a atos de corrupção cometidos por funcionários públicos, que cada Estado adotará as medidas que sejam necessárias para estabelecer ou manter um equilíbrio apropriado entre imunidades e prerrogativas concedidas a seus funcionários e a necessidade de investigar e processar as condutas de corrupção definidas na convenção.[668]

7.13 Disciplina da jurisdição nas convenções internacionais

As principais convenções que abordam a criminalidade transnacional procuram estabelecer diretrizes para orientar o encaminhamento dos processos pelos Estados Partes. Vamos abordar as regras que existem a esse respeito na Convenção sobre o Combate à Corrupção de Funcionários Públicos Estrangeiros em Transações Comerciais Internacionais da Organização para Cooperação Econômica e Desenvolvimento,[669] de 1997, mais conhecida como Convenção Anticorrupção da OCDE, a Convenção da Nações Unidas contra o Crime Organizado Transnacional[670] (UNTOC), de 2000, e também a Convenção das Nações Unidas contra Corrupção[671] (UNCAC), de 2003.

O artigo 4 da Convenção Anticorrupção da OECD prevê o dever dos Estados Partes de estabelecerem sua jurisdição relativamente ao crime de corrupção cometido, no todo ou em parte, em seu território por agente estrangeiro. Também prevê que o Estado Parte que tiver "jurisdição para processar seus nacionais por delitos cometidos no exterior deverá tomar todas as medidas necessárias ao estabelecimento de sua jurisdição para fazê-lo em relação à corrupção de um funcionário público estrangeiro". Além disso, estabelece que os Estados Partes deverão verificar se sua legislação sobre jurisdição tem se mostrado

---

[668] Artigo 30(2). Cada Estado Parte adotará as medidas que sejam necessárias para estabelecer ou manter, em conformidade com seu ordenamento jurídico e seus princípios constitucionais, um equilíbrio apropriado entre quaisquer imunidades ou prerrogativas jurisdicionais outorgadas a seus funcionários públicos para o cumprimento de suas funções e a possibilidade, se necessário, de proceder efetivamente à investigação, ao indiciamento e à sentença dos delitos qualificados de acordo com a presente Convenção. (Redação do Decreto nº 5.687/2006, que promulga a UNCAC no Brasil).

[669] Promulgada no Brasil pelo Decreto nº 3.678, de 30 de novembro de 2000.

[670] Promulgada no Brasil pelo Decreto nº 5.015, de 12 de março de 2004.

[671] Promulgada no Brasil pelo Decreto nº 5.687, de 31 de janeiro de 2006.

FABÍOLA UTZIG HASELOF
COMO AS NAÇÕES PROSPERAM: COOPERAÇÃO INTERNACIONAL...

efetiva no combate à corrupção de funcionários públicos estrangeiros e, caso não seja, deverá adotar medidas corretivas. Na esteira deste último, uma vez constatada a ausência de regra específica no direito brasileiro que coibisse a corrupção de agentes estrangeiros, foi aprovada a Lei nº 10.467, de 11.06.2002, introduzindo no Código Penal Brasileiro o Capítulo II-A, que trata dos crimes praticados por particular contra a administração pública estrangeira, prevendo as condutas de corrupção ativa em transação comercial internacional e tráfico de influência nessas transações.[672]

Nas convenções da ONU, a jurisdição é tratada no artigo 42 da UNCAC e artigo 15 da UNTOC. A redação é praticamente a mesma, prevendo também o dever dos Estados de estabelecerem sua jurisdição nos crimes tratados nas convenções sempre que ocorridos em seu território e em navios ou aeronaves de bandeira ou registro no Estado Parte (jurisdição territorial).

Relativamente à jurisdição extraterritorial, preveem que, observados os três princípios básicos de igualdade de soberania, integridade territorial e não intervenção, os Estados Partes devem estabelecer jurisdição sobre os crimes cometidos fora do seu território, mas tendo seu nacional como vítima (personalidade passiva), ou cometido por seu nacional ou por apátrida residente em seu território (personalidade ativa).

A UNTOC também prevê o dever de o Estado Parte estabelecer sua jurisdição quando se trata de crime praticado por organização criminosa fora do seu território, mas com objetivo de cometer crime grave no seu território.[673] E tanto a UNTOC quanto a UNCAC preveem a necessidade de o Estado estabelecer sua jurisdição em crime de lavagem de ativos, quando cometido fora do seu território, mas com intenção de promover, dentro do seu território, a conversão ou transferência de bens sabidamente produtos de crime, para ocultar ou dissimular sua origem ilícita, bem como aquisição, posse ou utilização destes bens por pessoa que sabe que são produtos de crime.[674] A UNCAC dispõe que o Estado deve firmar sua jurisdição relativamente aos crimes (previstos na convenção) contra si cometidos.[675]

Ambas as convenções (UNTOC e UNCAC) preveem o dever do Estado de estabelecer jurisdição sobre crimes cometidos fora do

---

[672] Artigos 337-B, C e D, do Código Penal Brasileiro.
[673] UNTOC, art. 15(2)(c)(i).
[674] UNTOC, art. 15(2)(c)(ii); UNTAC, art. 42(2)(c).
[675] UNCAC, art. 42(2)(d).

CAPÍTULO 7
EXPANSÃO DO PRINCÍPIO DA EXTRATERRITORIALIDADE | 353

seu território, quando seja negado o pedido de extradição do acusado, sob o fundamento de que é seu nacional. Da mesma forma, ainda que não seja seu nacional, caso o acusado esteja fisicamente no território do Estado Parte, e este recusar extradição, deverá, então, estabelecer sua jurisdição e processá-lo. Em ambos os casos, trata-se de jurisdição condicional em aplicação do princípio *Aut Dedere Aut Judicare* (Ou Extradita Ou Processa).

7.14 Critérios do Direito Internacional e convenções repressivas para solucionar conflito ou sobreposição de jurisdições ou jurisdições concorrentes

Princípios do Direito Internacional não fornecem elementos que permitam concluir que alguma das modalidades de estabelecimento da jurisdição possui precedência sobre as demais, considerando todas as modalidades como fundamento válido para que um Estado reivindique sua jurisdição.

As convenções repressivas também são silentes quanto à solução a ser dada para eventual sobreposição de jurisdições, à exceção de uma única regra prevista na Convenção sobre o Combate da Corrupção de Funcionários Públicos Estrangeiros em Transações Comerciais Internacionais, da Organização para Cooperação Econômica e o Desenvolvimento (OCDE). Tal regra, todavia, não soluciona o impasse, apenas apresenta um encaminhamento, que consiste em estabelecer que, quando mais de um Estado Parte tiver jurisdição, deverão, mediante requerimento, "deliberar" sobre a determinação da jurisdição mais apropriada para a instauração do processo. Não é previsto um procedimento para essa deliberação entre os Estados que disputam a jurisdição.

Aliás, a expressão deliberar consta na tradução da convenção para a Língua Portuguesa, contida no Decreto nº 3.678/2000, que promulga a convenção entre nós.[676] Na versão original,[677] em inglês, a

---

[676] Decreto nº 3.678/2000, art. 4 (3): "Quando mais de uma Parte tem jurisdição sobre um alegado delito descrito na presente Convenção, as Partes envolvidas deverão, por solicitação de uma delas, deliberar sobre a determinação da jurisdição mais apropriada para a instauração de processo."

[677] *Article 4 (3)*: "When more than one Party has jurisdiction over an alleged offence described in this Convention, the Parties involved shall, at the request of one of them, consult with a view to determining the most appropriate jurisdiction for prosecution."

expressão que consta é *consult with a view*,[678] o que nos países de *common law* normalmente está relacionado à obrigação (*meet and confer obligation*) que as partes têm de, antes de ajuizarem uma causa cível, se reunirem e tentarem entrar em acordo ou, ao menos, restringir a disputa ao máximo, de modo que o Judiciário somente seria chamado a resolver aquela parte sobre a qual inexiste consenso. Aparentemente é isso que a convenção da OECD propõe: as partes interessadas em estabelecer sua jurisdição deverão, como medida preliminar, se reunir, mediante requerimento de uma delas, e tentar chegar a um acordo sobre a jurisdição mais adequada antes de estabelecê-la ou oferecer objeção a que outro Estado Parte o faça.

Entretanto, a inobservância desta proposição não impede que um Estado Parte afirme sua jurisdição. A suavidade das proposições constantes nas convenções internacionais é justificada por vários motivos, que vão desde a impossibilidade de estabelecer uma regra que possa resolver adequadamente a infinidade de situações que podem surgir; a necessidade de evitar polêmicas que desestimulem a adesão ao tratado e dificultem sua ratificação; a cortesia internacional que deve haver entre os Estados Partes e o respeito à sua soberania, devendo ser evitada qualquer proposição que indique preferência ou desconfiança em relação à capacidade de qualquer Estado de processar adequadamente um ato criminoso. Ao contrário, as regras são no sentido de obrigar as partes, em casos de sobreposição ou conflito de jurisdições, a cooperarem na resolução do conflito.[679]

São raras as regras que apontam especificamente a jurisdição de um Estado em detrimento de outros eventuais concorrentes, como ocorre em relação aos crimes cometidos por piratas em alto-mar, sobre os quais o artigo 105 da Convenção das Nações Unidas sobre Direito do Mar[680] estabelece que o Estado que promover a apreensão do navio pirata poderá prender os criminosos, e as Cortes deste Estado poderão

---

[678] A mesma expressão também pode ser encontrada na UNTOC, art. 15(5), e UNCAC, art. 42(5).

[679] UNTOC, art. 15(5).

[680] *United Nations Convention on the Law of the Sea, Art. 105*: "On the high seas, or in any other place outside the jurisdiction of any State, every State may seize a pirate ship or aircraft, or a ship or aircraft taken by piracy and under the control of pirates, and arrest the persons and seize the property on board. The courts of the State which carried out the seizure may decide upon the penalties to be imposed, and may also determine the action to be taken with regard to the ships, aircraft or property, subject to the rights of third parties acting in good faith."

decidir sobre as sanções a serem aplicadas e ações a serem adotadas em relação ao navio e bens apreendidos a bordo.

Independentemente da existência de regras como essa, é intuitivo que o Estado que possui a custódia do acusado ocupa uma posição privilegiada para estabelecer sua jurisdição, por razões de ordem prática. O Estado que possui competência territorial propriamente dita, onde o crime foi praticado, em tese, também possui melhores argumentos para reivindicar sua jurisdição, pois é o local considerado centro de gravidade do crime, que teria mais interesse em processá-lo, já que onde o mal foi causado, onde estão as vítimas e também as evidências.

7.15 Diretrizes do EUROJUST para definir jurisdição concorrente

Com o objetivo de auxiliar as autoridades no combate à criminalidade transnacional, a *European Union Agency for Criminal Justice Cooperation* (EUROJUST) estabeleceu diretrizes relacionando os fatores mais relevantes que devem ser considerados na definição de uma dentre as jurisdições concorrentemente interessadas em processar um crime que haja transbordado suas fronteiras e impactado mais de um país. No documento denominado Diretrizes sobre Jurisdição (*Guidelines on Jurisdiction*),[681] o primeiro elemento relevante considerado é a identificação do Estado ou dos Estados que oferecem a melhor perspectiva de ter um processo bem-sucedido e levar o caso a julgamento. Além disso, outros fatores devem ser considerados, embora a prioridade e o peso destes fatores variem em cada caso.

A territorialidade continua sendo importante, especialmente o local onde a maior parte ou mais importante parte do crime foi cometida, seguida dos seguintes: nacionalidade e atual localização do suspeito; local onde se encontram as evidências; interesse e proteção das vítimas e testemunhas; a fase e duração dos procedimentos, bem como o escopo mais amplo das investigações.

No âmbito da União Europeia, também merecem referência as diretrizes sugeridas no *EU Green Paper* sobre Conflitos de Jurisdição e o Princípio do *ne bis in idem* nos Processos Criminais.[682]

---

[681] Disponível em: https://www.eurojust.europa.eu/judicial-cooperation/eurojust-role-facili tating-judicial-cooperation-instruments/conflicts-of-jurisdiction/guidelines. Acesso em: 03 mar. 2021.

[682] Disponível em: https://eur-lex.europa.eu/legal-content/EN/TXT/?uri=CELEX%3A52005D C0696&qid=1488204560202. Acesso em: 03 mar. 2021.

7.16 Expansão da competência territorial nos Estados Unidos

Os Estados Unidos, embora sua legislação atue sob a premissa de que sua competência criminal é territorial, são inegavelmente o país que tem atuado mais fortemente na expansão da sua jurisdição extraterritorial como forma de combater a criminalidade transnacional. Portanto, estudar alguns dos seus precedentes é apropriado para entender como eles têm conseguido promover essa expansão e despontar como maiores *players* no combate à criminalidade no cenário global.

Tradicionalmente, precedentes nas Cortes norte-americanas consideram que o Congresso detém autoridade para impor a incidência da sua legislação criminal além das fronteiras dos Estados Unidos. Isso porque a presunção geral, no sentido de que os atos ordinários do Congresso não têm aplicação extraterritorial, não se aplica aos estatutos que preveem crimes. E, quando um estatuto criminal é silente, a intenção de que tenha aplicação extraterritorial deve ser inferida da própria natureza do crime.[683]

Portanto, a presunção contra a extraterritorialidade não se aplica aos crimes que não são logicamente dependentes do local onde praticados para que sejam punidos. No caso de crimes que produzem efeitos que não se limitam ao local onde foram praticados, restringir a jurisdição aos limites territoriais limitaria o alcance e utilidade do estatuto e permitiria ampla imunidade para ofensas cometidas em países estrangeiros, alto-mar, ou outro local desprovido de jurisdição, sendo razoável considerar que o legislador teve intenção de criminalizar condutas praticadas além das fronteiras dos Estados Unidos.[684]

De modo geral, as Cortes norte-americanas têm reiteradamente confirmado os poderes do Congresso para tornar suas leis aplicáveis a pessoas ou atividades fora das fronteiras americanas, ao menos quando os interesses dos Estados Unidos são afetados.[685] O que está em jogo é o direito do Estado de adotar medidas para proteger-se e defender-se contra obstruções e fraudes onde quer que sejam praticadas, especialmente se cometidas por seus próprios cidadãos, servidores públicos ou agentes delegados.[686]

---

[683] *United States v. Al Kassar* 660 F3d 108 (2011).
[684] *United States v. Carvajal* 924 F.Supp.2d 219 (2013).
[685] *United States v. Ali* 885 F.Supp.2d 17 (2012).
[686] *United States v. Campbell* 798 F.Supp.2d 293 (2011).

Em resumo, é entendimento consolidado que o Congresso dos Estados Unidos pode disciplinar condutas praticadas fora das suas fronteiras territoriais, sem que isso signifique intenção de violar princípios da legislação internacional. Também está consolidado que as Cortes devem presumir que o Congresso não teve intenção de que um estatuto fosse aplicado para condutas fora dos Estados Unidos, a menos que fique demonstrada claramente uma intenção de aplicação extraterritorial. Ao elucidarem se houve ou não intenção do legislador de incidência extraterritorial da lei, as Cortes devem primeiro atentar para a linguagem do estatuto. Entretanto, não ficam limitadas à literalidade do estatuto, mas devem considerar todas as evidências disponíveis na sua interpretação.[687]

Em linhas gerais, essa é a jurisprudência clássica norte-americana sobre jurisdição extraterritorial. Além dela, é essencial mencionar três casos mais recentes nos quais a Suprema Corte dos Estados Unidos tratou da questão da extraterritorialidade. Os dois primeiros são: *Morrison* (2010) e *RJR Nabisco* (2016). Eles não tratam do contexto especificamente criminal: *Morrison* envolve a lei de valores mobiliários e o caso *RJR Nabisco* envolve o estatuto RICO, mas em seu aspecto civil, ou seja, a lei civil do *Racketeer Influenced and Corrupt Organizations Act* (RICO). O terceiro caso é o *Kiobel*[688] (2013), que não analisaremos especificamente, mas no bojo do *RJR Nabisco*.

Não obstante o fato de não cuidarem especificamente de questões criminais, são decisões que formaram precedentes importantes, e uma das maiores polêmicas atuais envolve justamente saber se a *holding* do caso *Morrison* se aplica aos casos criminais. Outro caso importante, este criminal, é o caso *Hoskins* (2018). Vamos conhecer cada um deles para entender porque formaram precedentes tão relevantes.

7.16.1 O caso *Morrison v. National Australia Bank Ltd*

As decisões anteriores ao caso Morrison,[689] que é de 2010, trabalhavam basicamente com dois conceitos clássicos: conduta e efeitos, no que era conhecido como teste de conduta e efeitos (*conduct and effects*

---

[687] *United States v. Bin Laden*, 92 F.Supp.2d 189 (2000); *United States v. Reumayr* 530 F.Supp.2d 1210 (2008).

[688] *Kiobel v. Royal Dutch Petroleum Co.*, 133 S. Ct. 1659 (2013).

[689] 561 US 247 (2010), julgado em 24 de junho de 2010.

test).[690] Conduta se referindo basicamente ao território onde praticado o crime, ou seja, indaga-se se cometido no território norte-americano, e, em caso positivo, a lei federal dos Estados Unidos (ou de algum de seus Estados) se aplica. Quanto aos efeitos, verifica-se se o crime produziu efeito substancial em solo norte-americano ou contra seus cidadãos.

Os efeitos estariam vinculados ao princípio da proteção ou jurisdição protetiva, que foi desenvolvido nas décadas de 1940 e 1950, principalmente em relação aos cartéis europeus que visavam especificamente aos compradores norte-americanos, concordando em aumentar os preços para eles, mesmo sem ingressar no território dos Estados Unidos. Essa concepção de jurisdição protetiva, que incidia a partir da verificação da produção de efeitos do crime em território americano, foi aplicada pelas decisões *pré-Morrison* com relação às violações da lei de valores mobiliários. Tais decisões basicamente sustentavam que violações no campo de valores mobiliários, ainda que ocorressem inteiramente fora dos Estados Unidos, poderiam estar sujeitas às leis e aos processos nos Estados Unidos se produzissem algum efeito em território americano.

Em 2010, a Suprema Corte dos Estados Unidos julgou o caso *Morrison*, confirmando a decisão da Primeira e Segunda Instâncias, que indeferiram a petição inicial, deixando de adentrar o mérito por entender que os autores, acionistas estrangeiros, não cumpriram os requisitos exigidos para que uma ação de reparação de danos fosse ajuizada perante as Cortes norte-americanas[691] contra os réus: um banco estrangeiro, uma empresa que negociava hipotecas e executivos.

O caso, no que é relevante para o nosso ponto, teve como questão de fundo as ações ordinárias do banco réu, que eram negociadas em bolsas de valores estrangeiras, mas nenhuma nos Estados Unidos. O banco comprou a empresa que negociava hipotecas, também ré, e elogiou o sucesso do negócio. No entanto, quando o banco anunciou que estava baixando o valor dos ativos desta empresa, as ações do banco despencaram. Os acionistas alegaram que os réus manipularam os demonstrativos financeiros para fazer com que a aquisição da empresa que negociava hipotecas parecesse mais valiosa do que realmente era.

---

[690] O precedente formado no caso Morrison foi alterado no que tange à atuação da *Securities and Exchange Commission – SEC*, em razão do advento da legislação conhecida como *Dodd-Frank Act (Dodd-Frank Wall Street Reform and Consumer Protection Act)*, que entrou em vigor em 21 de julho de 2010.

[691] *Dismissal for failure to state a claim.*

Entretanto, as Cortes não reconheceram a existência de uma causa a ser enfrentada no mérito.

Tal resultado foi fundamentado na existência de *presunção contra extraterritorialidade*, que somente poderia ser superada se a norma no qual embasado o pedido[692] indicasse que a mesma se aplicava extraterritorialmente. Como a norma não continha tal indicação, a decisão considerou que sua aplicação estava limitada a (1) transações com ações listadas nas bolsas de valores dos Estados Unidos, e (2) transações envolvendo valores mobiliários ocorridas dentro dos Estados Unidos.[693] Este entendimento, e a afirmação da existência de presunção contra extraterritorialidade, constitui o precedente, a *holding*, do caso *Morrison*.

Com base nesse entendimento, a inicial foi indeferida, considerando que o caso não envolveu ação listada em bolsa de valores doméstica, e que todos os demais aspectos reclamados pelos acionistas haviam ocorrido fora dos Estados Unidos. O precedente formado em *Morrison* teve grande impacto em litígios cíveis, particularmente envolvendo ações coletivas nas quais o emissor, a bolsa de valores e o acionista estavam todos fora do território norte-americano, fazendo com que a maioria dos casos similares pendentes de julgamento também fossem indeferidos de plano.

Mas ainda é uma incógnita saber até que ponto a *holding* formada em *Morrison*, no sentido da presunção de não extraterritorialidade, se aplica aos casos criminais, bem como o impacto que essa decisão teve no chamado "teste de conduta e efeitos", que era o critério utilizado nas decisões pré-*Morrison*. Até 2020 houve poucas decisões que aclarassem o alcance de *Morrison*[694] e esclarecessem se, de fato, existe uma tendência das Cortes norte-americanas em serem mais exigentes com a demonstração de que a causa tenha tido mais contato com os Estados Unidos para admitir seu processamento.

No julgamento do caso *United States v. Vilar*,[695] que versa sobre crimes envolvendo títulos e valores mobiliários, lavagem de dinheiro e falsificação de documentos, os acusados, condenados em Primeira

---

[692] Exchange Act, Section 10(b) and Rule 10b-5.

[693] "Section 10(b) reaches the use of a manipulative or deceptive device or contrivance only in connection with the purchase or sale of a security listed on an American stock exchange, and the purchase or sale of any other security in the United States."

[694] O julgamento do caso *Vilar*, pela Justiça Federal no Estado de Nova York, ajuda a elucidar as questões que surgiram no campo criminal a partir da decisão de *Morrison*: *United States v. Vilar*, 729 F3d 62 (2nd Cir 2013).

[695] 729 F3d 62 (2nd Cir 2013).

Instância, recorreram alegando que não estavam sujeitos à lei americana porque todas as condutas reputadas criminosas ocorreram fora dos Estados Unidos. Portanto, pediram reversão da sua condenação, com aplicação do precedente em *Morrison* e reconhecimento da extraterritorialidade de sua conduta. No julgamento do recurso, a Corte de Apelação afirma categoricamente que o precedente de *Morrison* se aplica aos casos criminais. Por ser um dos mais elucidativos julgados sobre *Morrison* e jurisdição extraterritorial nos Estados Unidos, vale a pena transcrever o seguinte excerto de *Vilar*:

> [...] Em primeiro lugar, a acusação está incorreta quando afirma que "a presunção contra a extraterritorialidade para os estatutos civis simplesmente não se aplica no contexto criminal." Gov't Br. 96. Como observamos, "[i] não há dúvida de que, como uma proposição geral, o Congresso tem autoridade para 'fazer cumprir suas leis além das fronteiras territoriais dos Estados Unidos'." Estados Unidos v. Yousef, 327 F .3d 56, 86 (2d Cir.2003) (citando EEOC v. Arabian Am. Oil Co., 499 US 244, 248, 111 S.Ct. 1227, 113 L.Ed.2d 274 (1991)). Mas os tribunais também reconheceram a "noção de senso comum de que o Congresso geralmente legisla tendo em mente as preocupações domésticas", Smith v. Estados Unidos, 507 U.S. 197, 204 n. 5, 113 S.Ct. 1178, 122 L.Ed.2d 548 (1993), e "a presunção de que a lei dos Estados Unidos governa internamente, mas não governa o mundo", Kiobel, 133 S.Ct. em 1664 (aspas internas omitidas). Por essas razões, "[quando] uma lei não dá nenhuma indicação clara de uma aplicação extraterritorial, ela não tem nenhuma." Morrison, 130 S.Ct. em 2878. [...].[696]

Não obstante, a condenação dos réus no caso *Vilar* foi mantida, não com base na extraterritorialidade da conduta, mas no reconhecimento de que o crime possuía vínculo suficiente com transações

---

[696] *United States v. Vilar*, 729 F3d 62 (2nd Cir 2013): ["[...] First, the government is incorrect when it asserts that "the presumption against extraterritoriality for civil statutes simply does not apply in the criminal context." Gov't Br. 96. As we have observed, "[i]t is beyond doubt that, as a general proposition, Congress has the authority to 'enforce its laws beyond the territorial boundaries of the United States.' "United States v. Yousef, 327 F.3d 56, 86 (2d Cir.2003) (quoting EEOC v. Arabian Am. Oil Co., 499 U.S. 244, 248, 111 S.Ct. 1227, 113 L.Ed.2d 274 (1991)). But the courts have also recognized the "commonsense notion that Congress generally legislates with domestic concerns in mind," Smith v. United States, 507 U.S. 197, 204 n. 5, 113 S.Ct. 1178, 122 L.Ed.2d 548 (1993), and "the presumption that United States law governs domestically but does not rule the world," Kiobel, 133 S.Ct. at 1664 (internal quotation marks omitted). For these reasons, "[w]hen a statute gives no clear indication of an extraterritorial application, it has none." Morrison, 130 S.Ct. at 2878. [...]"]

CAPÍTULO 7
EXPANSÃO DO PRINCÍPIO DA EXTRATERRITORIALIDADE | 361

domésticas. Portanto, a competência era territorial.[697] Resolveu o caso, mas não resolveu a dúvida sobre o alcance da aplicação do precedente criado em *Morrison* nos casos criminais.

7.16.2 O caso *Morrison* (2010), o precedente de *Bowman* (1922) e o cânon *Charming Betsy* (1804)

Apesar do precedente gerado em *Morrison*, afirmando a presunção contra extraterritorialidade (lembrando que é um caso civil), é importante destacar que ele não supera (não dá *overruling*) outro importante precedente que surgiu no caso *United States v. Bowman*.[698] Em *Bowman*, julgado em 1922, a Suprema Corte afirmou a necessidade de expandir a jurisdição sobre a criminalidade transnacional, sob pena de restringir demasiadamente o alcance e a utilidade da legislação criminal. Este precedente do caso *Bowman* não foi superado por qualquer outra decisão.

O recente caso *Morisson* não supera implícita nem explicitamente o que foi estabelecido em *Bowman*, aliás, sequer o menciona, deixando o precedente nele formado intacto e sendo amplamente aplicado. A título de exemplo, podemos citar os casos *United States v. Weingarten*,[699] reconhecendo a *holding* do caso *Morrison*, mas observando que em *Bowman* ficou estabelecido que se presume que o Congresso tenha tido intenção de aplicação extraterritorial da lei criminal quando a natureza do crime não depende da localidade dos atos praticados pelos réus e que restringir o alcance das leis dos Estados Unidos ao seu território diminuiria severamente a efetividade destas leis. Em *United States v. Lelja-Sanchez*,[700] foi afirmado que ainda que outros julgados pós-1922 possam estar em conflito com *Bowman*, ele deve continuar sendo aplicado enquanto não for superado (*overruled*) pela Suprema Corte. E, em *United States v. Campbell*,[701] foi reconhecido que, apesar da ênfase de *Morrison* que a presunção contra extraterritorialidade se aplica em "todos os casos", a jurisprudência mais recente da Suprema Corte

---

[697] "Although we conclude that Morrison does apply to criminal cases brought pursuant to Section 10(b) and Rule 10b–5, we agree that the record in this case confirms that Vilar and Tanaka did perpetrate fraud in connection with domestic securities transactions, and we therefore affirm their convictions."

[698] 260 US 94 (1922).

[699] 632 F.3d 60 (2d Cir. 2011).

[700] 602 F.3d 797 (7th Cir. 2010).

[701] 798 F. Supp. 2d 293 (DDC 2011).

praticamente não tem mencionado *Bowman* e tem decidido predominantemente casos da competência civis (não criminais).

Aparentemente existe uma tendência nos julgamentos pós-Morrison de estabelecer alguns limites na competência extraterritorial dos Estados Unidos, especialmente em casos civis, objetivando frear um pouco a expansão e estabelecer alguma autocontenção, principalmente por causa da tensão diplomática gerada com alguns países, quando têm suas empresas e cidadãos investigados e processados pelas autoridades norte-americanas, e por vezes se sentem afrontados em sua soberania.

Essa perspectiva de cautela na interpretação da lei federal, de modo que não conflite com os princípios de direito internacional, constitui um cânone do direito norte-americano que evoluiu a partir do julgamento do caso *Murray v. The Schooner Charming Betsy*,[702] de 1804. Consiste em um princípio aplicado na interpretação de estatutos nacionais e atos gerais do congresso. De acordo com este princípio, as leis devem ser interpretadas de forma que não entrem em conflito com as leis internacionais. No julgamento do caso *Murray v. The Schooner Charming Betsy*, a Suprema Corte estabeleceu que um ato do Congresso nunca deve ser interpretado como uma violação da lei internacional se houver qualquer outra interpretação possível. Em outras palavras, devem ser buscadas outras interpretações e afastadas aquelas que estejam em conflito com a lei internacional.[703]

Nos julgamentos mais recentes, tanto o precedente do caso *Bowman* (1922) quanto o princípio *Charming Betsy* (1804) não têm sido mencionados, mas não há dúvida que ambos subsistem. Em geral, a presunção contra extraterritorialidade é utilizada quando se quer negar a possibilidade de aplicação das leis federais para conduzir investigações e processos com foco fora do território dos Estados Unidos, a menos que exista uma evidência clara da intenção do Congresso para que essa incidência da lei ocorra com alcance extraterritorial. Já o princípio *Charming Betsy* normalmente é utilizado quando se objetiva autorizar o alcance extraterritorial da lei norte-americana (que não seja afetada por outra presunção em sentido contrário) e ao mesmo tempo fazer uma análise da adequação e justificar a aplicação desta lei doméstica no plano internacional e garantir que ela não conflite com as leis e os princípios de direito internacional.

---

[702] 6 U.S. 64 (1804).

[703] Disponível em: https://supreme.justia.com/cases/federal/us/6/64/. Acesso em: 30 set. 2021.

Outra tendência muito evidente, agora no âmbito internacional, é o estímulo existente nas convenções internacionais para que os Estados Partes prevejam em sua legislação doméstica mecanismos que lhes assegurem acesso à jurisdição sobre crimes transnacionais. Essa tendência fica muito clara quando as convenções estimulam a previsão da jurisdição pela nacionalidade ativa, ou seja, incentivando a atuação do Estado Parte sobre seus nacionais que tenham cometido crimes no exterior, independentemente da produção de resultados no âmbito interno.

Vê-se que há duas tendências que caminham em paralelo, mas possuem um ponto de atrito: a primeira, essa aparente tendência de autocontenção observada nas Cortes norte-americanas após o caso *Morrison* (*pós-Morrison*), especialmente nos casos cíveis; a segunda, esse estímulo claro existente nas convenções internacionais contra o crime transnacional, todas bastante recentes, incentivando os Estados Partes à expansão da jurisdição extraterritorial com o fito de intensificar o combate ao crime em nível global.

Essa segunda tendência é exatamente a essência deste estudo, que parte do pressuposto de que a cooperação internacional é chave para enfrentamento do crime transnacional. Para demonstrar a seriedade da nossa proposta, observe-se que, na prática, quando existe verdadeira ameaça por parte de uma organização criminosa, o próprio Estado clama pela ajuda de outros países que estejam atuando com rigor e consistência contra o crime transnacional. Como exemplo, podemos citar o caso *RJR Nabisco*, no qual a Comunidade Europeia e 26 países pediram a atuação dos Estados Unidos contra uma organização criminosa transnacional.

Essa constatação, de que quando a ameaça é grave a expansão da jurisdição alheia não causa tensão diplomática, faz com que tenhamos outro olhar para aquela primeira tendência de autocontenção de que falamos acima. Os Estados buscam a cooperação internacional e provocam outros Estados para que afirmem sua jurisdição, como no caso *RJR Nabisco* que veremos logo a seguir, porque entendem que isso facilita o desafio de combater o crime organizado transnacional, e é a chave para sufocar as organizações criminosas.

7.16.3 O caso *RJR Nabisco, Inc. v. European Cmty*

O caso *RJR Nabisco*[704] foi julgado em 2016 pela Suprema Corte dos Estados Unidos, e envolve o chamado RICO civil. RICO é a abreviação do *Racketeer Influenced and Corrupt Organizations Act* (RICO), que criou quatro novos crimes[705] relativos a atividades de grupos criminosos organizados em relação a uma empresa. O RICO também criou uma nova causa para ajuizamento de ação civil[706] de reparação de danos por pessoa lesada em seus negócios ou bens em razão dos crimes ali previstos.

Na origem, a Comunidade Europeia e 26 dos seus Estados-membros ajuizaram ação de reparação de danos em face de RJR Nabisco e entidades relacionadas, alegando que os réus participaram de um esquema global de lavagem de dinheiro em associação com várias organizações criminosas envolvidas com narcotráfico, contrabando e terrorismo. O caso, obviamente, é bastante complexo, com várias partes, multiplicidade de crimes de estrutura complexa, como lavagem de dinheiro e seus crimes antecedentes, praticados por organizações criminosas transnacionais. Ademais, com decisões reformadas em grau de apelação e um julgamento por maioria na Suprema Corte. Portanto, um caso bastante polêmico.[707]

O ponto mais interessante desta decisão da Suprema Corte dos Estados Unidos foi desenvolver uma abordagem da extraterritorialidade em duas etapas que combinam o precedente do caso *Morrison*[708] com o precedente do caso Kiobel,[709] tendo sempre como ponto de partida a presunção contra extraterritorialidade, que consiste em: ausente intenção expressa do Congresso no sentido da extraterritorialidade, a lei federal será considerada de aplicação somente doméstica.

---

[704] *RJR Nabisco, Inc. v. European Cmty.*, 136 S. Ct. 2090 (2016).

[705] 18 U.S.C.S. §§1961-1968.

[706] 18 U.S.C.S. §1964 (c).

[707] A *holding* estabelecida pela Suprema Corte neste julgamento (RJR Nabisco) foi: (1) o RICO pode ser aplicado a alguns crimes praticados no exterior. Isso ocorre quando os crimes envolverem condutas antecedentes cometidas no exterior, desde que os estatutos propriamente ditos que preveem estas condutas tenham alcance extraterritorial; (2) o RICO não exige que a empresa seja doméstica, embora essa empresa necessite estar envolvida com ou afetar negócios envolvendo os Estados Unidos; (3) *omissis*; (4) a ação privada civil prevista no RICO, no caso, não superou a presunção contra extraterritorialidade. Para isso seria necessário alegar e provar um dano a negócios ou bens no âmbito doméstico, entretanto, houve renúncia relativamente a tais danos domésticos.

[708] 561 US 247.

[709] *Kiobel v. Royal Dutch Petroleum Co.*, 569 U.S. 108 (2013).

A partir desta diretriz geral, as demais questões devem ser resolvidas seguindo duas etapas: Primeiro, a Corte indaga se a presunção contra extraterritorialidade foi desafiada, ou seja, se a lei em questão indica claramente sua aplicação extraterritorial. Se, e somente se, a lei não for considerada extraterritorial na primeira etapa, a Corte passa para a segunda etapa, em que examina o objetivo (*focus*) da lei para determinar se o caso envolve uma aplicação da lei no âmbito doméstico. Se a conduta relevante para o objetivo da lei ocorreu nos Estados Unidos, o caso envolve uma aplicação permissível da lei, mesmo que outra conduta tenha ocorrido no exterior. Entretanto, se a conduta relevante ocorreu no exterior, então o caso envolve uma aplicação extraterritorial inadmissível, independentemente de outra conduta (considerada não relevante para o objetivo da lei) haver sido praticada no território norte-americano. No caso de a lei ter alcance extraterritorial claro na primeira etapa, o seu escopo gira em torno dos limites que o Congresso impôs ou não à sua aplicação no âmbito externo, e não ao objetivo da lei, que somente será aferido na segunda etapa.

7.16.4 O caso *United States v. Hoskins*

O caso *Hoskins*[710] avança a discussão sobre o alcance da competência extraterritorial pós-*Morrison*, especialmente no que diz respeito ao alcance do *Foreign Corrupt Practices Act* (FCPA).

A questão importante que o caso Hoskins responde é a seguinte: pode um cidadão estrangeiro, que nunca tenha pisado em solo americano ou trabalhado para uma empresa americana, ser responsabilizado, como partícipe ou cúmplice, por violar as disposições do FCPA? A resposta é negativa. Isso porque o FCPA estabelece claramente quem são sujeitos ativos das condutas ali previstas: pessoas e empresas americanas e seus agentes, executivos, diretores, funcionários, e acionistas, e pessoas fisicamente presentes nos Estados Unidos. Portanto, não foi acolhida a tentativa da promotoria de combinar o FCPA com a previsão contida no Código Penal[711] que disciplina a responsabilidade de copartícipes e cúmplices. A exposição dos fatos ajudará na compreensão do que foi decidido, basicamente, estabelecendo limite para a expansão da territorialidade.

---

[710] 73 F. Supp 3d 154 (2014); *United States v. Hoskins* (2020) U.S. Dist. LEXIS 32663.
[711] 15 USC §§78dd-2 e 78dd-3.

O réu, Lawrence Hoskins, é um cidadão britânico que, de 2001 a 2004, era empregado da Alstom UK Limited, uma subsidiária inglesa da Alstom, mas trabalhou primariamente para uma subsidiária francesa, a Alstom Resource Management SA. O caso envolve um contrato para construção de uma usina elétrica na Indonésia (Projeto Tarahan), sendo que a subsidiária americana Alstom Power Inc, baseada no Estado de Connecticut, é que estava largamente envolvida na licitação do projeto Tarahan. A acusação que pesou contra Hoskins foi seu suposto envolvimento na contratação de dois consultores estrangeiros que teriam recebido propina para ajudar a Alstom a ganhar o contrato de construção da usina, daí a incidência do FCPA. Com base nisso, a promotoria acusou Hoskins de violação ao FCPA, mas não com base no FCPA diretamente, mas com base em suposta coparticipação no crime praticado pelos executivos da Alstom em solo americano. E aqui reside o ponto nodal do que foi decidido neste caso.

Hoskins não é cidadão americano, não trabalha em empresa americana, tampouco esteve em solo americano tratando de assuntos relacionados ao projeto Tarahan. Embora tenha trocado *e-mails* com colegas da subsidiária Alstom americana, corréus no processo, não ficou demonstrado que atuasse como agente dos mesmos. Para que fosse considerado agente, seria necessário demonstrar que a subsidiária americana detivesse algum controle sobre o trabalho de Hoskins, o que não foi provado.

Segundo explicitado pela Corte Federal de Apelação do Segundo Circuito, o FCPA claramente estabelece que nacionais de outros países (Hoskins é cidadão britânico) somente podem incorrer em violação do FCPA fora dos Estados Unidos se eles atuarem como agentes, empregados, executivos, diretores ou sócios de alguma pessoa jurídica emitente de títulos de valores mobiliários (*issuer*) ou relacionado a assuntos de relevância no âmbito doméstico (*agent of domestic concern*). Como Hoskins não viajou para os Estados Unidos durante o período de negociações do pagamento de propina e não ficou demonstrado que atuasse como agente da subsidiária norte-americana, não poderia ser responsabilizado por violação ao FCPA.

Em resumo, a Corte considerou que a presunção contra a extraterritorialidade impedia a acusação de usar regras previstas no Código Penal sobre conspiração e cumplicidade, ou seja, coparticipação, para estender o alcance dos crimes previstos no FCPA, haja vista que o FCPA define precisamente as categorias de pessoas que podem ser acusadas por violar suas disposições.[712] Essa decisão estabelece limites para o frenesi persecutório da promotoria norte-americana, que vem atuando de forma bastante agressiva e consistente na aplicação do FCPA.

7.17 Limites da jurisdição extraterritorial

Ao julgar o caso *Lotus* (1927),[713] o Tribunal Permanente de Justiça Internacional (PCIJ – *Permanent Court of International Justice*) estabeleceu que a jurisdição extraterritorial é limitada por três princípios da legislação internacional previstos no artigo 2 da Carta das Nações Unidas.[714] São eles: princípio da igualdade soberana entre os Estados-membros (item 1); princípio da soberania territorial (item 4); e princípio da não intervenção (item 7).[715]

No julgamento deste caso (*Lotus*) o Tribunal de Justiça Internacional também estabeleceu que um Estado não poderia impor sua jurisdição no território de outro Estado sem que haja uma prévia autorização legal, que pode até ser o consentimento do Estado requerido permitindo sua atuação. Entretanto, no mesmo julgamento, o Tribunal também afirmou que os Estados gozam de uma larga margem de discricionariedade para definir sua própria jurisdição sobre pessoas, bens e atos situados ou praticados fora do seu território, e que esta discricionariedade estaria limitada somente se conflitassem com regras impeditivas existentes na legislação internacional. O raciocínio subjacente neste julgado é no sentido de que o Estado, ao prever na sua legislação doméstica sua jurisdição no âmbito externo, está simplesmente exercitando sua soberania. Portanto, todo Estado seria livre para exercitar a jurisdição extraterritorial estabelecida na sua legislação doméstica.

---

[712] Disponível em: https://www.lexisnexis.com/community/casebrief/p/casebrief-united-states-v-hoskins. Acesso em: 20 set. 2021.

[713] PCIJ Reports Series A n. 10, 18-20 (1927).

[714] Promulgada no Brasil pelo Decreto nº 19.841, de 22 de outubro de 1945.

[715] Carta das Nações Unidas. Artigo 2 (1): "A Organização é baseada no princípio da igualdade de todos os seus Membros."; Artigo 2 (4): "Todos os Membros deverão evitar em suas relações internacionais a ameaça ou o uso da força contra a integridade territorial ou a dependência política de qualquer Estado, ou qualquer outra ação incompatível com os Propósitos das Nações Unidas" (item 4); e Artigo 2 (7): "Nenhum dispositivo da presente Carta autorizará as Nações Unidas a intervirem em assuntos que dependam essencialmente da jurisdição de qualquer Estado ou obrigará os Membros a submeterem tais assuntos a uma solução, nos termos da presente Carta; este princípio, porém, não prejudicará a aplicação das medidas coercitivas constantes do Capitulo VII".

Vê-se que o Tribunal desenvolveu uma abordagem permissiva da expansão da extraterritorialidade, mas tentando acomodar de modo que essa permissividade não entrasse em choque com a soberania de que gozam os Estados. Obviamente a questão é bastante polêmica, e os registros existentes mostram que, na prática, o exercício da jurisdição extraterritorial estabelecida nesses termos (com base na legislação doméstica) normalmente é desafiado pelo Estado que detém a competência territorial.

7.17.1 Limitação da jurisdição por exigência de vínculo significativo (ou requisito para expansão da jurisdição)

Uma outra forma de estabelecer uma limitação da expansão da extraterritorialidade tem sido a exigência de um vínculo (um *link*) conectando o objeto da jurisdição e o interesse do Estado em impor sua jurisdição. Portanto, com base nessa limitação inspirada na legislação privada internacional, exige-se que o Estado que reclama sua jurisdição demonstre a existência de um vínculo significativo que seja razoável, proporcional e/ou substancial com seu interesse, que deve ser legítimo, em reprimir determinado crime. O reconhecimento da presença deste vínculo vai exigir uma análise casuística que identifique a efetiva presença desse vínculo e avalie sua força, justiça, valores em jogo, bem como se encontra suporte na legislação doméstica e internacional.

7.17.2 Limitação da jurisdição por exigência de dupla legalidade (*fair warning*)

Além da exigência de que o crime possua um vínculo significativo com interesse legítimo do Estado que pretende exercer sua jurisdição no âmbito extraterritorial, a legalidade também surge como aspecto limitador da extraterritorialidade. Tal aspecto vai influenciar na consciência da prática do crime e consequentemente na intenção da pessoa de cometê-lo, o que é um elemento importante no reconhecimento da prática de crime. Portanto, se um ato não é considerado crime no território onde praticado, isso dificultará que outro Estado consiga ter reconhecido seu direito à expansão da sua jurisdição extraterritorial com o fito de alcançar o suposto sujeito ativo que o praticou.

Em regra, a pessoa não pode ser obrigada a observar determinada lei estrangeira da qual não tem conhecimento. Entretanto, ao

CAPÍTULO 7
EXPANSÃO DO PRINCÍPIO DA EXTRATERRITORIALIDADE | 369

decidir o caso *United States v. Al Kassar*,[716] a Justiça Federal no Estado de Nova York decidiu que o fornecimento de mísseis para terroristas na Colômbia, com o objetivo de atacar militares norte-americanos, foi considerado suficiente pelo fato de ser atividade evidentemente criminosa por si (*self-evidently criminal*).

É oportuna uma breve referência à ideia de *fair warning*, bastante referida na jurisprudência norte-americana. Consiste em admitir que ninguém pode ser considerado responsável por uma conduta que não poderia razoavelmente entender que estivesse proibida. Portanto *fair warning* consiste em uma informação acessível, que não requer que o acusado entenda que poderia estar sujeito a ser processado nos Estados Unidos, mas tão somente que o infrator tenha conhecimento do caráter ilícito da sua conduta e de que, ao praticá-la, fica sujeito a ser processado criminalmente, independentemente do local.

A dupla criminalização da conduta, que ocorre quando o ato é considerado criminoso em ambos os Estados, requerente e requerido, cumpre devidamente o requisito da legalidade e neste caso não existem maiores complexidades. A lei internacional silencia quanto à necessidade de dupla criminalização como requisito de legalidade para fins de reconhecer a possibilidade de incidência da jurisdição extraterritorial nos crimes transnacionais.

7.18 A desterritorialização de dados (*deterritorialization of data*)

O avanço da revolução digital provocado pela internet e a globalização trouxeram enorme desafio para as autoridades, tornando muito mais complexa a investigação criminal, e dificultando os meios tradicionais de obtenção de provas porque muitas vezes as informações estão armazenadas em um outro país, diferente daquele no qual os documentos e as comunicações foram gerados e onde estão as pessoas investigadas e os investigadores.

Quando isso ocorre, surgem problemas que ainda são novos para nós, pois não é apenas necessário analisar questões relacionadas à proteção da privacidade do investigado e ponderar este interesse com a legitimidade da investigação e a impossibilidade de obtê-la por outros meios, mas, além disso, lidar com questões de soberania.

---

[716] 660 F3d 108 (2nd Cir 2011).

Em outras palavras, a circulação da informação eletrônica transnacional cria uma dinâmica muito mais complexa do que a tradicional obtenção de evidências físicas. Este fenômeno é largamente conhecido como "desterritorialização de dados" (*deterritorialization of data*). Para alguns, esse fenômeno constitui uma ameaça à soberania propriamente dita.

Para tornar tudo ainda mais complexo, por vezes a informação é fracionada e armazenada, em partes, em centrais de dados localizados em mais de um país.[717] Esse método, concebido para aumentar a segurança do cliente ou assinante, acaba dificultando enormemente uma investigação caso se exija que autoridades de cada país no qual armazenada parte de uma comunicação tenham de ser acionadas para fornecê-la, para somente então poder ter suas frações reintegradas e disponibilizadas na sua integralidade aos investigadores.

À vista destas novidades, o objetivo explícito do CLOUD Act, que abordamos a seguir, é assumir a liderança no estabelecimento de um novo regime para requisição de informações em nível transnacional. O CLOUD Act foi fomentado pelo impasse criado no bojo do caso Microsoft, que passamos a analisar.

7.18.1 O caso Microsoft

O caso Microsoft[718] é ilustrativo do recente fenômeno da desterritorialização de dados. Iniciou-se em 2013, com um pedido de ordem judicial para quebra de sigilo de conteúdo de *e-mails* armazenados por provedor Microsoft relativamente a uma conta que a promotoria demonstrava que estava sendo usada para viabilizar tráfico de drogas. Convencido da demonstração de indícios suficientes (*probable cause*) pela promotoria, o juiz deferiu a expedição de mandado determinando que a Microsoft apresentasse os *e-mails*, registros e informações relacionados à referida conta. No entanto, a Microsoft impugnou a ordem, alegando que o conteúdo dos *e-mails* estava armazenado na Irlanda,[719] argumento que não foi aceito pelo juiz de Primeira Instância.

---

[717] Caso Google.

[718] United States v. Microsoft Corp., 138 S.Ct. 1186 (2018); Microsoft Corp. v. United States (In re Warrant to Search a Certain E-Mail Account Controlled & Maintained by Microsoft Corp.), 829 F.3d 197, 2016 U.S. App. LEXIS 12926 (2d Cir. N.Y., July 14, 2016).

[719] Isso porque o investigado, ao criar sua conta Hotmail, declarou-se cidadão irlandês, de modo que o conteúdo de suas comunicações passou a ser armazenado no servidor em Dublin, na Irlanda, em razão da política de armazenar as informações no local mais próximo ao usuário, com o fito de minimizar atraso (latência) para acesso a essa informação.

Em sede de apelação, a Corte reverteu a decisão, sob o fundamento de que obrigar a Microsoft a entregar o conteúdo dos *e-mails* constituiria uma aplicação extraterritorial não autorizada da lei doméstica. Estava em jogo o alcance extraterritorial do *Stored Communications Act*[720] *(SCA)*, de 1986, e entendeu-se que uma ordem judicial de uma Corte nos Estados Unidos não tinha alcance para compelir a apresentação de *e-mails* armazenados em outro país. A fundamentação desta decisão que negou alcance extraterritorial à ordem judicial americana foi toda fundada no precedente de *Morrison*, considerando que o SCA não continha indicativos de que destinava à aplicação extraterritorial. Como questão central, a Corte de Apelação considerou que o cerne da questão não era o local onde a informação foi acessada ou revelada, mas onde estava armazenada, no caso, na Irlanda.

O impasse criado neste caso, que se tornou emblemático dos desafios trazidos pela tecnologia, somente foi contornado com o advento de uma lei, o CLOUD Act, que previu a obrigação dos

> [...] provedores de serviços de preservar, manter *backup*, e apresentar o conteúdo das comunicações e qualquer registro ou informação relativa a cliente ou assinante dentro da posse, custódia ou controle de tal provedor, independentemente de tal comunicação, registro ou outras informações estarem localizadas dentro ou fora dos Estados Unidos.[721]

Com base neste preceito legal, as partes chegaram a um acordo, a Microsoft entregou os dados, e o caso perdeu o objeto, não chegando a ser examinado no mérito pela Suprema Corte dos Estados Unidos.

7.19 O CLOUD Act

O *Clarifying Lawful Overseas Use of Data Act*, ou simplesmente CLOUD Act, integra o *Consolidated Appropriations Act*, ambos de 2018, e modifica o *Stored Communications Act*[722] *(SCA)*, que é uma lei de 1986, portanto, totalmente defasada em relação à revolução digital da internet. A aprovação do CLOUD Act, em março de 2018, introduz regras abrangentes e extremamente úteis para fins de cooperação internacional em investigações criminais transnacionais que demandem acesso a *e-mails* e outros dados em países estrangeiros.

---

[720] 18 USC §2701 e seguintes.
[721] CLOUD Act §103(a)(1).
[722] 18 USC §2701 e seguintes.

Com o advento do CLOUD Act, se um provedor de serviços localizado nos Estados Unidos receber um mandado com base no SCA, o provedor de serviços não pode mais argumentar que os dados, embora acessíveis a partir dos Estados Unidos, não podem ser alcançados ao abrigo do SCA porque estão armazenados no estrangeiro. O CLOUD Act prevê expressamente que o prestador de serviços deve "preservar, fazer *backup* ou divulgar" dados cuja exibição seja objeto de ordem judicial com base no SCA e dos quais detenha "posse, custódia ou controle", independentemente de os dados estarem localizados dentro ou fora dos Estados Unidos.

Essa linguagem clara da lei evidenciou a intenção do Congresso de aplicação extraterritorial do SCA. Antes do advento do CLOUD Act, a ausência desta intenção de forma clara na lei, como vimos, fez com que as Cortes nos Estados Unidos, com base nos seus precedentes, não reconhecessem a intenção do legislador em dar alcance extraterritorial à lei, e negassem tal alcance. Foi justamente o que ocorreu no caso Microsoft, conforme conclusão da Corte de Apelação do Segundo Circuito, criando um impasse no qual ou se modificava a lei ou a jurisprudência, sob pena de tornar inacessíveis para as investigações os dados armazenados pelos provedores de internet localizados em outros países.

Diante de tal impasse, mudou-se a lei (SCA), mudanças essas promovidas pelo CLOUD Act. Com isso, prestadores de serviços nos Estados Unidos têm a obrigação legal de divulgar quaisquer dados em sua posse, custódia ou controle, independentemente de onde esses dados são armazenados. Portanto, na grande maioria dos casos, um provedor de serviços dos Estados Unidos que recebe uma ordem para divulgar dados consigo armazenados cumprirá a ordem porque não haverá base legal para recusar cumprimento, agora que a lei é clara. Entretanto, em raros casos em que houver interesses estrangeiros iden- tificáveis, de um governo considerado amigo, a lei especifica que um provedor dos Estados Unidos pode desafiar um mandado com base no SCA. Mas, repetindo, essa hipótese será mais rara, pois a maioria das situações foi satisfatoriamente resolvida pelo CLOUD Act.

Apesar de promover evidente modernização dos procedimen- tos, permanecem muitas questões relativas à forma como será imple- mentado internamente e o impacto que terá sobre os meios que são tradicionalmente utilizados para obter informações em cooperação in- ternacional, como as cartas rogatórias e os tratados de mútua assistência jurídica (MLAT). Por exemplo, a União Europeia possui sua legislação

CAPÍTULO 7
EXPANSÃO DO PRINCÍPIO DA EXTRATERRITORIALIDADE | 373

relativamente recente, na qual trata de acesso a dados nas investigações transnacionais, que é o Regulamento Geral de Proteção de Dados, de 2016 (*General Data Protection Regulation* – GDPR), que possui regras que restringem a transferência de dados. Ainda é uma incógnita como esses dois instrumentos irão operar conjuntamente no cenário internacional, em especial se o CLOUD Act conseguirá efetivamente estabelecer um novo padrão para investigações criminais transnacionais.

7.20 O caso Google

O caso Google[723] surge durante o desenrolar do caso Microsoft, embora sem relação direta com este, mas trazendo um elemento ainda mais complicador, e que possivelmente também impulsionou a rápida tramitação do CLOUD Act no Congresso. O provedor Google possui um sistema de armazenamento de dados ainda mais complexo, conforme foi revelado neste caso, que consiste simplesmente em um mandado de quebra de sigilo contra o Google.

O Google, além de reproduzir as mesmas alegações da Microsoft, de que as informações requeridas no mandado não estavam armazenadas nos Estados Unidos, ainda acrescentou outra informação desconcertante para uma investigação transnacional: ao contrário da Microsoft, em que os dados estavam armazenados em um local definido, ou seja, em servidores na Irlanda, os dados de *e-mail* do Google eram divididos em fragmentos, que em seguida eram armazenados separadamente em diversos servidores situados em locais diferentes e, ainda, com mudança frequente, que era comandada por um algoritmo projetado para melhorar a eficiência.

Portanto, é um desafio além da desterritorialização dos dados propriamente dita, tornando-a ainda mais complicada quando sequer é possível identificar com segurança a localização dos dados no momento do cumprimento do mandado. Neste caso, sequer havia um regime jurídico definido, como o da Irlanda, que permitisse afirmar um interesse soberano e trabalhar com cooperação internacional, haja vista que a permanência dos dados em servidores Google espalhados pelo mundo ocorria aleatoriamente, com base em um algoritmo.

---

[723] In re Search Warrant No. 16-960-M-01 to Google.

7.21 O Acordo de Mútua Assistência Judiciária em Matéria Penal (MLAT) Brasil e Estados Unidos

O Brasil possui Acordo de Assistência Judiciária em Matéria Penal (MLAT) com os Estados Unidos, firmado em 1997 e promulgado pelo Decreto nº 3.810/2001. Este tratado de mútua assistência jurídica é objeto da ADC nº 51, pendente de julgamento do STF.[724] Em síntese, a controvérsia judicial relevante está na discussão sobre a constitucionalidade e consequente aplicabilidade do Decreto nº 3.810/2001[725] e dos artigos 237, II, do CPC, bem como dos artigos 780 e 783 do CPP, para a obtenção de conteúdo de comunicações que esteja sob controle de empresa de tecnologia localizada fora do território nacional.

Em debate está a eficiência do acordo, considerado por alguns altamente moroso em relação à agilidade que se espera de uma investigação criminal. Ademais, em jogo a possibilidade de a exigência da obtenção de dados mediante procedimento previsto neste MLAT impactar processos em andamento que obtiveram informações por outros meios considerados mais ágeis pela investigação. Pondera-se também a existência do Marco Civil da Internet (Lei nº 12.965/2014) como legislação adequada para disciplinar o controle de informações dos usuários pelos provedores de internet, embora não disponha sobre o procedimento necessário para acesso às referidas informações, especialmente em nível transnacional.

Com base na Lei nº 12.965/2014, a jurisprudência brasileira vem reconhecendo a obrigação dos provedores de internet que ofertem seus serviços no Brasil, que se submetam a legislação brasileira, inclusive para fins de investigação e instrução criminal, o que, todavia, não impediria a implementação do tratado de assistência jurídica mútua em matéria penal Brasil-Estados Unidos.

---

[724] Em 01.10.2021, o último despacho, datado de 09.12.2020, determinava a publicação do relatório e solicitava à Presidência designação de data para julgamento da ADC nº 51.

[725] O Decreto Executivo nº 3.810/2001 internalizou no ordenamento jurídico brasileiro o Acordo de Assistência Judiciária em Matéria Penal entre o Governo da República Federativa do Brasil e o Governo dos Estados Unidos da América (MLAT).

CONCLUSÃO

Do not be conformed to this world, but be transformed by the renewal of your mind [...][726]
(Romans 12:2)

Segundo John Noonan,[727] assim como a escravidão foi um dia considerada uma prática normal e hoje é uma prática abominável, que se tornou obsoleta e incompreensível, também a corrupção irá um dia tornar-se obsoleta. Em sua obra *Bribes*, ele afirma que a condenação moral da corrupção aumenta ao longo do tempo por quatro motivos: a corrupção é considerada uma prática vergonhosa em todas as culturas; a corrupção se vende aos ricos, e as pessoas não querem viver em uma plutocracia; a corrupção é uma traição da confiança, e confiança é essencial em qualquer empreendimento social; e, por fim, a corrupção viola um paradigma divino. Portanto, ele considera que a repulsa coletiva de práticas de corrupção irá, com o tempo, mudar essa prática e acabará por extinguir a corrupção. A visão de Noonan é particularmente apreciada por nós.

---

[726] "Do not be conformed to this world, but be transformed by the renewal of your mind, that by testing you may discern what is the will of God, what is good and acceptable and perfect" (Romans 12:2) ["Não se conformem com este mundo, mas sejam transformados pela renovação de sua mente, para que, testando, possam discernir qual é a vontade de Deus, o que é bom, agradável e perfeito."]

[727] NOONAN JR., John T. *Bribes*. Macmillan: New York, 1984. p. 704-706.

Da mesma forma que a corrupção não dá espaço para riqueza criativa, também essa riqueza, uma vez que se instale, dificilmente cede espaço à riqueza criminosa da corrupção, pois isso representaria um verdadeiro retrocesso. A riqueza criativa é uma riqueza qualificada pela legitimidade das escolhas que contribuíram para sua formação. A criatividade é o melhor critério de seleção, pois não envolve apenas o resultado final, mas todas as escolhas que foram feitas ao longo do processo.

A riqueza criativa é uma riqueza diferenciada pela qualidade das suas escolhas. E por isso ela representa uma evolução. Atingir esse estágio de evolução é um caminhar que vai exigir amadurecimento, entendimento dos valores em jogo quando se flexibiliza o enfrentamento da corrupção, ajustamento de perspectiva, reconhecimento dos valores que são mais importantes para uma sociedade, quebra de crenças limitantes, utilização dos instrumentos de que dispomos e desenvolvimento de outros cada vez mais avançados, não para criar um sistema que perpetue a corrupção, mas para criar um sistema que efetivamente produza uma resposta adequada, que esvazie todos os benefícios obtidos mediante corrupção. Enquanto um sistema operar para esvaziar a resposta ao crime, reduzindo o custo do crime e consequentemente aumentando seu benefício, transmitido a mensagem de que ele na maioria das vezes compensa, o paradigma vai se perpetuando e gerando os mesmos resultados.

A transformação somente ocorre quando a sociedade evolui e quebra o paradigma limitante da geração de riqueza criminosa para progredir para uma nova realidade de geração de riqueza criativa, ou seja, aquela que repele escolhas equivocadas e floresce em um ambiente de escolhas legítimas, que constrói um ambiente inclusivo, de concorrência efetiva, real, não arbitrada por cartéis. Esta nova realidade representa um avanço tão significativo que dificilmente retroage, porque nos coloca em outra espiral, em uma espiral virtuosa, inclusiva, diferente da espiral da corrupção sistêmica, que é excludente, extrativa, predatória.

As próprias condições que criam a atmosfera para que esse avanço aconteça vão demandar uma conscientização do grupo social que, por si, já coloca esse grupo em um patamar mais elevado e que não aceita retrocesso. É essa mudança de mentalidade que precisamos atingir como grupo social. Para isso é preciso enxergar no horizonte aonde queremos chegar. O horizonte é infinito, mas a nossa visão é limitada. A tarefa de enxergar, de imaginar algo que não faz parte da nossa realidade, e que pode até conflitar com nossas concepções atuais, sedimentadas pela repetição, é uma tarefa desafiadora.

Para vencer o desafio, precisamos projetar uma realidade que não conhecemos. O futuro que queremos não pode ser uma repetição do nosso presente. Mas é exatamente isso que teremos se continuarmos fazendo tudo exatamente igual. As mesmas ações naturalmente irão produzir os mesmos resultados. Se quisermos resultados diferentes, precisamos mudar nossa estratégia, alterar nossa estrutura, repensar tudo que está em jogo e redefinir nossas prioridades.

Não podemos deixar de acreditar no que queremos somente porque não sabemos exatamente como conseguir realizar esse objetivo. Ao longo deste estudo, estivemos em contato com diferentes sistemas e várias ações que possuem um poderoso efeito que vai minando o avanço da corrupção transnacional. Uma simples mudança na forma de interpretar e aplicar regras existentes pode produzir um efeito positivo exponencial. O conhecido princípio de Pareto demonstra que 80% dos nossos resultados são obtidos de 20% das nossas ações. Mas é preciso identificar e implementar os 20% que irão produzir os resultados exponenciais que desejamos.

Em uma frase: se quisermos resultados diferentes, precisamos de um novo modelo que faça o antigo parecer obsoleto.

REFERÊNCIAS

ACEMOGLU, Daron; VERDIER, Thierry. The Choice Between Market Failures and Corruption. *The American Economic Review*, v. 90, n. 1, p. 194-211, mar. 2000.

ACEMOGLU, Daron; ROBINSON, James A. *Why Nations Fail:* the origins of power, prosperity, and poverty. New York: Currency, 2012.

ALA'I, Padideh. *The Legacy of Geographical Morality and Colonialism*: A Historical Assessment of the Current Crusade Against Corruption, 33 Vand. J. Transnat'l L. 877, 2000.

ALLUM, Felia; GILMOR, Stan. *The Routledge Handbook of Transnational Organized Crime*. Abingdon: Routledge, 2012.

ALTAMIRANO, Giorleny D. The Impact of the Inter-American Convention Against Corruption, 38 U. *Miami Inter-Am. L. Rev.*, 487, 2007.

AMIR, Eli; DANZIGER, Shai; LEVI, Shai. Business Corruption and Economic Prosperity. *Journal of Accounting, Auditing & Finance*, v. 34, n. 4, p. 546-562, 2019.

ANDERSEN, Jorgen Juel; JOHANNESEN, Niels; RIJKERS, Bob. *Elite Capture of Foreign Aid*: Evidence from Offshore Bank Accounts, Feb. 2020. Disponível em: https://documents1. worldbank.org/curated/en/493201582052636710/pdf/Elite-Capture-of-Foreign-Aid-Evidence-from-Offshore-Bank-Accounts.pdf. Acesso em: 20 jul. 2021.

ANDRADE, Mauro Fonseca. *Sistemas processuais penais e seus princípios reitores*. 2. ed. Curitiba: Juruá, 2013.

ANDVIG, J. C. Corruption and fast change. *World Development*, v. 34, n. 2, p. 328-340, 2006. Disponível em: http://search.ebscohost.com.fls.idm.oclc.org/login.aspx?direct=tru e&db=a9h&AN=19598590&site=ehost-live. Acesso em: 10 jan. 2021.

ANSELMO, Márcio Adriano. *Colaboração premiada*: o novo paradigma do processo penal brasileiro. Rio de Janeiro: Mallet, 2016.

ARNONE, M.; BORLINI, L. S. *Corruption*: economic analysis and evolution of the international law and institutions. Edward Elgar, 2014. Disponível em: https://search. ebscohost.com/login.aspx?direct=true&db=cat05341a&AN=ford.b542822&site=eds-live &scope=site&authtype=ip,guest&custid=s8944740&groupid=main&profid=edscatonly. Acesso em: 10 jan. 2021.

BARR, Joshua V.; PINILLA, Edgar Michael; FINKE, Jorge. *A Legal Perspective on the Use of Models in the Fight Against Corruption*, 8 S.C. J. Int'l L. & Bus. 267.

BECKER, Gary Stanley. *The Cost of Crime, in Crime and Punishment:* an Economic Approach. Disponível em: https://www.nber.org/chapters/c3625.pdf. Acesso em: 15 dez. 2020.

BHAT, Aditya Vikram; VED, Prerak; SINGH, Shantanu. *The Anti-Bribery and Anti-Corruption Review: Índia*. Disponível em: https://thelawreviews.co.uk/title/the-anti-bribery-and-anti-corruption-review/india. Acesso em: 01 out. 2021.

BOERSMA, M. *Corruption*: a violation of human rights and a crime under international law? Intersentia, 2012. Disponível em: https://search.ebscohost.com/login. aspx?direct=true&db=cat05341a&AN=ford.b457752&site=eds-live&scope=site&authtype =ip,guest&custid=s8944740&groupid=main&profid=edscatonly. Acesso em: 10 jan. 2021.

BOISTER, Neil. *An Introduction to Transnational Criminal Law*. 2nd ed. UK: Oxford University Press, 2018.

BOISTER, Neil; RJ CURRIE (Ed.). *The Routledge Handbook of Transnational Criminal Law*. Abingdon: Routledge, 2015.

BOLES, Jeffrey R. *Criminalizing the Problem of Unexplained Weatlh*: Illicit Enrichment Offenses and Human Rights Violations, 17 N.Y.U. J. Legis. & Pub. Pol'y 835.

BOLOGNA, Jamie. Corruption, Product Market Competition, and Institutional Quality: Empirical Evidence From the U.S. States. *Economic Inquiry*, Online Early publication July 25, 2016, p. 137-159.

BRIOSCHI, C. A. *Corruption* : A Short History. Washington, D.C.: Brookings Institution Press, 2017. Disponível em: https://search-ebscohost-com.fls.idm.oclc.org/login.aspx?di rect=true&db=nlebk&AN=1655857&site=ehost-live&scope=site. Acesso em: 10 jan. 2021.

BRIOSCHI, Carlo Alberto. *Corruption* – A Short History. Washington, D.C.: Brookings Institution Press, 2017.

BROCKMEYER, Kara *et al*. Skeletons in the Closet: TechnipFMC Settles FCPA Allegations Involving Both of its Predecessor Companies. *FCPA Update*, v. 10, n. 12, Jul. 2019. Disponível em: https://www.debevoise.com/insights/publications/2019/07/fcpa-update-july-2019. Acesso em: 20 abr. 2020.

BRUNELLE-QURAISHI, Ophelie. *Assessing the Relevancy and Efficacy of the United Convention Against Corruption*: A Comparative Analysis. 2 Notre Dame J. Int'l & Comp. L. 101.

BURKE, Thomas F., *The Concept of Corruption in Campaign Finance Law*, 14 CONST. COMMENT. 127, 131 (1997).

CALABRESI, Guido. *An Exchange*: About Law and Economics: A Letter to Ronald Dworkin (1980). Disponível em: https://digitalcommons.law.yale.edu/cgi/viewcontent. cgi?referer=&httpsredir=1&article=3053&context=fss_papers. Acesso em: 10 jan. 2020.

CALABRESI, Guido. *The Future of Law & Economics*. New Heaven, CT: Yale University, 2016.

CAMPBELL, Stuart Vincent. *Perception is not Reality: The FCPA, Brazil, and the Mismeasurement of Corruption*, 22 Minn. J. Int'l L. 247 (2013).

CARNEIRO, Paulo Cezar Pereira. *O Novo Processo Civil Brasileiro*. Exposição Sistemática do processo de conhecimento; nos tribunais; de execução; da tutela provisória. 2. ed. Rio de Janeiro: Forense, 2021.

REFERÊNCIAS | 381

CHAYES, Sarah. Kleptocracy in America – Corruption is Reshaping Governments Everywhere. *Foreign Affairs 96*, p. 142-150 (2017).

CHEESMAN, Samantha Joy. *Comparative Perspectives on Plea Bargaining in Germany and the U.S.A*, Disponível em: https://publishup.uni-potsdam.de/opus4-ubp/frontdoor/deliver/index/docId/7457/file/S113-151_aiup02.pdf. Acesso em: 10 jan. 2020.

CHEN, Can; CHENG, Shaoming. The Effects of Corruption and Regulation on Business Entrepreneurship: Evidence from American States. *Public Performance & Management Review*, v. 42, n. 6, p. 1481-1506, 2019.

CLEAN Business Is Good Business. Publicação conjunta da International Chamber of Commerce, Transparency International, the United Nations Global Compact e do World Economic Forum Partnering Against Corruption Initiative (PACI). Disponível em: https://d306pr3pise04h.cloudfront.net/docs/news_events%2F8.1%2Fclean_business_is_good_business.pdf. Acesso em: 27 abr. 2020.

CLEMENS, Michael A.; KREMER, Michael. The New Role of the World Bank. *Journal of Economic Perspectives*, v. 30, n. 1, p. 53-76, 2016. Disponível em: https://www.aeaweb.org/articles?id=10.1257/jep.30.1.53. Acesso em: 20 jul. 2021.

COMBATING Corruption Among Civil Servants – Interdisciplinary Perspectives on What Works, USAID – United States Agency International Development, fev./2017. Disponível em: https://www.usaid.gov/sites/default/files/documents/2496/Combatting_Corruption_Among_Civil_Servants_-_Interdisciplinary_Perspectives_on_What_Works.pdf. Acesso em: 27 abr. 2020.

COMBATING Corruption in Latin America: Congressional Considerations. *Congressional Research Services CRS Report R45733*. Maio 2019.

COOTER, Robert; ULEN, Thomas. *Introduction to Law and Economics*. 5th. 2007. Disponível em: http://works.bepress.com/robert_cooter/56/. Acesso em: 10 jan. 2020.

CORPORATE Anti-corruption Compliance Drivers, Mechanisms and Ideas for Change. Disponível em: https://www.oecd.org/corruption/Corporate-anti-corruption-compliance-drivers-mechanisms-and-ideas-for-change.pdf. Acesso em: 30 jun. 2021.

CORRUPTION: a glossary of international standards in criminal law. OECD, 2008. Disponível em: https://search.ebscohost.com/login.aspx?direct=true&db=cat05341a&AN=ford.b597394&site=eds-live&scope=site&authtype=ip,guest&custid=s8944740&groupid=main&profid=edscatonly. Acesso em: 10 jan. 2021.

DAVIS, Frederick. *American Criminal Justice* – An Introduction. United Kingdom: Cambridge University Press, 2019.

DAVIS, Frederick. *Does International Law Require an International Double Jeopardy*. 2016. Disponível em: https://globalanticorruptionblog.com/2016/10/18/guest-post-does-international-law-require-an-international-double-jeopardy-bar/. Acesso em: 20 abr. 2021.

DAVIS, Frederick. *How US FCPA Enforces Should Accommodate Foreign Interests*. Disponível em: https://globalanticorruptionblog.com/2016/12/16/equitable-sharing-not-deference-how-us-fcpa-enforcers-should-accommodate-foreign-interests/. Acesso em: 20 abr. 2021.

DAVIS, Frederick. *The US Needs to Show More Respect for Foreign Prosecutions*. 2016. Disponível em: https://globalanticorruptionblog.com/2016/11/03/guest-post-the-us-needs-to-show-more-respect-for-foreign-prosecutions/. Acesso em: 20 abr. 2021.

DAWOOD, Yasmin. Classifying Corruption. *9 Duke J. Const. Law & Pub. Pol'y 103*.

DILLON, Sara A. Global Corruption: International Law's Counterrevolution. *North Carolina Journal of International Law & Commercial Regulation*, N.C.J. Int'l L. v. XLV, p. 111-161, 2020.

DOIG, Alan; RILEY, Stephen. Corruption and Anti-Corruption Strategies: Issues and Case Studies from Developing Countries. *In: Corruption and Integrity Improvement Initiatives in Developing Countries, United Nations Development Programme*. Disponível em: https://digitallibrary.un.org/record/260885. Acesso em: 30 jun. 2021.

DRINAN, Robert F. Applying Citizens United to Ordinary Corruption: With a Note on Blagojevich, McDonnel, and the Criminalization of Politics, *91 Notre Dame L. Rev. 177*.

DYCK, Alexander; MORSE, Adair; ZINGALES, Luigi. Who Blows the Whistle on Corporate Frauds? *The Journal of Finance*, v. 65, n. 6, p. 2213-2253, dec. 2010.

EIGEN, Peter. The Role of Civil Society. *In: Corruption and Integrity Improvement Initiatives in Developing Countries*, United Nations Development Programme. Disponível em: https://digitallibrary.un.org/record/260885. Acesso em: 30 jun. 2021.

EISLER, Jacob. *McDonnell and Anti-Corruption's Last Stand*, 50 U.C. Davis L. Rev. 1619 (2017).

ETHICS & Progress – Towards Conscious Capitalism, International Chamber of Commerce publication (2020). Disponível em: https://www.weekofintegrity.org/wp-content/uploads/2020/12/ICC_Book2020_spreads_issuu.pdf. Acesso em: 30 jun. 2020.

ETHICS and Sustainability – Taking the Lead, International Chamber of Commerce publication (2019). Disponível em: https://issuu.com/iccnederland/docs/icc_book2019_issuu. Acesso em: 30 jun. 2021.

FCPA A Resource Guide to the U.S. Foreign Corrupt Practices Act. Disponível em: https://www.justice.gov/sites/default/files/criminal-fraud/legacy/2015/01/16/guide.pdf. Acesso em: 27 abr. 2020.

FIGHTING the Crime of Foreign Bribery, OECD 2018 publication. Disponível em: https://www.oecd.org/corruption/Fighting-the-crime-of-foreign-bribery.pdf. Acesso em: 30 jun. 2021.

FIRESTONE, Firestone; PIONTKOVSKA, Maria. Here's how to prosecute foreign bribe takers. *The FCPA Blog*, Dec. 28, 2018. Disponível em: https://fcpablog.com/2018/12/28/heres-how-to-prosecute-foreign-bribe-takers. Acesso em: 20 out. 2020.

FIRESTONE, Firestone; PIONTKOVSKA, Maria. Two to Tango: Attacking the Demand Side of Bribery. *The American Interest* (Dec. 17, 2018). Disponível em: https://www.the-american-interest.com/2018/12/17/two-to-tango-attacking-the-demand-side-of-bribery/. Acesso em: 20 abr. 2021.

FISHLOW, Albert. *Desenvolvimento no Brasil e na América Latina*. Uma Perspectiva Histórica. Curitiba: Paz e Terra, 2009.

REFERÊNCIAS | 383

FISHLOW, Albert. *Starting Over*: Brazil Since 1985. Brookings Institution Press, 2011.

FISHLOW, Albert; JONES, James. *The United States and the Americas A Twenty-First Century View*. Disponível em: https://sites.google.com/a/oo.books-now.com/en271/9780393974478-38titeGErhotic38. Acesso em: 20 nov. 2021.

FOREIGN Aid in the National Interest: Promoting Fredom, Security and Opportunity, USAID – United States Agency for International Development, 2002. Disponível em: https://pdf.usaid.gov/pdf_docs/PDABW900.pdf. Acesso em: 27 abr. 2020.

FRIEDE, Reis. *Reflexões Sobre Segurança Pública e Corrupção*. Rio de Janeiro: Globo Livros, 2019.

FUX, Luiz; FUX, Rodrigo; PEPE, Rafael Gaia (Coord.). *Temas de Análise Econômica do Direito Processual*. Rio de Janeiro: Editora GZ, 2021.

GANUZA, Juan-Jose; HAUK, Esther. *Economic Integration and Corruption*, 22 Int'l. J. Indus. Org. 1463 (2004).

GATHII, James Thuo. *Defining the Relationship Between Human Rights and Corruption*, 31 U. Pa. J. Int'l L. 125 (2009).

GRAHAM, Richard. Clientelismo na Cultura Política Brasileira: Toma lá, dá cá. *Center Papers*, n. 15, São Paulo, Braudel, 1997.

GUPTA, S.; DAVOODI, H.; ALONSO-TERME, R., *Does Corruption Affect Income Inequality and Poverty?*, Economics of Governance (2002) 3, p. 23-45. Disponível em: https://pria-academy.org/pdf/ISA/m2/m2-1-Corruption-IncomeIneq-Pov.pdf. Acesso em: 11 abr. 2021.

GUPTA, S.; DAVOODI, H.; TIONGSON, E. Corruption and the Provision of Health Care and Education Services *In*: ABED, G.T.; GUPTA, S. (Ed.). *Governance, Corruption & Economic Performance*. Washington DC, 2002. p. 245-279. Disponível em: https://www.imf.org/external/pubs/nft/2002/govern/. Acesso em: 11 abr. 2021.

HÄBERLE, Peter. *Estado Constitucional Cooperativo*. Rio de Janeiro: Renovar, 2007.

HASELOF, Fabíola Utzig. *Jurisdições Mistas*: um novo conceito de jurisdição. Belo Horizonte: Fórum, 2018.

HELLMAN, Deborah. *Defining Corruption and Constitutionalizing Democracy*, 111 MICH. L. REV. 1385, 1396-97 (2013).

HENNING, Peter J. *Public Corruption*: A Comparative Analysis of International Corruption Conventions and United States Law, 18 Ariz. J. Int'l & Comp. Law 793 (2001).

HESS, David. *Business, Corruption, and Human Rights*: Towards a New Responsibility for Corporations to Combat Corruption, 17 Wis. L. Rev. 641.

HEYMANN, Philip B. *Democracy and Corruption. Fordham International Law Journal*, v. 20, Issue 2, 1996.

HOR, Michael. The Presumption of Innocence – A Constitutional Discourse For Singapore. *Singapore Journal of Legal Studies*, p. 365-403, Dec. 1995.

HOSTETLER, Courtney. Going from Bad to Good: Combating Corporate Corruption on World Bank Funded Infrastructure Projects, 14 Yale H.R. & Dev. L.J. 231 (2011).

HUNTER, Sharifa G. *A Comparative Analysis of the Foreign Corrupt Practices Act and the U.K. Bribery Act and the Practical Implications of Both on International Business*, 18 ILSA J Int'l & Comp L 89 (2011).

INAM, Betül; GÜZEL, Simla; MURAT, Dilek. The Correlation Between Corruption and Socioeconomic Development: An Application For OECD Countries. *Hacettepe University Journal of Economics and Administrative Sciences*, v. 37, Issue 2, p. 325-339, 2019.

INTERNATIONAL Anti-corruption and Good Governance Act 2000. Disponível em: https://www.congress.gov/bill/106th-congress/house-bill/4697/text?r=20&s=1. Acesso em: 27 abr. 2020.

JACOBS, Rosa. How to Fight Corruption – and why we should. *Chicago Booth Review*, maio 2019. Disponível em: https://review.chicagobooth.edu/economics/2019/article/how-fight-corruption-and-why-we-should. Acesso em: 20 abr. 2021.

JESSUP, Philip. *Transnational Law*. New Haven: Yale University Press, 1956. Disponível em: http://iglp.law.harvard.edu/wp-content/uploads/2014/10/IELR-3-Jessup-Transnational-Law.pdf. Acesso em: 30 mar. 2021.

JOHNSTON, Michael. Cross-border Corruption: Points of Vulnerability and Challenges for Reform. *In: Corruption and Integrity Improvement Initiatives in Developing Countries*. Disponível em: https://etico.iiep.unesco.org/sites/default/files/full_text_english.pdf. Acesso em: 20 jun. 2021.

JOHNSTON, Michael. *Syndromes of Corruption*: Wealth, Power and Democracy. Cambridge University Press, 2005.

JOHNSTON, Michael. *Why Do So Many Anti-Corruption Efforts Fail?*, 2012, 67 N.Y.U. Ann. Surv. Am. L. 467.

JORGE, Higor Vinicius Nogueira (Coord.). *Enfrentamento da Corrupção e Investigação Criminal Tecnológica* – Procedimentos, Fontes Abertas, Estudo de Casos e Direito Anticorrupção. 2. ed. Ed. JusPodivum, 2021.

KALINOWSKI, Thomas. Trends and Mechanisms of Corruption in South Korea. *The Pacific Review*, v. 29, n. 4, p. 625-645, 2016.

KAPLOW, Louis; SHAVELL, Steven. *Economic Analysis of Law*. Handbook of Public Economics. Alan J. Auerbach and Martin Feldstein editors. New York: Elsevier, 2002. v. 3.

KAUFMAN, Daniel; WEI, Shang-Jin. Does Greese Money Speed Up the Wheels of Commerce?. *National Bureau of Economic Research*, abr. 1999. Disponível em: https://www.nber.org/papers/w7093.pdf. Acesso em: 29 abr. 2020.

KAUFMAN, Daniel; WEI, Shang-Jin. Revisiting Anti-Corruption Strategies: Tilt Towards Incentive-Driven Approaches. *In: Corruption and Integrity Improvement Initiatives in Developing Countries*. United Nations Development Programme. Disponível em: https://digitallibrary.un.org/record/260885. Acesso em: 30 jun. 2021.

KELLEY, Thomas. *Corruption as Institution Among Small Businesses in Africa*, 24 Fla. J. Int'l L. 1 (2012).

REFERÊNCIAS | 385

KLITGAARD, Robert. *Addressing Corruption Together*. Paris: Organisation for Economic Co-operation and Development, 2015. Disponível em: https://www.oecd.org/dac/conflict-fragility-resilience/publications/FINAL%20Addressing%20corruption%20together.pdf. Acesso em: 08 abr. 2021.

KLITGAARD, Robert. *Controling Corruption*. Berkley, CA: University of California Press, 1988.

KOFELE-KALE, Ndiva. *Change or the Illusion of Change: The War Against Official Corruption in Africa*, 38 Geo. Wash. Int'l L. Rev. 697 (2006).

KOHN, Stephen Martin. *The New Whistlerblower's Handbook*. US: Lyons Press, 2017.

KPUNDEH, Sahr J. Political Will in Fighting Corruption. *In: Corruption and Integrity Improvement Initiatives in Developing Countries*. United Nations Development Programme. Disponível em: https://digitallibrary.un.org/record/260885. Acesso em: 30 jun. 2021.

LAGARDE, Christine. *Addressing Corruption* – Openly, in Against Corruption, A book of essays, 2016. Electronic book.

LANDES, William M. An Economics Analysis of the Courts. *Journal of Law and Economics*, 1971.

LANGTON, Danielle. *Anti-Corruption Standards of the International Financial Institutions*. Bluebook. 20th ed., 2004.

LESSIG, Lawrence. *Republic, Lost*: How Money Corrupts Congress – And a Plan to Stop It. New York: Ed Twelve, 2011.

LOONG, Lee Hsien. *Success in combating* corruption – views on the Singaporean experience, in Against Corruption, A book of essays. 2016. Electronic book.

MACKAAY, Ejan; ROUSSEAU, Stéphane. *Análise Econômica do Direito*. Tradução de Rachel Sztajn. 2. ed. São Paulo: Atlas, 2015.

MADEIRA, Ligia Mori; GELISKI, Leonardo. The Federal Justice act in combating Corruption in Southern Brazil. *Journal of Public Administration*, FGV, nov.-dez. 2019.

MARQUES, Rosa Maria. Efeitos da Operação Lava Jato na Economia Brasileira. Disponível em: https://www.defesaclassetrabalhadora.com.br/tag/rosa-maria-marques/. Acesso em: 20 jul. 2021.

MARUCA, Michael. Disponível em: https://globalanticorruptionblog.com/2016/12/16/equitable-sharing-not-deference-how-us-fcpa-enforcers-should-accommodate-foreign-interests/. Acesso em: 20 abr. 2020.

MASKELL, Jack; WHITAKER, L. Paige. Soft Money, Allegations of Political Corruption, and Enron. *CRS – Congressional Research Report*, Feb. 12, 2002.

MENDES, Aluisio Gonçalves de Castro. *Incidente de Resolução de Demandas Repetitivas* – Sistematização, análise e interpretação do novo instituto processual. Rio de Janeiro: Forense, 2017.

MONAGENG, Mogalakwe; NYAMNJOH, Francis. Botswana at 50: democratic deficit, elite corruption and poverty in the midst of plenty. *Journal of Contemporary African Studies*, v. 35, n. 1, p. 1-14, 2017.

MUELLER, Gerard W. O. Transnational Crime: Definitions and Concepts. *In*: WILLIAMS, P.; VLASSIS, D. (Ed.). *Combating Transnational Crime*: Concept, Activities, Responses. London: Portland, 2001.

MUZILA, Lindy. *On the Take*: Criminalizing Illicit Enrichment to Fight Corruption. World Bank Publications, 2012.

NORTON, Joseph J. Are Latin America and East Asia an Ocean Apart? The Connecting Currents of Asian Financial Crises, 4 NAFTA: L. & BUS. REV. AM. 93, at 100-01 (1998). Disponível em: https://scholar.smu.edu/lbra/vol4/iss4/3/. Acesso em: 20 jun. 2021.

NOSAKI, William. *Capitalismo e corrupção*: o caso da Petrobrás e a Operação Lava Jato. Disponível em: https://ineep.org.br/wp-content/uploads/2020/06/td_n-16_capitalismo-e-corrupcao_nozaki.pdf. Acesso em: 20 jul. 2021.

NYE, Joseph Samuel. Corruption and Political Development: A Cost-Benefit Analysis. *The American Political Science Review*, v. 61, n. 2, p. 417-427, jun. 1967.

O'SULLIVAN, Julie R. *The Extraterritorial Application of Federal Criminal Statutes:* Analytical Roadmap, Normative Conclusions, and a Plea to Congress for Direction, 2018. Disponível em: https://scholarship.law.georgetown.edu/cgi/viewcontent.cgi?article=3097&context=facpub. Acesso em: 10 mar. 2021.

PACKER, Herbert L. *Two Models of the Criminal Process*, 113 U. PA. L. REV. 1, 13 (1964).

PENNINGTON, Kenneth. *Innocent Until Proven Guilty:* The Origins of a Legal Maxim, 63 JURIST 106 (2003).

PINHO, Humberto Dalla Bernardina de. *Jurisdição e Pacificação*: limites e possibilidades do uso dos meios consensuais de resolução de conflitos na tutela dos direitos transindividuais e pluri-individuais. Curitiba: CRV, 2017.

PIRTEA, Marilen Gabriel; SIPOS, Gabriela Lucia; IONESCU, Alin. Does Corruption Affects Business Innovation? Insights From Emerging Countries. *Journal of Business Economics and Management*, v. 20, Issue 4, p. 715-733, 2019.

POSNER, Richard A. *A Economia da Justiça*. Tradução de Evandro Ferreira e Silva. São Paulo: Martins Fontes, 2010.

POSNER, Richard A. *Economic Analysis of Law*. 8. ed. New York: Aspen, 2011.

POSNER, Richard. *Essays in Law and Economics*. Michael Faure & Roger Van Der Bergh Eds., 1989.

QUAH, Jon S. T. Curbing Corruption in Asian Countries: An Impossible Dream?. *Research in Public Policy Analysis and Management*, v. 20, Bingley, Emerald Group Publishing Limited, 2011.

QUINTARD-MORÉNAS, François. The Presumption of Innocence in the French and Anglo-American Legal Traditions. *The American Journal of Comparative Law*, v. 58, n. 1, p. 107-149, winter 2010.

RAHMAN, Aziz. *Tackling Unexplained Wealth*, 169 NLJ 7831, p. 11.

RAUSTIALA, Kal. The Architeture of International Cooperation: Transgovernamental Networks and the Future of International Law, 43 V, *Journal of International Law*, 2002.

REALUYO, Celina B. *Following the Money Trail to Combat Terrorism, Crime, and Corruption in the Americas*, ago. 2017. Disponível em: https://www.wilsoncenter.org/publication/following-the-money-trail-to-combat-terrorism-crime-and-corruption-the-americas. Acesso em: 15 abr. 2021.

RONIGER, Luis. *Review: Political Clientelism, Democracy, and Market Economy, Comparative Politics*, v. 36, n. 3, p. 353-375, Apr. 2004.

ROSA, Donna. *The Anticorruption and Governance Act 2000*. Disponível em: https://www.ignet.gov/sites/default/files/files/f01c01.pdf. Acesso em: 27 abr. 2020.

ROSE-ACKERMAN, Susan; PALIFKA, Bonnie J. *Corruption and Government*: Causes, Consequences and Reform. Second edition. New York, NY: Cambridge University Press, 2016.

ROSE-ACKERMAN, Susan; PALIFKA, Bonnie J. *Corruption and the Global Economy, In* Corruption and Integrity Improvement Initiatives in Developing Countries, United Nations Development Programme. Disponível em: https://digitallibrary.un.org/record/260885. Acesso em: 30 jun. 2021.

ROSE-ACKERMAN, Susan; PALIFKA, Bonnie J. *Corruption*: A Study In Political Economy. New York: Academic Press, 1978.

ROSEN, Liana W.; MIX, Derek E.; WEBER, Michael A. Targeting Foreign Corruption and Human Rights Violators in FY2018 Consolidated Appropriations. *CRS – Congressional Research Service*, Jun. 14, 2018.

ROSSBACHER, Henry H.; YOUNG, Tracy W. The Foreign Corrupt Practices Act Within The American Response to Domestic Corruption, 15 Dickinson J. Int'l L. 509, 510 (1997). Disponível em: https://elibrary.law.psu.edu/cgi/viewcontent.cgi?referer=https://scholar.google.com/&httpsredir=1&article=1414&context=psilr. Acesso em: 20 abr. 2021.

ROTBERG, Robert I. *Anticorruption*. Cambridge, Massachusetts: The MIT Press, 2020.

ROTBERG, Robert I. *Corruption in Latin America*: How Politicians and Corporations Steal from Citizens. Springer, Cham, Switzerland, 2019.

RUSTOW, Dankwart A. Transitions to Democracy: Toward a Dynamic Model. *Comparative Politics*, v. 2, n. 3, Apr. 1970, p. 337-363. Published by: Comparative Politics, Ph.D. Programs in Political Science, City University of New York Stable. Acesso em: 04 abr. 2020.

SALTZBURG, Stephen A.; CAPRA, Daniel J. *American Criminal* Procedure – Cases and Commentary. 10th ed. Minnesota: West Academic Publishing, 2014.

SCHOLL, Wolfgang; SCHERMULY, Carsten C. The Impact of Culture on Corruption, Gross Domestic Product, and Human Development. *Journal of Business Ethics*, 162, p. 171-189, 2020.

SHAMS, Heba. The Fight Against Extraterritorial Corruption and the Use of Money Laudering Control, 7 Law & Bus. Rev. Am. 85 (2001).

SHAVELL, Steven. *Foundations of Economic Analysis of Law*. Cambridge: Harvard University Press, 2004.

SHEPTYCKI, James. *Transnational Crime*. James Sheptycki Editor. Abingdon: Routledge, 2015.

SHEPTYCKI, James. Transnational Crime: An Interdisciplinary Perspective. *In*: BOISTER, Neil; CURRIE, R. J. (Ed.). *The Routledge Handbook of Transnational Criminal Law*. Abingdon: Routledge, 2015.

SKLADANY, Martin. *Buying Our Way Out of Corruption*: Performance-Based Incentive Bonuses for Developing Country Politicians and Bureaucrats, 12 Yale H.R. & Dev. L.J. 160.

SNIDER, Thomas R.; KIDANE, Won. *Combating Corruption Through International Law in Africa*. Bluebook 20th ed. 2007.

STEPHENSON, Matthew. *UNCAC Does Not Require Sharing of Foreign Bribery Settlement Monies with Host Countries*. Disponível em: https://globalanticorruptionblog. com/2014/09/16/uncac-does-not-require-sharing-of-foreign-bribery-settlement-monies-with-host-countries/. Acesso em: 20 abr. 2020.

TANZI, Vito. Corruption Around the World: Causes, Consequences, Scope and Cure. *IMF Staff Papers*, v. 45, n. 4, 1998.

TARUN, Robert W.; TOMCZAK, Peter P. *The Foreign Corrupt Practices Act Handbook*. 5. ed. Chicago: American Bar Association, 2018.

TEACHOUT, Zephyr. *The Anti-Corruption Principle*, 94 CORN. L. REV. 341, 387 (2009).

THE YEAR of 2019 in Review: A Record-Breaking Year of Anti-Corruption Enforcement. p. 68-69. Disponível em: https://www.debevoise.com/insights/publications/2020/01/fcpa-update-january-2020. Acesso em: 20 abr. 2020.

TREMBLAY, Maryse; KARBASSI, Camille, *Corruption and Human Trafficking*. Disponível em: https://issuu.com/transparencyinternational/docs/ti-working_paper_human_trafficking_28_jun_2011/6. Acesso em: 27 abr. 2020.

TRIESMAN, Daniel. *The Causes of Corruption*: A Cross-National Study, 76 J. Pub. Econ. 399, 440-42 (2000).

UGUR, M.; DASGUPTA, Nandini. *Evidence on the Economic Growth Impacts of Corruption in Low-Income Countries and Beyond*: A Systematic Review. London: EPPI-Centre, Social Research Unit, Institute of Education, University of London, Jan. 2011.

ULEN, Thomas; COOTER, Robert. *Direito & Economia*. 5. ed. Porto Alegre: Bookman, 2010.

UNEXPLAINED Wealth, Corruption and Crime Commission. Disponível em: https://www.ccc.wa.gov.au/What-is-unexplained-wealth. Acesso em: 05 maio 2020.

VAN RIJCKEGHEM, C.; WENDER, B. Bureaucratic Corruption and the Rate of Temptation: Do Wages in the Civil Service Affect Corruption and by How Much?. *In*: *Governance, Corruption & Economic Performance*. Washington DC, 2002. p. 59-88. Disponível em: https://www.imf.org/external/pubs/nft/2002/govern/. Acesso em: 11 abr. 2020.

WAGNER, Benjamin B.; JACOBS, Leslie Gielow. *Retooling Law Enforcement to Investigate and Prosecute Entrenched Corruption*: Key Criminal Procedure Reforms for Indonesia and Other Nations, 30 U. Pa. J. Int'l L. 183 (2008).

WARREN, Mark E. *What Does Corruption Mean in a Democracy?*, 48 AM. J. POL. SCI. 328, 333 (2004).

WHITMAN, James Q. Presumption of Inocence or Presumption of Mercy?: Weighting Two Western Modes of Justice. *Texas Law Review*, v. 94, p. 933.

WORLD BANK'S WORLDWIDE GOVERNANCE INDICATORS (WGI). *Control of Corruption*. Disponível em: https://info.worldbank.org/governance/wgi/. Acesso em: 06 abr. 2020.

WORLDWIDE Governance Indicators, 1996-2006. Booklet: A Decade of Measuring the Quality of Governance. Disponível em: https://info.worldbank.org/governance/wgi/Home/Documents#wgiDataSources. Acesso em: 07 abr. 2020.

YINGLING, M. Patrick. *Conventional and Unconventional Corruption*, 51 Duq. L. Rev. 263 (2013).

Esta obra foi composta em fonte Palatino Linotype, corpo 10
e impressa em papel Offset 75g (miolo) e Supremo 250g (capa)
pela Gráfica Formato, em Belo Horizonte/MG.